Jean-Claude Lachnitt

Le Prince impérial

« NAPOLÉON IV »

PERRIN

ISBN 2.262.01201-6

A Vincent et Virginie Mopin

Zouave à l'attaque.
(Dessin original du Prince impérial,
collection de l'auteur.)

J'admire ton destin, j'adore, tout en larmes
Pour les pleurs de ta mère,
Dieu qui te fit mourir, beau prince, sous les armes,
Comme un héros d'Homère.

Paul VERLAINE

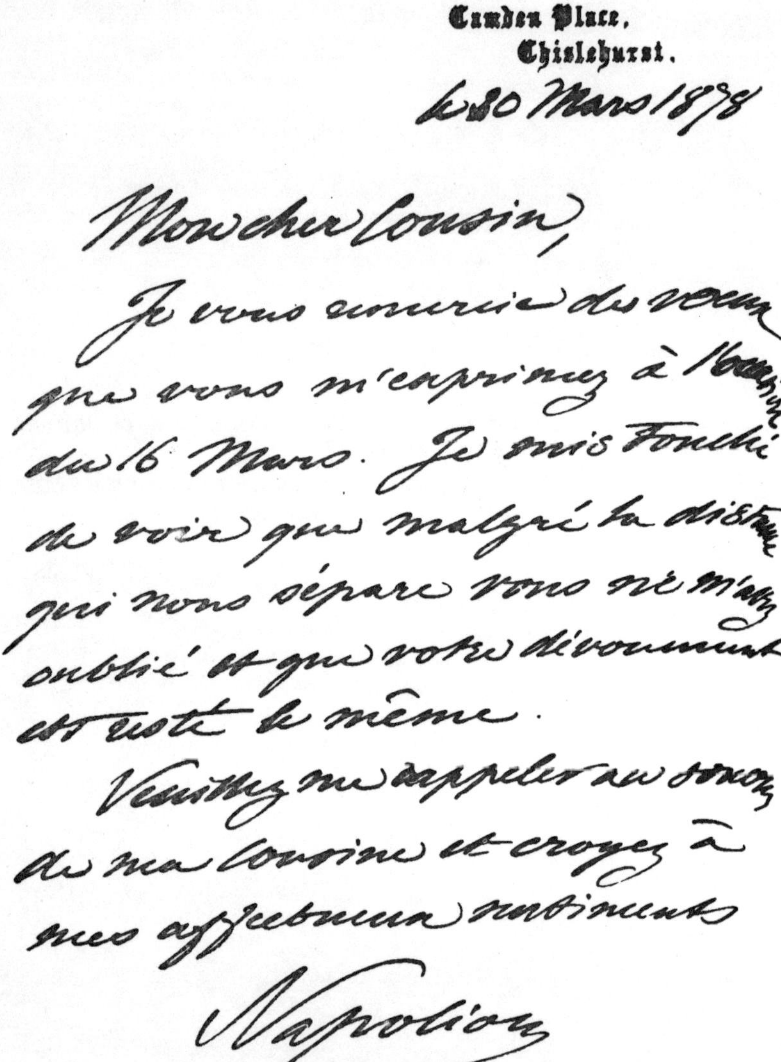

Camden Place,
Chislehurst.

le 30 Mars 1878

Mon cher Cousin,

Je vous remercie des vœux que vous m'exprimez à l'occasion du 16 Mars. Je suis touché de voir que malgré la distance qui nous sépare vous ne m'avez oublié et que votre dévouement est resté le même.

Veuillez me rappeler au souvenir de ma Cousine et croyez à mes affectueux sentiments

Napoléon

Autographe du Prince impérial.
(Collection particulière.)

CHAPITRE I

UN HÉRITIER

Lorsque, le dimanche 30 janvier 1853, l'empereur Napoléon III, n'écoutant que son cœur, conduisit à l'autel, en la cathédrale Notre-Dame de Paris, avec une pompe solennelle et suivant un cérémonial inspiré de celui du sacre de Napoléon Ier une jeune Espagnole d'une éclatante beauté, il répondait au vœu à peu près unanime du peuple français.

Par un plébiscite qui lui avait apporté près de huit millions de suffrages, l'Empire avait été rétabli le 2 décembre précédent en faveur du prince Louis-Napoléon Bonaparte [1]. Né à Paris le 20 avril 1808, le nouvel empereur avait dépassé la quarantaine. Encore célibataire, il lui fallait songer à se marier. La France voulait une impératrice et l'avenir de la dynastie restaurée exigeait rapidement un héritier. Quelques ouvertures avaient été faites auprès de maisons souveraines qui avaient poliment décliné l'honneur d'une alliance avec cet empereur de fraîche date. Blessé par deux refus successifs, Napoléon III n'insista pas. Puisque les rois ne voulaient pas lui donner leur fille ou leur nièce, il saurait s'en passer. Depuis plus d'un an il était fasciné par la jeune comtesse de Teba, Eugénie de Guzman, Palafox y Portocarrero, dont il avait admiré la silhouette, un jour qu'elle assistait, à cheval, à une revue des troupes à Satory. Il l'avait revue chez sa cousine, la princesse Mathilde, et l'ardente personnalité de la jeune fille avait achevé de le séduire.

Fille du comte de Montijo, duc de Peñaranda, grand-

1. Il n'y eut que 316 411 voix contre le rétablissement de l'Empire.

maréchal de Castille, plusieurs fois grand d'Espagne, elle appartenait à une très ancienne et illustre famille. Sa mère, veuve depuis 1839, avait été en 1847 camerera-mayor de la reine Isabelle, mais elle avait démissionné de sa charge au bout de quelques mois, après la chute du ministre Narvaez auquel elle devait sa nomination. Depuis lors, elle menait dans les capitales d'Europe, et plus particulièrement à Paris, une existence assez libre et y fréquentait les salons à la mode. Les mauvaises langues hasardaient que ce genre de vie ne convenait pas à une jeune fille bien née, et que la comtesse de Montijo pourrait avoir quelques difficultés à marier celle qui lui restait, l'aînée Paca ayant épousé en 1844 le duc d'Albe, le plus beau parti d'Espagne après le roi.

Née à Grenade, le 5 mai 1826, cinq ans jour pour jour après la mort du captif de Sainte-Hélène, Eugénie vivait dans l'ombre de sa mère avec laquelle pourtant elle ne s'entendait pas toujours très bien. On racontait qu'elle avait éconduit un certain nombre de soupirants, parmi lesquels on citait un prince d'Orléans, fils de Louis-Philippe, et le prince Jérôme-Napoléon, fils du dernier frère du grand empereur. Que ne racontait-on pas ? Peut-être son cœur avait-il battu pour le beau marquis d'Alcanicès, mais, à vingt-six ans, elle ne semblait pas se soucier de mariage, ce qui désespérait sa mère.

L'idée d'épouser la comtesse de Teba n'était pas venue d'abord à Louis-Napoléon. Séduit par la jeune fille, il en eût volontiers fait sa maîtresse ; mais c'était viser trop haut, c'était surtout ne pas connaître Eugénie. Celle-ci avait été flattée des attentions particulières dont elle était l'objet de la part du chef de l'État qui n'était encore que le prince-président. L'aimait-elle ? Il serait hasardeux de l'affirmer mais, ardente bonapartiste, élevée par son père, ancien officier de la Grande Armée, dans le culte de Napoléon, elle admirait l'homme pour son opiniâtreté et l'ampleur de sa réussite. Au lendemain du rétablissement de l'Empire, le 2 décembre 1852, la perspective de s'asseoir à ses côtés sur le trône n'était pas pour lui déplaire. Habilement conseillée par Mérimée, le plus vieil ami de la comtesse de Montijo, qui s'y entendait en finesses, Eugénie conduisit insensiblement l'Empereur à la demande officielle qu'il fit à sa mère le soir du 14 janvier 1853.

Cette union, Napoléon III la voulait, malgré l'opposition d'une partie influente de son entourage. Opposition dans sa propre famille d'abord. Le vieux Jérôme, l'ancien roi de Westphalie, l'unique frère survivant de Napoléon Ier, coureur impénitent, toujours sensible au charme féminin, a fini par se rendre, conquis à son tour par la beauté de sa future nièce. Après avoir dit « Louis se marie comme un sous-lieutenant », il ajoute « au moins il aura une belle femme dans son lit ». Sa fille, la princesse Mathilde, qui se souvient d'avoir été fiancée à son cousin, sera plus difficile à convaincre. Un mariage stupide avec le comte Anatole Demidoff – titré prince de San Donato par le grand-duc de Toscane à la faveur de cette union –, auquel son père l'a littéralement vendue, et dont elle est séparée grâce à l'appui du Tsar, lui interdit de rêver à un trône qui n'est plus pour elle ; mais, tant qu'à s'incliner devant une impératrice, elle ne peut se résigner à ce que ce soit la comtesse de Teba. Vainement elle essaie de faire renoncer l'Empereur, lui déclarant qu'il sera ridicule aux yeux de toute l'Europe. Elle emploie même le mot d'aventurière pour désigner Eugénie. Son frère, le prince Napoléon-Jérôme, va plus loin encore. Une grande familiarité avec l'Empereur, qui remonte à sa petite enfance, l'autorise, croit-il, à toutes les impertinences. Oublie-t-il qu'il a été parmi les soupirants de la jeune comtesse ? ou, au contraire, s'en souvient-il trop ? Sa brillante intelligence est gâtée par une violence naturelle que n'a pas réussi à mater une déplorable éducation. « On couche avec ces femmes-là, déclare-t-il à Napoléon, mais on ne les épouse pas ! »

Parmi les hommes du coup d'État, beaucoup sont hostiles à ce mariage et ne le cachent pas. Persigny d'abord, ministre de l'Intérieur, Drouin de Lhuys, ministre des Affaires étrangères, qui va jusqu'à menacer de démissionner, Abbatucci, garde des Sceaux, Troplong, président du Sénat. L'Empereur leur tient tête avec cette obstination qui est un des traits dominants de son caractère.

La famille impériale continuera de faire grise mine à la nouvelle impératrice, mais le peuple, au début, lui accordera spontanément sa faveur, d'autant plus qu'elle n'hésitera pas à se dépenser auprès des plus humbles. Le jour même de son mariage religieux, alors qu'elle vient de descendre de carrosse devant le porche de la cathédrale, elle se retourne vers la foule qui l'acclame et, s'avançant de quelques pas, elle fait à ses nouveaux sujets sa plus gracieuse révérence de cour.

« Nous la vîmes assez distinctement pour pouvoir dire qu'il était impossible d'imaginer un plus délicieux coup d'œil, écrit un témoin. Ses traits admirablement ciselés, son teint de marbre, le port de sa tête si noble, l'exquise proportion de sa personne, la grâce de sa démarche étaient frappants, et l'ensemble ressemblait à une vision de poète [1]. »

L'Impératrice qui, d'abord, s'est amusée des obligations de sa nouvelle position ne tarde pas à les considérer comme des servitudes. Habituée à faire ce qui lui plaît, elle supporte mal les contraintes de la Cour, la tyrannie du protocole. Avec une certaine amertume, elle confie à sa sœur aînée restée à Madrid : « J'ai oublié maintenant ce qu'est le dolce far niente [2]. » Il est des concessions, toutefois, qu'elle se refuse à faire. Habituée à monter à cheval presque chaque jour, elle ne veut pas y renoncer. Comme par le passé, elle galope, à bride abattue, traînant son service d'honneur à sa suite, dans les bois des environs de Paris lorsqu'elle est aux Tuileries, dans les forêts domaniales lorsque la Cour se trouve à Saint-Cloud, à Fontainebleau ou à Compiègne.

A ce régime, est-il étonnant que deux espérances de maternité soient successivement déçues ? Elle s'en inquiète. Ses médecins lui conseillent une activité plus modérée, mais elle ne les écoute pas. Curieusement, c'est à l'Angleterre, ou plutôt à la reine d'Angleterre, que l'Empire doit la naissance du petit-neveu de Napoléon Ier. Au début de 1855, le couple impérial effectue une visite officielle outre-Manche. Napoléon III est soucieux de resserrer les liens qui unissent les deux pays. Il souhaite aussi profiter de ce voyage pour présenter l'Impératrice à une souveraine qui peut passer pour l'arbitre de l'Europe. Que la reine Victoria accueille Eugénie et lui fasse bonne figure, l'Impératrice sera aussitôt acceptée par toutes les Cours européennes.

Les choses n'allèrent pas d'abord si simplement. La reine Victoria refuse à son ministre d'adresser une invitation personnelle aux nouveaux souverains français. « S'ils viennent en Angleterre, dit-elle, je les recevrai officiellement avec toute la bonne façon possible ; mais je veux être la maîtresse de mon intérieur et n'être point forcée d'admettre intimement les per-

1. Lettre de lady Augusta Bruce à la duchesse de Kent, mère de la reine Victoria, 31 janvier 1853.
2. *Lettres familières de l'impératrice Eugénie,* tome I, p. 63.

sonnes qui blessent mes affections [1]. » La Reine est restée très attachée aux Orléans, exilés à Claremont dans une résidence mise à leur disposition par le roi des Belges, gendre de Louis-Philippe. Elle montre donc une certaine prévention à l'encontre du couple impérial qu'elle taxerait volontiers d'usurpation.

Imposé par la politique, le voyage a lieu en avril 1855 et son succès dépasse toutes les espérances. Non seulement Eugénie est acceptée, mais elle enchante littéralement la Reine et toute la Cour. Sa beauté, qu'accompagne une extrême discrétion de mise et de manières, séduit les plus irréductibles. Victoria, conquise par ses hôtes, ne peut même s'empêcher d'écrire à son oncle Léopold : « Il y a un grand charme dans les manières calmes et franches de l'Empereur ; et elle est bien agréable, très gracieuse et fort simple, mais bien délicate. Elle est certainement extrêmement jolie, d'une beauté peu banale [2]. »

C'est au cours de ce voyage que l'Impératrice confie à la Reine son désespoir, après deux ans de mariage, de ne pas avoir encore donné d'héritier à l'Empereur. Victoria, experte en la matière – n'a-t-elle pas autour d'elle huit beaux enfants ? – lui prodigue d'utiles conseils, notamment celui de consulter son propre gynécologue, sir Charles Locock.

Si Eugénie désire ardemment donner un enfant à l'Empereur, sa crainte est d'avoir une fille. Aussi multiplie-t-elle les prières à tous les saints réputés capables d'intercéder pour qu'elle accouche d'un fils. Au mois d'août, l'espoir se confirme. Elle renonce au cheval, aux bains chauds, se conforme aux prescriptions de ses médecins mais, par prudence, on ne fait aucune annonce officielle.

Le 17 novembre, l'Empereur et l'Impératrice visitent, à Courbevoie, le 2e régiment des voltigeurs de la Garde qui a eu de nombreux blessés devant Sébastopol. Au cours de cette visite les souverains remettent des décorations et des gratifications. Napoléon III épingle sur les poitrines de ces braves sept croix de la Légion d'honneur et, aidé d'Eugénie, trente-quatre Médailles militaires. Parmi les blessés, un pauvre diable nommé Régagnon présente un aspect particulièrement horrible. Un éclat d'obus lui a emporté un œil et la moitié du

1. Comte Horace de Viel-Castel, *Mémoires*, tome II, p. 284.
2. *Correspondance* de la reine Victoria, p. 397.

visage, pendant qu'un autre lui brisait les deux jambes. Comme le médecin-major Blaise, qui commande le dépôt, insiste pour le montrer aux souverains, le docteur Conneau, qui accompagne Leurs Majestés, lui demande de bien vouloir y renoncer et lui en donne la raison : « L'Impératrice se trouve dans un état intéressant. »

La nouvelle se répand comme une traînée de poudre. En quelques jours tout Paris, puis la France entière, ne parlent que de cela. Les félicitations et les adresses parviennent aux Tuileries par centaines. Si la fièvre de l'attente s'est emparée des fervents partisans du régime, qui sont de loin les plus nombreux, le dépit a renforcé l'agressivité des opposants. On est pourtant aux plus beaux jours de l'Empire, l'Exposition Universelle a été un succès, la France est prospère et l'année 1855 se termine sous les auspices de la paix que va sceller dans quelques mois le traité de Paris. Un rapide calcul a laissé espérer que la naissance de l'enfant impérial pourrait se produire le 20 mars, c'est-à-dire le jour anniversaire de celle du roi de Rome, quarante-cinq ans plus tôt.

Au fur et à mesure que le temps passe, les bruits les plus divers, parfois ridicules, circulent. Propagés à l'envi par une opposition qui ne désarme pas, ils se transforment en médisances, en calomnies. Le baron Paul Dubois, fils de l'accoucheur qui a délivré Marie-Louise en 1811, et lui-même obstétricien distingué, surveille la santé de l'Impératrice. N'assure-t-on pas qu'il lui fait prendre chaque matin une dose de laudanum, afin de retarder le jour de l'accouchement jusqu'à ce fatidique 20 mars ? Les plus malveillants vont même jusqu'à affirmer que la grossesse d'Eugénie n'est qu'une mystification et que sa silhouette est alourdie par des coussins qu'on arrange sous ses jupes en attendant de simuler la naissance d'un prince. L'Impératrice s'en amuse avec le docteur Dubois. « Vous ne savez-pas ce qui se passe ici ?... Eh bien, je vais vous l'apprendre moi... Il y a dans les caves du palais une douzaine de femmes sur le point d'accoucher. Il y aura là plusieurs garçons parmi lesquels on choisira celui qui doit être mon fils [1]. » Y a-t-il des sots pour croire de tels bruits ? Ne sait-on pas qu'un cérémonial vient d'être publié par le duc de Cambacérès, grand maître des cérémonies ? L'accouchement de Sa Majesté se fera en public, devant un

1. *Journal* du docteur Prosper Ménière, p. 249-250.

certain nombre de témoins dont la liste a paru dans *le Moniteur*. On a repris le protocole de la naissance du roi de Rome, lui-même calqué sur celui qui réglait, sous l'Ancien Régime, les naissances des fils et petits-fils de France.

Une vive curiosité s'est emparée des Parisiens qui défilent rue Vivienne, chez Félicie, la première brodeuse de Paris, à laquelle a été confiée la responsabilité du trousseau. Ils viennent en foule contempler les brassières et les bavoirs de l'enfant impérial dont l'ensemble coûtera cent mille francs. A l'Hôtel de Ville, autre défilé devant le berceau monumental offert par les Parisiens grâce à une souscription ouverte dans les mairies. C'est une véritable œuvre d'art. Une œuvre d'art Second Empire, c'est-à-dire qu'il est un peu trop riche, un peu trop orné. La précieuse conque en vermeil, conçue par l'architecte Baltard, celui-là même auquel on doit les pavillons des Halles, a été exécutée par le maître orfèvre Froment-Meurice et décorée d'émaux de Sèvres dessinés par Hippolyte Flandrin, représentant la Force, la Justice, la Prudence et la Vigilance, vertus qu'on souhaite sans doute au futur prince. A l'arrière du berceau, la figure allégorique de Paris élève au-dessus de l'enfant la couronne impériale. A ses pieds sont assis les génies de la Guerre et de la Paix, soufflant dans les trompettes de la Renommée. La conque elle-même est ornée de guirlandes de fleurs et de feuilles, l'avant reposant sur les ailes déployées d'un aigle. Toutes ces figures, toutes ces allégories, ont été ciselées par les meilleurs artistes de l'époque : Jacquemard, Gallois, Simard [1].

Un peu anxieuse, l'Impératrice attend l'heure de sa délivrance. Sa grossesse a été paisible. Le 14 février, elle écrivait encore à sa sœur : « Je commence à être un peu lourde. Ça me fait rire de voir ma taille. » Coquette, elle ajoutait : « Je ne m'arrange encore pas trop mal et le soir, jusqu'il y a seulement quinze jours, on ne voyait rien de nouveau. » Les crinolines, dont elle a exagéré l'ampleur, y étaient un peu pour quelque chose. Dans les derniers jours, son inquiétude augmente. Sera-t-elle à la hauteur ? Elle n'ignore pas qu'elle va être le point de mire de tous. A un intime, elle confie : « J'ai peur de ne pas avoir assez de courage quand le moment sera

1. Ce berceau est aujourd'hui au musée Carnavalet, à Paris.

venu. » Ce n'est pas qu'elle redoute de souffrir, mais elle ne voudrait pas qu'on voit qu'elle souffre.

Cet accouchement est l'objet de toutes les conversations, dans la rue comme dans les salons, et même à l'église. A Paris où se déroule le congrès qui doit aboutir au traité de paix après le succès de la guerre de Crimée, un mandement de l'archevêque est lu le dimanche 12 mars, dans toutes les paroisses.

Au palais, tout a été réglé dans les moindres détails. Sur la recommandation de la reine Victoria, l'Impératrice a obtenu de l'Empereur le choix d'une nurse anglaise. C'est une innovation. Miss Jane Shaw, originaire du Yorkshire, est, au dire de miss Bicknell « un parfait spécimen de la gouvernante d'une nursery dans l'aristocratie britannique [1] ». La nourrice aussi attend. Robuste Bourguignonne déjà mère d'un petit garçon, Anne Boussard, épouse Boisseau, vient d'avoir une fille.

Les praticiens qui doivent assister l'Impératrice sont prêts à accourir à tout instant. Ce sont : le docteur Paul Dubois, accoucheur, le docteur Corvisart, le docteur Conneau, ami et confident de l'Empereur, le docteur Darralde, enfin, médecin personnel d'Eugénie. Les membres de la famille impériale et les dignitaires qui doivent assister à l'accouchement « public » de l'Impératrice ont reçu les commandements officiels de la Maison de l'Empereur. Le prince Napoléon-Jérôme, dont son cousin connaît la susceptibilité et qui enrage à la pensée de perdre sa qualité d'héritier présomptif si Eugénie donne le jour à un garçon, a reçu d'abord une lettre privée de la main de Napoléon III : « ... L'Impératrice accouchant, il faut, d'après les usages, deux témoins, l'un parent de la femme (ce sera le duc d'Albe), l'autre parent du mari, et j'ai pensé à toi naturellement comme le plus proche parent [2]. » Le moyen de refuser ! Il n'y fallait pas songer et le Prince a pris le parti d'accepter, la mort dans l'âme.

Dans la journée du 15 mars, Eugénie ressent les premières douleurs. Elles sont très vives, mais le travail soudain s'arrête et une assez longue attente commence. Le bruit s'est répandu à travers Paris et, dans la soirée, la foule s'amasse devant les grilles du palais, guettant les fenêtres derrière lesquelles on

1. Cité par Jacques Boulenger, *Les Tuileries sous le Second Empire*, p. 78.
2. *Correspondance de Napoléon III et du prince Napoléon*, p. 90.

peut distinguer un intense va-et-vient et, plus encore, l'arrivée des livrées officielles amenant les témoins dont la présence est requise.

A environ onze heures du soir, les grandes douleurs commencent. Elles sont particulièrement violentes. On entend les cris de la malheureuse femme jusque dans les salons avoisinant son appartement. L'Empereur est accablé. Comme le travail n'avance pas, les médecins conseillent à Eugénie de marcher. Au prix de terribles efforts, appuyée au bras de Napoléon qui la soutient autant qu'il peut, elle fait quelques pas dans sa chambre.

Chaque mouvement lui arrache un cri. Autour d'elle se pressent la comtesse de Montijo, lady Ely, envoyée par la reine Victoria, Cécile de Nadaillac, née Delessert, une amie d'enfance, qui n'appartient pas à la Cour mais dont l'Impératrice a souhaité la présence. Dans une pièce voisine attend l'amirale Bruat, dont le mari est mort en rentrant de Crimée, et qui vient d'être nommée Gouvernante des Enfants de France. Le titre, qui vient de l'Ancien Régime, a mis en fureur le faubourg Saint-Germain.

Dans la chambre de l'Impératrice, l'affolement devient général. Les médecins ne cachent pas leur inquiétude. L'enfant se présente mal, la délivrance sera difficile. Leur responsabilité les effraie. Comme pour la naissance du roi de Rome, la vie de la mère ou celle de l'enfant sera en danger. Darralde dit la vérité à l'Empereur. Il va falloir recourir aux fers. Napoléon acquiesce : « Sauvez l'Impératrice. » C'est déjà ce qu'avait dit l'oncle. L'attente se poursuit encore plusieurs heures. Écroulés dans des fauteuils, les princes et les officiels somnolent. La princesse Mathilde s'est endormie.

Ce n'est qu'à trois heures quinze du matin que l'Impératrice est enfin délivrée. L'accouchement a été si laborieux qu'elle a même eu une brève syncope. On a été obligé de faire sortir l'Empereur de la chambre. Il était décomposé, ses yeux étaient noyés de larmes. Le prince Napoléon suivait, l'air rogue, le déroulement de l'opération, le monocle vissé à son œil d'acier. Il ne quitta la pièce que lorsqu'on eut reconnu le sexe de l'enfant, un garçon bien constitué qui avait déjà d'abondants cheveux châtains avec des reflets roux, et que les fers avaient légèrement blessé au front.

A cet instant le docteur Conneau se précipite dans le salon où l'Empereur, le visage ravagé, attend anxieusement.

« Sire, c'est un fils, venez ! »

Napoléon III se précipite au chevet de sa femme qui, lentement, revient à elle. Avidemment, elle regarde les yeux de l'Empereur qui s'éclairent d'un sourire. Elle a tellement peur.

« Est-ce une fille ?

– Non », dit Napoléon.

Le visage de l'Impératrice s'illumine.

« C'est un garçon ? »

L'Empereur craint que l'émotion la tue. Silencieusement, il hoche la tête.

« Mais alors ! Qu'est-ce que c'est ? murmure la pauvre femme.

– Mais si, Madame, intervient Dubois, c'est un fils. »

Eugénie ne peut encore le croire.

« Je comprends, c'est une fille, mais on me le cache. Je veux le savoir. »

Pour qu'elle ne conserve aucun doute, Dubois lui présente l'enfant qu'elle contemple avec ravissement avant de s'endormir, brisée mais satisfaite.

Napoléon III, d'habitude si flegmatique et maître de lui, a perdu tout contrôle. Ce fils que le ciel lui envoie, n'est-ce pas un signe que lui fait la Providence ? Dans sa joie, il exulte, embrasse successivement les cinq premières personnes qu'il trouve sur son chemin puis, se rendant compte qu'il oublie sa dignité, se ressaisit.

Le prince Napoléon n'a pas les mêmes raisons d'être satisfait. Il est furieux de cette naissance qui le dépossède de son titre d'héritier présomptif, qui éloigne de lui cette couronne à laquelle il aspire. Dans les premiers instants, il exprime son mécontentement en refusant de signer l'acte de naissance. Pourtant sa signature est indispensable et, comme il est le premier prince du sang, elle doit figurer la première. C'est alors une ridicule poursuite qui commence à travers les salons de l'appartement impérial, les officiels essayant vainement d'obtenir la signature de l'altesse récalcitrante. Son refus est puéril. Qu'il le veuille ou non, l'Impératrice a donné le jour à un prince ; qu'il signe ou ne signe pas n'y peut rien changer. C'est ce que tente de lui faire admettre la princesse Mathilde, excédée de devoir encore attendre, après une nuit sans sommeil. De très mauvaise grâce, le prince Napoléon finit par s'exécuter mais, dans sa rage, il écrase la plume sur le papier et son paraphe se termine par un pâté.

Pendant ce temps, des estafettes sont parties aux quatre coins de la capitale prévenir les autorités civiles, militaires et religieuses de l'heureux dénouement qui vient de se produire. Dehors, la foule massée devant la grille des Tuileries pousse des cris de joie et acclame l'Empereur, l'Impératrice et le petit Prince nouveau-né. Derrière une fenêtre, Napoléon, ému, contemple cette explosion d'enthousiasme de ses sujets.

Mais c'est à six heures du matin seulement que retentit le canon des Invalides, suivi des cloches de toutes les églises de Paris qui font écho au gros bourdon de Notre-Dame et qui sonnent à toute volée. Le comte de Hübner, ambassadeur d'Autriche, note dans ses souvenirs : « Je suis réveillé par le canon des Invalides qui tire cent et un coups, annonçant ainsi la naissance du Prince impérial. L'Impératrice a beaucoup souffert. Dubois a dû employer les fers. Il dit qu'il n'a jamais vu souffrir autant. L'Empereur, si calme d'ordinaire, a perdu la tête [1]. » Ce que l'ambassadeur ne dit pas, c'est l'attente fébrile des Parisiens lorsque le canon commence à tonner. Vingt et un coups si c'est une fille, cent un si c'est un garçon. Au vingt et unième, il semble que le cœur de tous les habitants de la ville s'arrête de battre. Une minute qui paraît un siècle et que prolonge à plaisir le vieil adjudant qui commande le tir, que la facétie amuse. Lorsque le vingt-deuxième coup éclate, c'est l'allégresse.

Le télégraphe a transmis la nouvelle dans la France entière et, avec quelques heures de décalage, c'est la même joie qui éclate partout. En fin de matinée, au cours de la messe célébrée à midi dans la chapelle des Tuileries, en présence de l'Empereur, de la famille impériale et de toute la Cour rassemblée, le nourrisson est ondoyé, avec de l'eau du Jourdain rapportée de Palestine par le baron de Bourgoing.

L'enfant reçoit les prénoms de Napoléon, Eugène, Louis, Jean, Joseph, rappelant le fondateur de la dynastie, sa mère, son père et ceux qui vont être choisis comme parrain et marraine. Dans l'acte officiel, conservé sur le registre des baptêmes de l'église Saint-Germain-l'Auxerrois, dont dépend la chapelle des Tuileries, il est déclaré, pour la première fois « fils de France ».

1. Comte de Hübner, *Neuf Ans de souvenirs d'un ambassadeur d'Autriche en France*, tome I, p. 403-404.

A défaut du roi Jérôme, qu'on croit mourant, au point que les journaux publient quotidiennement des bulletins de santé, c'est au pape Pie IX, à la prière instante d'Eugénie, que Napoléon demande d'être le parrain de son fils. L'Empereur se souvient aussi d'une dette de reconnaissance qu'il a contractée en mars 1831 envers celui qui n'était encore que Mgr Jean-Marie Mastaï Ferretti, archevêque de Spolète. Échappant aux hussards hongrois, le prince Louis-Napoléon, alors engagé dans les rangs des carbonari, avait trouvé asile dans le palais même de l'archevêque, qui lui remit en outre trente mille francs de sa modeste cassette pour lui permettre de continuer sa route vers Pesaro où il allait retrouver sa mère, la reine Hortense. Le futur Pie IX avait été tancé par le pape Grégoire XVI qui l'avait convoqué spécialement à Rome « ad audiendum verbum » et qui l'accueillit par cette exclamation :

« Voilà le premier révolutionnaire de l'Ombrie [1] ! »

Vingt-cinq ans après, l'archevêque « révolutionnaire » a fait son chemin, puisqu'il s'est assis à son tour sur le trône de Saint-Pierre : quant au jeune prince républicain, épris de liberté, qui a combattu les armes à la main pour l'indépendance de l'Italie, les circonstances, dont il a su habilement profiter, en ont fait l'empereur des Français.

Paris a pavoisé spontanément. Les illuminations ne concernent pas seulement les édifices publics. Les boulevards, écrit le correspondant du *Temps*, ne sont « qu'une voie lumineuse depuis la Madeleine jusqu'à la Bastille ». Les quartiers les plus populaires de la périphérie et des faubourgs ne veulent pas se désolidariser de la joie générale et des lampions sont accrochés à toutes les façades jusque dans des impasses où « aucune lumière n'avait jusqu'alors brillé ».

Beaucoup de villes, dans les provinces, suivent l'exemple de la capitale. La France fête, en même temps, la naissance de l'héritier du trône, la paix retrouvée, le triomphe éclatant de ses armées, l'anarchie vaincue, l'ordre qui paraît solidement établi. Comme si cet enfant, à peine venu au monde, devait garantir, tel un gage sur l'avenir, la prospérité de toute une nation.

Mais la France n'est pas la seule à célébrer l'événement. De toutes les Cours où des courriers sont allés porter la nouvelle, arrivent des félicitations. Tout au bout de l'Europe, aux rives

1. Cité par Max Aghion, *Le Fils de la reine Hortense*, p. 142-143.

de Crimée, sur les bords de la mer Noire, l'artillerie française tire elle aussi une salve de cent un coups de canon, auxquels répondent en écho celles des artilleries anglaise et sarde. Par courtoisie, les batteries de l'armée russe se joindront à elles. Il est vrai que l'armistice a été conclu et que cinq cent mille hommes attendent la paix, dont le traité sera signé à Paris dans quelques jours.

D'autres manifestations de joie populaire se déroulent un peu partout, là où la France compte des amis. Il en est une particulièrement plaisante que Mérimée raconte à la comtesse de Montijo. Les Vénitiens, informés de la présence d'un prince français dans un palais du Grand Canal, se portent en délégation sous ses fenêtres et lui donnent une sérénade à l'occasion de la naissance du Prince impérial. Il est douteux que le comte de Chambord, qui réside en effet à ce moment au palais Cavalli, objet de cette manifestation enthousiaste, leur ait été très reconnaissant de leur aimable attention.

Après la cérémonie de l'ondoiement, le petit prince a été ramené chez sa mère et confié à ses gouvernantes, Mme l'amirale Bruat à laquelle sont adjointes deux veuves d'officiers morts en Crimée, Mmes Bizot et de Brancion ; mais c'est en fait miss Jane Shaw et la nourrice qui ont la charge de l'enfant. Napoléon et Eugénie ont fait annoncer qu'ils seraient parrain et marraine de tous les enfants nés le même jour que le leur. Il en sera déclaré trois mille six cents qui seront dotés par la couronne.

L'Empereur a aussi demandé au prince Napoléon d'étudier un projet d'amnistie à l'occasion de la naissance de son fils. Ce projet, de la main du prince, a été retrouvé. On peut y lire : « Par l'abrogation des trois lois ou décrets de proscription, on marque la différence entre le règne de Napoléon III effaçant la loi du 10 avril 1832 et le règne de Louis XVIII proscrivant les Bonaparte ; entre le règne de Napoléon III effaçant la loi du 26 mai 1848 et le règne de Louis-Philippe proscrivant les Bourbons de sa famille et les Bonaparte. Après avoir, par l'amnistie, changé tous les exilés en émigrés, on change tous les prétendants en citoyens. Il n'y a plus de prétendants, il n'y a plus qu'un héritier de Napoléon III [1]. »

Il y a bien une arrière-pensée politique derrière ce décret qui sera signé dès le lendemain de la naissance du Prince

1. *Correspondance de Napoléon III et du prince Napoléon*, p. 341, note 1.

impérial, mais elle ne peut effacer l'intention généreuse qui l'a inspiré. Tous les derniers proscrits de 1851 sont invités à rentrer. On leur demande seulement de signer une déclaration dans laquelle ils s'engagent à ne rien tenter contre le régime. Devant la vague des retours, un véritable raz de marée, Victor Hugo, décidément irréductible, lancera son fameux :

S'il n'en reste que dix, je serai le dixième
Et s'il n'en reste qu'un, je serai celui-là !

Des secours sont versés, sur la cassette impériale, pour venir en aide aux plus nécessiteux, aux vieillards, aux artistes. De son côté, la municipalité parisienne ne veut pas être en reste et vote des crédits : cent mille francs pour payer les arriérés des mois de nourrice des enfants indigents. Cent mille francs pour dégager du mont-de-piété les outils des ouvriers et des artisans. L'Empereur est heureux, il faut que tous dans le pays aient aussi l'occasion de se réjouir. Le soir du dimanche 16, Napoléon retient à dîner les généraux Bosquet et Canrobert, le premier à sa gauche, le second à sa droite. A la fin du repas, comme on apporte le champagne, il lève son verre en disant : « Je veux aujourd'hui porter un toast à deux bons amis que j'ai près de moi, au maréchal Canrobert et au maréchal Bosquet ! »

Il avait été question de donner un titre à l'héritier du trône. On a même parlé de le nommer roi d'Alger, mais comme le titre de roi de Rome n'a pas porté bonheur au premier aiglon, on décide, après réflexion, de ne donner au prince aucun titre particulier. Il sera le Prince impérial, tout simplement. Ses parents l'appelleront Louis mais, durant les années de sa petite enfance, on usera d'un diminutif dont l'Empereur aura du mal à faire passer l'habitude lorsque son fils sera devenu un garçonnet : longtemps, on appellera le prince Loulou. Napoléon, qui trouve passablement ridicule l'appellation de « Plonplon » dont, à quarante ans passés, on use encore pour désigner le prince Napoléon, et qui manque par trop de dignité pour le premier prince du sang, ne veut pas que, plus tard, son fils puisse encore être appelé Loulou. En fait, ce n'est pas ce surnom qui lui restera, mais celui que d'emblée les Parisiens lui ont donné : « le petit Prince ». En attendant qu'il grandisse, c'est un gros garçon vorace qui ne se réveille que pour réclamer le sein de sa nourrice et qui s'est vite remis des épreuves de sa naissance.

L'Empereur ne se lasse pas d'admirer ce fils qu'il a tant désiré et qui comble tous ses vœux. Mais son extase est inquiète. L'enfant va-t-il bien ? N'est-il pas malade ? N'a-t-il pas trop chaud, ou trop froid ? Ce sont des visites continuelles, et des questions posées à la nourrice et à la nurse, qui montrent autant de vigilante tendresse que d'inexpérience de la paternité. « Napoléon III, écrit un témoin, en dépit de son apparence impassible, était aussi tendre qu'affectueux, et la bonté chez lui a souvent porté jusqu'à la faiblesse une âme réellement trempée. Pour l'Impératrice, la maternité couronnait en quelque sorte son mariage et son élévation ; aussi son humeur était-elle charmante [1]. » D'autant plus charmante que l'Empereur est aux petits soins pour elle et ne sait comment lui témoigner sa tendresse et sa reconnaissance, tandis que la Cour est réellement à ses pieds. Pour Eugénie, c'est une apothéose dont elle savoure les effets avec délices.

Les jours de deuil liturgique et les solennités de la Semaine sainte n'interrompent pas les réjouissances mondaines ou populaires. Paris n'est-il pas le siège du congrès de la Paix qui bientôt portera son nom ? C'est comme une réplique au congrès de Vienne de 1815, mais cette fois-ci, c'est un Napoléon qui en est l'organisateur et c'est le propre fils du vaincu de Waterloo qui le préside [2].

Les poètes joignent leurs accents à ces hommages. Au Théâtre-Français, Beauvallet déclame une ode écrite par Méry, tandis qu'à l'Odéon, second théâtre national, on donne un à-propos de Philoxène Boyer, intitulé « Le seize mars », lequel, anticipant sur l'avenir, célèbre déjà les vertus de Napoléon IV.

Mais le plus joli poème est sans doute celui de Théophile Gautier, dont les vers ont une grâce un peu mièvre qui évoque si bien l'époque :

Au vieux palais des Tuileries
Chargé déjà d'un grand destin,
Parmi le luxe et les féeries
Un enfant est né ce matin.

1. Stéphanie Tascher de La Pagerie, *Mon séjour aux Tuileries*, 1re série, p. 112.
2. Alexandre, comte Walewski, ministre des Affaires étrangères de Napoléon III.

Aux premiers rayons de l'aurore,
Dans les rougeurs de l'Orient,
Quand la ville dormait encore,
Il est venu frais et charmant...

[...]
Qu'un bonheur fidèle accompagne
L'enfant impérial qui dort,
Blanc comme les jasmins d'Espagne,
Blond comme les abeilles d'or.

Pendant plusieurs jours, l'Empereur écoute les harangues que viennent débiter les délégations de tous les corps constitués auxquels il est d'usage de présenter l'héritier du trône.

Au nom des ministres plénipotentiaires, représentants des puissances du Congrès, le comte Walewski exprime à l'Empereur la confiance générale de l'Europe. Il semble en effet que l'avenir de la dynastie et la stabilité du régime soient garantis pour longtemps et que cette naissance en soit le gage. Pourtant, il reste des sceptiques. C'est ainsi qu'on peut lire dans le *Times* : « Il est possible que le Napoléon né dimanche dernier soit couronné le quatrième de sa dynastie, mais il se pourrait aussi qu'il ne soit qu'un nom ajouté à la liste des prétendants français. »

Toutes les délégations n'ont pas le même prestige. Certaines sont plus populaires, parfois très pittoresques, comme celle des dames de la Halle, admises à contempler elles aussi le nourrisson impérial. Plus décidée que les autres, ou moins intimidée, l'une d'elles, Mme Lebon, se penche sur l'enfant et le trouve si beau qu'elle ne peut résister au plaisir de l'embrasser. L'Impératrice n'assiste pas à ces manifestations d'hommage qui, pourtant, seraient de nature à flatter son légitime orgueil. Trop éprouvée par ses couches difficiles, elle se remet, lentement, et ne peut recevoir que quelques familiers. Elle ne se lasse pas de regarder son fils qui, le plus souvent, dort près d'elle.

« N'est-ce pas qu'il est joli », dit-elle à ses visiteurs qui n'ont garde de la contredire.

L'enfant est très sage, ne pleure que lorsqu'il a faim. Aussitôt on fait venir la nourrice qui lui donne le sein. C'est le seul rôle que miss Shaw laisse à celle-ci, se réservant tous les autres soins à donner au Prince. Quant à la gouvernante, elle ne fait que de la représentation, lorsque le protocole l'exige, montant la garde à côté du berceau. On est loin de la familiarité tendre qui unissait le roi de Rome à Mme de Montesquiou. L'amirale Bruat, gouvernante des Enfants de France, ne loge même pas au palais. Lorsque sa présence est requise par l'étiquette, une voiture à la livrée impériale qui a été mise à sa disposition passe la prendre à son domicile, 176, rue de Rivoli, où elle vit très retirée, se consacrant à l'éducation de ses trois enfants. Auprès du Prince, les deux sous-gouvernantes, Mmes Bizot et de Brancion, se relaieront pour assurer une permanence, au même titre que les dames d'honneur de service auprès de l'Impératrice.

La nourrice, elle, loge au palais. Lorsqu'elle vient remplir son office, elle est pénétrée de l'intérêt qu'elle suscite et se montre extrêmement sensible aux prévenances dont elle est l'objet de la part de l'Impératrice. « C'est une grande femme, forte, portant bien sa belle taille, délicieusement habillée, quoique simplement, et faisant la grande dame. Bonne nourrice bien qu'elle ne soit pas jeune. Elle porte quarante ans et en a bien trente-cinq [1]. » L'enfant s'attachera beaucoup à elle, au point que durant de longues années, et bien après qu'elle l'aura quitté, miss Shaw devra garder un morceau de velours de son corsage, ainsi qu'un mouchoir de soie lui ayant appartenu, sans lesquels il ne consentira pas à s'endormir.

Au début du mois d'avril, le moment, attendu avec quelle impatience par l'Impératrice, pour ses relevailles est arrivé. Les soins les plus attentifs lui ont été prodigués, et l'on peut croire qu'il n'y aura aucune suite aux épreuves qu'elle a subies. Pourtant, à peine met-elle le pied par terre qu'elle s'écroule aussitôt entre les bras de ses femmes, en proie à la plus vive douleur. Les médecins mandés en toute hâte diagnostiquent une fracture du bassin provoquée par le travail des fers et lui ordonnent une longue convalescence. C'est avec une infinie docilité, étonnante pour ceux qui connaissent le besoin de mouvement et d'agitation d'Eugénie, qu'elle se soumet à cette immobilisation forcée qui va durer deux mois.

L'orgueil d'avoir donné un héritier à l'Empire, la satisfaction d'entendre chaque jour à côté de son lit les compli-

1. Docteur Barthez, *La Famille impériale à Saint-Cloud et à Biarritz*, p. 12.

ments des nombreux visiteurs qui se pressent autour d'elle, l'importance que lui confère cette nouvelle situation qu'elle a si longtemps attendue, lui sont infiniment agréables. Elle donne ses audiences dans sa chambre, très fraîche dans une toilette de lit blanc ou lilas, la couleur qu'elle affectionne, mêlant la soie à la dentelle, la tête nue laissant admirer sa merveilleuse chevelure d'un blond vénitien tirant sur le roux. Jamais, sans doute, elle n'a été aussi belle.

De son lit, elle donne son avis sur la cérémonie du baptême de son fils, que l'Empereur désire grandiose et dont les projets sont soumis à son approbation par le duc de Cambacérès. Si l'Empereur s'est rallié au choix d'Eugénie, en demandant au pape Pie IX d'être le parrain de leur fils, c'est aussi parce qu'il a nourri, un moment, l'espoir que celui-ci viendrait en personne, à Paris, pour tenir son filleul sur les fonts baptismaux. Des tractations ont été menées au palais du Latran, au nom de l'Empereur, par des prélats à sa dévotion. Le pape à Paris, ce serait aux yeux de la France catholique et des monarchies européennes d'un prodigieux effet.

Malheureusement, cet espoir a été déçu. Le Saint-Père a fait valoir que son grand âge et ses infirmités n'autorisaient pas un si grand voyage. En fait, il n'a que soixante-quatre ans et se porte très gaillardement. C'est une excuse toute diplomatique, mais les voyages, tant à Paris qu'à Fontainebleau, sous le Premier Empire, de l'infortuné Pie VII, n'ont pas laissé à Rome les meilleurs souvenirs. De plus, le pape se soucie peu d'indisposer les autres souverains en accordant à l'empereur des Français un privilège exorbitant qui, habilement exploité, pourrait ressembler, à défaut d'un sacre, à une consécration. Il se contentera d'envoyer la Rose d'or à l'Impératrice, et se fera représenter à la cérémonie par un cardinal légat *a latere*, l'éminentissime Patrizi.

Pour la marraine, il ne pouvait être question de demander à la reine Victoria, chef de l'Église anglicane, de remplir ce rôle, même par procuration. On chercha une souveraine catholique apparentée à la famille impériale. La reine de Suède, fille du prince Eugène de Beauharnais, cousine germaine de l'Empereur, accepta d'être la marraine de l'arrière-petit-fils de la gracieuse Joséphine. Elle aussi se fera représenter, par une autre cousine de Napoléon III, la grande-duchesse Stéphanie de Bade.

Tout doit être organisé pour que ce baptême dépasse en magnificence ce qui avait été fait le 9 juin 1811 pour celui du roi de Rome. Les autorités civiles, militaires, religieuses, sont requises pour donner aux défilés et aux cérémonies tout l'éclat et toute la pompe possible. La décoration de la cathédrale est confiée à l'architecte Ballu qui va habiller littéralement l'immense vaisseau de lourdes tentures écarlates descendant des voûtes, tandis qu'un faux plafond bleu pâle, semé d'étoiles d'or, symbolisera le ciel. Comme le goût est au Moyen Âge, les escaliers d'accès aux tribunes, les rampes et les innombrables colonnes qui les soutiennent sont ornés de motifs peints à la détrempe par Cambon, Desplechin et Steinheil. Tout ce faux gothique, brochant sur le vrai, fait un peu penser à un décor de théâtre monté pour une unique représentation, mais quelle représentation ! Quatre grosses cloches nouvelles, spécialement fondues à Angers, sont venues compléter dans les tours la batterie un peu pauvre de Notre-Dame de Paris. Comme pour le mariage de l'Empereur, des chevaux superbes ont été loués à Londres par le colonel Fleury, grand écuyer. Au nombre de vingt, ils compléteront les attelages fournis par les écuries impériales [1].

Le long du parcours que suivra le cortège depuis les Tuileries, les troupes, sur deux rangs, contiendront la foule. Le service d'ordre doit être efficace, on a parlé d'un complot pour attenter à la vie de l'Empereur. Le préfet de Police, Pietri, donne des instructions en conséquence. La fête ne sera pas troublée.

Dès le matin du 14 juin, la population parisienne, augmentée de trois cent mille personnes venues des départements et de l'étranger, se masse sur les places et le long des rues par lesquelles passera le cortège. Le temps est maussade. Au cours de la matinée, il pleuvra même, mais rapidement le ciel se dégagera. Six mille invités se présentent aux portes de la cathédrale, ce ne sont qu'uniformes rutilants des militaires et des diplomates, tant français qu'étrangers, somptueuses toilettes des femmes, robes rouges ou noires des magistrats et des universitaires, tenues plus sombres, mais chamarrées de broderies, des préfets et des hauts fonctionnaires.

Devant le porche de Notre-Dame, un immense dais a été installé, tendu d'écarlate, sous lequel passeront les invités de

1. Cité par Alain Decaux, *Le Prince impérial*, p. 26.

marque, princes et princesses, représentants des Cours. Dans le chœur, illuminé par la flamme de milliers de bougies dont les reflets joueront tout à l'heure sur les mitres et les crosses des archevêques et évêques qui se sont rendus à l'invitation du souverain, un trône attend le cardinal-légat. A cinq heures, celui-ci fait son entrée. Comme s'il s'agissait du pape en personne, il est accueilli, avec les plus grands honneurs liturgiques, par tout le chapitre métropolitain groupé autour de l'archevêque. Comme il a manqué de tomber en descendant de voiture, certains murmurent que c'est de mauvais augure. Ne raconte-t-on pas à son sujet que c'est un « jettatore [1] » ? Tandis qu'il remonte la nef pour gagner sa place, la maîtrise de la cathédrale entonne le *Tu es Petrus*.

Au même moment, devant la façade des Tuileries, le cortège impérial s'ébranle. Après les détachements des carabiniers, des dragons et des guides, après huit voitures de gala à six chevaux transportant les invités princiers, dans le carrosse, doré jusqu'aux roues, qui servit à Napoléon et à Marie-Louise le jour de leur mariage, le héros de la fête apparaît, porté par l'amirale Bruat, vêtu d'une robe et d'un bonnet de soie blanche, recouverts de point d'Alençon, dans un manteau doublé d'hermine sous lequel on aperçoit le ruban rouge de la Légion d'honneur.

Immédiatement après vient le monumental carrosse de Charles X, entièrement redoré et orné des grandes armes de l'Empire. Les portières sont décorées de fines peintures allégoriques. Huit chevaux bai-brun, les plus beaux de toutes les écuries impériales, le tirent. A travers les glaces, on aperçoit Napoléon III, en uniforme de général de division, et Eugénie, tout en blanc, un manteau de cour bleu sur les épaules, et coiffée d'un diadème au centre duquel scintille le Régent. L'escadron des cent-gardes et d'importants détachements des différents régiments de la Garde ferment le cortège. La foule, tout le long du parcours, ne se lasse pas d'applaudir. Quand passe la voiture des souverains, c'est véritablement du délire. Les vivats retentissent : « Vive l'Empereur ! Vive l'Impératrice ! Vive le Prince impérial ! » Grisée par ce spectacle, Eugénie ne peut pourtant s'empêcher de penser au sort d'autres princes baptisés dans la même ivresse. Les mêmes volées de cloches n'avaient-elles pas célébré les baptêmes « du

1. Jeteur de sort, en langage populaire romain.

dauphin Louis XVII, du roi de Rome, du duc de Bordeaux, du comte de Paris. Et qu'étaient-ils devenus, ces pauvres enfants ? La prison, la mort, l'exil [1] ! »

Devant la cathédrale, tandis que le canon tonne et que les cloches sonnent, descendent des premières voitures les invités de marque que les spectateurs se désignent. Le duc de Brunswick, apprêté, teint, fardé, qui veut faire le beau, prête à rire. Grandiose, en kilt, le duc de Hamilton est frénétiquement applaudi. Le beau-frère de l'Impératrice, le duc d'Albe, en général espagnol, représente à lui seul toute la famille maternelle car la comtesse de Montijo et Paca sont restées à Madrid, le protocole ne pouvant leur attribuer, après les altesses, que des places indignes de leur degré de parenté. Longue perche, paraissant plus maigre encore en culotte et bas de soie, le prince Oscar de Suède est une figure sans relief. La reine mère d'Espagne, Marie-Christine, en a trop. Elle paraît énorme dans une robe de velours vert pâle qui met en valeur ses fort belles émeraudes. A ses côtés, son ancien favori, le duc de Rianzarès, qu'elle a fini par épouser, semble insignifiant. Le roi Jérôme porte encore beau, malgré ses soixante-douze ans, dans son uniforme chamarré de maréchal de France. Il est un des seuls qui puisse se souvenir du premier baptême impérial de 1811.

Un moment encore, et c'est l'entrée triomphale de Napoléon III et d'Eugénie, accueillis sous le porche par Mgr Sibour et son chapitre. Le visage de l'Empereur, habituellement peu expressif, rayonne de satisfaction, mais tous les regards vont à l'Impératrice qui est réellement éblouissante. Derrière eux, l'amirale Bruat porte le Prince impérial que tout ce bruit a réveillé et qui ouvre de grands yeux étonnés. Sa nourrice remporte un succès de curiosité. On admire son costume paysan traditionnel : corsage de velours noir brodé d'or, jupe rouge, coiffe et tablier de dentelle. Les souverains prennent place sur les trônes qui ont été installés à la croisée du transept, face à celui où, depuis plus d'une heure, attend le cardinal-légat. Sur une table, devant lui, a été placée la vasque en cuivre qui va servir de fonts baptismaux [2]. Son Éminence entonne alors le *Veni Creator*, qui sera repris par la maîtrise soutenue par un brillant orchestre, puis procède aux rites du baptême. Le

1. Maurice Paléologue, *Les Entretiens de l'impératrice Eugénie*, p. 18.
2. Conservée aujourd'hui au musée du Louvre.

Prince, jusque-là placide, se met à hurler. « Il n'a pas paru trouver la cérémonie tout à fait à son goût, car il a fait un beau train », écrira Mérimée à la comtesse de Montijo dans sa pittoresque relation de l'événement.

Le baptême terminé, l'Impératrice devrait, suivant le protocole, présenter son fils aux assistants, mais ses jambes se dérobent sous elle, l'émotion est trop forte, elle est contrainte de s'asseoir. Alors, tandis qu'un aide des cérémonies debout au milieu du chœur, crie par trois fois : « Vive le Prince impérial ! » c'est Napoléon III, auquel l'amirale Bruat vient de le remettre, qui élève l'enfant à bout de bras. Une immense acclamation retentit d'un bout à l'autre de la cathédrale pendant que l'orchestre attaque le majestueux vivat composé par Lesueur pour le baptême du roi de Rome. La cérémonie se termine par un *Te Deum*, avant que le cardinal, d'un geste large et magnifique, donne, au nom du Saint-Père, la bénédiction apostolique.

Les réjouissances populaires se prolongeront toute la nuit. Paris veut s'amuser. Dans les quartiers, des fontaines de vin sont installées aux carrefours. Autour, on danse aux accents d'orchestres bruyants. La fête durera encore plusieurs jours, mais le Prince impérial n'y assiste plus. Le lendemain, l'Empereur passe les troupes en revue au Champ-de-Mars, en présence d'une foule considérable. Après le défilé, un aérostat s'élève dans les airs et lance sur des milliers de mains tendues des petits sacs de dragées, suspendus chacun à un minuscule parachute qui les fait dériver au gré du vent.

La nuit tombée, tandis que la place de la Concorde et les Champs-Élysées s'illuminent d'innombrables lanternes de couleur, un magistral feu d'artifice est tiré sur le quai d'Orsay. L'Empereur et l'Impératrice assistent à ce spectacle au balcon du ministère de la Marine.

Le lundi, c'est le grand bal de l'Hôtel de Ville, où l'on accède par l'avenue Victoria transformée en parterre de fleurs. Dans la salle des Cariatides, valses, polkas et mazurkas se succéderont une partie de la nuit. Ainsi se termine la plus belle fête du règne, dont Napoléon peut dire à Eugénie, en guise de conclusion : « Pareil baptême vaut un sacre ! »

CHAPITRE II

L'AGE DE L'INNOCENCE

Comme pour la naissance de son fils, Napoléon III a signé, à l'occasion du baptême, des grâces, des amnisties, des remises de peine. Ils sont plus d'un millier, tant civils que militaires, à bénéficier de la clémence impériale.

Tous les enfants des écoles de la capitale et de la banlieue ont reçu une petite médaille d'argent portant, d'un côté, les profils du couple impérial, et, de l'autre, celui en buste d'un enfant que surmonte la date; 14 juin 1856. Une autre médaille est frappée au nom des maires des grandes villes de France et d'Algérie qui se sont associées au baptême.

Avant de regagner Rome, le cardinal Patrizi viendra remettre solennellement à Eugénie, dans la chapelle du palais de Saint-Cloud, la Rose d'or bénie par Pie IX le dimanche des Rameaux. A l'issue de la messe qu'il célèbre en présence de toute la Cour, le légat s'assied dans un fauteuil devant l'autel, ayant en face de lui l'Empereur et l'Impératrice. Mgr Monaco Lavalette, protonotaire apostolique, lit à haute voix le bref pontifical, après quoi Eugénie s'avance vers l'autel où la Rose d'or lui est remise [1]. Dans les bras de l'amirale Bruat, Louis assiste à la cérémonie. Le cardinal offre alors au filleul du Saint-Père un reliquaire contenant une parcelle de la crèche.

D'autres cadeaux affluent de toutes parts. La population la plus humble de Paris a tenu à s'associer aux nombreux présents que reçoit le Prince. Ouverte dans les ateliers de la péri-

1. L'Impératrice a toujours conservé la Rose d'or, qui occupait dans sa chambre une place d'honneur. Exposée dans le musée de l'abbaye Saint-Michel de Farnborough, elle a été volée il y a quelques années.

phérie, une collecte a rapporté plus de quatre-vingt mille francs pour six cent mille donateurs. Les souscriptions étaient de cinq, dix et vingt-cinq centimes. L'Impératrice en consacre le produit à l'orphelinat du Prince impérial qu'elle vient de fonder. Elle entend associer le nom de son fils aux œuvres dont elle s'est imposé la charge, en attendant qu'il puisse y contribuer lui-même.

La Cour va résider quelque temps à Saint-Cloud dont l'air a été jugé excellent pour l'enfant. Aux Tuileries, on l'a tenu trop renfermé sous prétexte que la terrasse du bord de l'eau, qui lui a été réservée, était balayée par les courants d'air. Une controverse a même éclaté entre Napoléon et le docteur Conneau, sous prétexte que le roi de Rome avait fait ses premiers pas sur cette terrasse. Mais l'avis du médecin a prévalu et, comme l'Empereur ne consentait pas à un autre lieu de promenade, l'enfant est resté confiné dans ses appartements jusqu'au départ de la Cour pour Saint-Cloud.

L'Impératrice, qui n'est pas spontanément portée à s'intéresser aux nourrissons, suit avec une extrême attention les progrès de son fils et se préoccupe beaucoup de sa santé. Mais elle a infiniment moins que l'Empereur le besoin de le regarder, de le toucher. Des deux, c'est Napoléon qui est le plus « maternel ». Il a pour son fils des attentions, des inquiétudes continuelles. Plusieurs fois par jour, il quitte son bureau pour aller le regarder dormir. A la moindre fièvre, il s'affole, multiplie les recommandations. Les avis du brave Conneau, son ami et son confident, ne lui semblant pas assez rassurants, il décide, et c'est une nouveauté, de confier la santé de son fils à un spécialiste des enfants. On ne dit pas encore un pédiatre.

Le docteur Ernest Barthez prend son service le 8 juillet. Il est d'abord reçu par l'Impératrice qui lui parle de « la force de son fils, de sa beauté, de sa douceur, de sa tranquillité, preuve de l'absence de toute souffrance ». Comme tous les bébés nourris au sein, il a le teint d'un blanc un peu mat. Il est convenu que le médecin le verra régulièrement trois fois par semaine, vers midi, et naturellement chaque fois que cela sera nécessaire. Lors de la visite suivante, Louis est réveillé. « Il a de grands yeux, d'un bleu foncé, écrit le docteur, limpides et transparents, qui me regardaient d'abord avec étonnement, puis il ne tarda pas à sourire aux agaceries que je lui fis [1]. »

Pendant ce premier été à Saint-Cloud, le Prince passe le plus clair de son temps dans le parc, à l'ombre des marronniers, surveillé par miss Shaw qui ne le quitte pas un seul instant. Autour de lui, il ne voit que des personnages sérieux, voire compassés, les hommes en habit ou en uniforme, les femmes en toilette. S'il est le point de mire de tous, il n'est jamais l'objet de la moindre familiarité, surtout depuis que le docteur Rayer, médecin consultant de l'Empereur, a déclaré très doctement qu'il ne fallait pas trop l'exciter à jouer pour ne pas fatiguer sa très précoce intelligence. Le résultat, c'est qu'à quatre mois le Prince est déjà impassible et serein, comme s'il se savait « en représentation ».

Le 17 juillet, l'Empereur prend un décret fixant les conditions de la régence, qui serait confiée à l'Impératrice, en cas de nécessité, durant la minorité du Prince impérial. Voilà qui fait enrager singulièrement les Bonaparte, et plus que tous le prince Napoléon car, s'il est prévu qu'il aurait une place au conseil de régence, à titre consultatif, l'exercice du pouvoir lui échapperait totalement. La signature de ce décret n'est pas faite pour améliorer les relations de famille, qui sont passablement tendues, et ne contribuera pas à réchauffer l'atmosphère des dîners hebdomadaires qui, chaque lundi, réunissent au palais les Bonaparte présents à Paris.

Napoléon, qui répugne à quitter son fils, doit pourtant, sur la prescription de ses médecins, faire une courte cure à Plombières, dans les Vosges. Pendant son absence, il s'inquiète, écrit à Eugénie des lettres qui dénotent une réelle anxiété : « Toi et le petit vous êtes tout pour moi. Je vois avec bonheur approcher le moment où je vais te revoir, ainsi que notre enfant, et j'en suis si heureux que je me tourmente, craignant que d'ici là, toi ou lui, vous soyez malades. Que dans ses promenades, on n'aille pas près de l'étang. Ne te fatigue pas non plus. Toutes ces recommandations sont bêtes peut-être, mais quand je suis heureux j'ai peur [2]. »

Ce billet traduit la grande tendresse de Napoléon III pour

1. Docteur Barthez, *La Famille impériale à Saint-Cloud et à Biarritz*, p. 9-10.
2. Archives nationales, 400 AP 43.

son fils, et la fébrilité qui le saisit dès qu'il se trouve loin de lui. Il veut veiller à tout, superviser tout, n'ayant d'ailleurs aucune idée de la façon dont on élève un enfant. Miss Shaw, heureusement, ne s'en laisse pas conter. Grâce à elle, et à son système éprouvé, typiquement britannique, le séjour à Biarritz fait au Prince le plus grand bien. Le docteur Barthez n'a qu'à se louer des services de la nurse, avec laquelle il est le plus souvent d'accord, encore que leurs communications soient rendues difficiles par l'ignorance mutuelle de leurs langues respectives que chacun s'obstine à parler et à comprendre exclusivement. Obstinée, elle l'est jusqu'au dernier point, contre ceux qui veulent donner leurs conseils, contre les gouvernantes, les familiers, les médecins, tous ces Français qui n'y entendent rien. Sa totale ignorance du français lui permet de ne comprendre que ce qu'elle veut des différentes instructions qui lui sont traduites. Heureusement, elle a la confiance entière des souverains. Puisqu'elle a été recommandée par lady Ely, et indirectement par la reine Victoria, elle ne peut être que parfaite. Ainsi en a décidé Eugénie, pour couper court aux plaintes des gouvernantes qui voudraient régenter la nurse.

Le jeune prince paraît déjà fasciné, et nullement effrayé, par tout ce qui est militaire, les uniformes, le cliquetis des armes, le roulement du tambour. Comme il n'est jamais trop tôt pour bien faire, dès le mois de décembre, il est inscrit sur les registres du 1er régiment des grenadiers de la Garde. Il n'a pas encore un an.

Au mois de mars suivant, pour son anniversaire, il fait ses premiers pas. La plus jeune recrue de l'armée française n'est pas encore très assurée sur ses jambes et, comme le printemps est radieux, c'est dans la petite voiture dont la reine Victoria lui a fait présent, tirée par deux chèvres aux cornes dorées, le bras armé d'un minuscule fouet au manche d'argent, que miss Shaw le promène chaque jour dans les allées du jardin privé des Tuileries. De l'autre côté de la grille, les Parisiens se pressent pour l'apercevoir. Paris s'éprend de cet enfant plus que de tous ceux qui l'ont précédé. Il a déjà posé pour Thomas Couture, et pour Winterhalter sur les genoux de sa mère. Des gravures, des lithographies ont été tirées de ces portraits. Bientôt on répandra à profusion ses premières photographies, juché sur un cheval de bois.

De plus en plus, on le montre, on pourrait dire qu'on l'exhibe. Sa mère le fait chercher lorsqu'elle donne des audiences dans ses appartements privés. On le présente aux dames, il est si joli, si gentil, si facile. Ce gage de la pérennité des Bonaparte, il importe qu'on le connaisse, qu'il fasse tôt l'apprentissage de son futur métier de souverain. Il n'est pas de réception officielle au palais où l'on ne l'amène un instant. Par sa coiffure même, on essaie de le faire ressembler à Napoléon Ier. Mérimée le remarque et l'écrit à la comtesse de Montijo : « On nous a montré le Prince impérial qui m'a paru grandi ; il a un air de famille avec les Bonaparte et le front de Napoléon Ier que l'on complète en lui faisant une petite mèche. Il aura beaucoup de cheveux noirs, car ils sont déjà très foncés. Ce qui m'a beaucoup surpris, c'est qu'il entend déjà très bien ce qu'on lui dit en français et en anglais. J'en ai fait l'expérience moi-même et, bien qu'il ne parle pas encore distinctement, il est évident par ses gestes qu'il entend à merveille. Je ne comprends pas comment il ne fait pas une confusion dans sa petite mémoire [1]. »

Personne n'y a encore pensé, mais il faudrait au Prince impérial, à défaut d'un frère ou d'une sœur qui partagerait son existence d'enfant, des compagnons de son âge avec lesquels il puisse jouer. Louis s'ennuie, tout seul, d'autant plus que la nature l'a créé turbulent. Constamment, il faut qu'il s'agite. Ce n'est pas pour rien que sa mère l'appelle « monsieur Bougillon ».

Maintenant qu'il marche, il déambule librement dans les appartements privés. Il a accès au cabinet de son père, même lorsque l'Empereur reçoit des personnages importants. Napoléon n'est nullement gêné par sa présence, au contraire, elle le ravit. Il n'ose rien lui défendre ni lui refuser, aussi Louis touche-t-il à tout, joue avec tout ce qu'il trouve à sa portée. Souvent il fait des sottises, mais toutes n'ont pas la même gravité. Un jour, il casse une tasse de Sèvres, infiniment précieuse, puisque, relique insigne, c'est celle sur laquelle, à Sainte-Hélène, Napoléon Ier mourant a posé ses lèvres. L'Empereur se contente de sonner : « Emmenez le Prince », dit-il.

Un jour, il s'aperçoit que l'enfant s'est emparé d'un coupe-papier avec lequel il risque de se blesser. Le lui retirer serait le

1. Prosper Mérimée, *Lettres à la comtesse de Montijo*, tome II, p. 79.

plus facile. Il dit pourtant au comte Tascher de La Pagerie, présent dans la pièce : « Enlevez-le-lui, il va se faire mal ! » Le comte obéit, retire au Prince le coupe-papier qu'il pose sur le bureau de l'Empereur, lequel ajoute, gêné : « Je n'ai pas voulu le lui enlever moi-même, j'aurais peur qu'il m'aime moins. » Voilà qui est caractéristique.

L'écho de telles scènes parvient aux oreilles d'Eugénie qui les réprouve et ne peut manquer de déplorer la faiblesse de Napoléon pour son fils. Il faut reconnaître qu'elle n'a pas tort. En compensation, elle doit montrer plus d'énergie et de rigueur. Raisonnable et déterminée, elle voit plus loin que les satisfactions immédiates des volontés, voire des caprices, d'un enfant. A travers son fils, elle envisage déjà le futur empereur auquel il importe de donner une éducation et des principes conformes à la haute destinée qui l'attend. Ses détracteurs ont propagé qu'elle avait manqué de tendresse maternelle. C'est une calomnie. Les exemples abondent, dans sa correspondance comme dans les souvenirs et témoignages des familiers de la Cour, de l'attentive sollicitude dont elle entourait l'enfant. Le rôle purement protocolaire assigné aux gouvernantes montre qu'elle entend s'occuper elle-même de l'éducation du Prince. Certes, elle fait toute confiance à miss Shaw pour les soins à donner à l'enfant, mais c'est sous sa direction. La chambre de Louis est à côté de ses appartements et rien ne s'y passe dont elle ne soit aussitôt avertie. Elle ne bêtifie pas devant son fils, mais elle l'aime tendrement. Pleure-t-il, souffre-t-il, elle est auprès de lui, vigilante et empressée. Dans ses lettres à sa sœur, à laquelle elle se confie le plus volontiers, les allusions à la santé de Louis sont fréquentes : « Mon pauvre petit est un peu malade. Je t'écris même de sa chambre, il a eu la fièvre depuis hier, je crois que c'est pour ses dents, on lui a coupé les gencives et de suite il a été mieux. Ça me tourmente pourtant beaucoup de le voir malade, quoique ce soit peu de chose [1]. » Ce n'est pas là le ton d'une mère indifférente. Les témoins ne s'y trompent pas. « Je la trouve délicieuse avec son enfant », écrit la comtesse Stéphanie Tascher de La Pagerie [2]. Du docteur Barthez à Augustin Filon, tous ceux qui vécurent dans l'intimité de la famille impériale

1. *Lettres familières de l'impératrice Eugénie,* tome I, p. 151.
2. *Mon séjour aux Tuileries*, 1re série, p. 242.

l'ont amplement confirmé. L'Impératrice a pu avoir d'autres torts lorsqu'elle se mêla de politique. Elle fut une mère irréprochable.

Très tôt, ficelé à un petit siège de bébé, on a hissé le Prince sur un poney des Shetland, mais c'était pour le photographier. Le véritable entraînement commence à l'automne de 1857. Il a dix-huit mois. D'emblée, il éprouve pour les chevaux une attirance instinctive. Est-ce l'hérédité ? L'Empereur et l'Impératrice sont tous deux des cavaliers accomplis. Ne sont-ce pas la grâce et l'élégance à cheval de la jeune comtesse de Teba qui ont attiré, en tout premier lieu, les regards de Napoléon ? Son fils, maintenant, montre qu'il tient d'elle en affichant un goût très vif, et les plus heureuses dispositions, pour l'équitation.

On lui a donné un maître, Auguste Bachon, un brave homme celui-là, point compassé, point triste, et merveilleux cavalier. Ce Provençal aux traits plutôt lourds, élève du fameux comte d'Aure, a l'air d'un seigneur dès qu'il est à cheval. Il a toute la confiance de l'Empereur, qui le connaît depuis longtemps et ne pouvait mieux la lui marquer qu'en lui donnant la maîtrise de l'éducation équestre du Prince. Si c'est le plus grand plaisir de Bachon d'apprendre les rudiments de son art au fils de Napoléon III, c'est aussi celui de Louis d'avoir Bachon pour professeur. Les leçons ont lieu au manège du quai d'Orsay, où miss Shaw le conduit chaque jour. L'enfant se prend d'un tel attachement pour Bachon que l'Empereur décide de lui octroyer le titre officiel d'écuyer du Prince impérial. Dorénavant, il l'accompagnera partout dans ses promenades, et le public prendra l'habitude de voir passer ce trio, pour le moins disparate, constitué par le petit Prince flanqué de son Provençal et de son Anglaise.

Bachon fait faire à son élève des progrès rapides en stimulant son goût pour l'exercice physique. Prudent, il sait néanmoins rendre plaisantes les leçons qui, parfois, durent plusieurs heures. Il ne s'agit pas de décourager l'enfant. Bachon, écrit un témoin « avait une entente merveilleuse pour préparer les chevaux que le Prince devait monter. On eût dit qu'il les magnétisait. Le cheval était son élément, le complément nécessaire de sa vie. Bien monter à cheval était, à ses yeux, la réelle supériorité de l'homme [1] ». Cette supériorité, Bachon fait tout ce qui est en son pouvoir pour la donner à Louis et, rapidement il y parviendra.

Un futur empereur des Français doit pourtant avoir d'autres connaissances et, en attendant qu'il ait des maîtres, on commence à lui apprendre l'histoire de France, qui se résume pour l'instant à l'histoire du héros de sa famille. L'épopée napoléonienne lui est contée par ses gouvernantes et, selon ces dames, enchante son imagination qui se complaît dans cette évocation de batailles glorieuses. Ce sont ses contes de fée à lui et l'armée y tient la place la plus importante.

On lui a fait confectionner chez Paule, le premier tailleur militaire, un uniforme de grenadier miniature. Tunique bleue à brandebourgs, baudrier, jusqu'au bonnet à poil, tous les détails y sont, rigoureusement d'ordonnance. Seul le pantalon garance a été remplacé par une jupe, la mode étant d'habiller les garçons en robe jusqu'à l'âge de trois ou quatre ans. Il le porte quand les enfants de troupes du 1er bataillon des grenadiers de la Garde, le régiment auquel il appartient, viennent, à l'occasion de la Saint-Napoléon, le 15 août 1858, faire l'exercice devant lui, dans la cour du Carrousel. Pour la circonstance, le colonel de Bretteville, qui commande le régiment, porte à la connaissance de ses hommes l'ordre du jour suivant : « S.A.I. le Prince impérial Napoléon, Eugène, Louis, Jean, Joseph, numéro matricule 3463, est nommé caporal au 1er bataillon, 1re compagnie, où il existe une vacance. »

L'année 1859 va marquer une date dans l'histoire du Second Empire, mais aussi une date dans la vie du Prince. Jusque-là, il n'a jamais quitté bien longtemps ce père qu'il aime passionnément. Mais la campagne de Lombardie va commencer et Napoléon a décidé qu'il prendrait lui-même le commandement des troupes.

Louis est d'abord grisé par les préparatifs, gagné par la fièvre qui s'empare de tous les occupants du palais. Il veut être sans cesse dans le cabinet de son père, pose cent questions sur tout ce matériel qu'il ne connaît pas. Lorsque le moment du départ arrive, son chagrin est immense. Les

1. Mme Carette, *Souvenirs intimes de la Cour des Tuileries*, 3e série, p. 281.

adieux sont déchirants, il s'accroche aux jambes de l'Empereur. Ce chagrin n'a rien d'un caprice, on ne sait que faire pour le consoler. Il faudra lui rappeler qu'il est soldat et qu'un soldat ne doit pas pleurer, faire appel à son amour-propre, déjà très vif, pour réussir enfin à le calmer.

Il est aux côtés de sa mère, le 26 mai, lorsqu'elle reçoit, comme régente, les hommages des membres du Sénat, du Corps législatif et du Conseil d'État. Apparemment conscient de sa dignité, il écoute imperturbable les adresses de fidélité et de dévouement des présidents des assemblées. « Je me repose, messieurs, répond l'Impératrice, sur votre loyal concours et sur l'appui de la nation entière qui, en l'absence du chef qu'elle s'est donné, ne fera jamais défaut à une femme et à un enfant. »

Eugénie s'acquitte fort bien de ses fonctions dont la responsabilité ne semble en rien l'embarrasser. Elle étonne même les ministres par l'attention qu'elle porte aux affaires, la sûreté de son jugement et sa rapidité de décision. L'exercice de la régence va lui donner le goût du pouvoir, vers lequel l'incline sa nature énergique et volontiers autoritaire. En Italie, Napoléon ne peut oublier les sanglots de son fils, qui l'ont tellement impressionné le jour de son départ. « J'ai été bien ému de son chagrin, écrit-il à l'Impératrice. Que je serai heureux de le revoir ! Dis-moi bien ce qu'il fait. Je désire qu'il ne pense pas à moi ; car à son âge, il ne faut pas trop développer sa sensibilité [1]. »

Devant la molle résistance des Autrichiens, les troupes françaises, bien entraînées, remportent des succès rapides et décisifs. Successivement, à Montebello, Palestro, Magenta, enfin le 24 juin à Solferino, Napoléon est victorieux. Radieuse d'avoir appris la conclusion de cette dernière bataille, sa mère annonce à Louis : « Ton papa a gagné une victoire ! »

« Une seule ? aurait-il répliqué, mon oncle en gagnait bien davantage [2]. »

Pourtant, quelques jours plus tard, le 3 juillet, il ne se tient plus de joie à la pensée d'assister au *Te Deum* qui doit être chanté à Notre-Dame pour célébrer le succès des armées d'Italie. L'Impératrice lui a fait promettre d'être très sage durant toute la cérémonie. « Je me conduirai comme un

1. Archives nationales, 400 AP 43.
2. Cité par Augustin Filon, *Le Prince impérial*, p. 12.

homme », a-t-il dit. Tout le long du trajet, effectué en voiture découverte, il est acclamé par les Parisiens, massés sur les trottoirs. Mais il se souvient de sa promesse et, malgré sa très vive excitation, il se contient, répondant seulement en agitant la main et en envoyant des baisers.

Pour le retour, l'enthousiasme est encore plus grand. La voiture est criblée de fleurs qui résonnent sur la cuirasse des cent-gardes de l'escorte comme une mitraille. Louis, alors, ne peut plus se contenir, il exulte littéralement, ramasse les bouquets qu'il renvoie à la foule en délire. Jamais il n'a été à pareille fête. Rentré à Saint-Cloud, il confiera à sa mère : « Je voudrais bien entendre chanter un autre *Te Deum*. »

Napoléon, au soir de Solferino, avait visité le champ de bataille. Le spectacle était désolant et ne pouvait inspirer que l'horreur de la guerre et le désir de la terminer le plus vite possible. Au cours d'une entrevue, sur la route qui relie Vallegio à Villafranca, le 11 juillet, Napoléon III et François-Joseph décident l'arrêt des hostilités, provoquant la colère du roi Victor-Emmanuel qui espérait, en continuant la guerre, remporter une victoire beaucoup plus décisive. Dès la fin de juillet, l'Empereur est à Saint-Cloud où il retrouve son fils avec une joie immense. Il prépare, pour le retour de ces troupes qui se sont si vaillamment battues, une rentrée triomphale.

Le rapatriement des régiments s'organise. Soixante-cinq mille hommes participeront au plus grand défilé que la capitale ait vu depuis la Grande Armée. Unanimes, les Français communient dans l'ardeur patriotique que cette nouvelle gloire vient de réveiller. Les préparatifs sont à peine terminés quand se lève l'aube de ce 14 août qui doit rester inoubliable. Plus de cinq cent mille provinciaux et étrangers sont arrivés à Paris. Tous les hôtels sont pleins depuis plusieurs jours, les fenêtres des maisons des boulevards et de la rue de la Paix se sont louées jusqu'à soixante francs.

A neuf heures quarante-cinq, acclamée par tous les occupants de la place, parmi lesquels les princes, la Cour, les ministres, les députés et sénateurs, les ambassadeurs, qui l'accueillent debout, paraît l'Impératrice et, derrière elle, un petit grenadier de trois ans dont les cheveux châtains s'échappent du bonnet de police rouge et bleu, le Prince impérial. C'est la première fois qu'il porte l'uniforme en public, et à sa vue les acclamations redoublent. A la tête de ses troupes, Napoléon III a quitté la Bastille à neuf heures. Lorsque, plus d'une heure après, précédé par l'escadron des cent-gardes, il s'avance, majestueux sur son superbe alezan, entouré de ses maréchaux en grand uniforme, l'enthousiasme est à son comble. De la pointe de son épée, il salue l'Impératrice et son fils, puis il s'immobilise devant la colonne, et le défilé commence.

Défilé impressionnant, car il honore à la fois les vivants et les morts, les valides et les blessés. Les places de ceux qui sont tombés sur les champs de bataille ont été respectées et constituent d'autant plus de vides que le régiment a été plus valeureux. Dans la tribune impériale, Louis, fasciné, se grise de ce spectacle, ne se lasse pas d'applaudir, de crier, d'agiter sa petite épée. Lorsqu'on lui montre, au loin, son propre régiment de grenadiers de la Garde, il trépigne d'impatience. Sur un signe de l'Empereur, Bachon le conduit à son père, le hisse au pommeau de la selle d'où il pourra mieux voir. De cette journée d'apothéose, Louis va retenir trois choses qui le marqueront pour le reste de sa vie : que son père est un héros, que l'armée française est invincible et que rien n'est plus beau que d'être soldat. Sa vocation, si l'on peut employer un tel mot à cet âge, ne fera plus que se confirmer tous les jours.

Pour son plus grand plaisir, un premier camarade a fait son apparition au palais. Louis Conneau, fils du docteur, l'ami le plus proche et le plus fidèle de Napoléon III, de deux mois l'aîné du Prince, est entré dans sa vie et lui a apporté cette complicité fraternelle qui lui avait manqué jusque-là et qui se révélera providentielle. Tout va les rapprocher, leur âge, leur caractère, franc et noble, une communauté de goûts qui crée entre eux une réelle intimité; rapidement, ils vont devenir inséparables. Les fils d'autres familiers des souverains ne tarderont pas à les rejoindre pour partager leurs jeux, constituant une troupe joyeuse qui se réunira régulièrement une fois par semaine, généralement le dimanche. Ce sont le prince Joachim Murat, son cousin, qu'on surnomme « Chino », Maurice et Adrien Fleury, Scipion Corvisart, Pierre de Bourgoing, dont le père est écuyer de l'Empereur, Jules Espinasse.

Attentionné et affectueux, Louis pense aux autres plus qu'à lui-même. Il aime secourir, donner. Sa générosité est instinctive, comme l'est celle de l'Empereur. Les anecdotes à ce sujet ne se comptent pas. Au cours d'une promenade, à Biarritz, en août 1859, un petit paysan court, nu-pieds, derrière sa voiture. Surpris, Louis demande pourquoi il ne porte pas de souliers. Le docteur Barthez répond distraitement que, sans doute, le père de l'enfant n'a pas assez d'argent pour lui en acheter. Le Prince réfléchit un instant, puis fait arrêter la voiture. Dans son langage encore malhabile, à ceux qui l'accompagnent, il demande : « monnaie », et lance à l'enfant les quelques pièces récoltées. La voiture repart et la promenade se poursuit. De longues minutes après, il se tourne vers ses compagnons et leur dit, avec un sourire radieux : « maintenant acheter bottines ». Barthez, qui relate l'anecdote, ajoute : « Il a des qualités d'intelligence et de cœur dont le germe est très apparent [1]. »

Il n'est ni timide ni emprunté, même avec les gens qu'il n'a jamais vus et qu'il aborde toujours avec beaucoup de gentillesse et de naturel. Mais quelle idée de son importance peuvent donner, à un enfant si jeune, les marques d'adulation dont il est l'objet chaque fois qu'il paraît en public ? Il semble qu'il y soit vivement sensible. Il aime qu'on l'acclame et joue parfaitement son rôle. Le temps n'est plus où miss Shaw éloignait de son berceau les jeunes femmes de l'entourage de l'Impératrice sous prétexte que leur indiscrète tendresse effrayait le bébé. L'Empereur a compris quel atout pouvait être, pour sa propre popularité et pour celle du régime, la présence à côté de lui de cet enfant si aimable que le public réclame. Aussi le verra-t-on désormais aux parades militaires, aux inaugurations, aux réceptions officielles où un minuscule fauteuil lui est préparé à la droite du trône paternel. Lui, si turbulent et sans cesse agité, écoutera sans bouger d'interminables harangues.

Au rythme des saisons, il suit les déplacements de la Cour. S'il est le plus souvent aux Tuileries ou à Saint-Cloud, il fait, au printemps, un séjour à Fontainebleau, retrouve Biarritz au milieu du mois d'août, y reste jusqu'à l'équinoxe et termine l'automne à Compiègne où il reste quelques semaines. Les plaisirs ne sont pas les mêmes partout, mais partout ses nouveaux camarades viennent maintenant se joindre à lui pour

1. Docteur Barthez, *La Famille impériale à Saint-Cloud et à Biarritz*, p. 201 à 204.

ces jeux collectifs qu'il goûte particulièrement. Ce ne sont que des garçons, et les empoignades sont fréquentes dans le feu de l'action. Les couloirs des grands appartements, et jusqu'aux salons d'apparat ou, à la belle saison, les allées des parcs, retentissent d'interminables poursuites. Mais, le plus souvent, on joue à la guerre, et l'Empereur fera même édifier, plus tard, à l'extrémité de la terrasse du bord de l'eau des Tuileries, une tranchée et une casemate, qu'il sera si amusant d'investir, l'épée à la main, une épée de bois, en poussant des cris sauvages.

Durant ces jeux, Louis se déchaîne avec une passion d'autant plus violente que l'occasion lui en est plus rarement donnée. Habitué à subir les contraintes de l'étiquette, dès qu'il peut goûter à la liberté, et particulièrement lorsqu'il joue à des jeux bruyants et animés, il explose littéralement et se prodigue avec une ardeur et une vitalité parfois excessives. Franc et généreux, il n'hésite pas, à se dénoncer lui-même pour des fautes qu'il n'a pas commises. Une bêtise est-elle faite par la joyeuse troupe de ses amis ? Qui est le coupable ? Louis, toujours Louis. Et qu'on n'aille pas croire que sa qualité de Prince impérial lui permette d'échapper aux réprimandes, voire aux punitions, à l'exclusion, toutefois, de tout châtiment corporel.

Pour les promenades de son fils, Napoléon a songé à faire l'acquisition de Bagatelle, mais lord Richard Seymour, marquis d'Hertford, a refusé de s'en défaire. Toutefois, pour lui être agréable, il a mis l'ancien domaine du comte d'Artois à la disposition du Prince impérial, qui vient s'y promener presque chaque jour, lorsqu'il est aux Tuileries, sans contrainte et à l'abri de la curiosité des indiscrets. « Sa mère, rapporte Ferdinand Bac, lui mettait un rapide signe de croix sur le front avant le départ " pour le préserver " d'un attentat [1]. » Un peloton du régiment de cavalerie de la Garde en garnison à Paris, lanciers, spahis ou guides, encadrait alors la voiture qui filait vers le bois de Boulogne en empruntant les Champs-Élysées et l'avenue de l'Impératrice [2]. « Les promeneurs, écrit M. de Baillehache, quittaient les trottoirs et se précipitaient, malgré les voitures et les sergents de ville, vers le milieu de la

1. Ferdinand Bac, *La Cour des Tuileries sous le Second Empire*, p. 225.
2. L'actuelle avenue Foch.

chaussée pour voir de plus près celui qu'on appelait alors “ le petit Prince ” [1]. »

Un jour qu'il se promène ainsi, en compagnie de Mme Bizot, et qu'au passage de sa voiture toutes les têtes se découvrent, il ne réprime pas un geste de lassitude : « Ah, madame, lui dit-il, que c'est donc fatigant de saluer si souvent !

– Oui, mais ils vous aiment tant, Monseigneur.

– C'est vrai ! » et reprenant son sourire, il répond docilement jusqu'au bout du chemin à tous les saluts. Tel est Louis à quatre ans, vif, espiègle, parfois capricieux et volontaire, mais si attachant par sa gentillesse, le goût qu'il a de faire plaisir, un besoin naturel de se sentir aimé, et ce don, qu'il a hérité de son père, et que lui ont transmis les Beauharnais, de charmer.

Son besoin de témoigner cet amour ou cette affection, s'étend jusqu'aux animaux, pour lesquels il éprouve une vive attirance et dont il recherche la compagnie. Il aime particulièrement les chiens et ne se lasse pas de jouer avec ceux de son père. Mérimée parfois s'en inquiète, comme dans cette lettre à la comtesse de Montijo, du 17 septembre 1859 : « L'Empereur a fait l'acquisition d'un chien gros à peu près deux fois comme feue Zulma, que je n'aime pas à savoir dans la compagnie du Prince impérial, dont il ne ferait qu'une bouchée. »

Avec les animaux, Louis peut se laisser aller à une familiarité qui répond à ses désirs et qui lui est interdite avec quiconque, même ses plus intimes amis. Lorsqu'on lui fait cadeau d'un serin dans une cage : « Est-ce que je peux le tutoyer ? » demande-t-il. Et, appelant l'oiseau : « Viens, mon petit, à toi au moins je peux te tutoyer [2]. »

La situation dans laquelle l'enfant se trouve comme isolé est tout à fait contraire à sa nature, et contribue à le rendre taciturne, ce qui frappera bon nombre des familiers des résidences impériales, et tout particulièrement Mérimée. Certains iront jusqu'à écrire que le Prince leur a paru insensible. On peut affirmer qu'il n'en est rien, au contraire. Louis est

1. Marcel de Baillehache, *Souvenirs intimes d'un lancier de la Garde impériale*, p. 45-46.
2. Jacques Boulenger, *Les Tuileries sous le Second Empire*, p. 151-152.

déjà et restera infiniment sensible, peut-être même trop sensible.

Lorsqu'il rentre de sa promenade, le Prince saute de voiture, salue de la main l'officier qui commande son escorte et, échappant à sa nurse, se précipite vers le cabinet de son père. L'huissier de service a la consigne de le laisser passer et l'autorité de miss Shaw s'arrête à la porte. Là, Louis est chez lui, il ne subit aucune contrainte, il va et vient à sa guise, tout lui est permis, ou presque, ce qui n'est pas sans surprendre, parfois, les visiteurs de l'Empereur. Le chevalier Nigra, ambassadeur de Victor-Emmanuel, en fait un jour l'expérience, alors qu'il apporte aux Tuileries des dépêches importantes. Napoléon en prend connaissance et les pose ensuite à côté de lui. Son fils est là, armé de ciseaux avec lesquels il joue aux découpages. L'une après l'autre, il s'empare des dépêches du roi d'Italie qu'il transforme en papillons et lance ensuite à travers la pièce, au grand étonnement de l'ambassadeur, mais sans que l'Empereur intervienne. Celui-ci ne semble d'ailleurs vraiment heureux que lorsqu'il est avec Louis, dont il excuse toutes les sottises, satisfait tous les caprices.

Eugénie, on l'a vu, trouve déplorable une telle faiblesse. Elle en redoute les conséquences pour l'avenir. Elle n'entend pas que son fils risque d'être gâté par une complaisance excessive que son entourage pourrait lui témoigner dans le souci de flatter la tendresse paternelle de l'Empereur. Elle veut que Louis soit bien élevé, mais elle veut, plus encore, qu'il soit digne de ce grand nom de Bonaparte pour lequel, depuis son enfance, elle nourrit tant d'admiration et de respect. Louis ne doit-il pas parachever l'œuvre de son père ? Il importe de lui donner toutes les armes dont il aura besoin pour être un grand souverain. Mais, si les choses devaient mal tourner, il faudrait aussi qu'il sache faire face à l'adversité. Car, en ces années qui voient le triomphe de l'Empire, alors que tout annonce un succès durable, Eugénie ne peut s'empêcher de penser que le sort pourrait un jour devenir contraire, comme en témoigne cette lettre adressée à sa sœur : « Je t'envoie aujourd'hui le reçu de Mocquard qui te servira en cas de malheur pour conserver à mon pauvre petit garçon quelque chose pour l'avenir, mets-le en lieu sûr, car tu es un peu étourdie et il ne faut pas le perdre [1]. »

Eugénie a d'autres inquiétudes. Le ciel conjugal n'est pas sans nuages et l'entente entre les deux époux est loin d'être parfaite. Certes, nul ne peut douter de la tendresse de Napoléon pour celle à laquelle il a offert la couronne et qui lui a donné son fils, mais, homme de plaisir, les facilités que lui procure sa position ne l'ont pas laissé longtemps indifférent. Eugénie est froide, ce n'est un secret pour personne, et son mari a rapidement cherché ailleurs des satisfactions qu'il ne trouve pas dans le lit conjugal. Il admire toujours la beauté de cette femme qu'il a si ardemment désirée et qui a dix-huit ans de moins que lui. Sans doute est-il fier de l'avoir à ses côtés, sans doute lui marque-t-il les plus grands égards et lui prodigue-t-il, publiquement, les plus tendres attentions, mais, comme il l'avoue un jour à la princesse Mathilde, il ne lui a pas été fidèle plus de six mois.

L'Impératrice a été terriblement déçue lorsqu'elle a découvert, après la naissance de Louis, les infidélités de Napoléon, mais c'est le scandale de la liaison, dès la fin de l'année 1856, avec la belle et capiteuse Virginia Oldoïni, comtesse de Castiglione, qui l'a sensiblement blessée. Son orgueil admet difficilement l'humiliation de cette situation, connue de toute la Cour, et elle fait à son mari des scènes de plus en plus violentes. Elle éprouve toujours le même respect pour l'Empereur, dont elle admire l'extraordinaire réussite, mais l'homme lui inspire maintenant une répulsion qu'elle ne peut vaincre. C'est avec plus de dégoût que de pitié qu'elle constate les effets de la maladie qui mine Napoléon et dont elle attribue la cause aux débordements auxquels il se laisse aller. L'Empereur vieillit prématurément. Non seulement des calculs se forment dans sa vessie, provoquant des crises douloureuses, mais l'organisme entier est envahi par l'acide urique. Comme l'écrit le professeur Lardennois : « C'est douloureusement qu'il tient les interminables conseils de gouvernement pour les décisions capitales. C'est douloureusement qu'il parade à cheval, au milieu des vivats. C'est douloureusement qu'il préside à tous ces dîners d'apparat où de façon monotone se répètent les

1. *Lettres familières de l'impératrice Eugénie,* tome II, p. 164.

funestes erreurs d'hygiène alimentaire. Que de misère sous le manteau doré [1]. »

Eugénie comprend que l'avenir de son fils se jouera tôt. Déjà, elle pense au trône de Napoléon IV. Il n'est pas encore question de choisir des maîtres pour Louis, mais il importe de développer au plus vite son intelligence et de lui donner le goût de l'étude. Ce sont les gouvernantes qui sont chargées de lui apprendre à lire et à écrire, mais comme elles se relaient auprès de lui, les leçons se suivent sans aucune cohérence, tantôt avec l'amirale Bruat, plus souvent avec Mme de Brancion ou Mme Bizot. Curieuse méthode pédagogique qui stérilise ses efforts. L'Impératrice s'aperçoit de l'erreur et demande à Mme de Brancion, la plus patiente, la plus désignée pour cette tâche, d'être la seule institutrice de Louis. L'entraînement militaire, auquel on commence à le soumettre, contribue aussi à discipliner le Prince. On l'a équipé d'un modèle réduit de fusil d'ordonnance, de 77 cm de long, et chaque semaine il apprend à obéir aux ordres en pratiquant le maniement d'armes avec sa compagnie.

Le 9 mai 1860, il doit participer, comme exécutant, à une petite revue passée par l'Empereur dans la cour du Carrousel, qui réunira autour de lui tous les enfants de troupe en garnison à Paris. Sa joie toutefois n'est pas parfaite, car Louis Conneau, qui n'est pas lui-même enfant de troupe, ne doit pas assister à la fête. Aussi, quelle n'est pas sa surprise, le jour de la revue, de voir, en sortant de ses appartements, son compagnon habituel lui présenter les armes devant sa porte, en tenue de grenadier. Le docteur Conneau, averti à temps de la contrariété du Prince, a fait inscrire son fils sur le registre des enfants de troupe, et le secret a été bien gardé. C'est l'un à côté de l'autre que les deux amis défilent devant l'Impératrice, le maréchal Regnault de Saint-Jean-d'Angély et le général Mellinet.

Quelques semaines plus tard, le 24 juin, en son château de Villegenis, le vieux roi Jérôme s'éteint doucement dans les bras de sa troisième épouse, la marquise Bartolini. On fait à l'ancien roi de Westphalie, devenu maréchal de France, des funérailles solennelles, avant l'inhumation aux Invalides, dans une des chapelles latérales de l'église du dôme.

1. Georges Lecomte, *Napoléon III, sa maladie, son déclin,* p. 8.

Pour distraire son fils, l'Empereur décide de l'emmener avec lui au camp de Châlons à l'occasion des grandes manœuvres qu'il préside chaque année en août pour la Saint-Napoléon. Monté sur son poney Bouton d'or, Louis circule dans le camp, s'arrêtant partout, curieux de tout. Là aussi, il sait trouver les gestes, les mots qui le font aimer. Passe-t-il près de la salle de police, il s'informe. Pris de pitié, il cherche l'Empereur et lui demande la grâce des punis, puis, l'ayant obtenue, il tient à aller aussitôt lui-même leur annoncer la bonne nouvelle. Lorsque commencent les manœuvres proprement dites, l'Empereur décide que le Prince les suivra en voiture. Il redoute pour Louis de trop longues heures passées à cheval. Celui-ci montre alors un profond désespoir. Tout son corps est secoué par les sanglots. Finalement on accédera à son désir, sur l'intervention de Bachon qui sait de quoi son élève est capable, et il suivra l'état-major sur Bouton d'or, à la grande joie des soldats qui lui feront une ovation chaque fois qu'il paraîtra.

Un soir, avant d'aller se coucher, comme il vient embrasser son père qui dîne avec les officiers généraux et les chefs de corps, le général Randon, ministre de la Guerre, qui se trouve à la droite de l'Empereur, se penche à son oreille et lui dit tout bas : « Monseigneur, on va apporter le champagne, voulez-vous porter avec nous un toast à la santé de Sa Majesté ? Louis acquiesce du regard, puis, tandis que les valets emplissent les coupes, il en saisit une, la lève le plus haut qu'il peut et, de sa voix perçante, crie de toutes ses forces : " A l'armée ! " Le geste est spontané, l'attention est de lui et ne lui a pas été soufflée. Quel succès il obtient ce soir-là [1]. »

Napoléon III est ravi de voir que son fils montre un tel goût pour la carrière militaire. L'armée quant à elle l'a adopté. Dans les corps de troupe, on lui prépare des distractions. Un jour, à Châlons, après le déjeuner, son père lui annonce que, dans la soirée, un officier d'artillerie viendra lui présenter une séance de lanterne magique. Louis, dont les yeux brillent de plaisir, quitte sans un mot les genoux paternels sur lesquels il est assis et s'apprête à sortir de la salle.

« Pourquoi te sauves-tu comme cela ? dit l'Empereur étonné. Où vas-tu ? »

1. Mme Carette, *Souvenirs intimes de la Cour des Tuileries*, 3e série, p. 273-274.

Mais déjà le Prince a disparu. Quelques minutes après, il est de retour. Napoléon lui demande :

« Puis-je savoir ce que tu es allé faire ?

– Oui, papa, je suis allé inviter miss Shaw, je suis sûr qu'elle aimera beaucoup la lanterne magique.

– Ah ! réplique l'Empereur, si tu as des invitations à faire à des dames [1]. »

Le soir, au milieu des officiers d'état-major, l'Anglaise assista, confuse, à la séance récréative. Louis avait montré, une fois de plus, qu'un plaisir non partagé ne pouvait être pour lui qu'incomplet.

Au camp, miss Shaw continue à s'occuper de son pupille qu'elle n'a, jusqu'à présent, jamais quitté. Elle le fait avec autant de vigilance que de tendresse, ce qui lui vaut de la part de Louis un attachement profond, même s'il commence à regimber lorsqu'il trouve excessifs les soins qu'elle lui prodigue. Volontiers espiègle, il s'amuse à lui échapper lorsqu'elle parachève sa toilette, tandis qu'elle le poursuit, armée d'un peigne ou d'une brosse, pour faire rentrer dans l'ordre quelque mèche récalcitrante. Elle l'appelle maintenant « my Prince », au lieu de « my baby », mais elle n'a pas réussi à se familiariser avec la langue française. Tout au plus s'exprime-t-elle, dans le meilleur des cas, en un incompréhensible charabia qui mêle quelques mots de français à sa langue maternelle : « A cause de monseigneur, I have now deux patries », dit-elle, mais avec Louis elle ne s'exprime qu'en anglais, qu'il parle aussi bien que le français. Lorsqu'il est malade, elle le veille, le soigne avec dévouement, mais à sa façon, qui ne tient pas toujours compte des recommandations du docteur Barthez. Celui-ci proteste parfois contre certaines thérapeutiques qui ont peut-être cours outre-Manche, mais qui paraissent pour le moins bizarres à un médecin français spécialiste des maladies infantiles : « J'apprends, rapporte-t-il avec un peu d'irritation, que miss Shaw a fait prendre au Prince un morceau de lard frit. C'est une manie chez elle de lui faire prendre du lard quand il est malade. Dès l'âge de six mois, elle lui en donnait, et cela revient aujourd'hui, malgré mes représentations [2]. » Pourtant, il approuve les principes

1. *Ibid.*, p. 271-272.
2. Docteur Barthez, *La Famille impériale à Saint-Cloud et à Biarritz*, p. 200.

d'éducation à l'anglaise qui règlent la vie quotidienne de Louis. Il est convaincu que rien ne peut être plus salutaire à l'enfant que la régularité qui préside à son emploi du temps, à laquelle veille scrupuleusement miss Shaw, que la place donnée aux promenades et aux exercices en plein air, et particulièrement à l'équitation, qui aura sur son développement physique les meilleurs effets.

Le docteur Barthez n'accompagne pas le Prince au camp de Châlons. L'Empereur n'a pas voulu courir le risque de froisser la susceptibilité du baron Larrey médecin en chef des Armées, en lui imposant la présence de son confrère civil. C'est lui qui aura, pendant toute la période des manœuvres, la charge de la santé de Louis. Une nuit, on frôle le drame. Vers deux heures du matin, alors que tout le monde dort, la sentinelle en faction au pavillon impérial donne l'alarme en criant « Au feu ». Une bougie allumée est tombée sur des vêtements qui se sont immédiatement enflammés. Le feu s'est communiqué aux rideaux de perse et aux tentures du pavillon. En un instant l'Empereur est debout. Il se précipite dans la chambre de son fils que le bruit n'a pas réveillé et, le prenant dans ses bras, l'emporte et le couche dans son propre lit. Le général Castelnau et le docteur Larrey sont en un instant près de lui. « Venez vite, mon cher Larrey, dit Napoléon au comble de l'inquiétude. J'ai transporté Louis dans mon lit, mais il ne bouge pas, et je n'entends pas sa respiration. » Le médecin s'approche et constate que le Prince a les joues roses, le souffle léger, le pouls calme, en un mot que son sommeil n'a pas été troublé le moins du monde par ce qui s'est passé. Il le déclare tranquillement à l'Empereur dont l'état d'agitation est extraordinaire. Bien que le sinistre ait été rapidement maîtrisé, son inquiétude est si vive à la seule pensée du danger couru par son fils qu'il lui faudra attendre de constater le lendemain que Louis court et s'amuse comme à son ordinaire pour être, enfin, pleinement rassuré. L'incident est vite oublié et, lorsque le séjour se termine, le Prince obtient sans peine de l'Empereur la promesse qu'il reviendra l'année suivante. Le plus petit grenadier de France a prouvé qu'il mérite de porter l'uniforme.

A peine de retour à Saint-Cloud, il doit dire adieu à ses parents qui entreprennent un voyage officiel d'un mois, en

Savoie d'abord, puis en Algérie, après une brève escale à Ajaccio où ils visiteront la maison natale du fondateur de la dynastie. Le Prince est confié à la double et habituelle surveillance de miss Shaw et de Bachon, sous l'autorité de l'amirale Bruat et du maréchal Vaillant. Il va passer ces quatre semaines à Saint-Cloud, car l'air, en ce milieu d'été, y est bien meilleur qu'à Paris. Son compagnon de jeux favori s'appelle Nero, c'est un braque allemand de deux ans, très doux, que le baron Zorn de Bulach a offert à l'Empereur l'année précédente et que Carpeaux immortalisera plus tard aux côtés de son jeune maître.

Successivement, Dijon, Lyon, Annecy, Grenoble font au couple impérial un accueil triomphal ; mais celui que Marseille réserve à l'Impératrice la touche particulièrement. Au nom de la municipalité, le maire M. Lagarde lui offre un magnifique bracelet dans lequel est enchâssée une miniature représentant le Prince. Eugénie confie à sa sœur, à laquelle elle écrit presque chaque jour : « Je ne puis te décrire l'enthousiasme des Marseillais, car cela dépasse toute idée. » Elle se préoccupe de la sagesse de Louis : « Mon petit garçon est-il aimable pour ses cousins et tendre avec vous deux ? Fais-le moi dire », ajoute-t-elle en post-scriptum [1].

Pourtant, au milieu de tous ces témoignages d'attachement, de ces réceptions, de ces fêtes, de ces bals, de cette allégresse populaire, l'inquiétude ronge l'Impératrice. Lorsqu'elle a quitté Paris, elle laissait la duchesse d'Albe, revenue précipitamment d'Espagne pour se faire soigner, assez sérieusement malade. C'est avec anxiété qu'elle attend quotidiennement les nouvelles que la comtesse de Montijo lui fait parvenir par le télégraphe. En fait, l'état de la malade s'aggrave rapidement, mais le couple impérial s'est embarqué sur l'*Aigle*, et les communications sont momentanément interrompues. Ajaccio en liesse accueille les souverains le 12 septembre. Mais l'inquiétude de l'Impératrice, dont les lettres qu'elle adresse à Paris portent le témoignage, l'empêche de profiter des hommages dont elle est l'objet et transforme en supplice ce voyage triomphal. Le 17, après quelques jours passés en mer, les nouvelles qu'on lui apportent la désespèrent : « La dépêche que je viens de recevoir me rend folle, écrit-elle à sa mère, je ne sais ce que je fais ni ce que je dis, la pensée de savoir Paca plus

1. *Lettres familières de l'impératrice Eugénie*, tome I, p. 180 à 183.

malade et moi si loin m'empêche de vivre, car je suis dans une angoisse mortelle [1]. » En fait, la duchesse est morte le 16 dans son hôtel des Champs-Élysées.

Le désespoir d'Eugénie est immense, sauvage, même la présence de son fils, qu'elle retrouve à Saint-Cloud le 22 septembre, ne lui apporte aucun apaisement. Elle décide de faire élever un monument en marbre qui représentera sa sœur « étendue, une main sur son cœur et l'autre main, tombante, abandonnée, laissant échapper des fleurs, les fleurs de la vie [2]. » Quatre angelots veilleront sur l'éternel sommeil de la duchesse d'Albe, aux quatre coins du monument, sous les traits de ses trois enfants et de son neveu, le Prince impérial. Un jour, dans l'atelier du sculpteur, Charles-Alphonse Gumery, tandis qu'elle examine, en compagnie de l'Empereur, la maquette du monument, la tête à l'effigie de Louis se détache soudain et roule sur le tapis. L'Impératrice pousse un cri et s'effondre dans les bras d'une personne de sa suite, en proie à une crise de nerfs. Superstitieuse, elle y voit un sinistre présage, et Napoléon lui-même, pourtant plus maître de sa sensibilité, ne peut cacher sa contrariété.

La mort de sa sœur a frappé l'Impératrice au moment où des difficultés d'un autre ordre l'assaillent, qui exigeraient de sa part plus d'équilibre et de maîtrise de soi. Femme, elle ne se résout pas à admettre les infidélités de l'Empereur. Souveraine, elle voudrait imposer ses vues en politique dans le conflit qui oppose le pape et le roi Victor-Emmanuel, et trouve que l'Empereur ne soutient pas avec assez de fermeté les droits du Saint-Siège. Après le désastre récent de Castelfidardo, elle a redoublé de véhémence pour défendre sa thèse. Les scènes entre les époux deviennent quotidiennes, et finissent par prendre une telle ampleur que, poussée à bout, Eugénie en vient, murmure-t-on, à parler de divorce, et à menacer de se retirer en Espagne avec son fils. Finalement, elle décide précipitamment de faire, au seuil de l'hiver, un voyage en Écosse qui, espère-t-elle, lui permettra de retrouver la sérénité. A-t-elle choisi l'Écosse parce que la nature sauvage y est en accord avec les sentiments qui l'animent ? ou

1. *Lettres familières de l'impératrice Eugénie*, tome I, p. 185.
2. Pierre de Lano, *La Cour de Napoléon III*, p. 135-136.

pour se réfugier, dans sa détresse, le plus près possible de celle qu'elle considère comme son amie, la reine Victoria ?

Le voyage lui apporte une sorte d'apaisement que constate la souveraine lorsqu'elle l'accueille à Windsor, sur le chemin du retour. « Elle est si aimable, écrit-elle, que l'on ne peut que l'aimer. On ne peut douter qu'il y ait eu de nombreuses scènes, tant au sujet du pape qu'à propos des funérailles de sa sœur... On raconte que les prêtres, pour essayer d'agir sur elle, lui ont dit que son fils mourrait si l'Empereur continuait dans cette voie contre le pape... Elle est très jolie, mais très triste et, en parlant de sa santé et de son retour d'Alger, elle commença à pleurer. Elle paraît cependant se trouver beaucoup mieux depuis son voyage [1]. »

Louis, pendant ce temps, est resté à Saint-Cloud, tenu volontairement à l'écart des événements. Il a beaucoup grandi en quelques mois, au point que Mérimée peut écrire au comte de Laborde, avec peut-être un peu d'exagération : « Le petit Prince est si gros et fort qu'il a l'air de l'aîné du fils de la duchesse d'Albe qui a dix ans [2]. » La différence d'âge entre eux est cependant trop importante pour qu'une réelle familiarité puisse s'établir entre les deux cousins. Un garçon de dix ans ne peut s'intéresser aux jeux d'un enfant de quatre. Quant aux petites filles, l'aînée a un caractère autoritaire et dominateur qui ne plaît guère à Louis, lequel joue plus volontiers avec la cadette, Maria-Luisa, dont l'âge, la nature sensible et douce, et les goûts, sont plus faits pour s'accorder avec les siens, et qui restera sa cousine préférée [3].

Eugénie a rapporté à son fils un costume écossais traditionnel, avec le kilt de tartan plissé et la jaquette de velours noir. La photographie qu'on prend de lui est reproduite, et ce vêtement deviendra tellement populaire que la mode s'en emparera et qu'on rencontrera dans les rues de Paris, la saison suivante, de jeunes garçons vêtus en Écossais, à l'exemple du Prince impérial. Une fois de plus l'opposition feindra de s'indigner de cette « mascarade ». Mais, c'est en tenue de caporal des grenadiers de la Garde qu'il assiste pour la première fois, le 4 février 1861, à l'ouverture de la session législative. Il apprécie beaucoup plus, quelques semaines plus tard,

1. *Correspondance* de la reine Victoria, p. 522.
2. Prosper Mérimée, *Lettres à la famille Delessert*, p. 127.
3. Carlos, duc de Huescar, né le 4 décembre 1849, Maria-Asuncion, née le 17 août 1851, et Maria-Luisa, née le 19 octobre 1853.

la revue des pupilles de la Garde, que l'Empereur lui permet de passer dans la cour du Carrousel. Après le défilé, il reçoit les jeunes soldats pour un banquet auquel il participe, assis au milieu d'eux.

Lorsqu'on veut lui faire plaisir, on le conduit au jardin d'Acclimatation du bois de Boulogne, récemment créé. Son goût pour les animaux s'y trouve pleinement satisfait et ceux qui l'accompagnent sont témoins de son ivresse, mais lorsque le directeur propose de lui offrir une plume d'autruche qu'on arrachera à l'un de ces volatiles qu'il admire, il s'enfuit éperdu à la pensée de la souffrance que cela risque de causer à la malheureuse bête. La reine Victoria lui a fait cadeau d'un minuscule poney beaucoup plus petit que Bouton d'or. Il ne monte pas Balmoral mais l'attelle à une petite charrette anglaise qu'il conduit ensuite lui-même dans les allées de Saint-Cloud.

Au mois d'avril 1861, une grande cérémonie se prépare, qui enflamme l'imagination du Prince. La crypte des Invalides est enfin achevée. Le tombeau monumental de Napoléon Ier vient d'y être installé. L'œuvre de Visconti peut être inaugurée par Napoléon III. Le 2 avril, l'Empereur, l'Impératrice et le Prince impérial, suivis du prince Napoléon, de la princesse Mathilde, des princes Bonaparte et Murat, sont accueillis dans la cour Vauban par le général-comte d'Ornano. Devant les pensionnaires de l'Hospice militaire, l'Empereur remet à ce dernier, qui fut général de division en 1812, le bâton de maréchal de France.

Au seuil de l'église du dôme, le cardinal Morlot présente l'eau bénite aux souverains avant de procéder à la levée du corps de Napoléon Ier que des cent-gardes portent à la vasque de porphyre de Carélie dans laquelle il va être placé. Tandis que la musique de la Garde sonne « aux champs », le cercueil descend lentement dans la crypte entre deux rangées de drapeaux pris à l'ennemi.

Lorsque, après la cérémonie, Napoléon III décore, dans la cour d'honneur, de vieux soldats du Premier Empire, Louis, qui le suit, demande à chacun le nom des campagnes auxquelles il a participé. La Grande Armée revit, pour lui, sous les traits de ces vieux braves qui ont si bien servi le héros de sa famille, et les yeux de ces derniers se remplissent de larmes lorsque le fils de l'Empereur, le petit-neveu de « l'Autre », qui aujourd'hui personnifie l'avenir, vient leur tendre si gentiment la main. Louis gardera de cette imposante cérémonie un souvenir très vif qui aura plus fait pour imposer à son esprit le respect du nom de Napoléon que toutes les leçons d'histoire que ses futurs maîtres pourront lui donner.

Quelques mois plus tard, c'est à un autre spectacle, sans doute moins grandiose mais qui ne manque pas de pittoresque, pour ne pas dire d'étrangeté, que le Prince assiste, dans la grande salle du trône du palais de Fontainebleau. Le tableau de Gérôme nous révèle un petit garçon au visage réfléchi, sanglé dans son uniforme bleu à brandebourgs blancs, épaulettes de laine et pantalon rouges, debout à côté de son père, la tête légèrement penchée, regardant les ambassadeurs du royaume de Siam qui, vêtus de somptueuses robes de tulle d'or, chaussés de mules étincelantes, coiffés d'étranges chapeaux pointus, s'avancent en rampant, au milieu de toute la Cour, jusqu'aux trônes de l'Empereur et de l'Impératrice, au son des musiques aigres de leurs instruments traditionnels. Louis est ravi du cadeau qui lui est offert, un kriss [1] en argent ciselé dont la poignée est rehaussée de pierreries.

Quel que soit pourtant le charme de Fontainebleau, la résidence que le Prince préfère, c'est Saint-Cloud. Il y est plus libre qu'aux Tuileries, le parc est son domaine et la proximité de la capitale ne le prive pas longtemps de ses camarades de jeux qui peuvent venir le retrouver presque chaque jour. « Nous formions, écrit le général Espinasse, un ensemble plein de gaieté et de joyeuse camaraderie ; point d'étiquette ni de courtisanerie, nous nous tutoyions tous. Seul, le Prince nous disait " vous " et nous l'appelions " Prince " ou " Monseigneur ". Mais à part cela, il y avait entre nous égalité complète [2]. » Car la troupe s'est agrandie. Aux premiers camarades sont venus s'ajouter Jean de La Bédoyère, le second fils du docteur Corvisart, Gaston, Jean de Persigny, les fils aînés de la comtesse de la Poëze, dame du palais de l'Impératrice, celui du baron Mariani, le jeune Albert Verly, fils du colonel commandant l'escadron des cent-gardes et, parfois, durant leurs séjours, en France, ses cousins italiens, les fils de la marquise Roccagiovine et de la comtesse Primoli, nées Bonaparte.

L'Empereur a fait installer un petit chemin de fer à l'extré-

1. Petit poignard asiatique à lame ondulée.
2. Général Espinasse, *Mémoires*, p. 226.

mité de la grande allée des platanes. « Par un mécanisme ingénieux, écrit un témoin, un diminutif de locomotive traînait plusieurs wagons en miniature sur des rails disposés en pente, et les enfants avaient le plaisir de faire mouvoir, sans danger, un train complet [1]. » Mais ce qui plaît le plus à Louis, ce sont les récréations guerrières. Il est volontiers batailleur et, téméraire, reçoit les coups avec la même passion qu'il met à les donner. Pierre de Bourgoing confessera comment, au cours d'un de ces combats en règle, il lui arriva de pocher l'œil du Prince d'un malencontreux coup de poing, dont Louis ne lui tint ensuite aucune rigueur [2]. Une autre fois, il reçoit en pleine figure un morceau de bois lancé par un de ses camarades. Il saigne abondamment mais, lorsque l'Empereur lui demande de rapporter les circonstances de l'accident, il raconte seulement qu'il est tombé en jouant, ne voulant pas risquer de faire gronder l'auteur, involontaire, de sa blessure.

Le qualificatif de « monseigneur » que son entourage utilise pour s'adresser à lui n'a pas été sans soulever des difficultés. Si l'Empereur semble y tenir, l'Impératrice n'y a pas été favorable. Elle qui n'appellera jamais le prince Napoléon autrement que « monseigneur », alors qu'elle dit « ma cousine » et même parfois « ma chère » à la princesse Mathilde, semble appréhender pour son fils des témoignages précoces de respect qu'elle juge excessifs. Elle craint qu'il n'en conçoive de la vanité, qu'il devienne fat, au détriment de cette réelle valeur personnelle qu'elle ambitionne pour lui. A cet égard, un fait est significatif. La mode est à la phrénologie à la suite des travaux de Gall dont un disciple, Bossard, exploite les découvertes. On confie à celui-ci le crâne du Prince impérial, pour qu'il détermine les traits principaux de sa personnalité. Dans son analyse, il pronostique : « Vaillance, douceur, sens de l'héroïsme, attachement », ce qui, il faut le reconnaître, n'est pas trop mal vu. L'Impératrice, à moitié contente de cette conclusion, déclare au praticien : « J'aime la vaillance pour mon fils. Je vous laisse la douceur. Mon fils doit devenir un homme [3]. » C'est là sa plus grande préoccupation quand il s'agit de Louis, alors que celle de Napoléon est de tâcher de le

1. Mme Carette, *Souvenirs intimes de la Cour des Tuileries*, 3e série, p. 279.
2. *Je sais tout*, 15 juin 1909.
3. Cité par Ferdinand Bac, *La Cour des Tuileries sous le Second Empire*, p. 189 à 191.

rendre heureux et, pour le moment, de satisfaire ses moindres caprices.

Les Parisiens, qui se passionnent pour tous les détails des faits et gestes du Prince, colportent mille anecdotes à son sujet, rapportent ses mots d'enfant. On en trouve les échos dans les mémoires des contemporains. « Le Prince, note l'un d'eux en mai 1861, est un gros garçon solide et intelligent, volontaire et violent, gâté à plaisir par son illustre père, mieux tenu par l'Impératrice, et en somme assez difficile à mener [1]. » On raconte qu'un matin, il frappe à la porte de l'appartement maternel, comme il fait chaque jour.

« Qui est-là, demande Eugénie.

– C'est monseigneur.

– Je ne connais pas de monseigneur. »

Comme la porte ne s'ouvre pas, Louis frappe de nouveau. Même demande, même réponse. L'Impératrice, à très haute voix, pour être entendue de l'autre côté de la porte, dit à sa femme de chambre :

« Pepa, va chercher le grenadier de garde pour emmener celui qui frappe ainsi. Il n'y a pas de monseigneur, il n'y a que Louis, qui puisse entrer chez moi. »

Celui-ci comprend la leçon.

« C'est Loulou », crie-t-il en frappant de nouveau, et alors on lui ouvre la porte.

Louis n'est pas un enfant difficile, mais il collectionne les espiègleries, et son imagination, dans ce domaine, n'est jamais en reste. Il déborde d'idées qu'il met à exécution avec la plus vive célérité, comme le jour où, poussé par quelque inspiration bizarre, il verse dans la botte du cent-garde en faction devant la porte des appartements de l'Impératrice, dont l'immobilité le fascinait autant qu'elle l'intriguait, le contenu d'une boîte de dragées qu'on venait de lui offrir. Farce d'enfant gâté, assurément beaucoup plus innocente que celle dont sa mère elle-même s'était une fois rendue coupable.

N'avait-elle pas parié, avec le colonel Verly, de faire perdre son impassibilité à l'un de ses factionnaires, durant le service. « Je réponds de mes hommes », avait dit le colonel, portant haut l'honneur des cent-gardes. Eugénie, désespérant de réussir après avoir, vainement, tenté d'émouvoir l'homme par des reproches immérités, s'était oubliée jusqu'à lui administrer sur

1. *Journal* du docteur Prosper Ménière, p. 453.

la joue un retentissant soufflet. Le factionnaire devait apprendre le lendemain, en recevant une bourse de cinq cents francs, qu'il ne s'agissait que d'un jeu de sa souveraine, mais le jeu était d'un goût qu'on pouvait, à bon droit, qualifier de douteux. Galamment il refusa l'argent en déclarant à son supérieur qu'il était assez récompensé par le contact d'une main aussi auguste contre sa joue.

L'Empereur a fait l'acquisition, lors du dernier Salon, d'une marine de Ziegler. On vient de l'apporter dans son cabinet, accompagnée d'une palette, d'huile et de pinceaux, car de menues restaurations s'imposent avant qu'elle soit accrochée. Louis est là, seul, il s'ennuie. Tout à coup, l'idée lui vient de faire de la peinture, et il se met en devoir de « corriger » à sa façon la toile du maître. Il a déjà complètement refait le ciel lorsque intrigué par son exceptionnelle tranquillité, quelqu'un s'avise de regarder ce qu'il fait. Le résultat dépasse les espérances. Le tableau n'est plus qu'un barbouillage abominable. Napoléon, mis au courant, hausse les épaules et refuse de punir son fils : « Après un bon nettoyage à l'essence... », dit-il.

Sans doute Louis collectionne-t-il les bêtises, mais il garde, heureusement, la vivacité et la gaieté naturelles à son âge. Il n'y a en lui aucune pose. Paradoxalement, il est très discipliné. Rien n'est plus facile que de lui faire entendre raison, quelle que soit, par ailleurs, son opiniâtreté. Il suffit de faire appel à son sens de l'honneur, et particulièrement de l'honneur militaire. « Monseigneur, vous déshonorez l'uniforme ! » est une phrase qu'on utilisera souvent. Il n'en faut pas plus, le Prince cède immédiatement. Si l'on a besoin de le punir, le châtiment suprême consiste à défendre aux sentinelles de lui présenter les armes pendant une journée. Non que, par vanité, il soit satisfait de cette marque extérieure de respect, mais il lui semble alors qu'il a vraiment démérité, et démérité aux yeux de l'armée. Il sait qu'il doit donner l'exemple, y manquer le fait souffrir.

Certains jours, pourtant, la tentation est la plus forte. Habitué par l'Empereur à ce que ses moindres désirs soient satisfaits, il comprend mal les refus, il les accepte moins encore. Quelqu'un, à la Cour, est sa bête noire, car il le poursuit de son autorité maussade, c'est le général Rollin, adjudant du palais, officier bourru et cassant, sur lequel repose tout le service des souverains. Le général fait régner sur le personnel des

Tuileries une discipline de fer. Il ne tolère aucune fantaisie, et les allées et venues du Prince, qui se soucie fort peu des contraintes du règlement et court à sa guise dans les divers appartements, ne sont pas sans l'indisposer.

Un jour, Louis joue avec ses chiens dans le jardin privé, réservé à l'Empereur. Lorsque son père y est, il s'y promène comme il veut. L'Empereur étant absent, le général Rollin, qui passe par là, lui demande de quitter le jardin. Mécontent, le Prince ne dit mot au général qui lui fait un peu peur, mais va se plaindre à l'Impératrice, laquelle donne raison à l'adjudant du palais. Furieux, Louis réplique : « Vous n'êtes pas gentille, maman, d'approuver cette vieille bête. » Eugénie, qui n'entend pas que son fils lui tienne tête, le renvoie dans ses appartements d'où il ne sortira que pour faire amende honorable. Le soir, le Prince, qui n'a pas de rancune, vient dire bonsoir à sa mère, avant d'aller se coucher, et sollicite son pardon. Celle-ci y met comme condition qu'il demandera aussi au général Rollin de lui pardonner. Louis se dirige résolument vers le général.

« Mon général, dit-il, je vous demande pardon.

– Pardon, demande celui-ci surpris, et pourquoi, monseigneur ?

– Parce que j'ai dit à maman que vous m'aviez chassé du jardin et que vous étiez une vieille bête [1]. »

L'enfant, ne manque pas de malice, et l'on imagine, à cette chute, la gêne de l'austère adjudant du palais.

1. Cité par Pierre de Lano, *La Cour de Napoléon III*, p. 79-80.

CHAPITRE III

LE PETIT PRINCE

Louis a cinq ans lorsqu'on lui fait prendre, à Biarritz, son premier bain de mer. Brave et même souvent téméraire, il a depuis son plus jeune âge une peur instinctive de l'eau, qu'il n'a jamais réussi à surmonter. Tout petit, sa frayeur était telle qu'il refusait même de s'aventurer sur une embarcation. Il fallut qu'un jour, à Villeneuve-l'Étang, l'Impératrice lui lance publiquement un défi en suspectant son courage, pour qu'il accepte, accompagné de Bachon dont il tenait la main, de grimper dans une des gondoles qui, sur la pièce d'eau, servaient aux délassements de la Cour. Sans doute son cœur battait-il très fort, mais tout le temps de la promenade il garda bonne contenance et, lorsque le bateau accosta enfin, il courut à l'Impératrice :

« Maman, Louis a été sur l'eau.

– J'ai vu, répondit Eugénie, c'est très bien, Louis est un brave. »

Il l'est moins, au mois de septembre suivant, à Biarritz, malgré sa promesse d'être raisonnable, lorsque le maître nageur auquel on l'a confié lui fait faire, sous les yeux de l'Impératrice, de miss Shaw et de quelques familiers, son premier plongeon au milieu des vagues, « la tête la première, comme Achille dans le Styx [1] ». Perdant tout contrôle, il se débat désespérément et, dès qu'il peut reprendre sa respiration, bien que suffoquant à moitié, il se met à pousser des cris épouvantables, à tel point qu'il faut

1. Prosper Mérimée, *Lettres à la comtesse de Boigne*, p. 155.

interrompre la leçon. Une fois sèché et rhabillé, Eugénie entreprend de le raisonner :

« Pourquoi as-tu jeté de tels cris ? C'est honteux pour un garçon de ton âge.

– Mais, maman, j'ai eu trop peur quand j'ai vu ces grosses vagues sauter autour de moi.

– Comment ! Tu restes sans broncher devant un canon chargé, et tu as peur de l'eau !

– Ah ! maman, réplique-t-il piteusement mais non sans finesse, c'est que je commande au canon et que je ne peux commander à la mer. »

Ce premier échec n'aura pas de conséquence et ne restera bientôt qu'un mauvais souvenir. Le Prince, non seulement vaincra sa peur et apprendra à nager, mais il deviendra même un excellent nageur.

De retour à Compiègne, il a la joie de recevoir le « bouton ». C'est lors d'une chasse à courre donnée en l'honneur du roi de Hollande, Guillaume III, qu'il revêt pour la première fois l'habit de drap gros-vert à basques écarlates relevées sur les cuisses, et revers de même, la culotte blanche et les bottes souples, et qu'il coiffe le lampion soutaché d'or, garni de plumes de cygne. Un petit couteau à manche de corne glissé dans sa ceinture, le cor de chasse autour du bras, il a fière allure lorsqu'il paraît sur Bouton d'or.

La photographie popularisera son image dans ce costume qui le fait ressembler à un page de la Cour de Louis XV. Napoléon trouve pourtant qu'il est encore trop jeune pour affronter les fatigues et les risques des longues chasses à courre, et c'est conduit à la longe par Bachon qu'il assiste seulement à l'hallali.

Pour l'anniversaire de sa naissance, Eugénie fonde la « Société du Prince impérial », aide à l'enfance au travail, dont le but est de prêter aux ouvriers les fonds nécessaires à leur établissement, achat d'outils et de matières premières. Une souscription nationale est lancée pour réunir un capital suffisant. Les statuts seront publiés le 15 septembre et Eugénie tiendra, avant qu'elles soient envoyées aux titulaires, à apposer elle-même sa signature sur toutes les cartes des membres fondateurs. Les enfants des lycées de Paris se sont engagés à verser chaque semaine dix centimes sur leur argent de poche, pour s'associer à l'œuvre placée sous le patronage du premier enfant de France. Napoléon III n'est-il pas l'auteur d'un projet d'extinction du paupérisme ? Son fils sera l'espoir de la génération sur laquelle, plus tard, il devra régner.

Le 13 juillet, la princesse Clotilde donne naissance à un fils, le prince Victor, Jérôme, Frédéric, Napoléon Bonaparte [1]. Pieuse, objet docile entre les mains de son père Victor-Emmanuel et de son ministre tout-puissant, Cavour, cette malheureuse victime de la politique a été livrée, à seize ans, au prince Napoléon, de vingt ans son aîné, libre penseur, peu fait pour être le mari d'une princesse qui aspire à la sainteté et dont la vie est entièrement tournée vers Dieu. Lorsque les espérances de sa belle-sœur ont été officiellement annoncées, Mathilde a eu ce mot : « Ce sera un diable dans un bénitier ! »

Dès qu'elle est prévenue de l'heureuse délivrance de sa cousine, l'Impératrice se rend à son chevet au Palais-Royal, résidence du couple princier. Louis l'accompagne. L'acte de naissance vient d'être rédigé sur le registre de la famille impériale par le comte Walewski, ministre d'État. Pour la première fois, le Prince, d'une main encore mal assurée, mais avec quelle application, trace son nom sous celui de l'Impératrice sur un acte officiel. Le prince Napoléon considère toujours le fils d'Eugénie avec autant de dépit. Il n'a jamais caché combien l'existence du Prince impérial l'indisposait. Son irritation, lorsqu'il le voit, ne peut échapper à personne, pas plus que l'animosité qu'il lui témoigne en toutes circonstances. Il affecte de n'avoir pas assez de dédain pour « ce pauvre petit marmot ». S'il pouvait, il le ferait passer pour idiot. Aussi n'est-il pas peu fier d'annoncer sa paternité. Il rappelle volontiers que dans les veines de son fils coule, mêlé au sang des Bonaparte, le sang des Habsbourg, des Hohenzollern, des Saxe-Gotha, des Brunswick-Hanovre, des Savoie-Carignan, des Wurtemberg et même des Bourbons. Le fils de l'Empereur, même s'il descend légitimement, mais c'est très lointain et par les femmes, de Saint Louis et d'Édouard III d'Angleterre [2], ne peut revendiquer quant à lui que le sang des

1. Chef de la famille impériale en 1891, c'était le père du prince Napoléon, récemment disparu.

2. Par les Des Vergers de Sannois, origine maternelle de la reine Hortense, Napoléon III descendait quinze fois de Louis VI le Gros, comme Eugénie, par les Leyva, descendait d'Édouard III d'Angleterre, petit-fils de Philippe le Bel (voir page 319).

Beauharnais, des Guzman et des Kirkpatrick, c'est-à-dire « rien », conclut aimablement le prince Napoléon. « Éternel mécontent, comme l'écrit Ghislain de Diesbach, le fils du roi Jérôme fut toujours victime d'un malentendu qu'il ne faisait rien pour éclaircir. Intelligent et vif d'esprit, sa partialité l'aveuglait quelquefois, mais il valait infiniment mieux que sa réputation [1]. » Force est de reconnaître que celle-ci était exécrable, mais il était incapable de maîtriser son humeur.

L'Impératrice, à la demande générale des invités d'une « série » de Compiègne, accepte de laisser paraître son fils, pour la première fois, sur la scène du petit théâtre du palais, dans une charade de Ponsard dont le mot est « harmonie ». Dans le premier tableau, « arme », le comte de Nieuwerkerke, en chevalier, donne l'adoubement à un néophyte auquel la jeune duchesse de Morny prête un charme un peu ambigu. Dans le second tableau « au nid », des nymphes s'approchent d'un buisson d'églantine dans lequel se trouve le nid de l'amour, qu'elles ont à la fois la crainte et le désir de connaître. C'est le Prince impérial qui personnifie l'Amour, convoité par les nymphes. L'une d'elles, plus hardie que les autres, jette son filet sur l'Amour :

Fils d'Aphrodite,
Je t'ai pris, ne pique pas.

L'Amour, alors, sort de son nid et, s'adressant à l'audacieuse :

Calme la frayeur qui t'agite.
Je suis l'Amour, mais doux et bon ;
Connais mieux ma race et moi-même.
Tu parlais d'un amour ancien ;
On le maudit, et moi l'on m'aime ;
Il fait le mal, et moi le bien.
Il sait blesser avec ses armes,
Et moi, je sais l'art de guérir ;

1. *Les Rois – Dynasties françaises*, ouvrage dirigé par S.A.R. le prince Michel de Grèce, p. 167-168.

Il aime à voir couler les larmes,
Moi, je me plais à les tarir [1].

Louis a mis tout son cœur à apprendre ces dix vers. Il les récite avec tant d'innocence et de naturel que l'assistance lui fait un triomphe.

Le temps semble pourtant venu pour le Prince des choses sérieuses. L'année 1863 marque une grande étape dans sa vie.

Renouant avec la tradition de l'ancienne monarchie, l'Empereur a décidé de confier son fils, pour son septième anniversaire, à un précepteur. Déjà, Mme Bizot, à la suite d'un deuil de famille très pénible, a résigné sa charge de sous-gouvernante. Mme de Brancion, qui a appris à lire et à écrire à Louis, n'est pas apte à assurer la suite de son instruction. Longtemps on a balancé si l'on enverrait le futur empereur au lycée, comme y sont allés les fils de Louis-Philippe. La prudence a prévalu. Il n'a pas semblé souhaitable de mêler le Prince impérial aux enfants d'une bourgeoisie qui compte dans ses rangs les plus ardents champions de l'opposition. Que pourrait apporter au Prince la compagnie de jeunes bourgeois ? Des difficultés, sans doute. Louis continuera à faire l'exercice avec les enfants de troupe, de l'équitation avec Bachon, et un précepteur lui enseignera tout le reste.

Le choix de celui-ci présente quelques difficultés. Il importe qu'il soit célibataire, afin de pouvoir se consacrer exclusivement à son élève, et suivre sans inconvénient les déplacements fréquents de la Cour. Il doit aussi présenter toutes les garanties, tant morales que pédagogiques, étant donné les responsabilités inhérentes à sa fonction [2]. Sur la recommandation d'Hortense Cornu, fille d'une ancienne femme de chambre de la reine Hortense et filleule de l'Empereur, qui, brouillée avec son illustre parrain après le coup d'État, a repris depuis un an le chemin des Tuileries, mais vit au milieu d'intellectuels et d'universitaires, c'est un jeune professeur de troisième du collège Rollin, Francis Monnier, qui est nommé. A vrai dire, nul moins que M. Monnier n'était désigné pour être le précepteur du Prince. Si ses qualités, sur le plan de la morale, sont indis-

1. Cité par Victor du Bled, *La Société française du* XVI*e au* XX*e siècle*, 8e série, p. 143-144.

2. Alfred de Vigny avait, dès 1857, sollicité la faveur d'être le professeur du Prince impérial.

cutables, et s'il se consacre à sa tâche avec beaucoup de zèle, ce jeune provincial sorti des rangs du peuple, à peine dégrossi, qui vit seul avec sa mère dans un appartement des plus modestes, n'est nullement à sa place dans une Cour, encore moins à la Cour des Tuileries que dans aucune autre. Quelle que soit, d'autre part, sa bonne volonté et, si étendue que soit sa culture – il travaille à une thèse sur Alcuin, le précepteur de Charlemagne – il ne possède aucune des qualités qui font un pédagogue et, moins encore, le pédagogue du Prince impérial. Louis n'attend pas sans une certaine appréhension la venue de cet étranger qui va entrer dans sa vie pour y tenir une si grande place.

Mais il lui reste encore deux mois de liberté. En février, il assiste pour la première fois à un grand bal costumé aux Tuileries. Ce bal sera le plus beau du carnaval. L'Impératrice y fait sensation dans une merveilleuse robe rouge et noir, couverte d'une cape de velours noir doublée de satin rouge, ruisselante de diamants. Le Prince est à ses côtés, en page, lui aussi vêtu de velours noir, avec des bas de soie rouge et une ceinture de même, un petit manteau vénitien jeté sur les épaules. Il est si charmant dans ce costume qui fait valoir son teint clair, ses cheveux châtains et ses yeux bleus, qu'on lui fera longtemps porter du velours noir et des bas rouges aux réceptions officielles. Ses parents jugent qu'il est maintenant assez grand pour assister régulièrement aux dîners de famille qui ont lieu chaque lundi. Ce n'est pas que ces dîners soient amusants, au contraire, on s'y ennuie ferme, au milieu de tous ces cousins encombrants et avides qui se critiquent et se jalousent. Tous se détestent et ne sont d'accord que sur un point, la haine qui les anime contre l'Impératrice. Celle-ci le sait, et s'en moque. Louis est fêté par la plupart, qui flattent, par des amabilités calculées, la tendresse paternelle de l'Empereur, et font ainsi leur cour.

Pour son septième anniversaire, un régiment en miniature de trois cents enfants de troupe, réunis à Paris, fait l'exercice dans la cour du Carrousel. Il y a là les camarades du Prince, mais chacun dans une unité de son arme, Conneau chez les grenadiers, Jules Espinasse avec les zouaves, Corvisart chez les chasseurs à pied. Entouré de son état-major, le maréchal Regnault de Saint-Jean-d'Angély dirige la revue. A trois heures et demie, sortant du palais, l'Empereur conduit son fils à sa place, au milieu des grenadiers du 1er régiment de la Garde. Maniement d'armes, escrime à la baïonnette, défilé, le Prince exécute tous les mouvements à merveille. Il n'y a que pour l'escrime à la baïonnette qu'il est un peu faible, mais il s'en tire en surveillant du coin de l'œil ce que fait son voisin dont il suit scrupuleusement les gestes. Une collation réunit ensuite au palais tous les participants et Louis, point du tout intimidé, passe de table en table, causant gaiement avec les uns et les autres. Lorsqu'une délégation vient demander à l'Empereur les galons de sergent pour le Prince, celui-ci répond en souriant que son fils « n'a pas droit encore à ce brillant avancement », et qu'il doit faire ses preuves comme caporal.

Aux Tuileries, sa vie va changer avec l'arrivée de M. Monnier. Très vite, pourtant, l'amitié se noue entre le maître et l'élève. Docile, Louis se plie sans rechigner à la discipline nouvelle. La férule du précepteur est très douce, trop douce, diront certains. Il se conclut tacitement entre eux deux une sorte d'accord reposant sur des bons procédés réciproques qui évitent tout risque de malentendu. Ni excès d'autorité d'un côté, ni velléité d'indépendance de l'autre. La méthode de Monnier consiste à n'avoir aucun programme défini d'études. Émule de Jean-Jacques Rousseau, il pense qu'un jeune cerveau assimile petit à petit, au hasard, des connaissances très variées; que tout peut être prétexte à réflexion, qu'il suffit de tenir l'intelligence de l'enfant sans cesse en éveil pour profiter de la moindre occasion de lui apprendre quelque chose. C'est ainsi qu'il enseigne le Prince tout le long du jour, aussi bien au cours des brèves leçons qu'il lui donne au palais que durant les longues promenades qu'il lui fait faire, en répondant à ses innombrables questions sur toutes choses.

Tout est bon, le soleil comme la pluie, les feuilles des arbres, un mulot aperçu au détour d'un sentier, une église devant laquelle on passe, une statue sur une place publique. Monnier pense apprendre à son élève, de cette façon pour le moins décousue, la cosmographie, la botanique, la zoologie, l'architecture, les arts. Quant à l'histoire, elle est presque exclusivement centrée sur la France, et plus particulièrement sur les règnes des deux Napoléon. Autour de cette France impériale, qu'on lui apprend à révérer, gravitent d'autres puissances, dont les rois, qui l'appellent « mon cousin », lui remettent, lorsqu'ils viennent en visite à Fontainebleau ou à Compiègne, des décorations dont il conserve les plaques mais qu'il ne porte pas.

Ce système n'est certes pas fait pour donner au Prince, d'un naturel distrait, des bases très solides. Par chance, il connaît déjà passablement l'orthographe ; la fréquentation des grandes personnes a enrichi son vocabulaire, et il s'exprime aussi couramment en anglais qu'en français. Mais comment, de cette façon, lui enseigner les mathématiques et autres sciences exactes ? Louis prend ainsi un retard considérable, qu'il mettra longtemps à rattraper. Voici comment un familier du palais juge, sans complaisance, l'infortuné Monnier : « Son autorité était nulle, son enseignement dépourvu de méthode était lourd, fatigant et décousu ; son extérieur, vulgaire et négligé [1]. » A vrai dire, c'est surtout l'insignifiance qui caractérise Francis Monnier, aussi se fait-il peu remarquer dans l'entourage des souverains. Il est pourtant deux personnes qui, d'emblée, se révéleront des ennemis irréductibles du précepteur, et qui sauront exploiter ses insuffisances, miss Shaw et Bachon. Tous deux voient avec déplaisir l'ascendant que le jeune homme prend sur son élève. Louis échappe maintenant le plus souvent à leur surveillance, pour être confié presque exclusivement à Monnier. C'est là, précisément, qu'ils trouvent celui-ci négligent.

Lorsque les cours sont terminés, lorsqu'il est rentré de promenade, si le temps le permet, le Prince reste à jouer dans le jardin réservé des Tuileries. Monnier, absorbé par la lecture d'un livre ou perdu dans ses pensées, n'exerce peut-être pas alors une surveillance assez attentive. Parmi les bêtises de Louis, il en est que l'écuyer et la nurse savent colporter, afin de monter en épingle l'inqualifiable légèreté du précepteur. Le roi Victor-Emmanuel a offert au Prince un ravissant petit âne sicilien, gris et noir, très doux, dont il fait ce qu'il veut. Ne s'avise-t-il pas, un jour, de lui faire gravir le grand escalier du palais puis, arrivé au premier étage, de le promener dans les salons d'apparat et jusqu'à son propre appartement, qu'il entend lui faire visiter, après avoir traversé la salle du Conseil des ministres ?

Autre exemple, l'anecdote des autruches que, bien des

1. Mme Carette, *Souvenirs intimes de la Cour des Tuileries*, 3e série, p. 287.

années plus tard, miss Shaw et Bachon, encore scandalisés, raconteront à Augustin Filon. Le Prince, un jour, avait demandé à visiter le jardin des Plantes. Pourquoi lui refuser ce plaisir ? D'autant moins que Monnier pouvait y trouver l'occasion d'une profitable « leçon de choses ». On convint, à titre de récompense, pour un devoir bien fait, d'accéder à son désir. Le jour venu, Louis, flanqué de Monnier, de Bachon et du policier attaché à sa personne, arrive au jardin des Plantes. Accueilli par le directeur qui tient à l'accompagner dans une visite en règle, l'enfant explique qu'il veut voir les autruches, surtout les autruches. On l'y mène et, là, devant Monnier confus, devant Bachon consterné, devant le directeur gêné, devant le public amusé, le fils de l'Empereur, l'héritier du trône, sort de ses poches « deux ou trois livres de macaroni cuit à point, onctueux et filant », qu'il leur tend avec une visible satisfaction. Sans doute est-il « convaincu que les autruches ne mangent des pierres que quand elles ne peuvent faire autrement », mais qui a pu lui mettre dans la tête qu'elles préfèrent le macaroni ? Et comment, par quelles négociations secrètes avec les cuisines, a-t-il réussi à s'en procurer ? C'est ce qu'il ne voudra jamais dire, car il a toujours le souci de ne pas faire punir quelqu'un à cause de lui. « Il paraît, conclut Filon, que M. Monnier ferma les yeux et laissa le scandale s'accomplir jusqu'au bout. On devine la joie des autruches, mais on peut se figurer le désespoir de Bachon [1]. »

Ce sont des exemples des « négligences » que la nurse et l'écuyer reprochent au précepteur sur le plan de la discipline, et des espiègleries d'enfant gâté dont Louis est coutumier et que favorise l'indulgence de son mentor. On pouvait d'ailleurs s'y attendre. Lorsque, en décembre 1862, la nomination de Monnier avait été annoncée, la princesse Mathilde, rencontrant Louis, lui avait demandé s'il l'avait vu et s'il se plaisait avec lui. Le Prince avait répondu oui, « qu'il l'avait vu dans le cabinet de son père et qu'il avait l'air doux comme une fille [2] ». Jugement rapide, mais juste au demeurant, qui en disait long sur les dispositions dans lesquelles se trouvait l'enfant au moment de passer sous la coupe de son premier maître.

Ce qu'on peut surtout reprocher à Monnier, c'est de ne pas

1. Cité par Augustin Filon, *Le Prince impérial*, p. 15-16.
2. *Journal* des Goncourt, 31 décembre 1862.

avoir su donner à son élève, naturellement distrait, et dont il est difficile de fixer longtemps l'attention sur ce qui ne le passionne pas, l'habitude de l'application et d'un effort soutenu sans lesquels il n'y a pas de travail valable. Au milieu d'une leçon, Louis, dont l'esprit vagabonde, demande :

« Monsieur Monnier, est-ce que je peux dessiner un oiseau ?

– Oui, Monseigneur, dessinez ! »

et l'enfant abandonne son opération ou sa page d'écriture pour dessiner un oiseau. Il dessine très bien d'ailleurs, et dessiner semble être la seule chose qui l'inspire lorsqu'il se trouve assis devant une feuille de papier. Depuis qu'il est capable de tenir un crayon, d'instinct, et sans qu'on l'ait guidé, il griffonne. Dire qu'il a du goût pour le dessin serait peu dire. Il est doué, incontestablement. Il a le sens de l'observation, trouve les justes proportions et saisit, du premier coup d'œil, le détail important. En quelques traits il esquisse une silhouette dont la ressemblance est saisissante. Sans doute a-t-il hérité les multiples dons artistiques de sa grand-mère la reine Hortense, car il chante juste et, devant un clavier, sans jamais avoir appris, il joue de petits airs qui lui sont familiers, et même improvise de délicats accompagnements. Les familiers de la Cour s'en amusent et flattent ces goûts, mais l'Impératrice ne veut pas s'intéresser à ces futilités qu'elle juge indignes d'un futur souverain. Il ne sera donc jamais question de donner à Louis des maîtres qui développeraient ces dons. Il est permis de le regretter lorsqu'on regarde certains de ses dessins, esquissés d'une main sûre, et saisissants de vérité. Seule la technique, qui elle ne s'invente pas, leur a manqué.

Jusque-là, pour ses promenades quotidiennes, lorsque la Cour réside aux Tuileries, le Prince impérial est conduit presque exclusivement à Bagatelle. L'ancienne « folie » du comte d'Artois fait à ce point partie de sa vie que lord Hertford a même eu la pensée de lui léguer le domaine. Le geste, évidemment, serait magnifique. Lorsqu'il s'en est ouvert à Napoléon III, celui-ci, touché d'une intention si généreuse du grand seigneur anglais, a pourtant décliné la proposition. « L'héritier de la couronne impériale, a-t-il répondu, ne peut recevoir que de Dieu et de la France [1]. »

Monnier estime qu'il faut montrer autre chose au Prince que les prestigieuses et solennelles avenues qu'il emprunte

1. Cité par Frédéric Loliée, *La Vie d'une Impératrice*, p. 325.

pour gagner le bois de Boulogne. Il veut que Louis apprenne à connaître les quartiers plus populaires de la capitale. Aussi, appuyé par l'Impératrice, l'emmène-t-il à Vincennes, par le faubourg Saint-Antoine. Louis est toujours aussi acclamé sur son passage, par une foule moins élégante, peut-être, mais plus sincère, plus chaleureuse.

Pourtant, il a fait, pour la première fois l'expérience de l'hostilité, orchestrée par une opposition qui, de jour en jour, ose davantage. Au cours d'une promenade, en compagnie de Mme de Brancion, sa voiture a croisé un groupe d'hommes qui, sur son passage, n'ont pas soulevé leur chapeau, affectant de le reconnaître et de ne pas le saluer. Le Prince, très observateur, n'a pas manqué de le remarquer.

« Ils ne sont guère polis, ceux-là, pourquoi donc ne me saluent-ils pas ? »

Embarrassée, la sous-gouvernante a tenté unc explication :

« C'est, Monseigneur, que ces hommes ne vous connaissent pas, apparemment ils ont leurs préférences, ils ne savent pas vos sentiments.. »

Louis, vivement, l'a interrompue :

« Il faut leur dire que je les aime bien, que je les aime tous. »

Mais, pour lui, les moments grisants l'emportent. La campagne du Mexique, considérée encore, selon l'expression maladroite de Rouher, comme « la grande pensée du règne », voit la revanche provisoire des cruels revers essuyés d'abord par les troupes françaises. Un an après le désastre du 5 mai 1862, qui avait marqué le triomphe « des enfants de l'Anahuac sur les premiers soldats du monde », le cuisant échec semble effacé par l'annonce de la prise de Puebla, malgré le soutien moral de Victor Hugo qui, les pieds dans ses pantoufles, encourage de loin les assiégés républicains et ne perd pas une si belle occasion d'invectiver contre l'Empereur tout en servant sa propre renommée. « Hommes de Puebla, leur écrit le poète dans un pompeux message, vous avez raison de me croire avec vous... Combattez, luttez, soyez terribles. Et si vous croyez mon nom bon à quelque chose, servez-vous-en. Visez cet homme à la tête, que la Liberté soit la fronde et que mon nom soit le projectile [1]. »

1. Cité par André Castelot, *Maximilien et Charlotte*, p. 170 à 181.

En dépit de ces orgueilleux encouragements, le général Ortega s'est rendu sans condition avec sa garnison de douze mille hommes et vingt-cinq officiers généraux. La nouvelle de la prise de Puebla arrive à Paris le 10 juin et l'Empereur, qui se trouve à Fontainebleau, fait le soir même une longue promenade dans les jardins du château, ouverts au public, tenant son fils par la main, au milieu d'une foule enthousiaste. Un mois après, Mexico tombe à son tour et le chef d'escadron de Galliffet vient à Saint-Cloud offrir au Prince impérial un canon pris à l'ennemi par le corps expéditionnaire. L'Empereur est à Vichy où il fait une cure et le Prince, tout à la joie et à la fierté que lui procure la victoire des armées françaises, lui écrit :

« Mon cher père,

« je vous félicite pour la prise de Mexico, j'en suis très content. Hier j'ai été dire aux postes que Mexico s'était rendu et tout le monde était enchanté. Votre fils dévoué, Louis-Napoléon.

P.S. Mon cheval a fait ce matin une ruade, mais je me suis tenu bon et je ne suis pas tombé [1]. »

Comme toujours, incapable de garder pour lui seul un si grand bonheur, il a tenu à le partager, et à le partager d'abord avec ces soldats qui sont sa seconde famille.

C'est au milieu d'eux qu'il passe, une fois encore, la Saint-Napoléon au camp de Châlons. La chaleur y est accablante en ce mois d'août 1863, mais il porte courageusement son uniforme et ne songe pas un instant à se plaindre. La troupe lui ménage une surprise. Un soir, dans le baraquement en bois équipé en salle de spectacle à l'italienne, avec plusieurs étages de galeries, on joue, pour lui, une pièce en costume : *La reine Crinoline*, et il prend un plaisir extrême à applaudir les « actrices » qu'il verra, le lendemain, faire l'exercice, le casque sur la tête et le sabre à la main, dans leur uniforme de cuirassiers. Il s'amuse assurément moins, le 13 novembre suivant, lorsqu'il paraît à Compiègne, pour la première fois en soirée, dans la loge impériale du théâtre de la Cour. La troupe du Gymnase-Dramatique interprète *Montjoye*, pièce à grand spectacle, en cinq actes et six tableaux, d'Octave Feuillet, certainement peu faite pour distraire un enfant de sept ans. « C'est, écrit un témoin, aussi long et non moins ennuyeux que

1. Archives nationales, 400 AP 75.

le *Roman d'un jeune homme pauvre*, et ce n'est pas peu dire [1]. »

Deux jours plus tard, pour la fête de l'Impératrice, toujours marquée d'un éclat particulier, c'est lui qui va monter sur la scène, dans une charade d'Émile Augier dont il a, en grand secret, répété le texte avec Mme Conneau. Il est très excité à l'idée de jouer la comédie et piétine d'impatience en attendant qu'on frappe les trois coups. Son personnage paraît dans le « premier » de la charade, et il doit prononcer sa première réplique peu de temps après le lever du rideau. Le moment venu, sans doute sous l'effet du trac, il reste muet, incapable de retrouver un mot du rôle qu'il a si patiemment appris, et l'on baisse le rideau à la grande surprise des spectacteurs qui trouvent le début de la charade « terriblement obscur ». En coulisse, l'auteur et ses interprètes s'empressent autour de Louis qui, nullement gêné, revoit rapidement son texte puis, après quelques minutes, déclare qu'on peut reprendre la représentation. Le rideau se lève donc une seconde fois mais, lorsque revient son tour de lancer sa réplique, de nouveau sa mémoire lui fait défaut. Alors, au grand amusement de l'Empereur et du public, sans se démonter, ce qui prouve que l'émotion ne lui a pas fait perdre sa présence d'esprit et qu'il n'est pas timide, il lance à la cantonade : « Il n'y a donc pas de souffleur ici ? »

La Cour de Napoléon III, sans doute la plus brillante, souvent la plus spirituelle, parfois la plus frivole, de toutes les Cours des souverains européens de l'époque, si ce n'est du siècle, consacre une partie de son temps à se préparer des distractions. Spectacles de salon, bals costumés, même en dehors du carnaval, se succèdent. L'entourage du couple impérial s'étourdit dans les fêtes, et Eugénie elle-même, redevenant la comtesse de Teba, ne dédaigne pas d'y prendre part, voire de les organiser, entraînée par son architecte-décorateur, Viollet-le-Duc, et par l'épouse du fringant ambassadeur de Sa Majesté Apostolique, la princesse de Metternich. Si la Cour raffole des divertissements, elle raffole aussi du Prince impérial, et l'Impératrice est constamment sollicitée d'accorder des permissions pour que Louis puisse y participer. Souvent elle est réticente, mais Napoléon n'est jamais si heureux que lorsque son fils est auprès de lui. Louis, qui l'a parfaitement

1. A. Leveaux, *Le théâtre de la Cour de Compiègne*, p. 120 à 122.

compris, déclare finement : « Maman dit toujours non, mais papa dit toujours oui, et je finis toujours par faire ce que je veux. » Il dit aussi : « J'aime bien papa, j'aime bien maman, mais maman voit tout et papa pense, alors il ne voit pas tout. »

Avant de quitter Compiègne pour les Tuileries, il éprouve encore une grande joie. Lors de la chasse à courre du 13 décembre, son cheval n'est plus tenu à la longe par Bachon. Il peut le faire évoluer à sa guise et ne manque pas de profiter de cette nouvelle liberté qui lui est offerte. Louis justifie la confiance qui lui est faite et, dorénavant, la surveillance de son écuyer sera beaucoup plus lâche.

Autre signe de relative indépendance, le Prince n'occupe plus l'ancienne nursery, contiguë aux appartements de l'Impératrice, où il vivait depuis sa petite enfance. Il dispose maintenant de son propre appartement, digne de l'héritier du trône, au rez-de-chaussée de l'aile sud des Tuileries. C'est une suite de dix pièces, distribuées presque entièrement dans l'ancienne chambre de Louis XIV et la vaste antichambre voisine où, déjà, le roi de Rome avait eu ses appartements. L'accès en est permis par un perron particulier donnant sur la cour du Carrousel. Successivement, on trouve une antichambre ; la salle des huissiers ; le salon ; puis la chambre de miss Shaw qui a gardé la responsabilité domestique de la « maison » de son pupille ; une chambre d'atours où sont rangés, dans de hautes armoires, les habits et uniformes de Son Altesse Impériale ; la salle à manger, pour les repas de tous les jours que le Prince partage avec sa gouvernante, et parfois avec Louis Conneau, les jours de congé, dont un mur est orné d'un tableau représentant Gladiateur, le célèbre étalon ; une salle de jeux, avec un billard anglais et un équipement pour la toupie hollandaise, dans laquelle une immense volière bruit des chants de dizaines d'oiseaux rares ; une pièce remplie de jouets : cheval de bois, panoplies complètes de soldats des diverses armes, avec force fusils, sabres, trompettes et tambours, lanterne magique, maisonnette chinoise, ballons, polichinelles, etc. ; enfin la chambre à coucher et la salle d'études. Éclairée par deux fenêtres, alors que toutes les pièces précédentes n'en possèdent qu'une, la chambre du Prince impérial est capitonnée de satin bleu clair, avec un plafond assorti. Au-dessus du petit lit en marqueterie, un lambrequin au chiffre napoléonien retient les rideaux de l'alcôve et surmonte un tableau de

Hugues Merle, cadeau du duc de Morny : *La Religion protégeant l'enfance*. Sur une commode en bois de rose est disposée une chapelle de style byzantin à volets d'or émaillé, devant laquelle l'enfant dit ses prières. Une pendule de vieux Sèvres, avec sa garniture, décore la cheminée. La salle d'études a les murs blanc et or, un peu solennels, des pièces officielles. Des consoles Louis XV, une belle pendule Louis XVI sur la cheminée, s'accordent mal avec la table de travail à pupitre, au bois taché d'encre et entaillée de dessins au canif, comme tous les pupitres d'écoliers du monde. Deux petits bustes de l'Empereur et de l'Impératrice, et un Napoléon Ier équestre en ivoire sont, avec deux globes terrestres, les seuls objets qui ornent cette pièce réservée à l'étude. Deux simples chaises de paille servent à l'enfant et à son précepteur. Dans ce cadre assez austère, le Prince passera de longues heures, seulement distrait par le va-et-vient de quelques voitures et, aux heures de relève, le passage des sentinelles, dans la cour, devant les fenêtres.

« Le prince, écrit Mme Carette qui fait sa connaissance à cette époque, achevait seul son repas. Miss Shaw, sa gouvernante anglaise, se tenait auprès de lui. C'était un bel enfant de huit ans, à la physionomie ouverte, au teint blanc, avec les beaux yeux bleus de sa mère et de jolis cheveux bruns bouclés. Il causait fort gaiement en anglais lorsque nous entrâmes. En nous voyant, il prit l'air grave qui se posait déjà sur son jeune visage. De lui-même se levant, il nous salua d'une façon tout à fait enfantine et charmante [1]. » Désireux de fixer autrement que par la photographie et même par la peinture les traits de son fils encore enfant, avant que l'adolescence vienne leur ôter leur charme passager et fragile, l'Empereur commande au sculpteur Jules Peyre un médaillon à l'effigie du Prince. Celui-ci sera tellement réussi que la Monnaie en fera réaliser par Bovy une médaille qui ne cessera d'être frappée, en bronze comme en argent, et même en or, jusqu'à la fin de l'Empire [2].

Pour son anniversaire, Napoléon signe le brevet de sergent du « plus ancien caporal de l'armée française », comme Louis aime à s'appeler lui-même. A cette occasion, il

1. Mme Carette, *Souvenirs intimes de la Cour des Tuileries*, 1re série, p. 105.
2. Cette médaille, dont la matrice n'a pas été détruite, est de nouveau frappée, par la Monnaie de Paris.

reçoit une nouvelle fois, aux Tuileries, ses camarades enfants de troupe qui viennent manœuvrer dans la cour du Carrousel.

Toujours attentif à raconter à sa vieille amie, peu en cour auprès d'un gendre qui redoute son goût de l'intrigue, les derniers potins des Tuileries, et à la tenir au courant des faits et gestes de son petit-fils, Mérimée mande à la comtesse de Montijo, à Madrid : « Le Prince impérial est de son siècle et se sert volontiers de mots à la mode. L'autre jour, il a dit à sa mère en revenant de prendre sa leçon d'équitation, qu'il avait " pilé du poivre ", c'est-à-dire qu'il avait monté un cheval qui avait le trot dur. L'impératrice l'a fort grondé de se servir de pareilles expressions, alors l'enfant, avec ce petit sourire que vous lui connaissez, lui a dit : " Maman, certainement vous parlez bien le français, mais vous êtes une étrangère et vous ne savez pas les finesses de la langue [1]. " » On ne peut mettre en doute la véracité du propos que Mérimée doit tenir d'Eugénie elle-même, auprès de laquelle, dans l'ombre, il joue toujours son rôle de vieux confident paternel et sincère. Cette affectation d'un vocabulaire un peu « Gavroche » permettra parfois au Prince, de détendre par une expression populaire une atmosphère un peu trop solennelle et tendue.

Cet attrait pour ce qui est « parisien », que Louis partage avec son père, n'est-il pas également celui d'une société qui va s'enthousiasmer pour l'opéra-bouffe remis à la mode par le génial Offenbach ? Demain, le Prince impérial fredonnera les refrains de *La Belle Hélène*, aujourd'hui il chante, pour faire plaisir à l'Empereur qui en raffole, les vieilles chansons de Béranger. Comme il est doué d'un agréable filet de voix, Mme Conneau les lui apprend et il les interprète ensuite fort joliment. Lorsqu'elle juge qu'un couplet, un peu léger, n'est pas à la portée de l'enfant, elle le passe et, discrètement, censure Béranger. Cet excès de pruderie lui attire un jour une amusante remarque de Louis :

« Mais, madame, vous ne me chantez pas tout.

– Monseigneur, ce serait beaucoup trop long et vous fatigueriez l'Empereur. »

L'enfant n'insiste pas mais, le lendemain, il l'accueille par ces mots accompagnés d'un malicieux sourire :

« Je sais pourquoi vous ne voulez pas me laisser chanter le couplet ; c'est à cause des amourettes. »

1. Prosper Mérimée, *Lettres à la comtesse de Montijo*, tome II, p. 253.

Au Salon de 1864, l'Empereur, volontiers mécène, et qui entend donner à son fils, chaque fois qu'il le peut, l'occasion de faire preuve d'initiative et d'affirmer sa jeune personnalité et ses goûts artistiques, lui permet de choisir une œuvre qui sera le point de départ de sa future galerie. Inspiré, une fois de plus, par son amour pour l'armée, Louis porte son choix sur une peinture militaire : *Le Tambour blessé* d'Armand Dumaresq, œuvre d'une qualité estimable, qui sera placée dans la salle d'études du palais de Saint-Cloud.

Ce souci d'associer le plus possible le Prince à ses gestes publics, Napoléon III l'exprime aussi, à chaque occasion, dans ses discours. Remettant au nom du pape, privilège hérité des rois Très Chrétiens, la barrette au cardinal de Bonnechose, archevêque de Rouen, ecclésiastique fort distingué qui a donné des preuves de son attachement au régime : « Mon fils, déclare-t-il au prélat, que protègent les bénédictions de l'Église, apprendra de bonne heure ses devoirs de chrétien, de citoyen et de prince et, plus tard, il continuera envers sa patrie, comme envers les amis de son père, à acquitter ma dette de reconnaissance et d'affection. »

S'il n'est pas d'une piété excessive, s'il n'a pas ces élans mystiques qui caractérisent certains enfants, Louis n'oublie pas pour autant qu'il est le filleul de Pie IX et ne manque pas, chaque matin et chaque soir, de dire ses prières. Un jour même, il demande à l'abbé Laisne, qui dessert la chapelle, de l'autoriser à lui servir la messe. Gêné, l'abbé, entrevoyant les quolibets que ne manquerait pas de publier la presse de l'opposition, qui aurait beau jeu de ridiculiser le fils de l'Empereur travesti en enfant de chœur, essaie de l'en dissuader et croit trouver une bonne raison.

« Mais, monseigneur, vous n'avez jamais appris, il faut d'abord savoir le latin. »

Alors, devant l'abbé ébahi, Louis, très sérieusement, récite tous les répons de la messe qu'il a appris seul dans son petit paroissien.

Le latin, que Monnier commence à lui inculquer, n'est pourtant pas son fort. Un matin, l'Empereur, passant par la salle d'études, entre pour l'embrasser et le trouve pâlissant sur une version de Lhomond, devant un gros dictionnaire.

« Quel ennui de traduire du latin, moi je n'ai jamais pu. »

Le précepteur essaie de neutraliser le fâcheux effet de la remarque paternelle, peu encourageante pour son élève :

« Mais, la traduction des *Commentaires de César* par Votre Majesté ?

– Elle n'est pas de moi », interrompt Napoléon qui, incontinent quitte la pièce, laissant Monnier interdit et Louis, sans doute, ravi de cette marque de complicité nouvelle autant qu'inattendue.

Plus soucieuse d'efficacité, l'Impératrice l'emmène un jour visiter le lycée de Vanves, qui va porter le nom de lycée du Prince impérial, et Louis peut constater sur place comment travaillent les garçons de son âge. Sans doute cette visite a-t-elle pour but de susciter chez lui cette émulation que stimule l'éducation collective dont il est privé mais, elle lui rend seulement plus pénible encore l'isolement de la grande salle d'études où il s'ennuie, penché seul sur ses livres. Rien ne plairait davantage à Louis que d'aller en classe avec de vrais camarades, et sa propension à vouloir être le premier l'inciterait certainement aux plus profitables efforts. Rien ne pourrait contribuer plus à l'épanouissement de sa nature ardente et turbulente que la vie de lycéen qui fait alterner l'attention et la réflexion avec la libre dissipation des cours de récréation.

Le jour de la Saint-Napoléon, il visite l'École militaire, en grand aria pour la circonstance. Tout l'état-major de la Place l'accueille en grande tenue, et les officiers répondent à ses nombreuses questions durant la visite qui lui paraît trop courte. A la fin de l'après-midi, sur la place de la Concorde où le pylône de Louqsor a été reconstitué derrière l'obélisque entouré de palmiers, il assiste à une extraordinaire fête à l'égyptienne avant que, la nuit venue, un gigantesque feu d'artifice tiré du Champ-de-Mars embrase le ciel de la capitale.

Les fêtes succèdent aux fêtes. Quelques jours plus tard, spectaculaire défilé militaire en l'honneur de don François d'Assise. Eugénie, fille de Castille, tient à recevoir avec éclat le roi consort d'Espagne. Versailles ressuscite tout le faste de son prestigieux passé en l'honneur du descendant de Louis XIV. Louis est en costume de velours noir, avec ses bas rouges. Lui barrant la poitrine, le grand cordon de la Légion d'honneur, la cravate de la Toison d'or au cou, retenu par une agrafe ornée d'une magnifique opale, présent de la reine Isabelle. Une opale, cette pierre laiteuse à l'éclat changeant, qui porte, dit-on, malheur à ceux qui la possèdent.

Plus que les réceptions officielles, si brillantes soient-elles, ce sont les réunions du jeudi ou du dimanche qui enchantent Louis. Autour de lui et de son cher Conneau, la plupart de leurs camarades d'enfance, toujours si heureux de se retrouver, forment une équipe tapageuse dont les jeux et les cris donnent au vieux palais, que miss Bicknell trouve habituellement « strangely lugubrious and funeral [1] », une animation inaccoutumée. Le Prince préside encore d'autres réunions d'enfants. Pour la Saint-Charlemagne, le 25 janvier 1865, cent trente élèves des lycées de Paris et de Versailles, choisis parmi les premiers des classes de septième, la classe de Louis, sont conviés à une séance récréative au cours de laquelle le célèbre Robin, prestidigitateur à la mode, exécute, dans le salon du premier Consul, ses tours les plus remarquables. Louis tient à merveille son rôle de maître de maison. Au début du goûter, il lève spontanément son verre pour porter un toast et s'écrie : « A mes jeunes camarades ! aux enfants de la France ! »

Le printemps de 1865 va laisser au Prince un souvenir exceptionnel. Tandis que Napoléon III effectue seul, en Algérie, un voyage que l'opinion qualifiera, à juste titre, de « conquête pacifique », tant l'accueil des tribus ralliées est enthousiaste et chaleureux, l'Impératrice exerce une nouvelle fois la régence. Désireuse de faire à l'Empereur une surprise pour son retour, elle commande à Carpeaux la statue du Prince. Presque quadragénaire, le sculpteur a conquis, péniblement, une gloire très méritée.

L'Impératrice l'a invité à Compiègne pour une des séries de 1864, au cours de laquelle il a vainement essayé d'obtenir d'elle quelques séances de pose. Rageur, il s'est écrié : « Mais pourquoi donc m'a-t-on fait venir ? » et il a griffonné des croquis rapides de la souveraine sur des morceaux de papier qu'il tirait de ses poches, chaque fois qu'il le pouvait, même à table, durant les repas, dans la salle à manger impériale. Quelques mois après, dans l'orangerie du bord de l'eau où Louis vient chaque jour poser pendant deux heures, l'artiste, en pleine possession de son talent, s'attaque à la statue avec une fougue passionnée. Après un buste nu, saisissant de vérité et de vie, qu'il modèle à titre d'ébauche, il conçoit le groupe charmant

1. « Étrangement lugubre et funèbre. » Anna Bicknell, *Life in the Tuileries under the Second Empire*, p. 31.

du Prince avec son chien. Les premiers témoignages d'estime et d'admiration qu'il reçoit le comblent. « L'Impératrice est venue hier me visiter avec une suite nombreuse, écrit-il à son ami Chérier, mon succès est définitif et les bravos m'ont rempli de joie. » Et quelques jours plus tard, encore : « L'Impératrice est enchantée du buste du Prince et de la statue... J'en pleure de joie[1]. »

Durant les séances de pose, la curiosité naturelle de Louis l'amène à questionner Carpeaux sur son art. Il n'a de cesse qu'on lui mette entre les mains de la terre glaise qu'il puisse travailler lui-même. « Votre favori le Prince impérial, écrit Mérimée à Panizzi, que vous ne reconnaîtriez pas, tant il est grandi et formé, a les dispositions les plus extraordinaires pour la sculpture. Un artiste nommé Carpeaux qui a beaucoup de talent a fait son portrait ; lorsque le Prince l'a vu pétrir de la terre glaise, il a naturellement eu envie de mettre la main à la pâte, et a fait un portrait de son père, qui est atrocement ressemblant ; mais bien que ce soit gâché comme un bonhomme en mie de pain, l'observation des proportions est extraordinaire... Mais le plus extraordinaire c'est le portrait de son précepteur, M. Monnier, que vous aimez tant. Je vous jure que vous le reconnaîtriez d'un bout de la cour du British Museum à l'autre. Ce ne sont pas seulement ses traits, c'est même son expression. Tout le génie de l'homme se révèle dans ses yeux, son nez et ses moustaches. Je suis sûr qu'il y a peu de sculpteurs de profession qui pourraient en faire autant[2]. » « Quel dommage, dira de son côté la princesse de Metternich, s'il n'avait pas un père empereur, ce petit aurait pu devenir quelque chose[3]. »

Carpeaux a représenté le Prince dans son costume habituel de velours, culottes bouffantes, petite veste droite ouvrant sur un gilet, cravate nouée négligemment, tenant par le cou son braque Nero qui lève vers son jeune maître un museau attentif, dans une attitude de confiance et d'abandon. Exposée au Salon de 1866, l'épreuve en plâtre recueille tous les suffrages, tant du public que de la critique, unanime à louer cette réussite d'élégance et de simplicité.

Tandis que Carpeaux exécute une copie du groupe en

1. Cité par Paul Vitry, *Carpeaux*, p. 53.
2. Prosper Mérimée, *Lettres à M. Panizzi*, tome II, p. 112-113.
3. Cité par Ferdinand Bac, *La Cour des Tuileries sous le Second Empire*, p. 158.

marbre, des reproductions de taille réduite, en bronze, sont fondues sous sa direction, notamment par le célèbre Barbedienne, et la Manufacture impériale de Sèvres en édite un petit modèle en biscuit qui aura beaucoup de succès. L'administration républicaine, longtemps après la chute de l'Empire, continuera à le vendre en le baptisant hypocritement « L'enfant au chien ».

Statuettes, médailles, photographies, gravures, répandent dans le public l'effigie de Louis. Le commerce y trouve son compte. Un article placé sous le patronage du Prince impérial est assuré de la faveur populaire, aussi sollicite-t-on de toutes parts ce privilège. Déjà un volume, paru en 1863, a connu un vif succès. Combien de contemporains de Louis ont appris dans les « Histoires héroïques des Français racontées à S.A. Napoléon-Eugène Prince impérial » les premiers rudiments de l'histoire de France ? Orné en frontispice d'un portrait de Louis, dû au crayon de Staal, l'ouvrage de P. Christian, ancien bibliothécaire au ministère de l'Instruction publique, est un abrégé de l'histoire de France dont la lecture plonge dans le plus grand étonnement un historien tant soit peu objectif [1]. Si les trois cents premières pages sont consacrées à l'histoire de la Gaule, à la chevalerie et au Moyen Âge, jusqu'au règne de Louis XI, dix-huit pages seulement racontent les XVIe, XVIIe et XVIIIe siècles. C'est dire la place qu'occupent dans ce livre les règnes de François Ier, d'Henri IV ou de Louis XIV. Quant à celui de Louis XVI et à la Révolution, il suffit de cinq pages pour les expédier. Enfin, les deux cent trente dernières pages célèbrent les succès de la dynastie et le triomphe des deux Napoléon, le règne de l'un suivant, assez étrangement, celui de l'autre.

En 1865, l'éditeur Henri Plon lance la collection des « Classiques français du Prince impérial », série élégante de petits volumes aujourd'hui recherchés, dus à Brière, fervent bibliophile, dont les premiers titres seront : Molière, La Fontaine, Racine et Corneille. Si Louis a appris l'histoire de France d'une façon quelque peu tendancieuse qui efface singulièrement les Bourbons, au moins lira-t-il les grands auteurs de notre littérature dans une édition dont la qualité, comme la typographie, est irréprochable.

Il est une activité nouvelle pour laquelle l'enfant se pas-

1. Édité à Paris par Eugène Pick, de l'Isère, 5, rue du Pont-de-Lodi.

sionne, la bicyclette, appelée alors vélocipède, dont l'usage est en train de se répandre à l'initiative du premier constructeur français, Michaux, de Bar-le-Duc, inventeur du pédalier. Juché sur son engin, le Prince parcourt inlassablement la piste qui traverse les Tuileries, de la terrasse du bord de l'eau à la rue de Rivoli, que l'Empereur a fait tracer à son intention. Après ses premières et inévitables chutes, il est rapidement devenu un virtuose de la nouvelle machine. C'est, après l'équitation, le sport qu'il affectionne le plus.

Comme chaque année, il accompagne son père au camp de Châlons, pour assister aux grandes manœuvres. Il y rencontre l'émir Abd el-Kader et contemple avec des yeux éblouis le héros de la résistance algérienne, devenu le meilleur ami de la France après avoir été, sur sa parole d'honneur de ne pas reprendre les armes, libéré de la prison où il était retenu [1]. L'émir n'a jamais oublié le geste de confiance de celui qui lui a rendu la liberté, et il témoigne sa reconnaissance à l'Empereur chaque fois qu'il en a l'occasion. Dans son costume des mille et une nuits, un poignard rehaussé de pierreries glissé dans sa ceinture, le mâle guerrier a de quoi fasciner un enfant auquel on a appris l'héroïque défense de la « smalah », et qui ne vit que dans l'attente d'activités guerrières.

Après Châlons, les souverains font un voyage en Dauphiné et en Savoie, puis passent par Arenenberg que l'Impératrice vient de racheter pour en faire cadeau à l'Empereur. La charmante maison de la reine Hortense, perchée sur une hauteur qui domine le lac de Constance, dans laquelle le futur Napoléon III a passé une partie de sa jeunesse et rêvé à son avenir, jouera un rôle important dans la vie de Louis qui, plus tard, après les jours sombres, y trouvera repos et gaieté. Pour l'heure, il aurait bien voulu accompagner ses parents dans cette visite. Resté à Châlons, il leur écrit : « Je me porte bien au camp de Châlons, seulement je regrette un peu maman... Moi aussi, quand j'irai en Suisse, j'irai voir Arenenberg, qui me rappellera le souvenir de mon père [2]. » Il retrouve ses parents à Biarritz, au mois de septembre et, le 9, la famille impériale rend une visite officielle, à Saint-Sébastien, à la reine Isabelle. L'ovation de la foule, massée sur la place,

1. Comte Horace de Viel-Castel, *Mémoires*, tome VI, p. 81.
2. Archives nationales, 400 AP 75.

lorsqu'ils apparaissent au balcon de la Casa Consistorial, est formidable. Imposante, la reine d'Espagne se tient aux côtés de l'Empereur. Entre elle et l'Impératrice, dont le visage rayonne de joie sous les vivats et les acclamations de ses anciens compatriotes, le prince des Asturies et le Prince impérial se tiennent par la main. Celui qui sera Alphonse XII porte le grand-cordon de la Légion d'honneur, celui qui devait être Napoléon IV la cravate de la Toison d'or. La visite sera rendu quelques jours plus tard à Biarritz, où les souverains espagnols seront reçus avec autant de chaleur, mais plus de simplicité, tandis que les deux jeunes princes iront jouer ensemble sur le sable de la plage.

A Paris, une épidémie de choléra assombrit la fin de l'été. La Cour se transporte à Saint-Cloud où Louis reste en quarantaine, afin d'éviter tout risque de contagion. Il retrouvera avec d'autant plus de plaisir Compiègne qui va connaître une « saison » particulièrement brillante. Sa grand-mère, la contesse de Montijo, arrivée d'Espagne, fait partie de la première « série » avec son cousin Ferdinand de Lesseps. Les invités de la seconde « série », qui arrivent le mardi 21 octobre, auront droit à un spectacle exceptionnel imaginé par le marquis de Massa. Sous la forme d'une revue à couplets inspirée de l'*Histoire de Jules César*, deux forts volumes parus sans nom d'auteur, mais dont tout le monde sait qu'ils sont de l'Empereur, *Les Commentaires de César*, c'est le nom de la pièce, doivent être interprétés par les membres de la Cour, et c'est la princesse de Metternich, l'épouse de l'ambassadeur d'Autriche, qui en assure la mise en scène, tandis que son mari tient le piano et que Viollet-le-Duc, l'architecte, alors au comble de la faveur grâce à la restauration du château de Pierrefonds, occupe le trou du souffleur. Élégante, intelligente et fine, la princesse a du charme mais pas de beauté. A la Cour, on l'a baptisée « la jolie laide », et le nom lui va bien, car sa vivacité plaît et rend aimable un visage imparfait. Elle est le boute-en-train de l'entourage d'Eugénie qui ne peut se passer d'elle. Toujours piquant dans ses portraits, qui parfois en deviennent injustes, Viel-Castel écrit cruellement : « Madame la princesse de Metternich, qui a pris les manières et le ton des lorettes de bas étage, est une favorite de l'Impératrice, qui la met de toutes les parties ; elle boit, elle fume, elle jure, elle est laide à faire peur et elle raconte des histoires[1]. » Elle-même ne se ménage pas lorsqu'elle proclame : « Je passe, on me suit. Je me retourne, on me fuit. »

La pétulante ambassadrice propose parfois à Eugénie des distractions peu compatibles avec la dignité impériale. N'a-t-on pas vu la souveraine, un jour d'excursion à la Rhune, s'exhiber dans un fandango endiablé et sautiller comme une gitane de Grenade ? A une dame d'honneur qui lui fait remarquer l'inconvenance de telles récréations, et qui ajoute :

« Feriez-vous les mêmes suggestions à Sa Majesté l'impératrice d'Autriche ?

– Ce n'est pas du tout la même chose, réplique étourdiment la princesse, l'impératrice Élisabeth est une véritable impératrice, la vôtre n'est, après tout, que la comtesse de Teba. »

Dans *Les Commentaires de César*, Louis joue le rôle d'un jeune grenadier de la Garde, qui personnifie « l'avenir », en face du vieux général Mellinet qui incarne « le passé ». Louis Conneau, a lui aussi un petit rôle, bien mince puisqu'il ne comporte qu'une seule réplique. Il est « la marchande de plaisirs », dans la première scène. Le Prince, quant à lui, ne paraît que dans le dernier tableau, mais pour un long couplet qui en sera l'apothéose, et qu'il apprend avec beaucoup d'application. Aussi les deux enfants n'assistent-ils pas ensemble aux répétitions, que conduit avec brio et autorité la princesse de Metternich. Un jour que, seul au milieu des grandes personnes, Louis attend de répéter son couplet, ennuyé de voir que personne ne fait attention à lui, tous les artistes improvisés étant trop occupés à régler leurs entrées, pour tromper son ennui, et peut-être aussi avec l'envie de jouer un tour de sa façon, il s'empare d'un tambour qui se trouve dans la salle et se met à taper dessus à coups redoublés. Aucun des assistants n'ose intervenir, mais presque au même moment, la princesse de Metternich, qui était en coulisse, entre en scène et se trouve, dans ce vacarme, empêchée de prononcer sa première réplique. « Je lui crie de cesser, écrit-elle dans ses mémoires, il n'en fait rien. Alors je descends du théâtre, je vais droit sur lui, le prenant par le bras, je le mets à la porte en lui disant : “ Si vous croyez, monseigneur, parce que vous êtes le Prince impérial, que cela vous donne le droit d'ennuyer et de déranger tout le monde, vous vous trompez fort. Sortez à l'instant,

1. Comte Horace de Viel-Castel, *Mémoires*, tome VI, p. 81.

et apprenez que j'ai l'habitude de punir les enfants mal élevés, surtout lorsqu'ils sont princes. " Il s'éloigna en pleurant. Mes amis me dirent : " Vous avez été un peu vive. " Je répondis : " Tant pis. " »

Le langage et le ton ne peuvent, en effet, manquer de surprendre Louis qui n'y est pas accoutumé, et les larmes qu'il verse marquent surtout sa confusion devant cette réprimande publique, même s'il admet qu'elle est méritée. Est-ce lui qui raconte la scène à son père ?

« Le même soir, ajoute la princesse, l'Empereur vint à moi et me dit en tirant sa moustache :

« – Il paraît que vous avez été très sévère avec Louis, et que vous l'avez mis à la porte !

« – En effet, Sire, et si j'avais l'honneur de l'élever, je l'eusse été encore davantage !

« A quoi sa Majesté réplique :

« – Je vous remercie, vous avez bien fait, et d'ailleurs le petit viendra vous demander pardon.

« En effet, il vint à moi et me fit des excuses. Je l'embrassai, et tout fut dit. Le pauvre Prince impérial m'a rappelé, plus tard, alors qu'il avait dix-huit ans, ce petit incident, à un séjour que nous avons fait à Arenenberg chez l'Impératrice, et a ajouté : " Vous ne sauriez croire quelle impression votre algarade m'a faite ! Elle m'a été extrêmement salutaire [1]. " »

Quoi qu'il en soit, les répétitions vont bon train, et la pièce est représentée le dimanche 26 septembre, avec un tel succès qu'une seconde représentation sera donnée le lendemain. La princesse de Metternich remporte un triomphe personnel dans un rôle de cocher de fiacre, qu'elle joue et chante avec toute la gouaille d'un Parisien des faubourgs, tandis que la comtesse de Pourtalès et Mme Bartholoni prêtent leur beauté aux allégories de la France et de l'Angleterre. Mais l'enthousiasme est à son comble lorsque paraît le Prince impérial et qu'il chante, de sa voix claire, son couplet de l'Avenir qui se termine par ces vers :

A des lauriers si je ne puis prétendre
Et demander à vos mains d'applaudir
C'est qu'aujourd'hui mon nom me dit d'attendre
Car vous savez qu'on m'appelle Avenir ;

1. *Souvenirs* de la princesse Pauline de Metternich, 1859-1871, p. 100-101.

Mais en voyant le si noble visage
Du vieux soldat, et son front sillonné,
J'aime à penser aussi qu'à mon courage
Pareil honneur, un jour sera donné.

Le vieux général Mellinet ne peut résister à l'émotion et, oubliant la représentation, saisit le Prince dans ses bras et l'embrasse avec effusion. Une très fine aquarelle d'Eugène Lami illustre ce final de la revue de Philippe de Massa. On y voit Louis épanoui, serrant son fusil dans un bras, poussé sur le devant de la scène par la princesse de Metternich, qui a oublié ses remontrances.

Le 12 décembre, avant de quitter Compiègne, Napoléon passe en revue le régiment de dragons de l'Impératrice et un bataillon du 2e régiment des grenadiers de la Garde. Après avoir remis quelques décorations, l'Empereur s'immobilise pour le défilé. A ce moment le Prince quitte le peloton de l'état-major pour se diriger vers l'Impératrice mais, rapporte un témoin, son cheval, « excité sans doute par la musique et les fanfares, s'est enlevé des quatre pieds et a fait deux ou trois bonds prodigieux au départ. “ Monseigneur, penchez-vous en avant ! ” s'est écrié M. Bachon, écuyer du Prince. Mais Son Altesse impériale, rendant la main, a fait partir sa monture au galop avec une grâce et une aisance qui ont excité les vivats de l'assistance. Arrivé près de l'Impératrice et des dames, le Prince a salué puis, faisant demi-tour, a repris le galop pour revenir près de l'Empereur [1]. »

Les journalistes, les échotiers, rapportent ses mots, les siens ou ceux qu'on lui prête. La malignité des opposants au régime, qui ne l'épargnent pas, fait circuler des anecdotes dont les auteurs n'ont pas honte de salir, par de méchants mensonges, l'image d'un enfant qui n'a d'autre tort que d'être le fils de Napoléon III. Ludovic Halévy ose citer celui-ci, dont on ne peut douter qu'il soit faux : « Le Prince impérial, il y a quelques jours, demandait une chose qu'on lui refusait : “ Ah ! c'est comme ça, dit-il, et bien, tout à l'heure, quand je sortirai, je ne saluerai pas le peuple. ” [2] » Un tel propos dans la bouche de Louis est inconcevable. On sait, par les témoignages des familiers de la Cour, combien une telle réaction est éloignée

1. *La Cour à Compiègne, confidences d'un valet de chambre*, p. 219-220.
2. Ludovic Halévy, *Carnets*, tome I, p. 80.

de son caractère. Il crie, trépigne, se révolte, mais il ne lui viendrait pas à l'esprit de proférer une aussi sotte menace. Il a une trop haute opinion de la place qu'il occupe et un trop grand souci de bien tenir son rôle.

Beaucoup de ces mesquines anecdotes prennent naissance au sein même de la famille impériale, c'est-à-dire rue de Courcelles, chez la princesse Mathilde, dont l'entourage complaisant ne recule pas devant une médisance pour atteindre, fût-ce à travers son fils, sa cible habituelle, l'Impératrice. On trouve dans les *Mémoires* de Viel-Castel, comme dans le *Journal* des Goncourt, de nombreux exemples de ces attaques avec lesquelles la princesse fait rire, aux dépens de la souveraine, la société volontiers frondeuse qui forme sa propre cour. « Je l'ai vue, moi, aurait déclaré Mathilde en parlant d'Eugénie, dire de telles injures à Conneau sur la question romaine que l'Empereur a pris son fils par la main et qu'il est sorti. Il était tout heureux le pauvre homme, que le petit lui ait dit : " Papa, il me semble que maman a dit bien des bêtises. " [1] » Il est pour le moins douteux qu'un pareil propos soit sorti de la bouche du Prince. L'Empereur d'ailleurs, l'eût-il toléré ? Tout cela sent l'invention ou la déformation. Le Prince, lorsqu'il connaîtra ces sortes d'attaques, si opposées à la droiture de son caractère, en sera profondément blessé.

1. *Journal* des Goncourt, 2 octobre 1865.

CHAPITRE IV

L'ENFANT DE LA FRANCE

Pour l'ouverture de la session législative, en janvier 1866, Louis est présent, à la droite de l'Empereur, sérieux dans son costume noir. Une nouvelle fois il a été question de le nommer « roi d'Alger », et cette fois-ci l'idée est venue du prince Napoléon. Au retour d'une tournée d'inspection en Algérie, il a adressé à l'Empereur un rapport sur la fidélité du pays et sur l'intérêt qu'offre son développement. Sa vive intelligence se déploie dans ces sortes de missions, et ses conclusions sont très justes. Après avoir formulé ses idées, il ajoute : « L'Algérie sera la plus belle conquête du Second Empire. Mon ambition serait, pour répondre à votre confiance, de donner assez de développement à cette conquête pour que, dans quelques années, vous puissiez nommer votre fils " roi d'Algérie ", sans que ce soit un vain titre [1]. »

En attendant de faire de son fils le roi d'un royaume d'au-delà de la Méditerranée, l'Empereur le nomme président d'honneur de la commission impériale de l'Exposition Universelle de 1867. Cette exposition accueillera à Paris des représentants de toutes les puissances et de très nombreux souverains et princes étrangers. Placée sous le signe de la paix et des échanges commerciaux, elle doit exalter le travail et l'industrie. En recevant les membres de la commission, Napoléon leur déclare : « Si mon fils est encore trop jeune pour prendre une part active à vos délibérations, il aura du moins l'occasion d'apprendre de bonne heure à

1. « Papiers et correspondance saisis aux Tuileries », pièce LXXXVI.

honorer les travaux qui assurent la prospérité et la splendeur de l'État. »

Au cours d'un bal masqué aux Tuileries, pour fêter le carnaval, Louis a dansé avec une charmante jeune fille, Mlle Robin. Souffrante depuis deux jours, celle-ci n'a rien voulu en dire, de peur d'être privée du plaisir d'assister à un bal de la Cour et de l'occasion de danser avec le fils de l'Empereur. De retour chez elle, elle a dû s'aliter, en proie à une violente fièvre. Deux jours plus tard, elle est morte. La rougeole qui l'a emportée atteint le Prince impérial. Pendant toute sa maladie, l'Impératrice, qui ne peut dominer son anxiété, ne quitte pas le chevet de son fils.

Louis met plusieurs semaines à se remettre. La maladie l'a beaucoup éprouvé et, au début de mars, *le Moniteur* doit annoncer qu'à cause « de l'indisposition du Prince impérial, le concert du château, fixé au 5 mars, est remis au 12 ». Paris, qui s'en inquiète, attend le 16 pour voir si le « petit Prince » sortira du palais et fera une promenade, le jour de son anniversaire. A la perspective de cette première sortie, Louis, malgré sa faiblesse, ne se tient pas d'impatience. Pourtant, le docteur Barthez n'est pas très favorable à une promenade qu'il juge prématurée, et il ne cède, enfin, que devant une raison politique : la nécessité de faire taire de faux bruits alarmistes qui circulent dans Paris et selon lesquels l'héritier du trône serait atteint d'un mal incurable. Malgré les précautions prises, et la courte durée de cette promenade, le froid encore vif saisit le Prince, qui rechute la nuit même.

Ce n'est qu'au début du mois d'avril, après une quarantaine qui lui a semblé bien longue, qu'il peut retrouver son cher Louis Conneau et ses autres camarades. Pour distraire son ennui durant ce repos forcé, il s'est livé à son plaisir favori, le dessin. Au milieu d'avril, Mérimée écrit à la comtesse de Montijo : « J'ai trouvé le Prince grandi et un peu maigri, devenu peut-être trop raisonnable et trop prince pour son âge... Mais je le voudrais plus large d'épaules. J'ai conseillé de le faire tirer à l'arc... Comme il est très raisonnable et prudent, il ne crèvera les yeux à personne et se fortifiera en s'amusant. Je regrette qu'on ne lui donne pas un maître de dessin, car il a des dispositions vraiment extraordinaires. On craint, à ce qu'il paraît, qu'il ne prenne trop de goût à la chose, et en effet ce n'est pas pour faire des dessins qu'on l'a mis au monde [1]. » Par « on » il faut évidemment entendre Eugénie, qui préfère flatter le goût de son fils pour les questions militaires et, pendant sa longue convalescence, autorise le sergent Maury, l'instructeur habituel de Louis, à venir dans sa chambre, pour bavarder avec lui, l'entretenir du métier des armes et lui raconter ses campagnes.

Il y a foule, le 14 juin, dans les quartiers de Vaugirard et de Montrouge, et les Parisiens peuvent consater que le Prince a retrouvé toutes ses forces et qu'il est en parfaite santé. On se presse pour l'acclamer autour de Notre-Dame de Plaisance [2] et dans les rues qui y conduisent. C'est la première fois, depuis le baptême de Louis à Notre-Dame, que les souverains rendent visite ensemble à une église parisienne. Le Prince et sa mère sont parrain et marraine d'une nouvelle cloche et l'enfant s'acquitte avec tout le sérieux souhaitable de cette exceptionnelle fonction qui prélude à beaucoup d'autres. En effet, Napoléon a décidé que son fils le représenterait au cours d'un voyage officiel, prévu de longue date, dans les départements de l'Est et en Lorraine.

Eugénie et Louis quittent Paris par le train le samedi 14 juillet. Après un bref arrêt à Épernay, sous un soleil de plomb, la journée s'achève à Châlons-sur-Marne. Accueillis par le prince Murat, le duc de Montebello et le maréchal Regnault de Saint-Jean d'Angély, l'Impératrice et le Prince traversent la ville en voiture découverte, entourés de cent-gardes, et se rendent à la cathédrale. « Que le ciel, déclare Mgr Meignan dans son homélie, environne de sa protection le Prince impérial, héritier de tant de gloires et de tant de vertus. Son sourire et sa grâce embelliront cette fête et sa vue remplira les cœurs des plus consolantes espérances. »

Louis écoute sans broncher les envolées lyriques du prélat, les louanges dont il est l'objet ne lui montent pas à la tête. Il est beaucoup plus content lorsque, une heure plus tard, dans les salons de l'Hôtel de Ville, huit enfants, nés le même jour que lui, filleuls de Napoléon et d'Eugénie, lui sont présentés et lui offrent une énorme boîte de bonbons qu'il se hâte de

1. Prosper Mérimée, *Lettres à la comtesse de Montijo*, tome II, p. 292.
2. Église aujourd'hui détruite, remplacée en 1909-1911 par l'actuelle église Notre-Dame du Rosaire.

partager avec eux. Un grand bal termine la soirée et les principales familles du département s'écrasent dans les salons de la préfecture pour tenter de l'approcher.

Le lendemain, le train impérial doit faire halte à Vitry où la foule a envahi la gare. Devant son wagon, le Prince est hissé sur un fauteuil d'où tout le monde peut le voir, et son apparition est saluée d'une acclamation qui en dit long sur l'attachement de la ville à l'Empire. A Bar-le-Duc, l'armée tire une salve d'honneur pour saluer l'arrivée du train et, à la sous-préfecture, une délégation de jeunes filles lui offre une caisse de confitures de groseilles, spécialité de la ville, tandis que d'autres, venues de Commercy et de Verdun, lui ont apporté des madeleines et des dragées, agréable manière de lui apprendre à la fois la géographie et l'économie de la province. Le correspondant du *Monde illustré* écrira le lendemain : « Ses goûters sont assurés pour plus de trois mois. »

A Nancy où les voyageurs arrivent dans la soirée, ils sont plus de cinquante mille, venus de tous les coins du département et même de plus loin. Dans la capitale de la Lorraine, il est impossible de trouver une chambre. Hôtels, pensions, garnis ont été pris d'assaut. Les moins prévoyants en seront réduits à dormir dans les promenades publiques. Un *Te Deum* est chanté à la cathédrale où Mgr Darboy, l'archevêque de Paris, officie, entouré de Mgr Lavigerie, évêque de Nancy, et de tous les évêques de la province. Pendant deux jours, après un spectaculaire défilé des délégations sur la place Stanislas, les visites succèdent aux visites : hospice, hôpital, orphelinat, établissements de bienfaisance, lycée, écoles, jusqu'à une colonie de jeunes délinquants, conçue à la demande de l'Impératrice qui s'était un jour émue en découvrant des enfants incarcérés dans une prison d'adultes. Ayant obtenu de l'Empereur la création d'un centre d'éducation surveillée où ont été transférés les jeunes détenus des prisons parisiennes, elle veut se rendre compte par elle-même de leurs conditions de vie, et ne craint pas de montrer à son fils cette frange de la société. Elle veut aussi témoigner à ses protégés, par sa présence et par celle de Louis, qu'elle ne les tient pas pour des parias, et qu'il est à tout péché miséricorde. Ce voyage apprendra beaucoup au Prince impérial, mais, plus que d'autres images, c'est peut-être celle de ces garçons, vêtus de droguet, dont certains ne sont guère plus âgés que lui, dont il gardera le souvenir.

Pourtant il les oublie le soir, au dîner qui réunit deux cent cinquante invités dans la grande salle du palais de Stanislas Leczinski. Eugénie est radieusement belle dans une robe de guipure blanche, semée de grappes de fleurs d'acacia, dont le décolleté met en valeur ses épaules magnifiques. Tandis qu'elle ouvre le bal au bras du baron Buquet, maire de Nancy, Louis, un peu intimidé fait face, pour le quadrille, à Mme Buquet. Les leçons de danse que lui a prodiguées Lucien Petipa, chorégraphe de l'Opéra de Paris, lui permettent de s'en tirer à son avantage et les assistants s'extasient sur la grâce de son maintien.

Lunéville est, le lendemain, la dernière étape de ce voyage dont le succès est manifeste. Après une revue des troupes de la garnison, l'Impératrice décore des vétérans de Crimée et d'Italie. Comme elle hésite au moment d'épingler la croix sur le plastron d'acier d'un cuirassier, Louis, fier de sa compétence, lui indique en souriant qu'il faut l'attacher à l'épaulière. La journée s'achèvera sur un carrousel aux flambeaux qui le ravira, puisqu'il unit ses deux passions : le cheval et l'armée. Théodore de Banville célébrera en vers l'accueil des Lorrains :

> ... Alors, en le voyant, la vaillante Lorraine
> Eut pour l'Impératrice un grand cri filial
> Dont le bruit retentit comme un cri de tonnerre,
> Et, pour glorifier la femme dans la mère,
> Joyeuse, elle acclama l'enfant impérial.

Un après-midi du mois d'août, à Saint-Cloud, Louis s'entraîne aux agrès sur le portique que l'Empereur a fait installer pour lui dans un coin du parc, avec un trapèze, des anneaux et une balançoire sur laquelle il s'élève à des hauteurs impressionnantes en prenant le plus d'élan possible. Où est Monnier ? A quelques mètres, sans doute, absorbé comme à son habitude par la lecture d'un ouvrage d'érudition.

Au trapèze, le Prince exécute la figure du « cochon pendu » lorsqu'il aperçoit l'Impératrice qui passe au bout de l'allée dans sa charrette anglaise et, de loin, lui crie de le regarder. Au moment de se rétablir, il fait un faux mouvement, perd l'équilibre et tombe assez rudement sur le sol. Il se relève pourtant sans aide, mais il est affreusement pâle et, lorsqu'il essaie de marcher, la douleur lui arrache un cri. D'une main il a amorti sa chute, mais son petit doigt est fortement contusionné et enfle à vue d'œil. C'est appuyé sur le bras de Monnier qu'il regagne péniblement le château. « Je suis tombé du portique, et je me suis fait très mal », déclare-t-il à la charmante Mme Carette, lectrice de l'Impératrice, avant d'éclater en sanglots [1]. Rentré dans ses appartements, il est pris de vomissements, ce qui n'est guère étonnant après cette vive commotion survenue à la suite d'un exercice exécuté la tête en bas, en pleine digestion. Miss Shaw ne manque pas, à cette occasion, de faire remarquer à quel point la surveillance du précepteur manque d'efficacité.

Le 16 août, Mérimée donne des nouvelles de l'enfant à la comtesse de Montijo. « L'accident du Prince impérial, dont sans doute vous avez entendu parler, n'a pas eu de suite. Il se porte très bien, est toujours très actif et un peu diable, au demeurant un bon petit garçon qui apprend très bien et est plein d'intelligence [2]. » Si le jugement du vieux sceptique est pertinent en ce qui concerne l'intelligence et la vivacité de Louis, il n'en est pas de même quant aux suites de son accident. Mais, courageux et trop fier pour se plaindre, le Prince endure sans rien dire des souffrances persistantes.

Au début de l'année 1867, sa démarche se fait de plus en plus traînante, jusqu'au jour où miss Shaw s'aperçoit qu'il ne peut plus marcher sans boiter. Le docteur Barthez croit tout d'abord qu'il s'agit seulement du « travail naturel de la croissance », jusqu'au moment où l'enfant, pressé de questions, finit par convenir que chaque pas lui cause une souffrance atroce dans la hanche. Appelé en consultation, l'illustre Nélaton diagnostique un abcès profond entre cuir et chair, nécessitant une incision. Celle-ci est pratiquée sans que Louis consente à être endormi. Il a trop souvent entendu parler du courage des soldats qu'on opère sans anesthésie, parfois sur le champ de bataille même, et pour des interventions infiniment plus sévères que celle qu'il doit subir. Il demande seulement qu'on ne prévienne pas sa mère du jour où on l'opérera, afin de ne pas l'inquiéter.

Cette opération, qu'il subit avec beaucoup de courage, n'amène pas le résultat escompté et lorsque, après quelques

1. Mme Carette, *Souvenirs intimes de la Cour des Tuileries*, 3e série, p. 293-294.
2. Prosper Mérimée, *Lettres à la comtesse de Montijo*, tome II, p. 299-300.

jours, il recommence à marcher, la souffrance se lit sur son visage et il ne peut s'empêcher de boiter. Nélaton décide une seconde opération, plus profonde que la première, pour atteindre un abcès froid de l'articulation coxo-fémorale qu'il a localisé. Assisté de son interne Dentu, il pratique une ponction avec un trocart de gros calibre. L'incision arrache un cri à Louis.

« Pardon, Monseigneur, je vous ai fait mal, dit Nélaton.

– Vous m'avez surpris », répond le Prince qui, les mâchoires serrées, domine sa douleur.

Sa convalescence durera tout le mois de mars, ce qui le privera de la célébration officielle de son anniversaire dans les jardins du Trocadéro, décorés pour la circonstance d'oriflammes qui flottent au vent, depuis la Seine jusqu'à la place du Roi-de-Rome [1].

Pour ses onze ans, l'Empereur a décidé de lui constituer sa première Maison militaire. A sa tête, le général Frossard, polytechnicien, qui s'est distingué comme officier du génie à Sébastopol et qui, depuis la campagne d'Italie où il était attaché à sa personne, jouit de sa confiance et de son amitié. Renouant avec une tradition de l'Ancien Régime, le général est investi du titre du gouverneur du Prince impérial. Napoléon et Eugénie se sont accordés sur le choix de cet homme de soixante ans, appelé à jouer le rôle si important dans la formation de leur fils.

Quelques années plus tôt, à la sortie d'un Conseil des ministres, Louis avait fait irruption dans le cabinet de son père, réclamant l'autorisation de monter Bouton d'or au bois de Boulogne, alors que l'Impératrice l'avait refusée. Napoléon ne voulut pas avoir l'air de donner tort à Eugénie en accordant la permission, mais Louis ne l'entendait pas ainsi. Habitué qu'il était à tout obtenir de son père il insista et, devant le peu de succès de son entreprise, se mit à pousser des cris stridents, à rager et à trépigner en s'accrochant aux jambes de l'Empereur. Le général Frossard, qui assistait à la scène, lui dit alors de sa plus grosse voix : « Comment, Monseigneur, tous ici nous obéissons à Sa Majesté et, vous seul, refuseriez d'obéir ? » et, joignant le geste à la parole, le vieux soldat avait ouvert la porte, la désignant à l'enfant avec un regard qui n'admettait pas de réplique. Médusé, Louis était sorti. Sans

1. Actuelle place du Trocadéro.

doute le prestige, si grand pour lui, de l'uniforme, et le grade élevé de celui qui le portait, avaient eu raison de sa révolte. Informée de l'aventure, Eugénie avait proclamé que le général s'était conduit comme un Romain, ce qui, dans sa bouche et dans la circonstance, n'était pas un mince compliment.

Lorsqu'il fut question de donner un gouverneur à Louis, c'est au « Romain » que, tout naturellement, elle pensa. Cette nomination semble surtout destinée à contrebalancer la trop grande faiblesse qui caractérise le malheureux Monnier, dont les effets désastreux ne peuvent échapper à personne. C'est en pensant à lui que Mérimée écrit à Mme de Beaulaincourt : « Qu'on emploie avec persistance des bêtes patentées, j'avoue que cela me passe. Je ne connais pas du tout le général Frossard. C'est une terrible charge que celle de gouverneur d'un prince par le temps qui court. Celui-ci est très intelligent, mais on lui a laissé prendre de mauvaises habitudes [1]. »

Sous les ordres du général, quatre aides de camp sont nommés qui constitueront sa Maison militaire. Les « quatre-z-officiers », comme on les appellera dans l'entourage du Prince, sont le lieutenant-colonel marquis d'Espeuilles, un cavalier, le type parfait du soldat gentilhomme, qui sera pour Louis comme un exemple vivant ; le commandant comte de Ligniville, d'une grande famille lorraine, que l'Empereur mettra en 1870 à la tête du bataillon modèle des chasseurs à pied de la Garde ; le commandant Lamey, officier du génie, comme le gouverneur dont il a été le chef d'état-major ; enfin celui qui sera le préféré du Prince, le capitaine de frégate Duperré, marin d'un rare mérite dont le charme égale la distinction et qui aura sur l'enfant la meilleure influence.

Ce dernier est très apprécié de l'Impératrice, qui lui écrit le 30 mars : « Je suis sans nouvelle de vous, mon cher monsieur Duperré, depuis un siècle. Par l'Empereur j'ai su que vous aviez reçu votre nomination, car il m'a dit que vous lui aviez écrit pour l'en remercier. Je viens de passer par de cruelles épreuves, le petit Prince a été bien malade, voilà vingt-quatre jours qu'il ne quitte pas son lit. On lui a fait deux opérations des plus douloureuses qu'il a subies avec courage. Nous sommes tout à fait rassurés à présent mais la convalescence sera longue encore. J'aurais été heureuse de vous voir près de lui, pour l'aider à prendre patience dans son lit, il aime les his-

1. Prosper Mérimée, *Lettres à madame de Beaulaincourt*, p. 48.

toires des marins, et il faut lui en raconter sans cesse [1]. » N'est-ce pas une mère attentive et tendre qui s'exprime de la sorte ? En fait, rien ne la préoccupe davantage que ce qui se rapporte à son fils.

La Maison de l'Empereur a annoncé que, le 1er avril 1867, le Prince accompagnerait ses parents à l'inauguration de l'Exposition Universelle dont il est le président d'honneur, mais au dernier moment les médecins s'opposent à une sortie qu'ils jugent imprudente. En fait, sa convalescence le privera d'assister à la plupart des manifestations brillantes qui marqueront le séjour des nombreux souverains et princes dont les visites vont se succéder jusqu'à la fin de l'été, faisant de Paris la capitale de l'Europe.

Mérimée écrit à son ami Panizzi, toujours attentif à tout ce qui touche à l'enfant : « Le Prince impérial est parfaitement bien. Il ne lui reste de son accident que la nécessité de s'abstenir de monter à cheval pendant une quinzaine de jours encore. Sa maladie aura eu cela de bon, qu'elle a montré à Leurs Majestés qu'on l'élevait très mal, en le faisant dîner à table, veiller, rester au salon dans une atmosphère échauffée comme celle des Tuileries [2]. »

Dès les premiers jours du mois de mai, Louis est envoyé à Saint-Cloud où il sera plus au calme qu'à Paris.

L'opposition, qui guette toutes les occasions de faire des commentaires malveillants sur les membres de la famille impériale, ne manque pas de profiter de l'absence prolongée qui éloigne depuis le début de l'année le Prince de toutes les festivités officielles. N'écrit-on pas qu'il est atteint de scrofule héréditaire, « le mal des Bonaparte », précise-t-on, et qu'il ne vivra pas ? Sa première sortie dans la capitale est réservée aux francs-tireurs des Vosges, venus d'Épinal, qu'il passe en revue place du Roi-de-Rome. Encore ne lui permet-on pas de monter à cheval, ni même de revêtir l'uniforme de leur corps, que ceux-ci lui ont offert. Il se borne à passer devant le front des troupes, vêtu d'un costume civil, dans une calèche attelée à la Daumont, acclamé par la foule des Parisiens qui se sont déplacés pour le voir. Mais il ne paraîtra pas au banquet donné en son nom au Champ-de-Mars.

Paris offre à ses hôtes étrangers un divertissement ininter-

1. Inédit.
2. Prosper Mérimée, *Lettres à M. Panizzi*, tome II, p. 281.

rompu. Les fêtes sont quotidiennes et l'on se grise de plaisirs. Mérimée, qui pourtant en a vu d'autres, les trouve « magnifiques ». Dans les ambassades, on rivalise de luxe et d'imagination au passage des souverains. Richard et Pauline de Metternich surpassent tous les chefs de missions diplomatiques, et la grande réception de l'ambassade d'Autriche en l'honneur de l'Impératrice est incontestablement la plus brillante. Devant un parterre de majestés et d'altesses, Johann Strauss conduit lui-même l'orchestre et fait entendre, pour la première fois, son *Beau Danube bleu* qui, dès le lendemain, sera célèbre. A minuit, les cloisons de la salle de bal édifiée dans le jardin de l'ambassade, 101, rue de Grenelle, disparaissent comme par enchantement et révèlent aux invités éblouis un mur de rocaille fleuri d'innombrables roses. Du haut d'un rocher éclairé à la lumière électrique tombe une cascade dont les gouttes scintillent de mille feux. Le coup d'œil est féerique et un tel prodige ne sera pas égalé.

Toute l'Europe couronnée se presse aux Tuileries. « Il pleut des rois », écrivent les Goncourt. Napoléon et Eugénie accueillent cinquante-sept souverains et princes du sang, parmi lesquels le prince Min Bou Taiou, frère du Taikoun [1], le khédive Ismaïl Pacha et le sultan Abdul Aziz qui sera vivement impressionné par la sculpturale beauté que l'Impératrice a conservée, la quarantaine passée. L'Exposition bat son plein. Mais Louis n'est pas oublié. Pendant deux mois, les visiteurs princiers, les chefs de gouvernement et les diplomates, entre la traditionnelle tournée des pavillons consacrés à l'illustration des techniques industrielles et artisanales alors en plein développement, et une représentation de *La Grande-Duchesse de Gérolstein* aux Variétés, où triomphe l'incomparable Hortense Schneider, se rendront à Saint-Cloud pour passer un moment au chevet de l'héritier du trône et seront conquis par sa patience, son charme et son urbanité. C'est ainsi qu'un jour, un géant bourru, le comte Otto von Bismarck, chancelier de Prusse, fera avec lui une partie d'échecs, et le battra. Le 3 juin, il reçoit dans la même journée le tsar Alexandre II, le tsarévitch, le roi Léopold de Belgique et le kronprinz de Prusse.

Enfin, le 20 juin, Louis peut revenir aux Tuileries et, pour la première fois depuis de longs mois, jouer de nouveau avec ses

1. Empereur du Japon.

amis sur la terrasse du bord de l'eau. Trois fois dans la même semaine, il visite l'Exposition, curieux de tout voir. Sa prédilection va évidemment aux pavillons militaires dans lesquels il veut se faire tout expliquer, jusqu'au fonctionnement du nouveau canon Krupp, le clou de l'armement européen, que présente l'industrie prussienne.

Cette frénésie de plaisir ne peut faire oublier les dramatiques événements qui marquent, sur le nouveau continent, l'échec de l'intervention européenne. La campagne du Mexique, à laquelle Eugénie s'est ralliée avec tant d'ardeur, s'achève en désastre. L'Impératrice avait été jusqu'à déclarer, un jour de grande exaltation, à l'ambassadeur des États-Unis : « Si le Mexique n'était pas si loin et mon fils encore un enfant, je souhaiterais qu'il se mette lui-même à la tête de l'armée française pour écrire avec l'épée une des plus belles pages de l'histoire de ce siècle [1]. » Mais la réalité est tout autre. Napoléon III a dû retirer le soutien de ses troupes à l'empereur Maximilien et celui-ci, refusant obstinément d'abdiquer comme le lui conseillait son principal allié, a été fait prisonnier par les républicains qui ont décidé de le juger.

Dans la nuit du 30 juin, qui précède la remise solennelle des prix aux lauréats de l'Exposition, l'Empereur apprend le premier, par une note chiffrée du ministre d'Autriche à Washington, que le bruit court de l'exécution de l'infortuné Maximilien. Annuler la cérémonie du lendemain, il ne peut en être question. On décide de ne rien dire avant d'avoir confirmation de la tragique nouvelle. Le 1er juillet, tôt dans la matinée, torturée par l'inquiétude et l'appréhension, tout de noir vêtue, l'Impératrice passe de longues minutes, abîmée en prières, devant l'autel de la Vierge de l'église Saint-Roch. Quelques heures plus tard, pâle comme la mort, mais dans une robe d'une rare élégance, entre l'Empereur, en uniforme de général de division et Louis qui ignore la tragédie, tout à la joie du rôle important qu'il va jouer, Eugénie prend place dans le carrosse de Louis XIV sorti pour la circonstance des écuries de Trianon.

Au palais de l'Industrie, le public est innombrable. Dans la tribune d'honneur attendent le roi de Hollande, le Sultan, dont le cafetan scintillant de pierreries enchante la foule, ainsi qu'un grand nombre d'invités de marque. Deux places restent

1. Cité par André Castelot, *Maximilien et Charlotte*, p. 207.

vides au premier rang, celles du comte et de la comtesse de Flandre [1]. Après l'audition d'un hymne triomphal spécialement composé pour la circonstance par Rossini, qu'exécute magistralement un orchestre de mille deux cents musiciens, tandis que le maréchal Vaillant proclame les noms des lauréats, Louis procède lui-même à la distribution des médailles. La spontanéité avec laquelle il s'adresse à chacun lui assure un vif succès. Lorsqu'il remet une médaille au roi de Hollande, celui-ci se penche vers lui et l'embrasse avec effusion sur les deux joues. Mais il applaudit plus encore lorsque le Prince, avec gravité, s'avance vers son père auquel le jury a décerné une médaille d'or pour le projet de construction de maisons ouvrières et de fermes modèles. Au milieu de la cérémonie, un aide de camp apporte à l'Empereur la confirmation de l'exécution de Maximilien, à Queratero le 18 juin. Immédiatement Napoléon fait avertir le prince de Metternich et, l'instant d'après, la délégation autrichienne, dans son ensemble, quitte la tribune. Une heure plus tard, *l'Indépendance* de Bruxelles est distribué dans Paris. En première page s'étale la nouvelle et, dans la rue, on s'arrache le journal.

Cinq jours après, Louis quitte Paris. Les médecins qui le soignent ont conseillé une cure à Luchon, qui doit compléter sa guérison. C'est le général Frossard qui a la responsabilité du voyage. Le lieutenant-colonel d'Espeuilles, le docteur Barthez, Francis Monnier et miss Shaw forment la suite du Prince. On ne saurait dire que l'harmonie règne entre ces derniers et le gouverneur. Monnier supporte très mal l'autorité du général, et celui-ci ne perd pas une occasion de l'exercer aux dépens du précepteur auquel il reproche de n'avoir aucune des qualités en honneur dans l'armée. De son côté, Monnier croit habile d'envenimer les rapports déjà tendus qu'il entretient avec le général. Il pense que si le désaccord persiste entre eux, l'Empereur sera obligé de choisir l'un ou l'autre et, comme Napoléon ne sait rien refuser à son fils, que celui qui aura la faveur de Louis sera maintenu. Aussi s'emploie-t-il à la fois à monter son élève contre le gouverneur, et à indisposer celui-ci chaque fois qu'il en a le moyen.

« Cette lutte, rapporte un témoin, devint un moment telle-

1. Le frère et la belle-sœur de l'impératrice Charlotte, femme de Maximilien.

ment vive que, peu habitué aux intrigues de la Cour, le général, lui l'homme franc et loyal par excellence, fut sur le point d'abandonner la partie [1]. » Il a d'ailleurs un autre adversaire dans la place en la personne de miss Shaw. Sans doute celle-ci n'a-t-elle jamais apprécié le précepteur, mais elle a tout à redouter du gouverneur qui ne saurait tolérer longtemps la présence assidue d'une femme auprès de son pupille, auquel il entend appliquer une discipline de vie strictement militaire. L'occasion ne se fait pas attendre longtemps. Un matin, le général attend le Prince à l'heure de sa leçon. Celui-ci ne se présentant pas, il se rend dans sa chambre et le trouve entre les mains de sa nurse avec laquelle il achève de se préparer. Après lui avoir reproché, à son âge, de ne pas faire sa toilette seul, il s'adresse à miss Shaw, interdite : « A dater de demain, madame, vous voudrez bien cesser votre service auprès de Son Altesse ; elle est assez grande maintenant pour s'habiller toute seule sans le secours de qui que ce soit. Il n'est pas convenable qu'une femme assiste à sa toilette [2]. » S'il doit avoir satisfaction sur ce point, le général ne pourra toutefois obtenir que miss Shaw quitte le palais et qu'elle abandonne la direction de la maison domestique du Prince.

Louis a écouté sans broncher les propos de son gouverneur. Certes il n'est pas habitué à ce genre de langage, mais son respect de la discipline est tel qu'il ne dit mot et le suit docilement. A onze ans il ne fait plus de caprices, et son désir d'être soldat est si fort qu'il obéira, quoi qu'il lui en coûte. Pourtant, avec une telle méthode, d'une totale rigidité, jamais son gouverneur ne réussira à lui inspirer autre chose que du respect. Jamais l'enfant ne sera attiré par cet homme froid, dont le tempérament est si différent du sien. Sans doute le général se consacrera-t-il à sa tâche et vouera-t-il au Prince toute son énergie et tout son temps, sans doute mettra-t-il un point d'honneur à lui enseigner, avec une stricte discipline, la maîtrise de soi, et à lui donner le goût de se dépasser, sans doute essaiera-t-il, en toutes circonstances, de le pousser et de le faire briller, peut-être s'attachera-t-il réellement à son élève, mais il est très regrettable qu'un enfant aussi sensible ait été soumis à l'autorité d'un homme si peu fait pour le comprendre et qui, au début au moins, lui inspire une véritable terreur. Sa

1. Commandant Schneider, *Le Second Empire à Saint-Cloud*, p. 105.
2. *Ibid.*, p. 106-107.

vie, jusque-là réglée avec un minimum de contraintes par le doux et indulgent Monnier, s'en trouve fortement changée. Juste mais inflexible, le général Frossard lui impose un emploi du temps qui ne sera modifié sous aucun prétexte. Du réveil au coucher, avec une régularité immuable, tous les jours de la semaine, sauf le dimanche, le travail dans la salle d'études, les récréations, les promenades, les séances d'équitation ou d'exercice avec les enfants de troupe se dérouleront suivant le programme fixé par le gouverneur.

L'Empereur et l'Impératrice eux-mêmes plieront devant ses exigences. Quelqu'un, pourtant, aura refusé de plier, c'est Monnier, qui regimbe de plus en plus contre une autorité qu'il juge insupportable et, au retour de Luchon, les choses entre les deux hommes se gâteront définitivement. En attendant, Louis profite de ces moments de vacances que lui octroie la Faculté. « Qu'on considère mon fils comme un enfant de France ! mais je veux qu'on le considère comme un enfant », a précisé Napoléon. Pendant son séjour à la villa Bertin, on épargne au Prince toute manifestation de caractère officiel.

Chaque jour, il prend son bain dans le petit pavillon thermal et, comme le temps est magnifique, accompagné d'un membre de sa Maison et d'un guide, il fait ensuite une excursion, de plus en plus longue, dans la montagne. Il regagne Paris après trois semaines et ceux qui le voient constatent qu'il a une mine superbe. « Il est bien remis maintenant de son sérieux accident, écrit un témoin, il a grandi, il s'est fortifié et il a gardé le charme de ses yeux bleus, sa jolie tournure, son accueil si gracieux qui enchante tous ceux admis à le fréquenter. Il monte à cheval à ravir, il n'a qu'un défaut, c'est d'aimer et de rechercher le danger [1]. »

Monnier ne tarde pas à demander une audience à l'Empereur. Il se répand alors en propos amers sur le gouverneur. Il ne lui est plus possible, précise-t-il, de continuer son service auprès du Prince en restant sous la coupe d'un militaire tracassier et autoritaire, si distingué soit-il par ailleurs et honoré de la confiance du souverain. La réponse de l'Empereur n'est pas celle que Monnier attendait. Napoléon, qui n'aime pas les éclats, conseille la modération, mais le précepteur s'obstine et préfère donner sa démission. Il n'est pas question que l'Empe-

1. Robert Mitchell et le comte Fleury, *Un demi-siècle de mémoires*, p. 81.

reur cède devant une si grossière manœuvre; le général Frossard restera gouverneur et la démission de Monnier est acceptée.

Lorsqu'il apprend, de la bouche même de son précepteur, que celui-ci va le quitter pour toujours, le Prince devient pâle et se met à pleurer. « Non, non je ne veux pas que vous vous en alliez, je veux que vous restiez [1] ! » crie-t-il en se jetant dans ses bras, secoué par les sanglots. Monnier tente en vain de l'apaiser, l'appelle monseigneur, mon enfant, mon cher petit, le presse contre lui. Attiré par le bruit insolite, le général paraît, estime que cette scène est indigne d'un futur souverain et, dans l'instant, exige le départ du précepteur. Louis connaît maintenant assez son gouverneur pour sentir que tout mouvement de révolte est inutile et, silencieusement, il ravale son chagrin. Il évitera de reparler de Monnier. Il comprend qu'une page de sa vie est tournée et gardera pour lui seul le souvenir de son premier maître. Quelques années plus tard, dans les premiers temps de l'exil, recevant une lettre de celui qu'il n'a jamais oublié, les larmes lui viendront aux yeux et il ne pourra cacher son émotion.

Rapidement, le général Frossard s'emploie à donner un successeur à Monnier. Un successeur qui entrera dans ses vues et se pliera docilement à ses directives. Comme il entend diriger en tous points l'éducation du Prince, il veut s'adjoindre un universitaire qui limitera son action à l'instruction de son élève, et qui se cantonnera dans son rôle de « répétiteur », puisque tels sont le titre et la fonction qui seront les siens. Victor Duruy, ministre de l'Instruction publique, chargé de proposer des candidatures, se souvient d'un de ses anciens élèves de l'École normale, doué d'un esprit brillant, cultivé et d'une moralité parfaite. Agé de vingt-cinq ans, professeur au lycée de Grenoble, Augustin Filon, alors en vacances à Paris dans sa famille, est convoqué à Saint-Cloud dans les derniers jours d'août pour y rencontrer le général Frossard, qu'il trouvera « très imposant ». Le jugement qu'il porte sur lui est pertinent. D'emblée, il a cerné l'homme : « Tout dans sa personne, dans sa parole, dans son regard, dans ses gestes, respirait l'autorité; tout sentait le gouverneur [2]. »

La première idée du général avait été de faire suivre à son

1. Commandant Schneider, *Le Second Empire à Saint-Cloud*, p. 112.
2. Augustin Filon, *Le Prince impérial*, p. 14.

pupille les cours d'un lycée parisien. Ancien serviteur de la monarchie de Juillet, ancien aide de camp de Louis-Philippe, son manque d'imagination l'inclinait à rechercher des solutions déjà éprouvées. Il aurait apprécié que le Prince suivît les cours du lycée Bonaparte comme les princes d'Orléans avaient suivi ceux du lycée Henri-IV. L'esprit d'opposition que la bourgeoisie nourrissait à l'encontre du régime impérial ne permettait pas de souscrire à un tel projet. Envoyer Louis au lycée serait l'exposer à des sarcasmes, voire à des insultes, mais prolonger l'enseignement en vase clos tel qu'il lui a été prodigué par Monnier, c'est le maintenir dans un isolement qui n'est pas souhaitable et présente d'autres inconvénients.

Il existe toutefois une solution intermédiaire. Puisque Louis ne peut aller au lycée Bonaparte, c'est le lycée qui doit venir à lui. Ce sont les professeurs de sa classe qui lui dispenseront, au palais, l'enseignement des différentes matières, comme ils les enseignent à leurs élèves. Filon sera chargé de coordonner les cours, de donner au Prince les explications nécessaires, de veiller à ce qu'il fasse correctement ses devoirs et apprenne ses leçons. Louis sera classé avec des camarades de son âge et, même s'il n'a pas de contacts directs avec eux, il les connaîtra par professeur interposé : son amour-propre, qui le pousse à vouloir être toujours le meilleur, sera stimulé par cette compétition.

Le général explique son plan au jeune universitaire qui ne peut que l'approuver et, quelques jours plus tard, l'Empereur et l'Impératrice auxquels il est présenté ratifient le choix du gouverneur et confirment au jeune homme son engagement au poste auquel ils attachent une importance capitale. Le 4 septembre, au palais de Saint-Cloud, Filon, conduit par le général Frossard, fait enfin la connaissance du Prince impérial, qu'il ne quittera pratiquement plus pendant quelques années. A son entrée dans la grande pièce qui sert de salle d'études, le Prince fait deux ou trois pas dans la direction de l'arrivant, arrête sur lui le regard clair et loyal de ses yeux bleus, et lui tend une main largement ouverte qui « livre la clef d'un caractère ». « Dès que j'eus touché cette main, écrira Filon, je fus tout à lui [1]. »

S'il est séduit par la grâce et la gentillesse que montre son élève, il l'est moins un moment plus tard lorsque, le général lui

1. *Augustin Filon, Le Prince impérial*, p. 24.

ayant demandé de soumettre le Prince à un rapide examen dans les principales matières, le résultat de celui-ci montre que Louis est très en retard pour son âge, ce qui ne fait que confirmer l'inefficacité de l'enseignement de Monnier. Le professeur note toutefois la grande bonne volonté de l'enfant qui, liée à son évidente vivacité d'esprit, lui fait augurer, avec une pédagogie plus appropriée, de rapides progrès.

Mais les vacances ne sont pas encore terminées et, quelques jours plus tard, toute la Cour se transporte à Biarritz où elle restera jusqu'au début d'octobre. Pour Louis, ce sont doublement des vacances car son gouverneur ne l'accompagne pas. Il est délivré, pour plusieurs semaines, de l'autorité du général, et c'est le commandant Lamey, très bonhomme, qui incarne auprès de lui la discipline à laquelle il est maintenant soumis. Durant ces quelques semaines, Filon fait plus amplement connaissance avec le Prince. Il s'attache rapidement à l'enfant dont il découvre les qualités. En contact direct avec la population, sans protocole, dans les promenades qu'il fait, la gentillesse naturelle de Louis lui attire les témoignages spontanés de l'attachement des plus humbles. Filon ne manque pas d'être touché par cette ferveur populaire. Il voit son élève « chaque jour plus vivace, secouer rapidement la torpeur de la convalescence et s'épanouir sous le soleil de Gascogne et les fraîches brises de la mer [1] ».

Le Prince, s'intéresse aux bateaux, visite le *Saint-Pierre*, voilier en partance pour l'Amérique, rempli d'émigrants. Il a du mal à comprendre que des Français quittent la France pour tenter l'aventure dans un pays si lointain. Il pose à ce sujet d'innombrables questions et sa curiosité est si vive que les réponses, pour la plupart évasives, du commandant Lamey et de Filon, ne réussissent pas à le satisfaire. Totalement affranchi maintenant de cette appréhension de l'eau qu'il éprouvait si fortement lorsqu'il était petit, les promenades en bateau lui plaisent même beaucoup et, lorsque l'Impératrice qui en raffole en projette une, il est toujours le premier à demander à l'accompagner.

Celle du 3 octobre [2] restera, à plus d'un titre, mémorable. Eugénie et sa suite doivent gagner Fontarabie à bord de

1. *Ibid.*, p. 28.
2. Et non « certain après-midi de septembre », comme l'écrit Augustin Filon.

l'aviso le *Chamois*, puis longer un moment la côte de sa chère Espagne, qu'elle revoit toujours très volontiers. On reviendra par Saint-Jean-de-Luz d'où, par la route on regagnera Biarritz. Le temps est superbe et la promenade s'annonce délicieuse. A l'aller tout se passe pour le mieux mais, au retour, le vent change brusquement et l'aviso, battu par les lames, ne réussit pas à franchir la barre de l'Adour. Le capitaine d'Ariès, qui commande le *Chamois*, déclare à l'Impératrice qu'il est impossible d'entrer dans le port de Saint-Jean-de-Luz, d'autant plus que la nuit est tombée. Eugénie qui ne veut pas inquiéter l'Empereur, toujours assez réticent pour ce qu'il appelle ses « équipées », décide de gagner la jetée en barque. Deux canots sont mis à l'eau. Elle monte dans l'un avec Louis et onze autres personnes. Treize passagers, un mauvais chiffre, mais il est vrai que parmi eux figure l'amiral Jurien de La Gravière, auquel elle a l'imprudence de confier le gouvernail. A l'avant, dans la nuit noire, au milieu des vagues, le pilote donne des instructions à l'amiral. Lequel des deux commet une erreur ? Erreur de jugement du pilote, complètement affolé à la pensée d'avoir à son bord la souveraine et le prince héritier ? Erreur d'exécution de l'amiral, peu habitué à tenir lui-même un gouvernail ? Quoi qu'il en soit, le canot va donner droit contre un rocher où il s'échoue. Sous le choc, le pilote tombe et se fracasse le crâne. On retrouvera son corps le lendemain. Ce sera heureusement la seule victime. A tour de rôle, les matelots, dans l'eau jusqu'à la poitrine, prennent sur leurs épaules les naufragés et les transportent sur la terre ferme. L'Impératrice est surtout anxieuse au sujet de son fils. « Louis, crie-t-elle, n'aie pas peur ! » et le Prince lui répond simplement « Un Napoléon n'a pas peur ». Le mot fera fortune. De Saint-Jean-de-Luz, la souveraine fait télégraphier à l'Empereur : « Nous sommes tombés à l'eau, signé Eugénie. » Napoléon n'apprécie que très modérément la plaisanterie, il morigène son épouse et s'opposera dorénavant à ce genre d'aventures.

Fin octobre, la Cour est rentrée à Saint-Cloud lorsque l'empereur d'Autriche, le dernier souverain à venir visiter l'Exposition, arrive à Paris. Son voyage, prévu en juin, avait dû être reporté en raison de la mort tragique de son frère Maximilien. La visite de condoléances que Napoléon et Eugénie ont rendue à Salzbourg, dans le cours du mois d'août, aux souverains autrichiens, a produit à Vienne un excellent effet. Ce qui aurait pu être, entre les deux Cours, un souvenir pénible, s'est trouvé effacé, et le voyage de François-Joseph a été arrêté. L'impératrice Élisabeth devait l'accompagner, mais une prochaine maternité l'en empêche. Du moins est-ce la raison officiellement invoquée, car les mauvaises langues ne se privent pas d'insinuer que l'impératrice d'Autriche préfère éviter de se trouver en public aux côtés d'Eugénie dont l'élégance et la beauté lui paraissent une concurrence redoutable.

François-Joseph loge à l'Élysée où il arrive dans la soirée du 23 octobre, accompagné par Napoléon III, venu le chercher à la gare de l'Est. L'Impératrice et le Prince impérial l'accueillent sur le perron de ce palais qui a vu l'abdication de Napoléon Ier. Le soir, à Saint-Cloud, un dîner d'apparat réunit autour des deux empereurs, de la reine de Hollande et du vieux roi détrôné de Bavière, Louis Ier, tout ce que Paris et la Cour comptent de plus brillant. Dur d'oreille, l'ancien souverain parle à voix très haute et dit étourdiment tout ce qui lui passe par la tête. Au cours du dîner, il déclare à Napoléon, assis de l'autre côté de la table : « J'ai beaucoup connu votre père à La Haye, lorsqu'il était roi de Hollande... », puis, prenant conscience de sa bévue et se tournant vers la reine Sophie, il ajoute aimablement : « Un clou chasse l'autre ! » Des sorties de ce genre, si elles divertissent les convives, ne sont pas sans susciter des silences embarrassés.

Amateur incorrigible de jolies femmes, n'a-t-il pas, un soir, aux Tuileries, lancé à Eugénie dont il apprécie beaucoup les ravissantes épaules : « J'ai toujours aimé les belles Espagnoles ! mais il faut s'en méfier. J'en sais quelque chose, il y en a une qui m'a coûté mon trône [1] » ? On imagine la gêne des témoins et, plus encore, celle de l'Impératrice. Né en 1786, filleul de Louis XVI et de Marie-Antoinette, il se prend d'amitié pour le petit prince qui porte le même prénom que lui. Ayant servi Napoléon Ier comme officier d'état-major, il raconte les souvenirs qu'il a conservés du héros à son petit-neveu qui, fasciné, ne se lasse pas de l'écouter. Pendant les cinq jours qu'il passe à Saint-Cloud, du 25 au 30 octobre, quotidiennement, rapporte Ferdinand Bac, l'ex-roi monte jusqu'au jardin parti-

1. Allusion à Lola Montès, qu'il a titrée comtesse de Lansfeld, mais à cause de laquelle il a dû, en effet, abdiquer.

culier du Prince impérial, pour jouer avec lui à l'amiral autour du bassin rempli de poissons rouges. Avec humour, il déclare : « Vous me devez bien cette compensation. Songez que toute ma vie j'ai vécu sans avoir de marine [1]. »

Avant de regagner Vienne, dans une lettre intime adressée à l'impératrice Élisabeth, François-Joseph écrit : « J'ai vu Loulou. Le petit Napoléon est un charmant enfant, mais encore peu développé. Il est très capricieux et porte des bas rouges comme un cardinal. » L'Empereur ajoute, avec une pointe de satisfaction : « Nos enfants sont mieux élevés [2]. » Les parents impériaux seraient-ils, comme beaucoup de parents, plus indulgents pour leurs enfants que pour les enfants des autres ?

A l'automne, la Cour n'ira pas à Compiègne, c'est donc aux Tuileries que le Prince s'installe au début de novembre et qu'il reprend ses études à un rythme très différent de celui qu'il a connu jusque-là. Filon a eu une excellente idée qui a obtenu l'agrément du général. A juste titre, il a pensé que la solitude dans laquelle Louis travaille est décourageante pour un enfant dont le naturel extraverti ne lui a pas échappé. Il a remarqué aussi que l'esprit du Prince, si vif pour tout ce qu'il perçoit, a beaucoup de mal à se fixer sur des abstractions. Rien n'est plus difficile assurément que de le faire tenir tranquille en face de ses livres et de ses cahiers. Pour retenir cette attention si volontiers fuyante, la présence d'un camarade de son âge, auquel le lierait une franche et ancienne amitié, ne serait-elle pas un moyen efficace ?

Tout naturellement, on a songé à Louis Conneau, le jumeau du Prince. Le docteur et Mme Conneau ont, sans peine, donné leur consentement et, côte à côte dans la salle d'études, les deux garçonnets ont commencé à travailler avec beaucoup de zèle. Les efforts conjugués sont bénéfiques à l'un comme à l'autre et Louis est par ailleurs enchanté d'une initiative qui a le mérite de rompre la monotonie de ses études passées, que le face à face avec Monnier rendait parfois fastidieuses. Sa journée commence le matin à six heures et demie, hiver comme été. C'est son valet de chambre, Xavier Uhlmann, ancien cuirassier attaché à son service depuis son plus jeune âge, qui le réveille, avec une ponctualité toute militaire. Sa toi-

1. Cité par Ferdinand Bac, *L'Allemagne romantique*, tome II, p. 371.
2. Cité par Bertita Harding, *La Toison d'or*, p. 149.

lette faite, il récite ses prières en présence de son précepteur qui le rejoint à ce moment. Après un rapide petit déjeuner, une heure d'étude pour réviser le travail de la veille, jusqu'à huit heures et demie. Puis, une courte promenade dans le jardin privé pour se dégourdir les jambes. Parfois, quand le temps est suffisamment beau, sur l'allée asphaltée qui va de l'extrémité de la terrasse du bord de l'eau à la grille de la rue de Rivoli, entre le pont Royal et la place des Pyramides, il fait de la bicyclette, mais cette récréation ne dure qu'une demi-heure et, à neuf heures, il regagne le palais pour saluer ses parents.

Affectueux et tendre, il est malheureux lorsqu'il reste une journée sans les voir. Déjà, tout enfant, il manifestait son mécontentement lorsque sa mère ne pouvait venir l'embrasser, le soir, dans son lit. Un des premiers petits billets, tracés de sa main, qui a été conservé, est ainsi rédigé : « Maman, je ne suis pas content, je n'ai pas vu maman ce soir. Louis-Napoléon [1]. » Napoléon adore discuter avec son fils, il s'amuse de ses réflexions toujours vives et spontanées. Il lui demande même son avis sérieusement : « J'aime savoir ce qu'il pense », se plaît-il à dire, ce qui ne va pas sans impatienter Eugénie qui trouve que c'est attacher beaucoup trop d'importance aux propos d'un enfant. Après avoir embrassé son père et bavardé quelques minutes avec lui, d'un saut, Louis monte chez l'Impératrice, dont l'appartement se trouve à l'étage au-dessus. Enfin il regagne la salle d'études où l'attend Louis Conneau. Deux heures de classe suivent, à l'issue desquelles, en tiers avec Filon, les deux garçons prennent leur déjeuner dans la salle à manger privée du Prince. A deux heures, c'est le départ pour la promenade qui, suivant le temps, peut avoir lieu en voiture, ou à cheval en compagnie de Bachon. Cette promenade quotidienne dure jusqu'à quatre heures et, de retour dans la salle détudes, jusqu'à six heures et demie, à leurs pupitres, comme tous les écoliers, le Prince et Louis Conneau font leurs devoirs et apprennent leurs leçons pour le lendemain.

Au palais, le dîner est servi à sept heures. Quand il s'agit de repas intimes, Louis prend place à la droite de l'Empereur, en face de l'Impératrice. Les autres convives sont les membres de la Maison des souverains, qui se placent à la suite du général Rollin, auquel ses fonctions assignent la première place ; le

1. Archives nationales, 400 AP 75.

plus souvent, une vingtaine de personnes. Lors des grands dîners d'apparat, pour les fêtes religieuses ou militaires, comme lors de la visite de souverains ou de princes étrangers, Louis a maintenant sa place à table. Il est loin, le temps où il faisait seulement, au dessert, une brève apparition. Mais ces soirées qui n'en finissent pas sont désespérantes d'ennui pour ce garçon naturellement remuant, contraint de « faire salon » plusieurs heures en la compagnie de grandes personnes. Pour passer le temps, il dessine et son talent s'affirme dans les esquisses qu'il jette sur le papier.

Certains des maîtres qui viennent aux Tuileries, et particulièrement M. Edeline, professeur de septième au lycée Bonaparte, ne se contentent pas de donner leur cours au Prince, mais lui racontent encore les petites anecdotes de leur classe, lui parlent des camarades qu'il aurait côtoyés s'il était allé lui-même au lycée. Louis connaît ainsi leurs noms, apprend à connaître leur personnalité, à défaut de leurs traits qu'il ne peut qu'imaginer. De leur côté, ceux-ci parlent beaucoup de leur illustre condisciple dont, à chaque résultat de composition, ils entendent proclamer la place et la note. Cette place n'est généralement pas la première, cette note n'est pas la meilleure. Elles sont celles que mérite la copie remise, ni mieux, ni plus mal.

Des historiens ont écrit, sans aucune preuve, que la copie du Prince était toujours classée première et que le professeur avait soin, après la classe, de dire à l'élève classé deuxième : « C'est vous qui êtes le premier, le Prince impérial n'a eu que (une note très inférieure). » Il n'en est rien, et Filon précise même que la copie de Louis était classée « en double et comme en marge de la liste ordinaire ». Il était d'ailleurs très anxieux, à chaque composition, de savoir quelles pourraient être sa note et sa place, sa place surtout, car son amour-propre lui faisait désirer d'être toujours dans les premiers, sinon le premier. Il l'est en arithmétique, au début de l'année 1868, et ce succès lui vaut d'être invité à la Saint-Charlemagne au lycée Bonaparte, le 28 janvier. La table à laquelle il prend place est aussitôt le point de mire général. Louis n'est nullement gêné et son entourage constate, une fois de plus, son aptitude à susciter la sympathie. Tandis qu'on sert le goûter, accompagné de champagne de la réserve personnelle de l'Empereur, le Prince, radieux, peut enfin satisfaire sa curiosité et faire la connaissance de ceux des élèves de sa classe qui, comme lui, ont obtenu une place de premier. « Il s'épanouissait si visiblement, notera Filon, il avait l'air si bon et si heureux ! Il eût fallu un bien féroce parti pris pour ne pas l'aimer [1]. »

Après ceux du lycée Bonaparte, Louis aura comme condisciples les élèves du lycée de Vanves, du lycée Napoléon, enfin de Louis-le-Grand, dont les professeurs viendront successivement aux Tuileries lui donner leurs cours. C'est ainsi qu'il fera ses classes de grammaire avec M. Cuvillier, du lycée de Vanves, et ses humanités avec M. Poyart, du lycée Napoléon, qui lui déléguera également le très distingué Ernest Lavisse pour lui enseigner l'histoire. Afin d'alléger un programme déjà très chargé, on abandonne l'étude du grec classique, jugé moins utile à un futur souverain que les langues vivantes. C'est M. Levy, du lycée Louis-le-Grand, qui lui apprendra l'allemand, tandis que, sur la recommandation de l'ambassadeur de Sa Gracieuse Majesté, lord Lyons, le révérend R.T. Maynard, chapelain de l'armée britannique, complétera par des notions plus académiques les connaissances de base de la langue anglaise qu'il pratique couramment. Sans doute un tel programme d'éducation, et le choix très élaboré des meilleurs maîtres, devraient-ils avoir pour effet de faire rattraper au Prince le retard qu'il a pris dans ses études. Mais le gouverneur veut trop et trop vite. Il demande aux professeurs de son pupille de brûler les étapes et de lui établir un programme regroupant deux années en une. S'il n'est en aucune façon le cancre et le fruit sec que se plaît à dépeindre l'opposition, Louis ne peut cependant pas soutenir un tel rythme, et Filon doit constater la grande confusion à laquelle aboutit l'initiative du général Frossard, tant dans l'esprit des professeurs que dans celui de leur élève. Passant d'un maître à l'autre, Louis est rapidement dérouté. « Il ne savait pas, écrira plus tard Filon, à quel niveau il se trouvait, et ces messieurs eussent été embarrassés de le dire eux-mêmes [2]. »

Un autre éducateur a paru depuis plusieurs mois dans la vie de l'enfant. C'est l'abbé Deguerry, curé de la Madeleine, qui fait son instruction religieuse et le prépare à sa première communion. Napoléon III, qui l'apprécie depuis longtemps,

1. Augustin Filon, *Le Prince impérial*, p. 36.
2. *Ibid.*, p. 48.

tant pour son ardente piété que pour l'élévation de son esprit et les témoignages de fidélité qu'il lui a apportés, a tenu à donner à ce prêtre admirable la plus grande preuve de confiance et d'estime en lui confiant son fils.

Promis à un évêché, il avait préféré ne pas quitter ses ouailles, et la direction spirituelle du Prince impérial est une éclatante compensation accordée à son désintéressement et à son zèle. Il a été l'un des premiers curés de Paris à apporter son soutien à celui qui n'était encore que le prince-président. Lorsque Louis-Napoléon, au retour de sa visite officielle dans le Sud-Ouest, marquée par le retentissant discours de Bordeaux, sur le chemin de l'Élysée où il demeurait encore, passa avec sa suite devant la Madeleine, le clergé paroissial, curé en tête, en habits sacerdotaux, précédé de la croix processionnelle, descendit à sa rencontre les marches du péristyle pour lui porter le salut de l'église. L'Empereur n'avait pas oublié.

L'abbé Deguerry témoigne une grande tendresse à l'enfant dont l'éducation religieuse lui est confiée. La vivacité de Louis a vite fait de le séduire. Familièrement, et pour adoucir ce que le protocole a de trop solennel à ses yeux, il l'appelle : « mon cher petit seigneur ». Afin de rendre plus vivantes les leçons de catéchisme, il évoque avec art les principales scènes de l'Écriture sainte. Il le fait en usant des accents vibrants de sa célèbre voix. Lorsqu'il raconte au Prince la mort du Christ, il s'étonne de l'apparente insensibilité qu'il croit discerner chez son néophyte. Il est surpris de constater que l'enfant l'écoute, attentivement sans doute, mais sans manifester une grande émotion. Serait-il insensible à la douleur d'autrui ? Aurait-il le cœur sec ?

« Mais, mon cher petit seigneur, vous rendez-vous compte que Jésus a voulu souffrir et mourir pour nous ? Y a-t-il au monde un plus grand sujet de larmes ?

– Sans doute, répond Louis, mais ne m'avez-vous pas enseigné que Dieu savait tout, voyait tout, pouvait tout ?

– Oui.

– Alors, il a donc voulu souffrir et faire souffrir sa mère, et c'est ce qui m'empêche de pleurer. »

Le vieux prêtre demeure confondu par une telle logique enfantine et n'insiste pas. Le Prince n'éprouve pas cette exaltation mystique qui accompagne souvent l'adolescence. Lui qui, plus tard, sera un catholique aussi zélé que convaincu et dont la foi fervente s'exprimera dans la très belle prière que l'Impératrice, après sa mort, trouvera entre les pages de son livre de messe [1], ne semble pas encore avoir été touché par la grâce.

A la veille de son anniversaire, le 10 mars 1868, le Sénat, auquel il appartient parfois de discuter des pétitions pour le moins originales, écoute celle qui lui est adressée par M. Cazères de Pouyastruc et Me Cramenzeaux. Ceux-ci demandent que le Prince impérial, qui va avoir douze ans, soit sans tarder associé au gouvernement de son père sous le nom de Napoléon IV. A l'appui de cette demande excentrique, ses auteurs font remarquer les grands périls auxquels la mort d'un souverain expose à la fois le peuple et la dynastie. Ils font valoir que le seul moyen de les prévenir est d'assurer, de son vivant, la continuation du souverain, en appelant au trône, pour s'y asseoir avec son père, l'héritier désigné. Le projet amuse-t-il l'Empereur ? Peut-être lui rappelle-t-il ce compliment fait au Prince, en sa présence, par un courtisan malavisé qui, à la fin d'un toast, avait conclu inconsidérément en souhaitant « un grand et long règne à Napoléon IV, le plus tôt possible » !

« Comment, le plus tôt possible ! » s'était exclamé Napoléon III.

Quoi qu'il en soit, le projet d'associer le Prince à son père ne sera pas retenu.

Pour la première fois, le 16 mars, un registre est ouvert dans l'antichambre des appartements du Prince et, toute la journée, on inscrira les visiteurs, très nombreux, venus lui apporter leurs vœux. Le corps diplomatique, ayant à sa tête son doyen, le cardinal-prince Chigi, est reçu, ainsi que les grands dignitaires de l'Empire, et le maintien à la fois digne et réservé de Louis fait le meilleur effet sur ces personnages pourtant difficiles à impressionner. Il n'est plus besoin de démontrer sa popularité. Nécessaire prélude à sa future vie de souverain, après la visite aux marches de Lorraine, où il a accompagné l'Impératrice l'année précédente, qui a été un succès, Napoléon décide d'envoyer le Prince faire, seul, une tournée qu'on pourrait qualifier « de propagande » !

1. La prière du Prince impérial est reproduite en fin de volume.

C'est la Marine impériale qui va recevoir la première visite princière. Accompagné du général Frossard, du capitaine de frégate Duperré et d'Augustin Filon, Louis prend le train pour Cherbourg où il est reçu, le 14 avril, par les autorités civiles et militaires qui l'attendent à la gare à sa descente du train, avec un apparat extraordinaire. La foule est telle tout le long du parcours que le cortège doit l'effectuer au pas. Conduit par l'amiral commandant la place, Louis monte à bord de la *Reine Hortense*. Trois salves d'artillerie saluent l'appareillage du bateau ayant à son bord l'héritier du trône. Tous les équipages des bâtiments de l'escadre sont rangés dans les vergues et acclament le jeune prince qui passe. Le soir, un feu d'artifice explose dans le ciel dès la tombée du jour, tandis qu'une illumination embrase la flotte entière.

Le lendemain, après la visite de *la Savoie*, un des plus beaux cuirassés de la flotte, regagnant la terre, Louis se rend à l'arsenal où les ouvriers lui font un triomphe. Enfin, il préside un banquet qui réunit trois cents jeunes marins, mousses et enfants de troupe de la garnison. Le soir, une fête nautique lui est offerte, dont le clou est un simulacre de combat naval dans le port brillamment illuminé. A l'aube du 16, saluée par toute l'escadre qui lui fait cortège, la *Reine Hortense* gagne Brest. Durant la traversée, Louis s'est promené partout sur le bateau. Il s'est même avisé de grimper dans les haubans et, suivant la coutume en pareil cas, les gabiers l'ont mis à l'amende d'un quart de vin pour chaque membre de l'équipage. C'est la sanction traditionnelle pour quiconque n'a pas d'emploi à bord et se hasarde dans les cordages.

A Brest, les réceptions sont les mêmes qu'à Cherbourg, avec peut-être plus de chaleur encore. Mais c'est surtout avec les jeunes que Louis s'attarde, que ce soit chez les élèves du *Borda*, chez les pupilles de la Marine ou à l'école des mousses. C'est à qui essaiera de l'approcher, de le toucher. Napoléon ne saurait avoir un meilleur représentant pour réchauffer, s'il en était besoin, l'ardeur du peuple en faveur du régime.

A peine rentré aux Tuileries, il se consacre à la préparation de l'acte important qu'il doit accomplir le jeudi 7 mai [1]. Pour la circonstance, le service du protocole a recherché le cérémonial usité en pareil cas sous l'ancienne monarchie. C'est dans

1. Et non le 8, comme Augustin Filon l'indique par erreur.

les *Mémoires* de Saint-Simon qu'a été retrouvé celui de la première communion du duc de Bourgogne, petit-fils de Louis XIV. Durant les trois jours qui précèdent, l'abbé Deguerry prêche la retraite au Prince. Chaque matin, il vient dire la messe dans la chapelle privée de l'Impératrice. On a fait trêve aux autres leçons afin que le futur communiant soit tout entier à la méditation et au recueillement. Pour la circonstance, la chapelle des Tuileries est tendue de velours rouge relevé de torsades d'or. Partout des fleurs blanches, à profusion, des lilas et des roses qui embaument. A neuf heures et demie, escorté de son service d'honneur, le premier communiant fait son entrée. Il porte un pantalon et un gilet blancs, une veste de drap bleu foncé sur laquelle tranche, attaché au bras gauche, le traditionnel brassard de satin blanc brodé à longues franges. Immédiatement après, Napoléon et Eugénie gagnent leurs places et la messe commence. L'archevêque de Paris, Mgr Darboy, préside à gauche de l'autel, sous un dais à ses armes. Lorsque Louis reçoit l'Eucharistie, Augustin Filon, auquel le protocole pour cette cérémonie si importante n'a accordé qu'une place au fond de la chapelle, note l'attitude « grave, recueillie, respectueuse », de son élève, mais, ajoute-t-il, « on trouvera naturel que le Prince, au milieu de cette pompe et de cette froide étiquette, ayant un rôle à jouer sous tant de regards, éprouvât un trouble qui ne pouvait se confondre avec l'émotion religieuse [1] ».

La vie studieuse de Louis, un instant interrompue, reprend. Il s'agit maintenant de rattraper le retard accumulé pendant plusieurs années et de fournir un effort sérieux. Mérimée constate avec satisfaction le changement qui s'est opéré : « Le Prince a grandi et il est maintenant plein de santé et d'activité. Il m'a semblé aussi qu'on le tenait mieux que par le passé. Pendant le déjeuner, l'Empereur l'a envoyé demander pour me le montrer. Réponse que le Prince est à travailler et ne sera pas libre avant une demi-heure. Cela m'a fait plaisir et m'a montré que le général Frossard fait son métier [2]. » S'il veille scrupuleusement sur l'éducation et sur l'instruction de Louis, le gouverneur est également soucieux de le préparer au rôle qu'il aura à jouer plus tard, aussi ne veut-il laisser passer aucune occasion de le faire paraître en public. Puisque le

1. Augustin Filon, *Le Prince impérial*, p. 45-46.
2. Prosper Mérimée, *Lettres à M. Panizzi*, tome II, p. 334.

voyage à Cherboug et à Brest a été un succès, il tentera d'autres expériences. Le 1er juillet 1868, le Prince représente l'Empereur lors d'une distribution de coupes à Fontainebleau. En remettant son trophée au comte de Lagrange, dont le cheval a remporté la victoire, il lui dit aimablement : « C'est la première fois que cette mission m'échoit et je suis heureux, monsieur, d'avoir à commencer par vous. » Il n'est nullement emprunté, s'exprime avec beaucoup d'aisance et de naturel. Ses phrases arrivent bien sur ses lèvres parce que c'est de son cœur qu'elles viennent.

Lors du Concours général de cette année 1868, le gouverneur, en accord avec le ministre de l'Instruction publique, Victor Duruy, a l'idée de faire présider la distribution des récompenses par son élève. C'est oublier que l'opposition grandissante se recrute dans les rangs de la bourgeoisie et qu'un incident est toujours possible dans le cadre de l'Université. La Cour est à Fontainebleau, d'où le Prince vient à Paris, escorté du général Frossard et de Filon. Le ministre l'attend, entouré des autorités académiques, à la grande porte de la Sorbonne, et le conduit à l'amphithéâtre Richelieu où une estrade et un trône ont été installés. Son entrée ne déchaîne pas un enthousiasme délirant, elle est saluée par les applaudissements polis, et de commande, des professeurs. Filon note dans ses souvenirs qu'ils avaient « quelque chose de contraint ». Le recteur Mourier ne semble pas à son aise. Après le discours du ministre, chaleureusement accueilli, vient le moment de la proclamation du palmarès. Chaque lauréat, à tour de rôle, monte sur l'estrade et reçoit les félicitations du Prince qui lui donne l'accolade avant de lui remettre le prix. L'air heureux et la gentillesse de Louis font leur effet habituel et l'ambiance devient plus chaleureuse.

Lorsqu'on annonce le second prix de version grecque, décerné au jeune Cavaignac, le fils du vieux républicain, du plus ancien et plus ardent adversaire de l'Empire, l'entourage du Prince, et Louis lui-même, applaudissent, vigoureusement. Le Prince se lève pour donner l'accolade. Va-t-on voir « la république et l'empire s'embrasser dans la personne du fils de Cavaignac et du fils de Napoléon III. Quel noble adieu à un passé de rancunes et de haines [1] » ? Beau geste, assurément,

1. Augustin Filon, *Le Prince impérial*, p. 47.

mais qui n'aura pas lieu. Comme le jeune récipiendaire se lève pour gagner l'estrade où Louis l'attend pour lui remettre son prix, Mme Cavaignac, veuve majestueuse tout de noir vêtue, assise au premier rang d'une tribune, se dresse à demi et, d'un regard d'acier, cloue sur place son fils et l'oblige à se rasseoir. Les applaudissements, jusque-là réservés, éclatent alors bruyamment, mais ils ont changé de sens et pris une signification insolente. Debout, le Prince attend toujours, impassible, apparemment détaché, au point que son entourage peut se demander s'il a conscience de ce qui vient de se passer. Le proviseur reprend sa lecture, et la séance se déroule jusqu'au bout dans une atmosphère de gêne. En fait, Louis a parfaitement compris, il vient, pour la première fois d'être placé dans une situation fausse, de faire personnellement la connaissance de l'opposition, et d'apprendre qu'il peut avoir, lui aussi, des adversaires, voire des ennemis. En rentrant aux Tuileries, il éclate en sanglots. Il pleure encore quand il retrouve sa mère à Fontainebleau.

Mérimée tire, quelques jours plus tard, la conclusion de cet incident : « La leçon est un peu dure, écrit-il à Adèle d'Affry, duchesse Colonna di Castiglione, mais je la trouve bonne. Il faut de bonne heure apprendre à mépriser [1]. »

Le moment de partir pour Biarritz approche, mais auparavant le Prince rend visite aux élèves-officiers dans leur prestigieuse école d'application de Saint-Cyr. Depuis plusieurs années déjà, il sait qu'il effectuera plus tard ses véritables études militaires dans cette école qui forme depuis le Premier Empire la fine fleur de l'armée française. C'est dire avec quel intérêt il effectue cette visite, accueilli en grande pompe par un peloton de cavalerie que commande en personne le général de Gondrecourt. Contrairement à celle de l'Université, l'ambiance est particulièrement chaleureuse, et Louis étonne les officiers instructeurs par la pertinence de ses propos, la précision des questions qu'il pose, et la netteté de son jugement.

Les premiers jours à Biarritz sont assombris par les nouvelles qui parviennent de l'Espagne si proche, où la révolution a éclaté. Cadix, Séville, Cordoue, toute l'Andalousie est acquise à la révolution. Affolée, la reine Isabelle demande,

1. Prosper Mérimée, *Lettres à la duchesse de Castiglione*, p. 64.

pour elle et pour son fils, le jeune Alphonse, qui fut le compagnon de jeux de Louis à Saint-Cloud et aux Tuileries, l'asile du sol français. Napoléon III, met à la disposition de la Reine le château de Pau où est né son ancêtre Henri IV. Le 30 septembre, le train royal s'arrête à la gare de la Négresse. L'Empereur, l'Impératrice et le Prince impérial ont un bref entretien avec les exilés. Louis en un geste spontané d'affection étreint longuement le prince des Asturies. Imagine-t-il la peine qu'on peut éprouver en quittant, peut-être pour toujours, son pays dont le peuple vous chasse ? Songe-t-il qu'une pareille catastrophe pourrait un jour s'abattre sur lui ? Sur lui, le Prince impérial, l'enfant chéri de la France ? Il prouve par sa sollicitude envers le jeune infant qu'il ne peut être indifférent à la détresse et au malheur des autres.

Pour son treizième anniversaire, il est promu sous-lieutenant. C'est maintenant en uniforme d'officier qu'il va paraître lors des cérémonies officielles. En même temps qu'au déjà légendaire costume de velours noir égayé de bas rouges qu'il a tant porté, il dit adieu à celle qui, depuis sa naissance a veillé sur lui avec tant d'amour et de sollicitude. Miss Shaw, le 29 janvier 1869, a épousé un ancien capitaine de la Garde, M. Thierry, que l'Empereur a aussitôt nommé trésorier de ses charités privées. Le couple restera ainsi proche des Tuileries. Avec le départ de sa nurse, c'est encore un peu de l'enfance de Louis qui s'en va, c'est une nouvelle page qui se tourne derrière lui. En face, il y a l'avenir du soldat qu'il veut être, le seul qui l'intéresse et même le passionne.

Le 30 mars, il visite officiellement la Monnaie et, sous ses yeux, on frappe à son intention un exemplaire de la gracieuse médaille de Bovy qui le représente d'après le médaillon de Peyre. On a eu aussi l'idée de faire graver par Joubert un timbre à son effigie, d'après le même profil, et dont des essais ont été soumis à l'Empereur. A la réflexion, comme dans aucune monarchie européenne il n'existe de timbre représentant un prince héritier, on renonce à en donner l'exemple et celui-ci ne sera pas retenu.

Cette année 1869 doit surtout être marquée par les manifestations qui célébreront le centième anniversaire de la naissance du fondateur de la dynastie. Dans une proclamation au peuple, l'Empereur a écrit : « Il y a cent ans que l'empereur Napoléon est né. Pendant cette longue période, bien des ruines se sont accumulées, mais la grande figure de Napoléon est restée debout. C'est elle encore qui nous guide et nous protège; c'est elle qui, de rien, m'a fait ce que je suis. »

En dépit du grand mouvement populaire que suscite cet anniversaire, l'opposition ne perd pas une occasion de se faire plus agressive. Des députés « pacifistes » n'hésitent pas à demander la réduction, à deux cent mille hommes, des effectifs de l'armée, déjà diminuée par la campagne du Mexique. Ils savent que celle-ci est, et demeure, l'un des plus sûrs soutiens du régime. Napoléon III se sent vieillir, sa maladie de la vessie fait des progrès qui inquiètent son entourage. Une très violente crise de rhumatisme l'empêche même de participer à la grande revue annuelle des troupes au camp de Châlons. Il délègue son fils pour le représenter. A son arrivée, le 14 août, Louis est accueilli par le général Bourbaki. Le soir même, il préside un dîner qui réunit autour de lui tous les officiers généraux. Le lendemain, après la messe célébrée en plein air, il passe à cheval sur le front des troupes, une grandiose revue et, geste grisant, procède à une importante remise de décorations. Tous les assistants sont unanimes pour témoigner que, pas une minute, il ne s'est montré inférieur à la mission de représentation qui lui a été confiée.

Un autre voyage, plus exaltant encore, va le conduire en Corse, berceau des Bonaparte, qu'il doit visiter en compagnie de sa mère. Le 24 août, l'Empereur, non encore remis et qui a dû renoncer à ce pèlerinage historique, les conduit jusqu'au train. Ils s'arrêteront à Lyon, à Marseille et, avant de s'embarquer à Toulon, le général Frossard, qui accompagne son pupille, tiendra à ce qu'il visite le fort où s'est illustré, en 1793, le capitaine Bonaparte. Là, en uniforme, Louis étonne les officiers qui lui servent de guides par la parfaite connaissance qu'il a des péripéties du siège dont ils lui commentent, sur les lieux mêmes, le déroulement.

A Bastia, où il débarque de l'*Aigle*, lorsque le Prince met enfin le pied sur la terre corse, une foule immense l'attend. Des milliers de montagnards descendus du maquis pour la circonstance sont dans la rue, et les voitures du cortège ont de la peine à se frayer un passage à travers une marée humaine. L'Impératrice va poser la première pierre de l'hôpital Sainte-Eugénie, mais c'est à Louis que s'adresse le préfet, M. Géry, lorsqu'il s'écrie, non sans emphase : « Vous êtes l'héritier de cette puissante et vaillante race des Napoléon qui est l'âme, l'orgueil, le sang de la Corse ; vous êtes notre espoir et notre avenir ; toutes ces poitrines battent pour vous, tous ces braves sont prêts à vous servir. L'ombre de l'immortel fondateur de votre dynastie peut descendre de sa gloire dans une âme qui veut lui ressembler. »

Mais cet accueil n'est rien encore en comparaison de celui qui attend le Prince le lendemain à Ajaccio. Lorsque l'*Aigle* entre en rade, des salves d'honneur sont tirées par les bâtiments de l'escadre pavoisés pour la circonstance. De la foule jaillissent de formidables hourras qui parviennent jusqu'au navire. C'est à croire que la population entière de l'île s'est établie dans la ville. Chacun veut voir le fils de l'Empereur, le petit-neveu du héros. Lorsqu'il débarque, des dizaines de milliers de voix entonnent l'*Ajaccienne* :

Réveille-toi, ville chérie, dans ton orgueil et ton amour.

Un cortège triomphal se forme pour traverser la ville où toutes les façades des maisons sont décorées de drapeaux et, suivant la coutume des pays méditerranéens, des plus belles tapisseries. La voiture impériale disparaît sous les fleurs. Au seuil de la chapelle du palais Fesch où, depuis 1859, repose Laetizia Bonaparte, son arrière-grand-mère, l'évêque Mgr Casanelli d'Istria, accueille le Prince en ces termes : « Vous êtes appelé à continuer la chaîne d'une dynastie qui, dès son origine, s'est manifestée avec tant de splendeur, mais qui a dû traverser bien des vicissitudes. Puisse le ciel vous être toujours propice et vous épargner les rudes leçons de l'adversité. Puisse-t-il vous accorder de longues et heureuses années pour la consolation de ceux à qui vous devez le jour, pour la gloire de la grande nation dont vous êtes l'espoir. » Puis, c'est la visite, strada Malerba, de la casa Bonaparte, où Napoléon a vu le jour. De chaque côté de la porte, un olivier et un palmier ont été plantés en 1856, au moment même où le canon de la citadelle annonçait la nouvelle de la naissance du Prince. La foule réussit à forcer les barrières, elle se rue sur les visiteurs, le service d'ordre est totalement débordé. Nullement effrayé, Louis se retourne sur le seuil de la porte, il a, à l'adresse de la police, cette phrase chaleureuse : « Laissez-les entrer, ils sont de la famille. » Portée de bouche en bouche, le mot fera fortune. Toute la nuit, le Prince impérial peut entendre le refrain qui l'a poursuivi depuis Bastia et que des groupes reprennent sans se lasser dans la vieille ville :

A genoux, citoyens et frères,
Son ombre descend parmi nous
Dans Ajaccio, sur les pierres,
Citoyens frères, à genoux !
Que sur nos places, dans nos rues,
On n'entende plus que ce nom
Du fond des cœurs jusques aux nues :
Napoléon ! Napoléon !

Avant de quitter l'île, Louis va encore, par des chemins de mulets, découvrir la campagne corse. On lui montre la grotte qui servait de refuge à Bonaparte écolier lorsqu'il voulait travailler tranquille. Ce voyage, qui aura été comme une apothéose, marque aussi la fin de la période heureuse de sa courte existence.

CHAPITRE V

A LA GUERRE

Tandis que l'Impératrice, à l'automne, quitte la France pour s'en aller aux rivages de l'Égypte où elle inaugurera fastueusement, en compagnie de l'empereur d'Autriche, du prince royal de Prusse et de représentants officiels de toute l'Europe, le canal de Suez, Louis accompagne son père à Compiègne où ils resteront plus d'un mois et qu'ils quitteront alors pour toujours. Jamais, sans doute, l'Empire, si près de sa chute pourtant, n'avait brillé avec plus d'éclat. Avant de descendre de Port-Saïd à Suez, en une croisière triomphale sur l'*Aigle* qu'escortent les navires des autres puissances, Eugénie a remonté le Nil jusqu'à Assouan, visitant tour à tour Denderah, Karnak, Louqsor, Edfou et la charmante île de Philae, sous la conduite du célèbre Mariette. Malgré la fatigue du voyage, elle a tenu à écrire au jour le jour ses impressions à son mari et à son fils. Celui-ci, qui s'amuse beaucoup à Compiègne, est moins empressé à lui répondre, et elle s'en plaint : « Je n'écris pas à Louis parce qu'il ne me répond pas, ce que je trouve bien mal de sa part... » Elle ajoute pourtant : « Embrasse le méchant Louis pour moi et dis-lui que je l'aime tendrement. » En son absence, c'est la princesse Mathilde qui accueille au palais les invités de l'unique série de la saison. Au programme du théâtre de la Cour, le samedi 13 novembre, trois vaudevilles ont été choisis pour que le Prince puisse profiter pleinement du spectacle : *Le Camp des bourgeoises*, de Dumanoir, *La consigne est de ronfler*, de Thiboust et Grangé, et *La Grammaire*, de Labiche et Jolly, interprétés par la troupe du Palais-Royal. Louis y prend un immense plaisir, comme à la chasse, tant à courre qu'à tir, à laquelle il s'adonne avec passion.

L'année 1870 s'annonce sous les meilleurs auspices. Le Prince est l'objet de toutes les attentions. On donne des réceptions en son honneur, comme celle que lui offre la princesse Mathilde, en son hôtel de la rue de Courcelles, au début de février. Louis ouvre le bal avec la charmante Berthe Bruat, fille de son ancienne gouvernante. Est-ce par le « quadrille du Prince impérial », composé par les professeurs de danse de Paris, artistes du théâtre de l'Opéra, orchestré par Johann Strauss, publié par Gambogi frères ? Toute l'assistance admire son entrain, lorsqu'il conduit le cotillon avec Mlle Vimercati.

A l'occasion du Mardi gras, le 8 mars, pour la première fois, le Prince donne une fête chez lui, dans le pavillon de Flore transformé à son intention, où l'on vient d'installer somptueusement ses nouveaux appartements. Quatre-vingts privilégiés ont reçu des invitations lancées en son nom. Son entourage n'a pas oublié les succès qu'il s'est taillés quelques années plus tôt, lors de ses brèves et rares apparitions sur la scène du théâtre de Compiègne dans des charades et dans la revue de Philippe de Massa. Son gouverneur et son précepteur brûlent du désir de le produire dans une vraie pièce, et dans un rôle qui lui permette de mettre en valeur ses dons d'imitation, qu'il exerce spontanément quand il veut et qui montrent son sens inné de l'observation. C'est *La Grammaire* qu'on choisit, à laquelle, pour la circonstance, on ajoute quelques couplets qui seront accompagnés par M. Cohen, directeur des chœurs de l'Opéra.

Un théâtre a été dressé dans la grande salle de jeux du premier étage. Des fauteuils sont installés pour Leurs Majestés, qu'accompagne le prince des Asturies, puis des chaises pour les princes et princesses de la famille, ensuite des bancs pour les invités. Le Prince joue le rôle de Poitrinas, vieil érudit passionné de fouilles, qui déterre dans le jardin de son ami Caboussat des débris de vaisselle qu'il prend pour des vestiges gallo-romains. Louis campe son personnage avec tout le relief et tout le pittoresque qui conviennent, montrant un réel talent de composition, et le public rit aux larmes à plusieurs endroits. L'Empereur n'est pas le dernier à s'esclaffer au spectacle de la silhouette alourdie et grotesque de son fils, affublé pour la circonstance d'une longue redingote grenat dont les basques lui battent les talons, sur un pantalon de nankin qui plisse comme un accordéon, et coiffé d'une volumineuse perruque de cheveux gris, le tout réalisant une silhouette parfaite du vieux savant ahuri. Espinasse lui donne très bien la réplique dans le rôle de Caboussat, et tous deux, aux dires des témoins, sont presque aussi drôles que Got et Régnier, sociétaires de la Comédie-Française. Les autres intimes de Louis sont, bien sûr, de la partie, Conneau dans le rôle de Machut, Pierre de Bourgoing en valet polisson et Maxime Frossard, fils du général, qui prête ses traits délicats à l'ingénue. On a même inventé un rôle de cuisinier pour que Scipion Corvisart puisse être aussi de la distribution. « Les applaudissements pouvaient bien être une flatterie, rapporte Filon, mais le rire était spontané, et ce rire-là était le vrai succès [1]. »

L'Empereur tient à marquer d'un faste particulier le quatorzième anniversaire de son fils. A l'issue d'une messe solennelle, le Prince reçoit dans ses nouveaux appartements les vœux des personnages officiels, en tête desquels le prince Napoléon. Un registre est ouvert par le grand chambellan et, toute la journée, les députations des corps constitués, comme celles des plus humbles associations, viennent s'y inscrire. Le corps diplomatique défile au grand complet tandis que, de tous les départements, arrivent des télégrammes chaleureux.

Napoléon ne pense pas seulement à l'entrée de Louis dans le monde, il s'inquiète aussi de l'avenir qu'il lui prépare. Il se sent vieillir, les progrès de sa maladie sont sensibles, il se fatigue vite, souffre parfois d'une façon intolérable. Il sait que l'opposition fait des progrès dans le pays et qu'elle attend son heure, l'heure de la faiblesse, l'heure fatale à tous les régimes autoritaires. Pour préparer l'avenir de son fils, ne serait-il pas souhaitable de réviser la Constitution, de désamorcer par une consultation populaire les armes des adversaires ? N'est-il pas temps de transformer l'empire autoritaire en empire libéral ? D'écouter des hommes comme Émile Ollivier, ancien opposant rallié, auquel il a déjà demandé le 2 janvier de former un nouveau gouvernement, après s'être séparé de Rouher, qui fut utile en son temps mais qui, trop marqué d'absolutisme, a fini par devenir encombrant ?

1. Augustin Filon, *Le Prince impérial*, p. 69.

Le parti de Napoléon III est pris, il faut doter le pays d'un régime parlementaire qui, avec l'assentiment massif des Français, doit être le plus sûr atout de Louis. Un nouveau plébiscite est annoncé, qui permettra de vérifier si le peuple suit, si le règne des Bonaparte est toujours populaire auprès des masses, cet empire qui, depuis dix-huit ans, a tant apporté au pays. La consultation, la première depuis novembre 1852, aura lieu au mois de mai. En attendant, pour célébrer la fin du carême, la Cour passe les fêtes de Pâques à Fontainebleau. A cette occasion, Louis participe, avec plusieurs de ses amis à une grande chasse à courre derrière un dix-cors, entre le carrefour du Planteur, au Bois-la-Dame, et le pont de Fontainebleau-le-Port. Il excelle dans ce sport, qui lui permet de combiner sa virtuosité de cavalier et son adresse de tireur.

Le scrutin plébiscitaire a été fixé au dimanche 8 mai et, dans les jours qui précèdent, la fièvre s'empare des villes et plus particulièrement de Paris. Les campagnes sont plus calmes. Mérimée écrit le 4 à son ami Panizzi : « L'Empereur a recommandé au général Frossard d'empêcher le Prince impérial de sortir. Le général a demandé s'il y avait quelque attentat tramé contre le Prince. " Non, a répondu l'Empereur avec la figure calme que vous lui connaissez, c'est à moi qu'on veut jeter des bombes, mais on pourrait se tromper de voiture [1]. " » Louis passe toute cette période dans un état d'agitation intense. Bien qu'il ait l'absolue certitude que le plébiscite ne peut qu'être favorable à son père, la nervosité générale finit par agir aussi sur lui et il ne tient pas en place, interrogeant passionnément tous ceux qui l'approchent.

Aux Tuileries, le dimanche 8, tandis qu'on attend les premiers résultats de la capitale, l'atmosphère est tendue. Des différents quartiers, les chiffres arrivent, et une conclusion s'impose : à Paris les « non » triomphent. Sans doute est-ce l'Empereur qui reste le plus calme. Pour un peu, il absoudrait les Parisiens. « Quoique je me sois montré vis-à-vis d'eux moins avare que ne l'était Mazarin, déclare-t-il, ils votent contre moi comme ils chansonnaient contre lui. C'est leur droit. » Louis ne peut maîtriser son indignation et la manifeste avec vigueur, s'attirant une sévère mercuriale du général Frossard.

Dans l'après-midi du lendemain, tandis qu'avec Louis

1. Prosper Mérimée, *Lettres à M. Panizzi*, tome II, p. 415-416.

Conneau, dans la salle d'études du pavillon de Flore, il repasse ses leçons, l'huissier de service annonce : « L'Empereur ! l'Impératrice ! » Souriants et détendus, ceux-ci s'avancent vers lui. Napoléon tient un papier dans la main ; ce sont les résultats, définitifs cette fois. Le Prince court à son père, regarde le papier puis, rayonnant se jette dans ses bras. Le chiffre est éloquent, plus de 7 350 000 « oui », contre 1 540 000 « non » et 1 800 000 abstentions. Ainsi, le peuple de la province et des campagnes témoigne son attachement à une dynastie et à un régime qui lui ont apporté, pendant près de vingt ans, mis à part la douteuse expédition du Mexique, la prospérité et le calme. Ces sept millions et demi de suffrages, peut légitimement penser Napoléon III, c'est sur eux que, plus tard, s'appuiera Louis. Dès le lendemain, les principaux meneurs de l'opposition avouent eux-mêmes qu'ils se voient vaincus et que l'Empire en a encore pour vingt ans. C'est l'opinion qu'exprime Gambetta. Pour l'entourage du souverain, pour Louis, il semble indestructible.

En souvenir de cet événement, l'Empereur décide la frappe d'une médaille commémorative, commandée à Oudiné, qui représentera, à côté du sien, le profil de Louis. Au revers, assis sur le trône, en uniforme et manteau de cour, la tête ceinte de lauriers, il figure entre la Nation, portant une urne avec les 7 350 000 « oui », et le Prince, en tenue de sous-lieutenant, médaille militaire et plaque de la Légion d'honneur sur sa tunique, la main gauche appuyée sur la garde de son épée. A leurs pieds, un aigle aux ailes déployées.

Faut-il croire le baron Haussmann lorsqu'il écrit dans ses *Mémoires* qu'au cours d'une visite au souverain, le 13 juin, celui-ci lui aurait déclaré : « Je veux changer mon ministère. Jamais je n'avais supposé qu'il pût exister des incapacités pareilles à celles qui le composent [1]. » Émile Ollivier s'est inscrit en faux contre cette phrase et la qualifie d'imposture. A-t-elle été prononcée ? Quoi qu'il en soit, le ministère n'est pas changé et le 30 juin, Ollivier déclare au Corps législatif : « On ne voit aucune question irritante engagée, et à aucune époque le maintien de la paix en Europe n'a été plus assuré. »

Moins d'une semaine plus tard, le 3 juillet, on apprend que le général Prim, qui a pris en main le destin de l'Espagne après la révolution qui a chassé de Madrid la reine Isabelle,

1. Baron Haussmann, *Mémoires*, tome II, p. 565.

vient d'offrir la couronne au prince Léopold de Hohenzollern. En fait, le projet est inspiré en coulisse par Bismarck, qui souhaite isoler la France, et pour y parvenir, tente d'imposer un prince allemand, de la branche catholique des Hohenzollern Sigmaringen, cousin du roi de Prusse, au trône de Philippe V. Cette candidature devrait n'être considérée que comme une fanfaronnade du chancelier et sans doute aucune nation européenne ne l'appuierait-elle. A peine connu, le projet paraît destiné à avorter, et la partie semble perdue pour l'homme d'État prussien. Pourtant, il soulève dans la France entière une indignation qui, pour un temps, unit les partisans du régime à ceux de l'opposition. A la Chambre, les interpellations se succèdent. Dans la presse, c'est un tollé. Tous les milieux se déchaînent. Le duc de Gramont, ministre des Affaires étrangères, intervient le 6 devant le Corps législatif pour protester et pour affirmer que jamais la France ne consentira à voir régner à Madrid un prince allemand, tandis que Gambetta tente d'ameuter l'assemblée, « criant de toutes ses forces qu'il fallait en finir de la Prusse et de ses arrogances [1] ». Mais les choses ne devraient pas aller loin car, avant même que n'entrent en jeu les menées diplomatiques, on apprend le 12 que le prince Léopold retire sa candidature.

A la Cour, on respire. L'Empereur surtout, car il ne veut pas la guerre. Mais il semble que l'opinion soit moins facile à satisfaire et qu'il ne lui suffise pas que la candidature soit retirée : il faut encore avoir l'assurance qu'aucun autre Hohenzollern ne sera jamais présenté pour occuper le trône d'Espagne. « L'honneur de la France exige des garanties. » Le mot est repris partout et le duc de Gramont mande que notre ambassadeur à Berlin, le comte Benedetti, se rende à Ems où le roi Guillaume prend les eaux, afin d'obtenir de lui la renonciation formelle, pour tous les princes allemands, à la couronne que le général Prim semble bien en peine de poser sur une tête. On sait avec quelle maladresse l'ambassadeur obéit à son ministre ; comment, au cours d'une première audience, le roi lui confirme la renonciation du prince Léopold, mais ne fait aucune autre promesse ; comment l'ambassadeur veut revenir à la charge dans l'après-midi du 13 au cours d'une promenade du roi qui, finalement agacé, lui fait déclarer qu'il n'a rien à ajouter à une affaire pour lui bel et bien terminée.

1. Dugué de La Fauconnerie, *Souvenirs d'un vieil homme*, p. 148-149.

Bismarck, prêt à la guerre, et qui ne songe qu'à en trouver l'occasion, saisit au vol celle qui se présente. En modifiant la version des faits dans la dépêche qu'il fait paraître le lendemain en première page de la *Gazette de l'Allemagne du Nord*, il donne, par une falsification habile, l'impression que la France, en la personne de son ambassadeur, a reçu de la part du souverain prussien un affront délibéré.

Dès qu'elle est connue à Paris, « l'affaire » explose comme une bombe. Le duc de Gramont déclare au chef du gouvernement : « Vous avez devant vous un homme frappé en plein visage. » Dans les rues, des groupes se forment, on crie « A bas la Prusse ! » et « A Berlin ! » Au Corps législatif, dans la nuit du 15 juillet, après une séance tumultueuse, les impérialistes, les orléanistes et les républicains votent, à l'unanimité moins dix voix, dont celle de Thiers, un crédit de cinquante millions au ministre de la Guerre, pour assurer les dépenses militaires. Napoléon III a bien tenté, le 15, de constituer avec l'Autriche et l'Italie une triplice à la fois offensive et défensive dont il a fait défendre l'idée auprès de l'empereur François-Joseph par le comte de Witzthum, et auprès du roi Victor-Emmanuel par Vimercati, mais elle n'a pas abouti. Au duc de Gramont, il a donné pour consigne : « Évitez la guerre à tout prix [1]. » L'opinion publique, quant à elle, est en proie à une fureur belliqueuse. Un soir, alors que l'Empereur quitte le Conseil des ministres pour regagner Saint-Cloud, la foule qui entoure sa voiture crie : « La guerre, vive la guerre ! » Seul opposé à cette irrésistible poussée de la rue, au milieu d'une Cour qui se laisse entraîner par la fièvre générale, face à des ministres et à une assemblée qui sont prêts à décider l'entrée en guerre, que peut-il ? Celle-ci est notifiée au gouvernement de Berlin le 19 juillet par le chargé d'affaires français, Georges Le Sourd. Dès le lendemain, alors que doit commencer à s'organiser l'armée du Rhin, la triste réalité va apparaître. La France n'est pas prête.

Alors que, selon le maréchal Lebœuf, il ne manque pas un bouton de guêtre à l'armée, en fait presque tout manque. Depuis plusieurs mois, des officiers avaient dénoncé une impréparation qui leur paraissait dangereuse : « L'armée prussienne est sur le pied de guerre, avait dit l'un d'eux, et Dieu veuille que nous n'allions pas nous mesurer avec elle, ce serait

1. Comte Eugène de Diesbach, *Mémoires et Souvenirs*, p. 269.

pour la nôtre un vrai désastre [1]. » Au ministère de la Guerre, les télégrammes se suivent, plus inquiétants les uns que les autres. Force est de constater l'impéritie des services généraux. Il n'y a, à Metz, grand quartier général impérial, « ni sucre, ni café, ni riz, ni eau-de-vie, ni sel. » Le dépôt adresse aux corps « d'énormes paquets de cartes inutiles », mais aucune carte de la frontière. On va être contraint d'allouer soixante francs aux officiers pour s'acheter des revolvers dans le commerce, car il ne s'en trouve pas dans les arsenaux. Un corps entier n'a « ni cantines, ni ambulances, ni voitures d'équipage », « les munitions de canons à balles n'arrivent pas ». Le général Michel télégraphie : « Suis arrivé à Belfort; pas trouvé ma brigade... Sais pas où sont mes régiments [2]. » Plus grave, on s'apercevra que les exportations de grains, de farine et de bestiaux à travers la Belgique vers la Prusse n'ont pas cessé et que la production française nourrit l'armée prussienne en campagne [3]. Pour engager cette guerre, la France est seule. Ni l'Angleterre, son alliée d'hier, favorable à la Prusse depuis le mariage d'une fille de la reine Victoria avec le Prince héréditaire, ni l'Italie, mécontente de ne pas pouvoir occuper Rome, et qui oublie tout ce qu'elle doit à Napoléon III, ni l'Autriche, qui ne peut elle, oublier Sadowa, ne feront rien pour l'aider. Bien que se sachant malade, l'Empereur déclare qu'il prendra lui-même le commandement des troupes et il s'apprête à laisser, une troisième fois, la régence à l'Impératrice.

On a dit, on a écrit, qu'Eugénie avait été le champion de cette guerre qui allait s'engager et à laquelle elle aurait poussé de toutes ses forces, allant jusqu'à déclarer : « C'est ma guerre. » Rien n'est plus injuste. On connaît, maintenant, l'historique de cette calomnie, qui devait lui faire tant de mal; comment elle naquit d'une déclaration mensongère du « bonhomme Thiers », comment les adversaires de l'Empire la reprirent lorsque les choses allèrent mal pour eux; comment on la jettera à la tête de la souveraine déchue. Aujourd'hui, la preuve est apportée que l'Impératrice n'a jamais prononcé ces mots qu'elle qualifia elle-même de « sacrilèges ».

1. *Ibid.*, p. 267.
2. *Papiers et correspondances de la famille impériale*, tome I, p. 439 à 442.
3. *Ibid.*, p. 450.

Dans Paris, toutes les nuits, les boulevards sont noirs de monde, et on chante, sans se lasser, le vieux chant retrouvé des Volontaires de l'Armée du Rhin, proscrit depuis dix-huit ans, *la Marseillaise*. Le 20 juillet, dans *le Pays*, Paul de Cassagnac écrit : « On discute beaucoup dans le public la question de savoir si le Prince impérial doit ou ne doit pas aller à l'armée. » Lui-même, bonapartiste militant, y est favorable. La décision est rapidement prise, quoi qu'il en coûte à l'Empereur d'engager son fils dans une pareille aventure. Il le déclare le 22 dans une proclamation au peuple français : « J'emmène mon fils avec moi malgré son jeune âge. Il sait quels sont les devoirs que son nom lui impose, il est fier de prendre sa part dans les dangers de ceux qui combattent pour la patrie. » Telle semble être, en général, l'opinion de la Cour où l'on fait des commentaires sur le départ du Prince au front. Sans doute déplore-t-on qu'on associe un garçon si jeune à de telles épreuves : « Le cœur peut-être courageux, mais l'enveloppe est frêle à cet âge », écrit la comtesse Stéphanie de Beauharnais, mais c'est pour ajouter que « la présence de cet enfant, qui est l'espérance de l'avenir » sera « propre à exciter encore davantage l'ardeur de l'armée [1] ». Il en est peu qui osent critiquer ce départ. C'est pourtant une folie d'emmener en campagne un adolescent qui ne pourra être d'aucune utilité, dont le grade, purement symbolique, ne lui permet d'exercer aucun commandement et auquel il ne saurait être question de confier la moindre mission. A l'âge qu'il a, le Prince ne peut être qu'une charge et un souci pour son entourage, sans parler des dangers auxquels on risque de l'exposer. Mérimée est un des rares sages qui préféreraient « le voir à Saint-Cloud ». Mais ils ne seront pas écoutés. En ce qui concerne l'Impératrice, son sentiment est différent. Certes, elle redoute pour Louis les dangers de la guerre, elle le trouve beaucoup trop jeune pour une telle expérience mais, grisée tout de même par l'effervescence populaire, trompée par la suffisance des généraux qui l'entourent et qui lui assurent que le chemin de Paris à Berlin va être une promenade, elle finit par se laisser convaincre. Et puis, cette guerre ne serait-elle pas l'occasion de prendre une revanche contre les ennemis de

1. Comtesse Stéphanie de Beauharnais, *Mon séjour aux Tuileries – 1866-1871*, p. 212.

l'intérieur ? Une victoire sur la Prusse, n'est-ce pas le meilleur moyen d'assurer le trône du futur Napoléon IV ?

Napoléon III ne cache pas qu'il a été défavorable à cette guerre et qu'il l'engage sous la contrainte de l'opinion publique, avec la plus grande réserve ; comme s'il entendait, avant même le début des hostilités, ne pas en endosser les responsabilités. Il le dira, en réponse à une adresse du Corps législatif, dont le président Schneider conduit aux Tuileries une délégation. Il ajoutera pourtant : « J'ai foi dans le succès de nos armes, car je sais que la France est debout derrière moi. » Mais, cette foi, l'a-t-il vraiment, alors même qu'il la proclame pour galvaniser les autres ? Assurément non ! En proie à de douloureuses crises de lithiase urinaire qui amoindrissent considérablement sa résistance, il se fait peu d'illusion sur sa capacité à commander en chef. Il le confie au maréchal Randon : « Je suis bien âgé, bien peu valide, bien peu apte à faire campagne. »

Dès qu'il a appris son départ pour le théâtre des opérations, une fièvre intense s'est emparée de Louis. Il ne se tient plus de joie. Pour lui, l'issue de la guerre ne peut faire aucun doute. Il est d'ailleurs conforté dans ses convictions par tous ceux qui l'entourent : la France sera victorieuse de la Prusse.

Il ne quitte plus son uniforme de sous-lieutenant. C'est dans cette tenue que Lejeune vient, à Saint-Cloud, le photographier. On lui a fait couper les cheveux, à l'ordonnance, par Caumont, presque en brosse, pour donner une allure plus virile à son petit visage d'adolescent. Sa grand-mère, la comtesse de Montijo, lui a adressé par télégramme sa bénédiction. Il lui répond de Saint-Cloud où il prépare minutieusement sa cantine, aidé de son valet de chambre Uhlmann, promu ordonnance, qui ne le quittera pas. « Merci, chère Grand'maman, de votre télégramme. J'espère qu'il me portera bonheur. »

Son plaisir, durant ces longues soirées d'été, est d'aller visiter, dans leurs quartiers, les troupes en garnison à Saint-Cloud. Accompagné d'un de ses aides de camp, il demande à tout visiter, des chambrées aux écuries. Il veut tout connaître, s'informe de tout. A ses interlocuteurs, il déclare avec enthousiasme : « Vous savez... que je pars aussi, moi. » Cette perspective le grise et il veut communiquer sa joie. Dans les jours qui précèdent son départ, il accomplit avec sa mère deux pèlerinages, auxquels celle-ci tient infiniment, pour conjurer le mauvais sort. Sans qu'il s'en doute, ce seront ses dernières visites, et elles sont hautement symboliques, l'une à Malmaison, la demeure préférée de son arrière-grand-mère Joséphine et de sa grand-mère la reine Hortense, qui reposent, toutes deux, dans l'église voisine de Rueil; l'autre à Notre-Dame-des-Victoires, le 27 juillet, au pied de la statue de la Vierge devant laquelle brûle, nuit et jour, une lampe d'argent offerte par Eugénie lors de la guerre d'Italie. L'Impératrice, qui vient si souvent, aux heures d'épreuve et de découragement, mêlée à la foule anonyme, prier dans ce sanctuaire, veut confier particulièrement son fils à la protection de Marie. Rentrée à Saint-Cloud, elle écrit à sa mère pour lui exprimer son angoisse et ses appréhensions : « Tu es bien heureuse de n'avoir eu que des filles, car il me prend souvent des idées de bête fauve de prendre mon petit et de l'emporter au loin dans le désert et de déchirer tous ceux qui voudraient y toucher. Puis vient la réflexion et le préjugé et je me dis qu'il vaut mieux le voir mort que sans honneur [1]. » Le dernier jour, Louis offre un déjeuner à l'ensemble des troupes de la garnison et aux cent-gardes casernés à Sèvres. Des tables ont été dressées dans la cour du quartier et il fait son entrée, en uniforme, aux accents du « Beau Dunois [2] ». Après le dessert, on sert le champagne et, dans la nuit chaude et lourde de juillet, la musique de la Garde fait entendre *la Marseillaise.* Il y a dans l'assistance comme un long frisson. Louis écoute extasié et, tard dans la nuit, avec Louis Conneau et ses cousines d'Albe, il chante à plein gosier l'air si longtemps interdit et dont on ne sait pas comment il en a appris les paroles.

A neuf heures et demie, le matin du 28 juillet, devant le péristyle du palais, le Prince et l'Empereur montent dans la calèche attelée de deux poneys que l'Impératrice conduit elle-même. Suivis des familiers, ils gagnent la gare du chemin de fer qui dessert la résidence impériale, dans le parc même de Saint-Cloud. Afin de ne pas exposer le souverain aux manifestations exubérantes de la foule, et d'éviter tout tapage inutile, il a été décidé que le cortège ne traverserait pas Paris. Le train

1. *Lettres familières de l'impératrice Eugénie*, tome I, p. 224.
2. Romance composée par la reine Hortense, qui fut considérée comme l'hymne national du Second Empire, souvent aussi appelée « Partant pour la Syrie ».

impérial sera conduit par le réseau de ceinture jusqu'à la ligne de l'Est. Plusieurs voitures de la Cour suivent ; tout le monde est triste, anxieux, beaucoup pleurent. Napoléon III porte la tenue de campagne de général de division, avec sur la poitrine la plaque de la Légion d'honneur, la Médaille militaire, la médaille de la Valeur de Savoie et l'ordre de l'Épée de Suède. Louis est en petite tenue de sous-lieutenant d'infanterie, sans épaulettes, il ne porte aucune décoration. En arrivant à la petite station, au toit couvert de chaume, devant laquelle le train déjà formé attend, on découvre presque tout le personnel du palais qui a tenu à être présent, pour faire ses derniers adieux le plus tard possible au souverain. La suite de Louis se compose de deux aides de camp, le commandant Lamey et un nouveau venu, le commandant Clary, petit-neveu des reines d'Espagne et de Suède, Julie et Désirée, auquel l'Empereur, qui l'apprécie beaucoup, a tenu à témoigner ainsi son insigne confiance. Bachon et Uhlmann s'occuperont, l'un des chevaux, l'autre du service. Venant de Brest où il commandait le *Taureau*, le capitaine de vaisseau Duperré les rejoindra un peu plus tard.

Napoléon III serre les mains sans mot dire. Devant lui les dames de la suite de l'Impératrice plongent. Les minutes paraissent interminables. Louis a un instant de faiblesse, il essuie une larme. « Ce n'est pas que j'ai peur, dit-il comme pour s'excuser, mais c'est à cause du chagrin de maman. » En ces derniers instants, il se serre contre l'Impératrice, dont il semble ne pouvoir se résoudre à lâcher la main. Celle-ci lui a remis un exemplaire de l'*Imitation de Jésus-Christ*. Elle a écrit sur la page de garde : « A mon fils bien-aimé Louis-Napoléon. Que Dieu protège la France, qu'il te donne une vie glorieuse, et plus tard, bien tard, une mort chrétienne. Soigne bien ton père et pense à ta mère. Eugénie. » Lorsque Émile Ollivier s'incline devant Napoléon III, le souverain qui pressent l'importance des décisions qui devront être prises à Paris lui dit, avec résignation : « Je compte sur vous. » A quelqu'un qui lance : « Dans quinze jours, Votre Majesté sera à Berlin », d'une voix sans timbre, il répond : « Non, n'espérez pas cela, même si nous sommes heureux. » Enfin, le moment de monter dans le train arrive. L'Impératrice, trace avec son pouce un signe de croix sur le front de son fils. « Louis, dit-elle, fais ton devoir ! » L'Empereur après une dernière étreinte s'est hissé péniblement dans son wagon, suivi du prince Napoléon. Au moment du départ, à une des fenêtres de la voiture impériale, sa tête apparaît à côté de celle de son fils, et les assistants remarquent tout à coup combien il a vieilli, comme il a l'air fatigué, malade, et comme le visage du Prince, à côté, paraît jeune, trop jeune. Napoléon III, écrit un témoin, jette « un regard d'indéfinissable tendresse et de résignation sur l'Impératrice qui est là, debout, immobile, les yeux fixés sur celui que le destin emporte ; il semble que son cœur l'ait abandonnée pour partir avec ces êtres qui lui sont si chers [1] ». Alors que le train s'enfonce sous les arbres du parc, elle reprend place dans sa calèche, la princesse Clotilde à ses côtés. Elle pleure.

Après un bref arrêt à Épernay, le train impérial a filé jusqu'à Metz où il arrive à six heures et demie. Le souverain avait demandé qu'aucune réception officielle ne fut faite, mais son arrivée est attendue en ville et il ne peut empêcher la population de lui témoigner son loyalisme et sa foi en la victoire. Si la gare était vide à l'arrivée du train, au contraire les rues débordent de monde et c'est à travers une marée humaine que les voitures, la première emmenant l'Empereur et le maréchal Lebœuf, major général de l'armée du Rhin, la seconde Louis et le prince Napoléon, se frayent difficilement un passage.

L'Empereur découvre en arrivant au quartier général combien les troupes sont loin d'être aussi « prêtes » que le maréchal Lebœuf le lui a annoncé. Sur son bureau s'amoncellent les télégrammes, plus désabusés les uns que les autres, émanant des différents corps d'armée. Déjà, la veille de son départ de Saint-Cloud, le souverain avait dû mander au nouveau ministre de la Guerre, le général Dejean : « Je vois qu'il manque des biscuits et du pain à l'armée. Ne pourrait-on faire cuire du pain à la Manutention à Paris et l'envoyer à Metz ? » Mais était-ce à lui, l'Empereur, à s'occuper de ces détails ? Ce qu'il va apprendre est pire. Les munitions pour l'artillerie n'arrivent pas. Le 6e corps n'aura bientôt plus « une ration de biscuit ni de vivres de campagne, à l'exception de sucre et de café [2] ». Et ce ne sont que des exemples, partout règne la même incroyable confusion.

1. Cité par Alain Decaux, *Le Prince impérial*, p. 55.
2. *Papiers et correspondances de la famille impériale*, tome I, p. 446.

Le lendemain de son arrivée, alors que Napoléon III tient conférence avec les principaux chefs militaires venus le saluer, Louis, en petite tenue, va à cheval rendre visite au campement des grenadiers de la Garde et à celui des voltigeurs. Seul Bachon l'accompagne. L'adolescent est si enchanté de ce qu'il a vu qu'aussitôt le déjeuner pris, il demande à visiter d'autres campements et se rend successivement, toujours à cheval, chez les guides, les dragons de l'Impératrice, enfin chez les cuirassiers de la Garde. Il inspecte les quartiers, arpente les cantonnements, se fait présenter les corps de garde, discute avec les officiers, se renseigne sur tout. Ceux qui le voient trouvent qu'il ressemble à une « petite statue équestre ». Il accomplit ses gestes « avec grâce et aplomb [1] » et sans la moindre gaucherie. Sa fatigue est telle, ce premier soir, qu'il tombe de sommeil dès le dîner. Le 30 juillet, l'Empereur, qui imagine facilement quelle doit être l'anxiété de l'Impératrice après cette brutale séparation, et les craintes qu'elle peut légitimement concevoir, lui adresse ce télégramme : « Louis va très bien, il a dormi seize heures de suite [2]. »

Le premier engagement de la campagne aura lieu le 2 août, à Sarrebrück. Louis, qui sait qu'il y assistera, est transporté d'excitation. La tactique a été mise au point par le général Frossard qui entend donner là une véritable « leçon de chose » à son élève. A côté de son père, le Prince s'avance jusqu'à trois cents mètres d'un pont sur la Sarre que les troupes françaises essaient d'enlever. De l'autre côté, la petite ville étale ses rues bordées de hautes maisons aux murs peints et de jardins. Elle est sous la garde d'une garnison d'environ mille cinq cents hommes : c'est peu face aux deux divisions commandées par les généraux Bataille et Laveaucoupet, du 2e corps commandé par Frossard. L'assaut sera bref, mais pendant toute sa durée, au milieu des balles qui sifflent, Louis, sur son cheval, ne quittera pas l'Empereur. Son sang-froid frappe ceux qui l'accompagnent. Il va jusqu'à ramasser une balle qui est tombée presque à ses pieds. Fier de la conduite de son fils, Napoléon III envoie une dépêche officielle, qui doit paraître dans la presse : « L'Empereur assistait aux opérations et le Prince impérial qui l'accompagnait partout a reçu sur le premier champ de bataille de la campagne le baptême du feu. Sa

1. Général du Barrail, *Mémoires*, tome III, p. 160.
2. *Papiers et correspondances de la famille impériale*, tome I, p. 419.

présence d'esprit et son sang-froid ont été dignes du nom qu'il porte. » En même temps, il adresse à l'Impératrice un autre télégramme, privé celui-là, dans lequel éclate sa fierté de père : « Louis vient de recevoir le baptême du feu, il a été admirable de sang-froid et n'a nullement été impressionné. Nous étions en première ligne, mais les balles et les boulets tombaient à nos pieds. Louis a conservé une balle qui était tombée près de lui. Il y avait des soldats qui pleuraient en le voyant si calme. » Ce télégramme n'est évidemment pas destiné à être publié. Il est même confidentiel et l'Empereur en l'écrivant n'a pensé qu'à faire partager sa satisfaction à la mère du Prince. Lorsqu'on le lui remet, le lendemain, l'Impératrice se promène dans les allées du parc de Saint-Cloud. Après en avoir pris connaissance, et comme elle doit recevoir Émile Ollivier, elle garde le télégramme à la main. Un peu plus tard, elle le montre au ministre et celui-ci, qu'accompagne Chevandier de Valdrôme, déclare qu'il faut le publier, que « l'effet sera prodigieux ». Eugénie se montre réticente mais, devant l'insistance de ses visiteurs, sa réserve faiblit, elle finit par céder. Dès le lendemain, avec l'apparence d'un document officiel, le texte du télégramme paraît en première page du *Gaulois*.

Oui, l'effet en est prodigieux. C'est un immense éclat de rire. Immédiatement, l'opposition fait circuler des caricatures de Louis baptisé « l'enfant de la balle ». Près de cinquante ans après, l'Impératrice confiera à Maurice Paléologue combien elle souffrit dans son cœur de mère, dans son orgueil blessé de souveraine; combien Louis, lorsqu'il apprit, plus tard, heureusement beaucoup plus tard, la mesquinerie de ses adversaires en la circonstance, fut profondément atteint. Qu'une phrase, assurément maladroite mais si innocente, ait pu prêter à d'insultantes plaisanteries dont le but était de blesser un adolescent, lui paraîtrait toujours une infamie. Dans ses *Carnets*, Ludovic Halévy parle de la « ridicule affaire de Sarrebrück ». Sans souci d'être véridique, il ajoute même que la balle perdue a été envoyée par Louis à son camarade, le grenadier Tristan Lambert, ce qui est tout à fait inventé. La vérité, c'est que Louis a, en effet, donné à Tristan Lambert un souvenir de l'engagement de Sarrebrück, mais ce n'est pas la balle, c'est un dessin qu'il a exécuté le jour même et remis à l'intéressé dès son retour à

Metz[1]. A Paris, dans les rues des faubourgs, des Parisiens frondeurs chantonnent :

Et le petit Prince ramassait les balles
Qu'on avait mis là tout exprès.

Tandis que, possédé par la fièvre du camp, Louis ne pense qu'à la prochaine victoire, Napoléon écrit à Eugénie : « Rien n'est prêt. Nous n'avons pas assez de troupes. Je nous considère d'avance comme perdus. » Ce n'est pas encourageant, mais il voit juste, il le sait, et la suite lui donnera amplement raison. La journée du 2 août, qui a pu apparaître à Louis comme une journée de triomphe, et dont on a exagéré l'importance, n'est qu'un très mince succès qui devait être sans lendemain. Dans l'exaltation de son baptême du feu, le Prince a écrit à son précepteur une longue lettre détaillée des opérations, telles qu'il les a vécues, c'est-à-dire avec un peu d'exagération. « Toutes les musiques ont joué *la Marseillaise* et tout le monde la chantait : c'était très beau. Les Prussiens l'ont entendue, ça n'a pas dû les rassurer[2]. » Il s'agissait en fait d'un simple engagement de début de campagne. Commencé à huit heures du matin, tout était terminé à onze. Les Français n'en tirèrent aucun profit et « ne s'avancèrent pas de l'autre côté de la Sarre », en territoire allemand.

Dès le surlendemain, le 4 août, un nouvel engagement, autrement plus important, à Wissembourg, fait des victimes dans les rangs français, parmi lesquelles le général Abel Douai qui y trouve la mort. Le 6, c'est successivement à Frœschwiller, à Reichshoffen où la défense est héroïque, et à Woerth que les armées françaises sont défaites, et vingt-huit mille hommes mis hors de combat. Enfin, le même jour, le général Frossard, le gouverneur de Louis celui qui incarnait pour lui les vertus et la valeur militaire, est battu à Forbach. L'ambiance au quartier général de l'Empereur devient des plus mauvaises. La défaite de Mac-Mahon, le plus illustre de nos soldats, le vainqueur de Magenta, a suffi pour emporter la confiance des plus optimistes. Napoléon souffre abominablement de la vessie, au point que les quelques heures qu'il passe chaque jour à cheval sont pour lui une véritable torture. Les

1. Inédit, collection privée.
2. Augustin Filon, *Le Prince impérial*, p. 77.

officiers supérieurs, constatant l'ampleur de l'impréparation, ne savent quels ordres donner. La confusion la plus grande règne partout. Une alliance de dernière heure pourrait-elle encore sortir la France de son isolement ? En catastrophe, l'Empereur a envoyé le prince Napoléon solliciter l'aide de son beau-père Victor-Emmanuel. Dans la détresse où elle risque de se trouver, la France pourra-t-elle compter sur son ancienne alliée, sur son obligée, sur celle qui lui doit son indépendance, celle dont Napoléon a assuré l'unité, dont il est le bienfaiteur ? Rapidement la réponse vint, elle était négative.

L'armée désorganisée commençait à se replier, sans plan de retraite, sous des torrents de pluie, dans la boue. L'Empereur reçut un télégramme précisant qu'il ne restait plus « qu'à défendre la capitale ». On n'en était tout de même pas encore là, mais l'avance de l'ennemi était inexorable. Le général Lebrun, un fidèle, n'hésita pas à engager l'Empereur à reprendre les rênes du gouvernement après avoir remis à un autre le commandement militaire. Napoléon répondit qu'il lui était impossible de rentrer seul à Paris après avoir quitté la capitale à la tête de l'armée. Cela passerait pour une désertion. C'était aussi l'opinion de l'Impératrice qui le fit savoir dès qu'elle en fut avisée. Sous aucun prétexte, dans la situation présente, il ne fallait que l'Empereur revienne. Un tel retour, passant aux yeux de l'opinion publique pour une fuite, risquait d'ameuter le peuple et de donner le signal d'une révolution sanglante. En revanche, on souligne l'inutilité de la présence de Louis à l'armée. Émile Ollivier demande officiellement son retour à Napoléon, au nom du Conseil des ministres et du conseil privé. La régente n'est pas de cet avis. Elle estime que son fils est plus en sécurité au milieu de l'armée, qui l'adore et saura le protéger, que dans la capitale, foyer possible d'agitation entretenue par la gauche républicaine de plus en plus hostile au régime, où tout peut arriver. Elle télégraphie à l'Empereur, lui demandant de promettre le retour du Prince, « sans le laisser effectuer », pour des raisons, écrit-elle, « que je ne peux expliquer dans cette dépêche ».

Dans ce début de panique, un ralliement est apprécié. Changarnier, le héros de la conquête de l'Algérie, le vieil orléaniste, opposant depuis le début de l'Empire, vient se mettre à la disposition de Napoléon III. Le concours, parfaitement sincère, du vieux soldat est accepté avec enthousiasme, alors que celui des princes d'Orléans, infiniment plus suspect, sera, un peu plus tard, refusé. Au quartier général, Changarnier captive l'attention de Louis qui, en toute occasion essaie de l'approcher, l'interroge, l'écoute sans se lasser. Et l'on voit le vieux général de soixante-dix-sept ans, couvert de gloire, tenir avec l'enfant impérial de longues conversations.

Paris, pendant ce temps-là, s'agite. L'opposition, de plus en plus active, réclame des changements. Il faut que l'Empereur laisse le commandement de l'armée à l'un de ses maréchaux, et surtout pas au maréchal Lebœuf, jugé par tous parfaitement incapable. Un nom est prononcé : Bazaine. Agé de soixante-neuf ans, il est auréolé du prestige de ses succès au Mexique. L'opinion lui semble favorable. Tandis que Napoléon hésite, à Paris la fièvre monte. Les nouvelles de l'armée ne sont pas faites pour rassurer. Au Corps législatif, si l'opposition applaudit et fait applaudir par les députés l'héroïsme des combattants, c'est pour flétrir le commandement. Le 9 août, au cours d'une séance particulièrement orageuse, un député, exaltant le courage de nos soldats, s'écrie : « Ce sont des lions conduits par des ânes. »

Le ministère Ollivier est renversé, il n'aura pas tenu sept mois, et l'Impératrice appelle pour le remplacer le général Cousin-Montauban, comte de Palikao, le vainqueur de l'expédition de Chine, un partisan fidèle et dévoué. Pressé par son entourage, l'Empereur laisse, le 12, au maréchal Bazaine le commandement suprême de toutes les forces armées en amont de Metz et envisage de regagner la capitale. Mais l'Impératrice lui fait savoir qu'il n'y faut pas songer. Un Bonaparte, chef des armées, ne peut rentrer dans sa capitale que victorieux. Il importe que l'Empereur reste au front et le Prince impérial aussi.

La régente a quitté Saint-Cloud dès le 7 août pour rentrer aux Tuileries. Les dépêches qui lui arrivent font clairement entrevoir l'ampleur de la catastrophe. Elle se confie à quelques intimes : « La dynastie est perdue, nous ne devons plus penser qu'à la France. » Dans les jours qui suivent, cette femme, qu'on avait accusée d'être frivole et dont ses ennemis mettaient en doute l'intelligence, fera preuve d'une énergie, d'un courage, d'une sagesse qui étonneront tout le monde. Au milieu d'une Cour consternée, anéantie, elle seule fait face.

C'est son côté don Quichotte, celui-là même qu'on retrouvera plus tard chez son fils, qui prend le dessus. L'action de la régente surprend même ses adversaires. Dans le vieux palais qui semble endormi, dans ces immenses pièces où des housses recouvrent encore les meubles, l'Impératrice et son service, réduit à sa plus simple expression, camperont jusqu'au 4 septembre. Une seule idée la soutient, sauver pour la France ce qui peut être sauvé. Elle s'investit totalement dans le drame qui se joue autour d'elle.

A l'armée, Bazaine, dès qu'il a été nommé, n'a pensé qu'à se débarrasser de Napoléon et de son fils. L'Empereur quitte donc le quartier général de Metz après le déjeuner du 14 août. Avec Louis, il monte dans une voiture de la Cour et, escorté par deux pelotons de cent-gardes, quitte la ville par la porte de France. N'ayant plus le commandement des troupes engagées, son désir est de rejoindre le camp de Châlons pour tenter d'y rassembler les restes de l'armée de Mac-Mahon, afin de constituer une seconde armée qui pourrait, soit défendre Paris, soit se porter à l'appui des troupes de Bazaine. Le Prince a compris, sinon l'étendue de la catastrophe, du moins que la situation est loin d'être favorable. Même si son entourage essaie de lui cacher les nouvelles alarmantes, il voit bien que les choses tournent mal. Il constate, même s'il fait semblant de ne pas s'en apercevoir, l'état lamentable dans lequel se trouve l'Empereur. Pour lui qui aime tant son père, c'est un véritable calvaire qui commence. Déjà il a été atteint par le départ de Bachon qui, vieux et malade, a été contraint de rentrer à Paris, laissant la place au comte d'Aure. Quittant Metz, le lugubre cortège gagne, à quelques kilomètres de l'autre côté de la Moselle, Longeville, où le colonel Hénocque reçoit le souverain. Dans le lointain, le canon tonne. Chaque fois qu'il l'entend, Louis sent un fol espoir l'envahir. Si c'était un succès des Français ?

L'attaque de Borny, une batterie allemande tirant de l'autre rive, dure presque toute la nuit. Au petit jour, une formidable explosion réveille la maison. Des obus tombent sur le toit et dans le parc du château. Pourtant, l'ennemi est repoussé, et Louis considère cela comme une victoire. Sautant au cou de son père, il lui dit : « Nous les avons donc battus ! » C'était comme un bouquet qu'il lui offrait pour sa fête. Lorsqu'ils sortent du château, un obus éclate à quelques mètres du Prince, blessant mortellement un officier. Il faut se hâter de partir pour Gravelotte, en empruntant des chemins détournés, car la route est encombrée par les fourgons d'une batterie d'artillerie qui, atteinte alors qu'elle faisait mouvement, rassemble ses débris. Louis, qui s'est beaucoup promené à cheval pendant les quelques jours qu'il a passés à Metz, connaît bien la région, et c'est lui qui guide le cortège impérial jusqu'à Gravelotte, où un cultivateur, M. Plaisant, offre le gîte à son souverain. On servira le dîner du 15 août, dans la modeste salle à manger de cette maison de village, le dîner qui habituellement marquait avec éclat la Saint-Napoléon. Louis, au dessert, a un geste touchant la tendresse filiale. Il lève son verre et, regardant son père, comme pour lui redonner confiance, porte un toast : « A notre victoire prochaine. » Le regard triste de l'Empereur se pose sur lui, et l'adolescent se rassied, les yeux gros de larmes qu'il retient.

Le lendemain, le cortège va quitter Gravelotte à quatre heures du matin, lorsque le maréchal Bazaine arrive pour saluer l'Empereur. Celui-ci est déjà en voiture. Sans même descendre de cheval, le maréchal vient à la portière l'entretenir un instant. Puis la voiture prend, par Jarny, la route de Verdun, escortée de cent-gardes et de lanciers. Louis était parti devant son père, avec les commandants Lamey et Duperré. En passant à Étain, il expédie à sa mère un télégramme qui se veut rassurant, puis un autre plus rassurant encore : « A l'Impératrice, à Paris. Ma chère maman, je vais très bien, ainsi que papa ; tout va de mieux en mieux. Votre affectionné et respectueux fils. Louis-Napoléon [1]. » Qui croit-il tromper par de telles affirmations, si contraires à ce qu'il voit, à ce qu'il vit ? Peut-être n'espère-t-il que se tromper lui-même. A Verdun, où il retrouve son fils, l'Empereur constate que rien n'a été prévu pour leur permettre de gagner Châlons. Mieux, la gare a été évacuée, et on ne peut trouver, pour les accrocher à la dernière locomotive utilisable, qu'un seul wagon de 3e classe et quelques wagons à bestiaux. En hâte, on équipe de coussins le wagon de bois, et Napoléon y prend place avec le Prince, tandis que les officiers de leur suite et le personnel de service s'entassent dans les wagons à bestiaux. A l'embranchement de la ligne de Mourmelon, le train

1. Télégramme n° 15, du 16 août 1870.

s'arrête, et le général Trochu, à la tête de ses mobiles, se présente à la porte du wagon de l'Empereur qui, après un bref entretien, décide de le nommer gouverneur de Paris. Orléaniste, peu apprécié de l'Impératrice, il ira néanmoins faire allégeance à la régente, précisant que « soldat, catholique et breton », sa parole était garante de sa conduite. Il s'engageait, s'il le fallait, à mourir sur les marches du trône.

A Châlons, le spectacle n'est pas encourageant. Dans ce camp qui avait été l'objet de tant de soins, où, pendant dix ans, il avait montré à Louis la fleur de son armée, l'Empereur ne retrouvait que des unités en déroute, une caricature d'armée, une chienlit militaire. Louis, consterné, voyait l'envers du décor. Jamais il n'aurait imaginé cela. Ces troupes si disciplinées, rutilantes, devant lesquelles il caracolait, c'était donc cela lorsqu'il y avait la guerre ? Campements en plein désordre, uniformes sales et déchirés, soldats laissés dans l'inaction, se laissant aller même à l'insulte, comme ces mobiles répondant au cri de « Vive l'Empereur ! » par un retentissant mot de Cambronne. A la fatigue provoquée par la vie qu'on lui fait mener, et qui n'est pas compatible avec son âge, s'ajoute le chagrin et le découragement. La vue de son père malade, l'écroulement de ses illusions, l'empêchent de dormir. Dans son lit, la nuit, en proie à de violents maux de tête, il pleure.

Ayant rejoint Châlons, le 17 août le prince Napoléon, au cours d'un conseil de guerre, insiste pour que l'Empereur regagne Paris le plus vite possible. Hostile, par principe, à la régence de l'Impératrice, il fait valoir que le souverain ayant laissé le commandement militaire doit reprendre les rênes du gouvernement, même si « c'est difficile et périlleux », car on ne peut juger de l'effet que ferait le retour de Napoléon dans ces conditions. Mais, ajoute le Prince, non sans noblesse : « Si nous devons tomber, au moins tombons en hommes. » Le même jour, un télégramme de Palikao demande instamment à l'Empereur de renoncer à ramener l'armée de Châlons sur Paris, et de tout tenter pour effectuer sa jonction avec l'armée de Metz. Le ministre ajoute : « L'Impératrice partage mon opinion. [1] » Napoléon va donc lier son sort à celui de Mac-Mahon, lequel télégraphie au Conseil des ministres qu'il fera tout pour rejoindre Bazaine.

1. *Papiers et correspondances de la famille impériale*, tome I, p. 427.

Après quelques jours passés à Châlons, comme on doit évacuer le camp, l'Empereur et son fils gagnent, le 21, Courcelles, un joli château situé à quelques kilomètres de Reims, qui devient pour quelques jours le quartier général impérial. Au cours d'un déjeuner, Paul Granier de Cassagnac, l'ardent polémiste, déclare à Louis : « Nous espérons, monseigneur, que vous ne consentirez jamais à être l'empereur d'une France amoindrie et démantelée ? » et le Prince, fondant en larmes s'écrie : « Non ! La France ne peut pas mourir, non je ne régnerai pas sur la France amoindrie. » De telles scènes l'épuisent. Tantôt, ce sont les fidèles les plus exaltés qui exacerbent sa sensibilité en protestations véhémentes, et souvent maladroites, de loyalisme. Tantôt, ce sont des soldats découragés et au bord de la révolte qui, au passage de la voiture de l'Empereur, grondent des imprécations, insultent le chef qu'ils jugent responsable de leurs malheurs. Et Louis entend cela aussi, les injures d'une armée en déroute adressées à l'homme qu'il aime et respecte le plus au monde. Il découvre tout d'un coup la vieillesse et la maladie. Les douleurs que son père endure deviennent intolérables et ne lui laissent pratiquement aucun repos. Ses médecins lui prodiguent des calmants qui l'abrutissent sans réellement le soulager. Le Prince, témoin de ce cauchemar, arrive à en perdre l'appétit. Il reste même quarante-huit heures sans manger comme l'écrit l'Impératrice, justement alarmée, à ses neveux d'Albe.

Le danger devient de plus en plus grand. Le risque s'accroît d'être victimes d'un coup de main d'un corps ennemi. Il faut à tout prix mettre Louis en sûreté. Dans un souci de sécurité, l'Empereur ordonne de le faire partir pour Rethel, où il le rejoindra le 25. Le Prince peut-il croire encore, malgré tout, à la possibilité d'une victoire française ? Ou s'illusionne-t-il pour essayer de conjurer la trop dure réalité, lorsqu'il écrit à Louis Conneau, le 24 : « Les Prussiens sont écrasés, harassés, vaincus, non par leur nombre, mais par la bravoure de nos soldats. Quand on sait que dans un pays comme la France il y a cinq millions d'hommes pareils à ceux que les Prussiens combattent, ça ne doit pas vous encourager à violer le sol de la nation française. » Napoléon III, quant à lui, cherche toutes les occasions de se faire tuer et prend la décision de mettre définitivement son fils à l'abri. Escorté de ses aides de camp, les commandants Lamey, Duperré, Clary, du comte d'Aure et du lieutenant Watrin, un géant blond totalement dévoué qui commande le peloton de cent-gardes de son escorte personnelle, Louis, le cœur déchiré, fait le 27, à Tourteron, ses adieux à son père et prend la route de Mézières, tandis que l'Empereur continue vers Sedan.

Le cortège du Prince traverse Poix, où l'on déjeune dans une petite auberge, arrive à Mézières vers une heure et demie, et Louis s'installe à la préfecture. Après une nuit de repos, un télégramme de Napoléon rappelle son fils à Sedan. Nouvelle course vers une nouvelle étape. Le trajet se fait sous une pluie diluvienne. En passant à Vrignes-au-Bois, le cortège croise une ambulance de blessés. Louis, n'écoutant que son cœur, fait arrêter sa voiture, descend, parle aux infortunés soldats, leur distribue tout l'argent qu'il a sur lui. A la sous-préfecture de Sedan, il est accueilli par la baronne Petiet qui, pour le distraire joue avec lui au piquet pendant que les cent-gardes, en reconnaissance, battent les environs. Les mouvements des troupes ennemies, tantôt annoncés, tantôt démentis, font planer une impression d'insécurité telle que Clary décide de retourner à Mézières où l'on arrive le matin du 29, à onze heures et demie. De là, discrètement, à deux heures du matin, on gagne Charleville où, à la gare, un train peut conduire le Prince à Avesnes, plus à l'abri. La sous-préfecture n'offrant aucun confort, il faut chercher une maison particulière suffisamment grande pour accueillir Louis et sa suite. Celle du président du tribunal civil, en bordure des remparts, donc facile à garder, en retrait derrière une grande cour, et qui offre une vue dégagée sur la campagne, semble tout indiquée. Le président Hannoye est heureux d'y recevoir le Prince et rappelle que sa demeure a déjà abrité un Bonaparte, lorsque, le 3 juin 1815, Napoléon Ier y a couché. C'est là qu'il a rédigé son dernier bulletin à la Grande Armée, quelques jours avant Waterloo. Mauvais présage. En ville, les rumeurs vont vite. Le bruit de la présence de Louis se répand rapidement, provoquant une certaine émotion parmi les habitants. Est-ce que la situation aurait empiré ? Une garde est improvisée. Dans la vieille cité fortifiée, un tour s'organise parmi les mobiles pour veiller aux remparts, tandis qu'autour de la maison du juge, les pompiers assurent la protection.

Louis restera à Avesnes trois jours. Les deux premiers, attendant anxieusement des nouvelles de son père, il refuse de sortir. Il veut être là pour accueillir la moindre dépêche. Il espère encore tellement qu'un revirement pourra arrêter la déroute, que l'armée va se ressaisir, que l'ennemi sera au moins repoussé jusqu'à la frontière, que le spectre de l'invasion va s'éloigner. Dans la journée du 1er septembre, le commandant Duperré réussit enfin à le persuader « qu'une promenade lui est nécessaire et lui fera du bien ». On attelle et le Prince monte en voiture. Sorti par la porte de France, l'équipage emprunte la chaussée de Brunehaut, traverse le village de Saint-Hilaire-sur-Helpe, où les habitants font une ovation au fils de Napoléon III. Contrairement aux jours précédents, il fait un temps superbe. La capote de la voiture a été baissée tellement il fait chaud. En revenant par la route du Quesnoy, on entend soudain un sourd grondement qui se répète. Louis, déjà familier avec les bruits de la guerre, ne peut s'y tromper. Ce n'est pas le tonnerre qu'il entend, c'est, lointain, à peine perceptible dira Clary, le bruit du canon. Il se dresse sur son siège. Les yeux pleins de larmes, il joint les mains et adresse au ciel une ardente prière. Il prie pour la France, il prie pour son père dont il est toujours sans nouvelles. L'Impératrice télégraphie presque chaque jour, mais de l'Empereur, rien. En ce moment même, à Sedan, se joue le sort de sa dynastie. Napoléon sait sans doute déjà qu'il est l'empereur d'un pays vaincu. Vainement, au plateau de Bazeilles, il a cherché une balle, il a cherché la mort.

Tandis que la vaillante armée française agonise sous les yeux du roi de Prusse, qui ne peut s'empêcher de s'écrier en la contemplant : « Ah ! Les braves gens ! », le bruit court à Avesnes, ironie du sort, qu'une victoire a été remportée par les troupes de l'Empereur. Le 2 septembre, une dépêche prescrit aux officiers de l'escorte de faire partir le Prince à Landrecies, où il arrive dans la matinée, ayant parcouru vingt-neuf kilomètres en voiture, sous un ciel resplendissant. Dans la petite ville, patrie de Clarke et de Dupleix, son arrivée, qui a été annoncée, est triomphale. Comme aux plus beaux jours de l'Empire, l'orphéon municipal joue l'air de la reine Hortense, *Partant pour la Syrie*. Les pompiers endiguent la foule, nombreuse, accourue des villages environnants, et qui acclame Louis. Une petite fille lui offre des fleurs lorsqu'il descend de voiture devant la maison du maire, M. Marie Soufflet, brasseur opulent qui s'est mis à sa disposition, regardant une telle visite comme un honneur et comme un plaisir. Longtemps après que le Prince fut installé, les curieux ont stationné devant la maison, réclamant sa présence au balcon. Il faut même que les cent-gardes de l'escorte s'emploient à maintenir l'ordre, mais, à plusieurs reprises, Louis doit se montrer, aux acclamations de la foule. Totalement coupé du terrain de la guerre, la petite ville vit dans l'ignorance des dramatiques événements qui se déroulent au même moment. Elle ignore tout de la reddition de Sedan et de cette lettre que l'Empereur vaincu vient d'adresser au roi de Prusse : « Monsieur mon frère, n'ayant pu mourir au milieu de mes troupes, il ne me reste qu'à remettre mon épée entre les mains de Votre Majesté. Je suis, de Votre Majesté, le bon frère, Napoléon. »

Napoléon III avait déjà capitulé et, à Landrecies, à cent quinze kilomètres de là, la foule acclamait son fils en criant : « Vive l'Empereur, vive le Prince impérial ! » et espérait une victoire prochaine. Devant les ordres confus, et souvent contradictoires, qui parvenaient des Tuileries, le commandant Duperré décide d'aller chercher lui-même, à Paris, des instructions cohérentes. Il est reçu par Filon avec lequel il convient d'un chiffre, composé d'une trentaine de mots, à même de satisfaire aux exigences du moment. Dans une lettre qui allait partir, l'Impératrice lui écrivait : « Vous avez un soin plus pressant que celui de la sécurité, c'est celui de l'honneur. Songez à une chose : je puis pleurer mon fils mort, blessé, mais en fuite, je ne vous le pardonnerais jamais !... Faites pour le mieux, mais agissez en soldat [1]. » Déjà, quelques jours plus tôt, à la comtesse de Montijo qui proposait d'accueillir son petit-fils en Espagne, elle avait répondu, avec courage et noblesse : « Ton projet est impraticable. Il doit rester dans son pays, tant que son pays voudra de nous. On ne peut se garer aux heures de danger pour revenir avec la fortune [2]. » De retour à Landrecies dans la soirée du 3, Duperré ne savait rien encore du désastre de Sedan. Les bruits les plus contradictoires circulaient. Tantôt c'était l'annonce incontrôlée d'une défaite sévère, tantôt on affirmait que les troupes françaises s'étaient ressaisies et que les Prussiens fuyaient vers la frontière. La lecture des télégrammes échangés permet de comprendre le

1. *Lettres familières de l'impératrice Eugénie*, tome I, p. 270.
2. *Ibid.*, tome I, p. 229.

désarroi général. Tandis qu'à Paris des bandes commencent à sillonner les boulevards et les voies principales en poussant des cris hostiles au régime, dans la soirée, Duperré reçoit successivement deux télégrammes de Filon, le premier lui prescrivant de rester « là où vous êtes », le second, quelques heures plus tard, de gagner Maubeuge, « ou l'autre ville à laquelle vous pensiez », c'était Cambrai. Rapidement la décision est prise de se rendre à Maubeuge, plus près de la frontière belge s'il était nécessaire de sortir de France et, de toute façon, plus pratique s'il fallait regagner Paris.

Le dimanche 4, à sept heures du matin, le Prince monte dans un train qui l'emporte à Maubeuge. Là, dans le bureau du chef de gare, ardent républicain qui refuse tout concours, il attend longtemps qu'on trouve un gîte pour le recevoir. Le maire décline cet honneur, prétextant que l'émotion serait trop grande pour sa mère, âgée de près de cent ans, d'avoir sous son toit le fils de l'Empereur. Tandis que Clary et Lamey cherchent un asile pour Louis, Duperré, maintenant au fait de la situation, télégraphie, à la régente à Paris, et à Napoléon III à Bruxelles pour obtenir des instructions. Une maison est enfin trouvée, celle de Mme Marchand, rue Royale. Veuve d'un sénateur et mère d'un officier colonial en service à la frontière marocaine, celle-ci se déclare heureuse d'accueillir le Prince qui, en fin de matinée, peut s'installer chez elle, alors que le bruit de sa présence fait affluer devant la maison une foule qui devient rapidement considérable. Louis, maintenant au courant du drame qui s'est joué le 1er, qui sait que son père est battu, prisonnier, refuse de se montrer. Cloîtré dans sa chambre, il se laisse aller au désespoir et au découragement. Dans la ville, des groupes se forment et l'on commente, différemment, la capitulation de Napoléon III. Certains crient à la trahison. Le lieutenant Watrin, circulant en ville, tombe sur un groupe au milieu duquel un officier de mobiles pérore et excite ses concitoyens contre le régime. Sans hésiter, Watrin se saisit du perturbateur et le fait conduire au poste de police en déclarant que, tant que le Prince sera à Maubeuge, lui seul commandera et sera obéi. Le geste a de l'allure, le personnage de Watrin n'en manque pas. Rentrant à la maison Marchand, il apprend que Duperré vient de recevoir un nouveau télégramme, transmis des Tuileries au moment même où l'Impératrice, dans des conditions romanesques, quittait pour toujours le palais : « Partez immédiatement pour la Belgique. Filon. »

L'ordre de la régente est exécuté sans tarder, mais il faut éviter tout incident et faire une sortie discrète. Deux agents, que le chef de la police, Hirvoix, avait envoyés à Maubeuge pour assurer la surveillance du Prince et se joindre à son escorte militaire, se procurent dans un magasin de la ville des vêtements civils à sa taille. Sans protester, anéanti par la douleur et la fatigue, celui-ci se laisse faire et accepte de les revêtir. On a attelé un break de louage qui attend dans la rue du Rempart, où donne une porte dérobée de la maison. Le Prince remercie Mme Marchand : « Bientôt, je reviendrai. » Puis, étreignant le lieutenant Watrin qui reste à la tête de son peloton de cent-gardes, il lui dit : « Allons ! Du courage ; adieu Watrin ! » Un sanglot étrangle sa voix. Évitant l'hostilité prévisible à la gare de Maubeuge, la voiture l'emmène vers la petite station de Feignies. Accompagné de Duperré et de Clary, le Prince impérial foule pour la dernière fois une route française.

Après le départ de Louis, Watrin donne l'ordre de fermer toutes les portes de la maison dont il consigne les occupants. Ayant fait répandre dans la rue le bruit que, le lendemain, le Prince impérial irait visiter un haut-fourneau à Sous-le-Bois, il se fait servir dans les salons illuminés, en uniforme, un dîner auquel il ne touchera pas, donnant aux badauds de plus en plus hostiles, à travers les fenêtres, l'illusion que le Prince est encore à Maubeuge. Celui-ci, après une brève attente, est monté à Feignies dans un train qui le conduira à Mons. Au même moment, à Paris, les crieurs des journaux, dans les rues, annonçaient la déchéance.

De Mons, où le convoi arrive vers sept heures du soir, les fugitifs prennent un nouveau train qui les mène à Namur, où ils arrivent vers minuit. Le comte de Baillet, gouverneur de la province, envoie sa voiture à la gare pour chercher le Prince, qu'il salue de la part du Roi et auquel il prodigue de grands égards, avec autant de courtoisie que de discrétion. Le commandant Duperré aurait voulu conduire Louis à Verviers où Napoléon III l'attendait avant de continuer vers ce qui allait être sa prison, le château de Wilhelmshöhe, à Cassel. Toutefois, l'état de fatigue et d'abattement dans lequel il voyait l'adolescent lui inspira de renoncer à ce projet, dont il ne parla pas au Prince. Il était inutile de l'éprouver une fois de plus. On devait plutôt respecter son repos.

Le comte Clary alla donc, le lendemain matin, prendre à Verviers les ordres de l'Empereur. Celui-ci l'accueillit assis sur le quai de la gare, au milieu d'officiers prussiens et, renonçant à l'amère joie de revoir son fils dans d'aussi tristes conditions, donna des instructions pour qu'il fût conduit, au plus tôt, en Angleterre. Dès son retour à Namur, Clary organisa ce nouveau et ultime déplacement. Au début de l'après-midi du 5, un fiacre conduisait le Prince à la gare où il s'engouffra presque en courant, pour se dissimuler dans un bureau où le colonel Goffinet, commandant militaire de Namur, vint l'entretenir. Il n'en sortit, le plus discrètement possible, que pour monter dans le train spécial, mis à sa disposition par le Roi, qui devait le conduire à Ostende. Il avait demandé d'éviter Bruxelles, mais le passage du train avait été annoncé et, dans les gares traversées, Charleroi, Braine-le-Comte, Gand et Bruges, la curiosité bienveillante de la foule, qui se pressait dans l'espoir de l'apercevoir, dut plus d'une fois lui être pénible. On venait contempler l'adolescent malheureux avec autant sinon plus de curiosité qu'on avait mis jusque-là à considérer l'héritier du premier trône d'Europe.

A Ostende, le lendemain matin, quittant l'hôtel d'Allemagne où il a passé la nuit, le Prince doit traverser une foule considérable qui s'est portée sur le quai d'embarquement pour tenter de l'apercevoir. Avec Clary, Duperré et Lamey qui ne l'ont pas quitté, il prend place à bord du *Sea Bird*, le yacht du comte Dumonceau, qui le conduit jusqu'au steamer *Comte de Flandre* où il se réfugie dans la cabine royale, mise à sa disposition. Pendant la courte traversée, il remonte sur le pont et regarde, avec quelle tristesse, s'éloigner les côtes continentales. Peu après treize heures, le navire accoste à Douvres où quelques rares curieux l'attendent. Il est salué par un administrateur de la South-Eastern-Railway, Mr. Eborall. Tandis qu'on attend le train spécial qui doit le conduire à Hastings, Louis prend un peu de repos au Lord Warden Hotel où il s'est rendu à pied. Sa présence dans la ville commence à être connue et une foule de plus en plus importante se dirige vers la gare. Le duc de Gramont, récemment encore ministre des Affaires étrangères, arrivé la veille, demande à le saluer et est reçu, ainsi que le maire, Mr. Birmingham, accompagné de son épouse. Heureusement, un escalier intérieur fait communiquer directement l'hôtel et la gare, ce qui permet d'éviter au Prince les hommages éprouvants de la foule. A peine est-il monté dans son wagon que le train s'ébranle et il arrive à Hastings à cinq heures. Un appartement lui a été réservé au Marine Hotel, où, enfin, il va pouvoir vraiment se reposer. Le cauchemar est terminé, le temps de l'épreuve commence.

CHAPITRE VI

EXILÉ

En sûreté sur le sol anglais, Louis vit le début d'un exil dont il ne connaît pas encore la dure réalité. Il ne sait pas qu'il ne reverra pas, qu'il ne reverra jamais le pays où il est né, qu'il aime tant et qui l'a tant fêté. Il se trouve pour l'instant seul, ou à peu près, en pays étranger, objet de la curiosité d'une foule assurément bienveillante, mais également importune, sans aucune nouvelle de sa mère, dont il ignore même si elle n'est pas, quelque part, entre les mains d'une populace violente et hostile. Il sait seulement que son père est prisonnier, tandis que roule dans sa tête, sans relâche, l'affreux mot de déchéance. On peut imaginer l'état d'âme du malheureux garçon durant toute la journée du 7 septembre. La duchesse de Mouchy et le comte de Lavalette, ambassadeur de France, démissionnaire mais encore en poste, prévenus de son arrivée, sont venus de Londres pour le voir. Sans doute ces visites sont-elles réconfortantes, mais ni l'un ni l'autre n'a encore de nouvelles de l'Impératrice dont on sait seulement qu'elle a réussi à quitter les Tuileries le 4.

C'est en compagnie de sa fidèle dame de compagnie, Mme Lebreton, sœur du général Bourbaki, qu'elle a pu, avec l'assistance de son dentiste américain, le docteur Thomas Evans, gagner la côte normande. A Deauville, un Anglais compatissant, sir John Burgoyne, a accepté de prendre les deux dames et le docteur à bord de son yacht de plaisance, la *Gazelle* pour leur faire traverser la Manche, au milieu d'une effroyable tempête. Débarquée à Ryde, sur l'île de Wight, l'Impératrice apprend par le journal la présence de son fils à Hastings et, immédiatement, malgré sa fatigue et sans prendre aucun repos, décide de le rejoindre au plus vite. Pour ne pas causer une trop vive émotion à Louis, c'est le docteur Evans qui, le premier, se présente à lui au Marine Hotel, vers vingt-deux heures, alors qu'il vient d'achever son dîner. Eugénie attend à l'Havelock Hotel, voisin de la gare, où elle a trouvé refuge. Aux questions angoissées de Louis, dont Evans note l'« extrême tension », celui-ci commence par répondre évasivement tout en assurant au Prince que sa mère est saine et sauve et qu'elle se trouve en Angleterre, sous la protection d'amis dévoués. Puis, il le quitte, annonçant qu'il va « tâcher d'obtenir des renseignements plus précis ». En fait, il va chercher l'Impératrice qui, plutôt courant que marchant, se précipite au Marine Hotel où elle entre en trombe, la tête couverte par le capuchon de son water-proof. Pensant avoir affaire à une solliciteuse, le propriétaire de l'hôtel, compte tenu de l'heure tardive, lui barre le chemin, la priant de revenir le lendemain. Quelques minutes plus tard, pourtant, grâce à la présence d'esprit d'Evans, la mère et le fils sont dans les bras l'un de l'autre.

Dans les jours qui suivent, la présence de l'Impératrice ayant été signalée par tous les journaux, les premiers fidèles du malheur se regroupent. Filon, le 9, reprend sa place auprès du Prince. S'il ne remarque d'abord aucun changement dans son élève, il perçoit rapidement « la profondeur des émotions qu'il avait traversées » et à quel point elles l'ont marqué. Louis, habituellement si communicatif et disert sur tout ce qui lui arrivait, qu'il se plaisait ensuite à raconter dans les moindres détails, « cette fois ne semblait se souvenir de rien », comme s'il eût voulu ensevelir, au plus profond de lui-même ces journées atroces qu'il venait de vivre. « Son visage, dit encore Filon, où ses impressions se reflétaient, en général, avec tant de vivacité, était devenu pâle et immuable comme celui de l'Empereur. On y lisait une immense et douloureuse fatigue à laquelle son esprit participait, la fatigue d'un enfant qui vient de subir une épreuve physique et mentale au-dessus de son âge [1]. » Le lendemain, miss Shaw, qui avait quitté les Tuileries un peu avant l'Impératrice, arrive de Douvres où elle a accosté, et retrouve son « garçon ». Se présentent successivement la comtesse Clary et la maréchale Canrobert, puis

1. Augustin Filon, *Le Prince impérial*, p. 91.

les filles de la duchesse d'Albe. Tout ce monde se case, tant bien que mal, au Marine Hotel dont les propriétaires, Mr. et Mrs. Hutchins, sont aux petits soins pour leurs hôtes. Mais cela est loin de ressembler à une Cour. Eugénie semble s'en accommoder, comme si les souvenirs de la comtesse de Teba qui a si souvent mené la vie d'hôtel lui revenaient tout naturellement, attitude qui ne va pas sans choquer Filon, lequel a repris auprès d'elle ses fonctions de secrétaire privé.

Prévoyant que son séjour en Angleterre sera long, Eugénie confie au docteur Evans la charge de lui trouver, suffisamment près de Londres et si possible à proximité d'une gare du chemin de fer, une résidence assez vaste pour l'accueillir avec sa suite. La situation de l'hôtel, trop en vue, les pièces du rez-de-chaussée, donnant sur le quai et ouvrant par d'immenses baies, en font une sorte de cage de verre devant laquelle les curieux stationnent à toute heure du jour, attendant d'apercevoir à travers les rideaux la mère ou le fils. A plusieurs reprises, des journalistes en mal de copie ont fait, sans succès, le siège de l'hôtel dans l'espoir d'interviews. Le premier dimanche, en se rendant à l'église pour la messe, ils ont été acclamés et les fidèles se sont levés à leur arrivée. Ces marques de respect et de sympathie, mais aussi de curiosité, agacent passablement Filon. Par les chaudes journées de l'été finissant, il est bien difficile de laisser les fenêtres fermées, aussi Eugénie et Louis prennent-ils l'habitude de quitter l'hôtel chaque jour pour faire de longues promenades dans les environs. Lorsqu'ils sortent ou qu'ils rentrent, quelques indiscrets les attendent, mais du moins ne les suit-on pas, la police du comté y eût mis bon ordre. C'est ainsi que Louis visite, dans la campagne proche, le célèbre champ de bataille d'Hastings, qui vit la victoire des Normands sur les Anglais, visite au cours de laquelle Filon essaie de l'intéresser à la mort du roi Harold. Mais son esprit est ailleurs. Que peut lui importer le roi Harold, quand son père est prisonnier des Prussiens et la France en partie envahie ? Plusieurs fois on l'emmène faire des promenades en bateau, et cela lui plaît davantage, mais il a toujours hâte de revenir, dans l'espoir d'apprendre des nouvelles car, seule la situation en France et l'évolution de la guerre le passionnent, et il en suit l'évolution dans les journaux qu'il lit avidement.

De son côté, l'Impératrice se croit encore régente. N'ayant pas abdiqué, elle pense toujours à exercer son rôle de souveraine, dont elle s'est fait un devoir. Son désir d'être utile et son goût pour la politique sont si forts qu'elle ne peut se résigner à l'inaction en un tel moment. L'ambassadeur de Prusse à Londres, le comte Bernsdorff, lui fait savoir que son gouvernement pourrait accepter de signer avec elle des préliminaires de paix, sur la base du paiement d'un milliard de francs d'indemnité de guerre et de la cession de Strasbourg. Elle refuse ces conditions, ne voulant pas cautionner, de l'étranger où elle se trouve, le moindre abandon de territoire national. Mais en même temps, elle écrit aux souverains qui ont été ses hôtes à Saint-Cloud, à Compiègne ou aux Tuileries lors de l'Exposition, à François-Joseph, au Tsar, même au roi de Prusse, afin de tenter d'obtenir, pour la malheureuse France, des conditions de paix honorables. Les réponses qu'elle reçoit ne sont, hélas, que des dérobades. Pourtant, elle ne se résigne pas.

Avec des fidèles restés en France, elle entretient une correspondance très suivie. On l'entend dire : « Si j'étais aux Tuileries, je ferais ceci, ou cela », mais elle n'est pas aux Tuileries. Elle voue au général Trochu, qui a si lâchement trahi sa parole, une rancune tenace et, pour les ministres de Palikao, qui à deux ou trois exceptions l'ont abandonnée, éprouve un mépris justifié. C'est alors qu'apparaît un personnage mystérieux, nommé Edmond-Victor Régnier. Est-il un agent double ? Il a écrit plusieurs lettres assez obscures à l'Impératrice et prétend être en mesure de traiter directement avec Bismarck, au nom de la régente, et de sauver la France. Flairant l'imposture, Eugénie refuse de le recevoir et ordonne qu'il soit définitivement éconduit. Ne se tenant pas pour battu, Régnier réussit à circonvenir le trop naïf et confiant Filon, sous un prétexte fallacieux. Partant pour Wilhelmshöhe, il se propose de porter à l'Empereur un message de son fils. Filon ne lui permet pas de rencontrer le Prince, mais le 17 septembre, ayant informé celui-ci de cette suggestion, il remet de sa part à Régnier trois lithographies représentant différents aspects de la petite station balnéaire. Sur l'une d'elles, Louis a écrit : « Mon cher Papa, je vous envoie des vues d'Hastings, j'espère qu'elles vous plairont. Louis-Napoléon. » L'affaire Régnier ne fait que commencer, et le douteux personnage tentera, sans succès d'ailleurs, de se servir de cet autographe pour jouer un rôle dans les négociations. Informée, l'Impératrice exprimera à Filon son mécontentement, mais il sera trop tard.

Il fallait pourtant trouver une résidence acceptable. « Quand je serai libre, lui a écrit l'Empereur, c'est en Angleterre que j'aimerais m'installer, avec toi et Louis, dans une petite maison avec de grandes baies et des plantes grimpantes. » Les maigres ressources dont dispose alors l'Impératrice suffiront-elles à régler les dépenses de l'installation et, ensuite, le paiement des loyers ? Ses biens personnels ont été, comme ceux de l'Empereur, mis sous séquestre dès le 6 septembre, arguant du fait qu'elle a été mariée sans contrat et que l'ensemble tombe dans la communauté légale. Elle ne dispose donc que de revenus touchés à l'étranger. En Espagne, ceux de sa fortune personnelle et, en Italie ceux des biens de la famille Bonaparte hérités par Napoléon III et le Prince impérial. La vente de bijoux sera rapidement une nécessité.

Plusieurs possibilités de résidences sont écartées, dont Brodnick-Castle, dans l'île d'Arran, appartenant au duc de Hamilton, la demeure de lord Ashburnham, dans le Sussex, ou encore une villa dans les environs de Torquay, toutes beaucoup trop éloignées de Londres au gré de l'Impératrice. C'est Evans qui découvre, dans le comté de Kent, une vaste demeure dont le propriétaire, Nathanael W.J. Strode, connaît l'Empereur de longue date. Celui-ci a été reçu à Camden Place, par un précédent occupant, durant son exil anglais de 1846. Il y a même courtisé la jeune fille de la maison, Emily Rowles, future marquise Campana qu'un moment il aurait songé à épouser. Situé dans le petit village de Chislehurst, qui a l'avantage de posséder une église catholique, à quelques centaines de mètres de la station du chemin de fer, sur la ligne de Douvres, qui part de Charing Cross, c'est un élégant édifice qui porte le nom de William Camden, le chroniqueur des annales du règne de la reine Élisabeth, qui y mourut en 1623. Moins qu'un château, plus qu'un cottage, construite en pierre et brique dans le goût italien, la demeure n'a pas la sévérité d'une maison Tudor et il en émane un charme certain. Une belle grille en marque l'entrée. Achetée à Paris par Strode, c'est celle qui, durant l'Exposition de 1867, fermait l'avenue des souverains. A ce titre, elle a vu passer toutes les têtes couronnées d'Europe. Face à un immense *green* qui descend jusqu'au bas d'une colline, entouré de bois d'essences rares, de magnifiques cèdres deux fois centenaires encadrent la maison formée d'un pavillon central à deux étages flanqué d'ailes qui n'en ont qu'un. Au rez-de-chaussée, une longue galerie au milieu de laquelle part le grand escalier qui dessert les étages, sépare les pièces d'apparat, un vaste salon à gauche et, à l'extrême droite une salle à manger, décorée de belles boiseries de chêne provenant du château de Bercy. Celles-ci rappelleront à Eugénie celles qu'elle avait fait installer dans l'hôtel de sa sœur Paca, aux Champs-Élysées, qui avaient la même origine. Au centre de la façade, un fronton semi-circulaire surmonte une horloge, avec cette devise : « Malo mori quam foedari », que Marie de Larminat, demoiselle d'honneur de l'Impératrice, traduira pour Louis par : « Plutôt la mort que l'abandon », à quoi celui-ci répliquera : « C'est du latin que j'aime celui-là [1]. » Strode s'est réservé le droit d'habituer une aile de la maison et ne demande qu'un loyer symbolique de six mille francs. Cette résidence, le docteur Evans l'a proposée à l'Impératrice qui a décidé tout de suite de l'occuper. Sous le nom de comtesse de Pierrefonds, elle s'y installe le 24 septembre.

Là au moins, à l'abri de la curiosité publique derrière les arbres du parc, les exilés auront la tranquillité. Eugénie sera logée dans l'aile droite, avec Mme Lebreton ; Louis, avec Filon, habitera l'aile gauche. Louis Conneau, qui de Corse est allé embrasser son père à Wilhelmshöhe où il partage la captivité de Napoléon, habitera près du Prince. La présence de son ami à ses côtés est la première vraie joie de Louis qui reprend en sa compagnie et sous la houlette vigilante de Filon le cours de ses études interrompues pendant deux mois. Le programme en a été réglé avec l'Impératrice. Lever à six heures, petit déjeuner à l'anglaise, puis travail toute la matinée jusqu'à onze heures. Après le déjeuner, exercices physiques, le plus souvent promenade à cheval, ou jeux de plein air sur le green, auxquels le Prince excelle. Le général Frossard, prisonnier de guerre, ne reparaissant pas, Filon qui n'en est pas mécontent aura la haute main sur l'éducation des deux garçons. Comme il ne peut suffire à tout et qu'il reste à la disposition de l'Impératrice dont il assure le secrétariat, il se fera

1. Comtesse des Garets, *L'Impératrice Eugénie en exil*, p. 25.

assister par Charles Duperré pour les mathématiques et la physique.

Durant les premières semaines, la présence de Mr. Strode ne laisse pas d'être un peu envahissante car c'est son intendant qui gère la maison et lui-même partage les repas de la famille impériale. Cela dure jusqu'au jour où l'intendant se tue dans un accident de voiture, le cheval qu'il menait lui-même s'étant emballé. On en profite pour suggérer à Strode d'aller vivre ailleurs. Un peu surpris, il comprend néanmoins et, par discrétion, va s'installer aux environs, ne manquant pourtant pas de venir à Camden une fois par semaine afin de voir si tout se passe bien. Tandis que l'Impératrice envisage de se rendre à Wilhelmshöhe où elle souhaite partager la captivité de l'Empereur, des fidèles, de plus en plus nombreux, chassés de France par le nouveau régime, se sont installés autour de Chislehurst : les Murat, les Mouchy, le duc de Bassano, les Rouher, les Aguado, les frères Chevreau d'Entraigues, les dames de Saulcy et d'autres. Dans le même temps, d'humbles employés des Tuileries ont tenu à reprendre leur poste, comme Xavier Uhlmann au service de Louis. L'Empereur répond à Eugénie que, si pénible que soit sa décision, plusieurs raisons l'empêchent d'accepter de la voir partager sa détention. Il trouverait choquant que, lorsqu'une partie de l'armée française, prisonnière, vit dans des conditions parfois très dures, et alors qu'aucun de ses soldats ne peut espérer le réconfort de la présence, ni même de la visite de sa femme, lui seul s'accorde le privilège d'avoir la sienne près de lui. Il estime aussi que la place de l'Impératrice est auprès de leur fils qu'il ne saurait être question de faire venir à Wilhelmshöhe. Il accepte pourtant le principe d'une courte visite d'Eugénie seule, à laquelle celle-ci tient beaucoup.

C'est à ce moment qu'on apprend la mort de Mérimée, le 23 septembre, à Cannes où il s'était retiré dès la proclamation de la République. Le vieil écrivain était le plus ancien ami d'Eugénie. D'autres nouvelles arrivent, consternantes. C'est Paris qui, dès le 20 septembre va subir le plus terrible siège de son histoire. Louis déclare : « Si Trochu sauve Paris, je lui pardonne tout le mal qu'il nous a fait. » C'est, plus grave encore, la capitulation de Metz, le 27 octobre, qui met fin aux derniers espoirs d'un sursaut militaire.

Le prince Napoléon s'est présenté à Camden à la mi-octobre. Toujours agressif, il a critiqué avec véhémence le ministère Palikao, l'estimant à moitié idiot. « Je ne sais, monseigneur, répondit l'Impératrice, ce que vous voulez dire par " à moitié idiot ", ce que je sais, c'est que l'Empereur a été servi jusqu'au bout par de bons et fidèles amis. Si vous vous étiez trouvé à Paris le 4 septembre, vous auriez pu nous donner un bon conseil. Mais vous étiez absent, comme vous l'avez souvent été au moment du danger, à votre grand regret, je n'en doute pas. » Le Prince est sorti, sans saluer, et a repris le chemin de Londres. Cette altercation transpira et il commit l'imprudence de confier à des journaux anglais des propos amers sur l'Impératrice. Celle-ci répondit par la même voie, et beaucoup trouvèrent fâcheux de voir la famille impériale exilée exposer ses dissentiments dans la grande presse. Le Prince, dans une lettre à l'Empereur, voulut rejeter les torts sur Eugénie, tout en protestant de son dévouement. Cc n'était pas le premier litige qui l'opposait à sa cousine, mais celui-là arrivait particulièrement mal à propos. Il faudra tout le tact et toute la bienveillance de Napoléon pour revenir à un *modus vivendi* acceptable.

Inquiétée par un rapport de la duchesse de Mouchy sur la santé de l'Empereur, l'Impératrice précipite son départ pour Wilhelmshöhe où elle arrive, accompagnée seulement du comte Clary, le 30 octobre. La réunion des deux époux est touchante. Plus que sur leurs propres malheurs, ils pleurent sur ceux de la France et ils évoquent ce qui leur tient le plus à cœur, l'avenir de Louis. Quittant Cassel le 1er novembre, Eugénie est rapidement de retour en Angleterre.

Fin novembre, accompagnée de sa dernière fille, la princesse Béatrice, la reine Victoria effectue sa première visite, en voisine et non en souveraine. Visite un peu mélancolique, au cours de laquelle on parle de l'absent mais pas de politique. La Reine semble conquise par Camden Place, qu'elle compare « à une maison française, avec de jolies choses partout ». Elle apprécie beaucoup la délicatesse d'Eugénie, « de noir vêtue, mince et pâle, mais encore très élégante », qui « faisait preuve du plus grand tact en évitant tout ce qui pouvait être embarrassant », note Victoria, qui a trouvé « le Prince un gentil garçon, mais, plutôt petit et effacé. Ses yeux ressemblent à ceux de sa mère, mais je le comparerais plutôt à l'Empereur ».

Pour les fêtes du Nouvel An, l'atmosphère est particulièrement triste malgré la venue du docteur Conneau apportant les vœux de Napoléon. Ceux que prononcent les exilés tendent tous à sa libération qu'on ne peut encore envisager. On se force à la gaieté et, pour rompre la monotonie des soirées, Eugénie, se souvenant des charades et des travestissements qui divertissaient les « séries » de Compiègne, a parfois des idées saugrenues. Le soir de l'Épiphanie, pour animer la visite de Strode, elle fait déguiser Louis en femme. Filon, amer, note : « Hier soir, le petit-neveu de Napoléon Ier a fait le pitre pour divertir un Anglais [1]. » Cette mascarade a indigné le précepteur.

Dans une lettre à son père, Louis, assez pessimiste, écrit : « Je voudrais pouvoir vous donner de bonnes nouvelles, mais, hélas ! Elles sont bien rares et quand par hasard le bruit court à Londres d'un succès quelconque du côté de la Loire ou de Paris, on le dément aussitôt [2]. » Napoléon, de son côté, écrit à Eugénie : « Il est bien temps que la guerre finisse. On disait dans un journal allemand qu'aujourd'hui la France ne se bat plus mais qu'elle saigne. Cette expression est cruellement vraie [3]. » A la veille des élections législatives de février, l'Empereur a adressé, de Wilhelmshöhe, une proclamation aux Français, dans laquelle, sans montrer d'amertume et disant quelle est son affliction en constatant les malheurs de la France, il tient à affirmer que : « L'ordre, la confiance, une paix solide ne seront rétablis que lorsque le peuple aura été consulté sur le gouvernement le plus capable de réparer les maux de la patrie... Tout ce qui est fait sans votre participation directe, ajoute-t-il, est illégal. » C'est un appel non déguisé à un nouveau plébiscite d'où il pense que l'Empire devrait sortir vainqueur. Cette proclamation ne sera pas diffusée et, dès le 1er mars, à Bordeaux, la nouvelle Assemblée, à l'unanimité moins cinq voix, celles des seuls députés bonapartistes élus, vote la proposition Target : « Dans les circonstances douloureuses que traverse la patrie, l'Assemblée nationale confirme la déchéance de Napoléon III et de sa dynastie déjà prononcée par le suffrage universel et le déclare responsable de la ruine, de l'invasion et du démembrement de la France. » Cette motion est scandaleusement injuste et comporte une grossière

1. Cité par S. Desternes et H. Chandet, *Louis Prince impérial*, p. 96.
2. Archives nationales, 400 AP 75.
3. *Id.*, 400 AP 43.

erreur, la déchéance n'a jamais été prononcée par le suffrage universel. Napoléon protestera dans une lettre adressée au président de l'Assemblée, Jules Grévy, mais ne recevra aucune réponse.

Eugénie, elle, évite toute récrimination ; son esprit est tourné vers ceux qui sont plus malheureux qu'elle. Un jour, au cours d'une conversation à Chislehurst avec le docteur Evans, elle lui avoue : « Moi à qui il a été tant donné, quel droit ai-je de me plaindre ? Je devrais penser à ceux qui n'ont jamais eu aucun des privilèges dont j'ai joui [1]. » On a appris, le 27 février 1871, que les préliminaires de paix ont été signés à Versailles. Louis écrit immédiatement à son ami Pierre de Bourgoing pour lui exprimer son soulagement de voir cesser les combats : « Espérons que la fin de nos misères est proche et que la France pourra bientôt fermer ses plaies. » En même temps, on annonce que les prisonniers vont rentrer dans leurs foyers et, naturellement, l'Empereur est du nombre. Le Prince aurait voulu faire le voyage de Wilhelmshöhe pour son anniversaire, qu'il eût aimé passer avec son père, mais Napoléon, quoi qu'il lui en ait coûté, s'y est opposé. Louis attendra son retour, maintenant très prochain, à Camden.

L'Empereur quitte l'Allemagne le dimanche 19 mars, après avoir entendu la messe. Accompagné jusqu'à Herbertsthal, à la frontière belge, par le comte de Monts, gouverneur de Cassel, il est reçu par le général Chazal, venu le saluer au nom du roi Léopold II. Comme le convoi va partir, la princesse Mathilde, qu'on n'attendait pas, se précipite dans le wagon et se jette en sanglotant dans les bras de son impérial cousin. Cette démonstration excessive semble à Napoléon aussi déplacée qu'importune. Il goûte peu un tel manque de dignité devant des témoins étrangers. Filant d'une traite jusqu'à Ostende, il s'embarque immédiatement sur le yacht personnel du roi, que le souverain belge a mis à sa disposition et qui aborde à Douvres le lendemain.

Une foule importante attend sur le quai l'arrivée de l'Empereur déchu. Elle n'a cessé de grossir toute la matinée. A une heure de l'après-midi, arrivent les hôtes de Chislehurst, l'Impératrice, le Prince et les quelques personnes de leur suite. Dès que le bateau est en vue, l'enthousiasme du public éclate, pour s'amplifier lorsqu'il aborde au quai de débarquement et

1. Docteur Thomas Evans, *Mémoires*, p. 338.

que la silhouette de Napoléon III se distingue sur le pont. Louis n'a peut-être jamais été aussi heureux qu'au moment de revoir son père. Il rayonne littéralement et, dès que la passerelle est arrimée, se précipite à sa rencontre et se jette dans ses bras. Puis, le tenant par la main, il revient vers l'Impératrice.

Le gouvernement de Gladstone a tenu à montrer, par son abstention, qu'il n'entend accorder aucune importance officielle au retour de Napoléon III. Si les politiques oublient que l'Empereur a été le plus fidèle allié de l'Angleterre, le peuple, lui, ne se montre pas ingrat et témoigne à l'Empereur, à l'Impératrice et au Prince impérial la plus chaleureuse sympathie. Il n'y aura qu'une note discordante, dans le numéro du *Times* du lendemain : « Que devons-nous penser, que penseront les Allemands, que pensera le peuple français, de cette admiration excessive et sans raison. Qu'en pensera Louis-Napoléon lui-même, lorsque le calme de Chislehurst lui permettra de repasser les événements de cette journée ? » Les habitants du village réservent un accueil au moins aussi démonstratif au proscrit lorsque le train royal arrive en gare, et tout le long du chemin qu'emprunte la famille impériale jusqu'à Camden Place. Ils savent gré à l'Empereur d'avoir choisi leur cité pour y chercher refuge et le lui témoignent.

Cette arrivée amène un bouleversement dans les habitudes de la maison. Les visites deviennent immédiatement plus nombreuses et, en premier lieu, celle de la reine Victoria, qui se fait annoncer dès le début du mois d'avril et vient avec sa fille Béatrice. Napoléon et Eugénie se portent à leur rencontre avec Louis jusqu'à la grille du parc. Victoria revoit l'Empereur, auquel elle est très sincèrement attachée, avec un plaisir évident.

Dans le même mois, le Premier ministre Gladstone vient enfin rendre une visite, mais de pure courtoisie, à l'exilé. Le Prince a, chaque jour, de longues conversations avec son père qui a décidé de se charger lui-même, avec l'enseignement de l'histoire, de sa formation politique. Six mois de vie au grand air ont transformé l'adolescent qui a forci. L'épreuve l'a mûri. Jamais le père et le fils n'ont été si proches. Louis exprime sa joie et sa satisfaction : « Grâce à Dieu, l'Empereur est à présent au milieu de nous, je l'ai revu en bonne santé et vivement ému, ainsi que nous tous, du sympathique accueil qu'il avait reçu de la nation anglaise [1] », écrit-il à une amie.

Pourtant, les nouvelles de France sont loin d'être satisfaisantes. A la diète de Francfort, le 10 mai, la paix a été conclue avec l'Allemagne, mais à des conditions très dures. La Commune met Paris à feu et à sang. Ce Paris que Louis aime, auquel le rattachent tant de souvenirs, est livré à l'anarchie, à la ruine, à la désolation. Le 16, la colonne Vendôme a été abattue par une populace surexcitée ameutée par le peintre Gustave Courbet. Fin mai, parvient la nouvelle de l'exécution, le 24, à la prison de la Grande-Roquette, de l'archevêque de Paris, Mgr Darboy et du cher abbé Deguerry qui lui avaient fait faire sa première communion dans cette chapelle du palais des Tuileries elle-même dévorée par les flammes depuis la veille. « Quand je quitterai les Tuileries, avait dit Bergeret, le chef des fédérés, les Tuileries seront en cendres. » Il avait tenu parole. Dans l'après-midi du 23 mai, des camions et des omnibus avaient apporté des barils de poudre qui furent déchargés dans les sous-sols du pavillon de l'horloge, au centre du palais. A la tombée du jour, le « colonel » Bénot, ancien garçon boucher, mit le feu à cette poudre, et le vieux palais s'embrasa. Vers onze heures du soir il y eut une formidable explosion. Plusieurs jours durant, les Tuileries vont brûler, il n'en restera qu'une carcasse vide. L'armée de Mac-Mahon arrivera à temps pour sauver le Louvre. Louis pleura sur les ruines du cadre de son enfance heureuse.

La paix signée, Camden voit affluer une partie des fidèles. Une sorte de Cour en miniature se reconstitue. Nombreux sont ceux qui tiennent à faire le voyage d'Angleterre pour venir saluer l'Empereur. Le prince de la Moskowa, le duc de Padoue, le général de Castelnau, le général Pajol, l'ancien ministre de l'Intérieur Pinard, le baron Lambert et son fils Tristan. Ils apportent des nouvelles de France. Ils disent combien, déjà, on commence à regretter l'Empire. De passage, Ernest Lavisse s'entretient d'histoire avec le Prince et, le trouvant rêveur, lui demande à quoi il pense : « Je pense à ce que je donnerais pour voir l'omnibus Grenelle-Porte-Saint-Martin déboucher au coin de la rue du Bac. » C'est toujours la

1. Inédit, collection privée.

même nostalgie de Paris. On apprend que ce qui a pu être sauvé de l'incendie et du sac des Tuileries est vendu aux enchères, sous le marteau de maître Scribe, dans l'ancien manège du Prince impérial. Meubles, vaisselle, argenterie, lingerie, armes, livres, jusqu'aux chevaux des écuries impériales sont dispersés. L'Empereur est résigné. Il le dit à lord Malmesbury, venu lui rendre visite : « A la guerre comme à la guerre ; c'est bien bon de venir me voir. » « Je me sentis, écrit Malmesbury, accablé par la situation. Pendant que se tenait devant moi cet homme dont la course avait été si belle et si romantique et qui se trouvait maintenant sans couronne, sans armée, sans un pouce de terrain dont il puisse revendiquer la propriété, si ce n'est la maison qu'il loue dans un village d'Angleterre. »

Mais Napoléon n'a pas perdu l'espoir. Le spectacle que donne la République à ses débuts est suffisamment affligeant et les résultats assez contestables pour que l'espérance d'une restauration de l'Empire puisse être retenue sérieusement. Déjà des journalistes n'hésitent pas à l'évoquer. « Je suis heureux de pouvoir vous exprimer ma gratitude pour les preuves de dévouement que vous m'avez données dans les moments difficiles en soutenant avec autant de talent que d'énergie la cause de l'Empire [1] », écrit l'Empereur à Auguste Vitu et aux rédacteurs du *Peuple français*. Durant les premiers temps de son exil, il apporte toute son attention, toute son énergie, à s'occuper de ce fils dont il a été privé pendant plus de six mois et qui lui procure tant de joies. « Je ne sais, dit-il à un proche, ce que la providence me réserve, mais je crois, et c'est ma grande consolation, qu'elle me laissera achever mon œuvre. Si ce n'est moi, ce sera mon fils. » Il se plaît à constater combien celui-ci semble digne de recueillir cet héritage, et il s'emploie à développer toutes les qualités de son âme et de son intelligence. Louis apprécie vivement les entretiens politiques qu'il a avec son père, presque chaque soir après le dîner, tout en marchant de long en large dans la galerie, ainsi que les conversations que l'Empereur tient, en sa présence, avec des anciens ministres ou des hauts dignitaires de l'Empire venus lui rendre visite. Un jour, le Prince entre dans le cabinet où Napoléon est en conférence avec Rouher. Celui-ci se tait soudain, alors l'Empereur, effilant sa moustache : « Continuez, monsieur

1. Inédit, collection privée.

Rouher, vous pouvez parler devant Louis, il s'intéresse, beaucoup à nos affaires », et le Prince ajoute, souriant : « Je suis curieux, mais très discret. » Il dira plus tard : « Mon père était, prétend-on, silencieux, mais que de choses il m'a dites, qui me restent gravées dans la mémoire et dans le cœur [1]. »

Bouillante d'indignation, l'Impératrice apprend avec peine les trahisons, les lâchetés de certains. Elle ne cesse d'en parler, comme de celle de Trochu, sa bête noire. Passionnée, elle remâche sa rancune, presque chaque soir, et jusqu'à une heure avancée, avec toujours les mêmes griefs, s'attirant un soir cette réplique, plus étourdie qu'impertinente, de la charmante Marie de Larminat, à laquelle elle demandait l'heure : « Madame, il est Trochu trois quarts. » Elle n'en apprécie que davantage la fidélité des vrais amis : « Pensez aux absents, je ne crois pas que pour vous ils aient tort, n'est-ce pas ? » écrit-elle au commandant Duperré, rentré en France [2]. L'Empereur a plus de mansuétude. Il connaît les hommes et leurs faiblesses pour lesquelles il est plus indulgent. C'est cette forme de sagesse qu'il enseigne à Louis, en lui apprenant l'oubli et le pardon des injures. Il lui apprend aussi le prix de la fidélité, le respect de la parole donnée. Nombreux sont les nostalgiques de l'Empire qui, ne pouvant venir en Angleterre, adressent aux exilés des messages témoignant leur reconnaissance pour le passé et exprimant leur espérance pour l'avenir. Remerciant l'un d'eux, Clément de Royer, dont la lettre l'a particulièrement touché, le Prince ajoute : « Nos pensées sont du reste toujours avec ceux qui sont en France et dont l'amitié nous est connue. Maintenant plus que jamais nous pensons à notre chère patrie. »

Napoléon a conscience que la République ne saurait durer, que la confusion des partis ne peut relever la France. « L'Empire, dit-il, a perdu, je le sais cinquante pour cent de son prestige, mais il lui reste l'autre moitié. Dans l'impossibilité où se trouvent républicains et orléanistes de s'organiser, cette moitié doit suffire à nous ramener. Nous sommes la solution nécessaire. » Aux élections de mai 1871, cinq députés officiellement bonapartistes ont été élus. C'est peu, mais ils savent déjà se faire entendre. Lors de la signature du traité de paix, hâtivement conclu par Thiers et Bismarck après qua-

1. Évariste Bavoux, *Chislehurst-Tuileries*, p. 29.
2. Inédit, collection privée.

torze heures de négociations et, qui accordait à l'Allemagne l'extraordinaire indemnité de cinq milliards et l'annexion de l'Alsace et d'une partie de la Lorraine avec Metz après, suprême humiliation, l'entrée des troupes allemandes dans Paris, le député bonapartiste Galloni d'Istria avait déclaré à l'Assemblée que jamais Napoléon III n'aurait signé ce traité qu'il qualifiait de « honteux ». Un beau tumulte avait suivi. Furieux, les députés républicains, auxquels s'étaient joints, par opportunisme, légitimistes et orléanistes, hurlèrent des injures à l'adresse de l'Empereur. Un autre bonapartiste, Conti, rappelant le serment prêté à Napoléon par une partie de ses nouveaux collègues, affirma qu'il se refusait à renier son passé et à oublier « quelques années glorieuses dont la prospérité ne sera pas oubliée ». Beau témoignage de reconnaissance et de fidélité. Dans un tumulte indescriptible, l'Assemblée avait néanmoins voté la motion de déchéance de l'Empereur.

Malgré les attaques incessantes dont il est l'objet, les légendes infâmes qui circulent contre le « lâche de Sedan », les calomnies propagées par les journaux républicains, avec le bel optimisme qui le caractérise, il ne cesse d'avoir confiance en son étoile. Il devine pourtant que l'exil va durer un certain temps et entend rester en Angleterre durant « cette période de transition pendant laquelle il faut patienter et s'organiser [1] ». Mais la situation de la famille impériale reste précaire. Arrivé pauvre à la tête de l'État, personne ne peut soutenir que l'Empereur s'est enrichi durant son règne. Chaque année il a régulièrement dépensé les vingt millions de la liste civile, en secours, subventions et dons de toutes sortes. Encore le 4 septembre, à Sedan, il a fait distribuer aux soldats emmenés en captivité un million qu'il avait avec lui « sans même se préoccuper alors de réserver le nécessaire pour ses besoins immédiats [2] ».

En ce premier été, l'Impératrice entreprend un voyage en Espagne, autant pour rendre visite à la comtesse de Montijo à Carabanchel que pour s'assurer des revenus de sa fortune espagnole et même faire vendre aussi bien des propriétés de famille que des diamants. « C'est un sacrifice, lui écrit l'Empereur, qu'il est nécessaire de faire pour assurer l'avenir de notre

1. *Correspondance de Napoléon III et du prince Napoléon*, p. 322.
2. Mme Carette, *Souvenirs intimes de la Cour des Tuileries*, 3e série, p. 303.

fils. » Il profite de cette absence pour emmener Louis au bord de la mer. Ce n'est plus Biarritz, c'est Torquay, sur la côte sud de l'Angleterre. On prodigue à Napoléon les plus grands égards. Monte-t-il en bateau, le pavillon tricolore est aussitôt hissé au mât. Se montre-t-il en public, on l'acclame, comme à Bath où, écrit Louis à sa mère, « il a reçu une ovation sans pareille, avec grand accompagnement de hurrahs et de poignées de mains ». La haute société britannique ouvre ses portes au souverain détrôné et à son fils, suivant l'exemple de la Reine qui a invité le Prince impérial à une revue qu'elle passait à Bushey Park. De ce séjour balnéaire au cours duquel il a pris beaucoup d'exercice, Louis ramène « un bouledogue immense qui est sans contredit un des plus beaux ornements du voisinage ». La présence de ce chien, un superbe mastiff à la gueule impressionnante, qui ne le quitte pas, est une garantie contre les risques d'attentat dont le Prince, plus encore que l'Empereur, est menacé par des lettres anonymes. Il ramène aussi trois chevaux qui serviront à la remonte de Camden. Napoléon, dont l'état physique semble s'améliorer, peut entreprendre avec son fils, le 23 septembre, une première promenade à cheval qui, sans paraître l'éprouver, les conduit au-delà des limites du domaine. Ce ne sera pourtant, dans l'évolution de sa maladie, qu'un répit passager.

En l'absence de l'Impératrice, toujours en Espagne, c'est Louis qui, avec son père, reçoit le 15 novembre, pour la Sainte-Eugénie, les délégations de Français venus présenter leurs vœux, parmi lesquels des Parisiens, porteurs d'un bouquet et d'un album couvert de vingt-quatre mille signatures. « Sire, dit leur porte-parole, nous vous apportons les regrets de la patrie dont nous sommes l'écho fidèle. » Tous ont exprimé leur attachement à l'Impératrice, à laquelle Louis écrit : « Les pauvres gens que vous avez secourus pensent aujourd'hui à vous, vous regrettent et vous bénissent [1]. »

A la rentrée suivante, l'Empereur, persuadé que l'enseignement public sera profitable à son fils et lui permettra d'échapper à l'ambiance oppressante de Camden, d'accord avec le docteur Conneau, prend la décision d'inscrire les deux garçons dans une école anglaise. On choisit le King's College, à Londres, qui présente l'avantage d'être situé sur le Strand, dans une aile de Sommerset House, à proximité de Charing

1. Archives nationales, 400 AP 75.

Cross, la gare qui dessert Chislehurst. Si l'idée, en soi, est excellente, malheureusement le choix se révélera mauvais. Les élèves de cette école, âgés de dix-neuf à vingt ans, ayant presque tous passé le concours de matriculation, équivalent anglais du baccalauréat, sont déjà prêts aux études universitaires et ne sont pas répartis par classes. Chacun suit les cours de son choix. Malgré sa pratique de l'anglais, Louis ne peut espérer suivre un enseignement pour lequel les connaissances qu'il a déjà acquises ne lui sont que d'un maigre secours, en particulier dans les matières scientifiques, son point faible. Filon ne retient, pour les deux garçons, que les cours de chimie élémentaire du professeur Adams, enseignement complémentaire aux disciplines littéraires qu'il continue d'assumer. Le milieu dans lequel il va se trouver n'est pas non plus celui qui peut convenir au Prince. Issus de la très moyenne bourgeoisie, ses nouveaux condisciples, dont les manières sont douteuses, sifflent à longueur de journée dans les couloirs et dans les cours, ce qui lui fera comparer l'école à un « nid de merles ». Leur réserve à l'égard du Prince, facilement explicable, et d'ailleurs partagée, n'en est pas moins gênante. Ce sera une année de perdue pour les deux adolescents qui n'auront pas appris grand-chose au King's College.

L'expérience londonienne, en revanche, apportera beaucoup à Louis. Externe, il prend deux fois par semaine, à neuf heures du matin, avec Filon et Conneau, le train jusqu'à Charing Cross et, côtoyer la foule lui semble enivrant. Il fait, au milieu du public, l'apprentissage de l'anonymat. Lui qui n'a connu que l'atmosphère protégée d'une Cour circule dans la rue, librement, comme n'importe quel piéton, prend l'omnibus, déjeune dans des restaurants, entre dans un café pour commander « une glace ou une tasse de chocolat ». Cela lui semble extraordinaire. Filon ira jusqu'à écrire : « Je serais tenté de compter le Strand parmi ses précepteurs. » Lorsqu'il est coincé dans une bousculade, c'est tellement nouveau qu'il s'en amuse. Le spectacle de la rue, des boutiques où il fait lui-même ses achats, est une expérience grisante. Les jours de congé, Filon conduit ses deux élèves dans les musées, au spectacle. C'est ainsi que Louis ira applaudir la Patti à Covent Garden ou Christine Nilsson à Drury Lane. Un soir, il assiste à la représentation d'un drame sur la révolution anglaise.

Irving incarne Charles Ier et miss Bateman la reine Henriette, fille de Henri IV. Le Prince, très intrigué par les larmes qu'il a vu couler des yeux de l'actrice pendant la scène des adieux, s'entretient longuement avec Conneau et Filon, dans le train qui les ramène à Chislehurst, de la sincérité des sentiments exprimés par les comédiens. Physiquement, l'adolescence le transforme. La princesse Clotilde Napoléon, qui vient rendre visite aux hôtes de Camden, le trouve « fort grandi et en très bonne santé ». Avec ses parents, il assiste le 27 février, à la manifestation grandiose voulue par la Reine, qui a tenu à y inviter l'Empereur, pour célébrer la guérison du prince de Galles, remis d'une grave typhoïde. Un impressionnant cortège traverse Londres. Dans une voiture à quatre chevaux, la famille impériale a suivi Pall Mall et gagné Saint James au milieu de deux haies de soldats qui présentent les armes, et partout, la foule a reçu les exilés avec des démonstrations enthousiastes. « Cette réception, écrira l'Empereur dans une note manuscrite destinée aux journaux, fait honneur au peuple anglais qui reçoit avec la même sympathie dans le malheur celui qui, dans la prospérité, fut leur fidèle allié [1]. »

La bonne société commence à beaucoup s'intéresser au Prince. Les portes des salons s'ouvrent de plus en plus devant lui les jours de congé. Louis joue alors parfaitement son rôle d'Altesse impériale. Lors de l'inauguration d'une école catholique à Klington, pour les enfants pauvres, le duc de Norfolk et lord Cavendish, qui patronnent l'œuvre, sollicitent sa présence. Partout, ses manières, aussi naturelles que distinguées, la franche cordialité de son accueil, sa grâce et son affabilité lui attirent toutes les sympathies. Il n'est pas jusqu'aux gens les moins bien disposés à son égard qui n'y soient sensibles. C'est le cas du Premier ministre Gladstone qui le croise sur le quai d'une gare, attendant un train. Celui-ci, homme froid, qui ne voit pas d'un bon œil la présence de la famille impériale en Angleterre, ne peut éviter le Prince. Raide et contraint, il entame avec Louis une conversation qui le déride et, lorsqu'il le quitte, il est conquis. Une fois de plus, le charme a opéré.

A l'occasion de son anniversaire, Louis se rend à pied, avec ses parents, à l'église St. Mary où l'abbé Goddard, curé de Chislehurst, va célébrer la messe. Dans les rues dont les mai-

1. Inédit, collection privée.

sons ont été pavoisées en son honneur, retenue par les constables, une foule respectueuse l'ovationne. « Un grand nombre de Français se sont rendus à Camden, et vous comprendrez aisément que j'ai été ému en comparant le 16 mars de l'année dernière avec celui de cette année », écrit-il au fidèle Duperré qui, officier en exercice, a vainement demandé l'autorisation de traverser la Manche. Louis lui dit sa déception : « Il paraît qu'à Versailles on en a décidé autrement, et qu'on veut nous enlever même la joie de revoir ceux que nous chérissons [1]. » A tous les messages, individuels ou collectifs qu'il a reçus, il tient à répondre lui-même. « Soyez je vous prie mon interprète auprès de ceux qui ont associé leur nom au vôtre dans cette manifestation de fidélité et de sympathie. Ma seule ambition est de pouvoir un jour, Dieu aidant, justifier les espérances des jeunes Français de ma génération qui ne m'ont pas oublié [2]. » Le dimanche 14 juillet, à Farningham, il est l'invité d'honneur de la distribution des prix d'un établissement pour jeunes déshérités ramassés dans les rues de Londres, auxquels on enseigne l'agriculture. A l'issue de la cérémonie, après le toast porté à sa santé par lord Frederick Cavendish et l'évêque de Rochester, il prononce un discours improvisé qui est salué par une ovation. « J'avoue, écrit le comte Clary qui l'accompagne, que Filon et moi avons été très agréablement surpris de la manière dont le Prince a prononcé son speech, qui a duré cinq ou six minutes et devant, ma foi, une assemblée fort nombreuse et très attentive [3]. »

La décevante expérience du King's College ne devant pas être renouvelée, l'Empereur, qui se souvient de sa formation d'artilleur à Thoune, s'est informé des conditions auxquelles Louis pourrait accéder à une école militaire anglaise. Après s'en être longuement entretenu avec son fils, qui en a accueilli le projet avec enthousiasme, le choix s'est porté sur l'Académie royale de Woolwich. Avec le concours du colonel Manby, un ami anglais de longue date, les démarches sont menées auprès du War Office, la Reine ayant au préalable donné son accord, en vue de l'admission du Prince au titre d'élève étranger, dans cette école supérieure où sont formés les officiers du

1. *Id.*
2. *Id.*
3. Inédit, archives privées.

génie et de l'artillerie. Lorsque le principe en est définitivement arrêté, Augustin Filon prend les derniers arrangements avec le major général sir Lintorn Simmons, gouverneur de l'académie, pour l'inscription du Prince et de Louis Conneau au concours d'entrée. Si dans les disciplines sportives, l'équitation où il excelle, ou l'escrime qu'il pratique régulièrement dans la salle de M. Bertrand, Warwick Street, le Prince pourra sans difficulté rivaliser avec ses condisciples, aura-t-il le niveau nécessaire pour satisfaire aux épreuves écrites ? Suggérée par le gouverneur, la possibilité d'une dispense du concours a été vigoureusement repoussée par le Prince. Il est convenu qu'un répétiteur de Harrow, M. Richards, va lui inculquer, durant trois mois, des bases sérieuses en mathématiques, matière prépondérante du programme.

En attendant, dans les premiers jours de juillet, pour le début de ses vacances, l'Impératrice qui a projeté un voyage en Écosse emmène avec elle son fils qu'accompagnent Clary et Louis Conneau, ainsi que son neveu Carlos, duc de Huescar, et le duc de Tamamès, fiancé de sa nièce Maria-Asuncion. Au pas de course, les voyageurs visitent Édimbourg, les Trossachs, à Abbotsford la maison de sir Walter Scott. Accueillis à Dalkeith, dans son magnifique château, par le duc de Buccleugh qui les reçoit en kilt, ils montent par les lochs jusqu'à Inverness et l'île de Skye. Partout, ils reçoivent les ovations du public. « A bord du bateau, note le comte Clary, il y avait plusieurs Français qui pourront dire au retour sur le continent de quelle manière l'Impératrice et son fils sont reçus en Angleterre [1]. » La comtesse de Pierrefonds est infatigable, mais Louis, qui d'abord paraît s'amuser – « c'est la première fois que le pauvre enfant voyage réellement pour son plaisir », écrit encore Clary –, se lasse rapidement de ce rythme forcené et finit par suivre sans entrain. Il pense avant tout à la préparation de son concours d'entrée à Woolwich et, après deux semaines demande à rejoindre son père à Brighton. Lorsque l'Impératrice, qui s'est attardée dans les landes écossaises, vient les retrouver, ils partent pour l'île de Wight.

C'est dans la petite ville de Cowes, où la saison bat son plein, qu'ils s'établissent dans deux villas Beaulieu House, pour l'Empereur et l'Impératrice, Paou Shun, pour le Prince et ses professeurs. Le zèle et l'application de son élève sur-

1. Inédit, archives privées.

prennent Filon qui ne l'aurait jamais cru capable d'un effort aussi soutenu dans un domaine qui lui est si peu familier. Mais Louis est habité par la volonté de réussir. Si ses matinées sont consacrées à l'étude, les après-midi sont laissés aux distractions et aux exercices physiques. Il a maintenant seize ans et demi et, excellent nageur, va encore se perfectionner avec le baron de Worms, membre de la chambre des Lords et marin éprouvé, avec lequel il s'entraîne. La jeunesse dorée de l'île se dispute la compagnie de ce jeune prince hardi, enjoué, infatigable. Au lawn tennis, il joue en double avec les jeunes Ellen et Grace Bell, deux charmantes Américaines. Le comte de Harrington l'accueille volontiers à bord de son yacht sur lequel il participe au gréement de la mâture. Ses cousines d'Albe sont là, les Derby, les Exshaw, les d'Harcourt, avec lesquels Louis passe une partie de son temps. On pique-nique à Carisbrook Castle, sur les rochers, on joue aux barres, on croise au large ou dans le Solent. Le Prince doit pourtant refuser certaines invitations, comme celle de la princesse Caroline Murat, à laquelle l'Empereur écrit le 25 août : « Mon fils aurait accepté avec plaisir votre aimable invitation, mais il est obligé de se livrer à un travail assidu pour pouvoir passer les examens à Woolwich au mois de novembre [1]. » Avant de regagner Chislehurst, il se rend sur le yacht de la baronne Meyer de Rothschild où il a le plaisir de retrouver la princesse Béatrice, dont il a fait la connaissance deux ans plus tôt. Du même âge que lui, la fillette est devenue une gracieuse jeune fille aux magnifiques cheveux blonds dont la présence ne le laisse pas indifférent.

C'est au début d'octobre que vont se dérouler les épreuves. Les efforts de Louis seront récompensés. Jugé comme les autres candidats, il est classé 27e sur les 30 élèves reçus en même temps que lui. Le rang n'est pas bon, mais enfin, il est admis. L'un des examinateurs a même noté qu'il présentait, pour les mathématiques, de rares facultés, « hight mathematical powers ». L'Empereur, en l'apprenant, exprime une satisfaction touchante. Quelle que soit la peine qu'il ressent à se séparer de son fils, il est fier de le voir entrer, si jeune, si peu préparé, dans la première école militaire anglaise. Le jeudi 7 novembre, le Prince s'installe à Woolwich où les cours débuteront le lundi suivant. Étranger, à côté de son matricule,

1. Inédit, collection privée.

n° 3880, sur le registre de l'école, figure la mention : « N'a pas été commissionné cadet, mais autorisé à suivre le cours des études avec les cadets. » Conneau a également passé le concours, lui aussi a été reçu, ils ne se quitteront donc pas. Pourtant, ce n'est pas sans tristesse que Louis se sépare de ses parents. « Je crains que l'exil ne lui soit plus lourd aujourd'hui, écrit l'Impératrice à Hortense Cornu, cependant le pauvre enfant ne m'a rien dit, mais ses chers yeux en disaient plus long que lui. » Consciente de l'épreuve que cette séparation représente pour l'Empereur, la reine Victoria vient, toujours amicale, dîner à Camden le dimanche suivant, sans aucun protocole.

Seul avantage qu'il doit à son nom, l'école a mis à la disposition du Prince, au lieu de la chambre réglementaire partagée avec un autre cadet, une suite formée de trois pièces, au premier étage de la tour de l'ouest formant l'aile droite de la première cour. Modestement meublé, en noyer verni et en acajou, du plus pur style victorien, sans une touche de fantaisie, c'est un cadre austère dans lequel rien ne doit distraire de l'étude. Seuls apports personnels, une garniture de cheminée en bronze, de Barbedienne, cadeau de l'Empereur, une bibliothèque dans laquelle Louis place des livres français dont, à côté des grands classiques, les cinq volumes des œuvres de son père et l'histoire de Jules César, les campagnes de Napoléon Ier, les opuscules de Vauban, les instructions de Colbert ainsi qu'une vie de Bayard, le chevalier sans peur et sans reproche, un de ses modèles. Sur les murs, des gravures d'inspiration militaire côtoient un cheval dessiné par le duc de Reichstadt et un sujet religieux devant lequel il fait ses prières. Le Prince passe dans cet appartement ses moments de repos, mais après les cours, la journée terminée, il gagne avec Conneau un modeste cottage loué par l'Empereur, situé Nightingale Lane, une petite rue calme, généralement déserte, à peu de distance de l'Académie, où, après une rapide collation, commence une soirée studieuse. Filon apprécie que son élève soit « séparé du petit monde inquiet de Chislehurst, où tous les exemples ne sont pas irréprochables et où toutes les conversations ne sont pas instructives [1] ».

A son arrivée, il a endossé l'uniforme de l'école qu'il va porter vingt-sept mois : courte tunique bleu marine à passe-

1. Lettre à Mme de Saulcy, collection privée.

poils rouges, fermée par une rangée de boutons dorés, pantalon à bandes rouges et, comme coiffure, un petit calot rond comme un tambourin, maintenu par une jugulaire. En complément, de courtes bottes en cuir souple, un sabre d'ordonnance et, pour les cérémonies, un spectaculaire bonnet en fourrure d'ourson, le busby. Très différente de celle qu'il a connue au King's College, l'ambiance de l'Académie militaire séduit immédiatement le Prince. D'emblée ses camarades, qui appartiennent généralement à la meilleure société, l'ont adopté. Dans une école d'officiers, son nom, auréolé du prestige toujours très vivace chez beaucoup, du « plus grand ennemi de l'Angleterre », ne peut qu'attirer la considération. Mais c'est plus encore à son comportement qu'il le devra. S'il n'est pas le premier prince inscrit sur les rôles, il est assurément le plus cordial, le plus simple, le moins distant de tous ceux qui ont fréquenté l'école. Ses condisciples ont apprécié qu'il ait passé, comme eux, le concours d'entrée dont généralement les princes étaient dispensés. Pour eux, le Prince impérial est vraiment un « good fellow ». Ils sont sensibles à son désir de partager en tout leur vie, dans un élan de camaraderie militaire. Faisant abstraction du destin qui l'attend, Louis est incontestablement un des leurs.

Cependant, dès les premiers cours, il va être envahi par le découragement. Lui rendant visite un après-midi, l'Impératrice le trouve affreusement triste. C'est aussi l'impression de Filon auquel, dans son cabinet de travail de l'Académie, à une heure où les cadets se détendent dans des activités de plein air, il déclare :

« Je suis entré ici trop tôt. Tous mes camarades ont au moins trois ans de mathématiques ; moi une année à peine.

– Cependant, votre examen...

– Oh ! l'examen ! nous y avons attaché trop d'importance. C'était sans doute une simple formalité. La vérité est que je ne suis pas en état de suivre [1]. »

Filon s'en ouvre au gouverneur de l'école qui, pour calmer les appréhensions du Prince, déclare à son précepteur que sa compétence en mathématiques n'a aucune importance. Il lui suffirait de se distinguer dans les exercices militaires et les sports d'équipe, comme le cricket ou le football, il imiterait en cela les princes qui l'avaient précédé à l'école. « Il suivrait les

1. Augustin Filon, *Le Prince impérial*, p. 107.

cours en prince. » Filon dut expliquer au général que Louis ne l'entendait pas ainsi, qu'il mettrait un point d'honneur à être un élève comme les autres, ce qui renforça la sympathie que celui-ci avait conçue pour le Prince dès leur première rencontre, et il s'engagea à demander aux professeurs de lui donner toutes les explications nécessaires pour lui permettre de suivre.

Surmontant son découragement, Louis se met au travail avec acharnement, dans la théorie comme dans la pratique, servant sa batterie, s'initiant au chargement du canon, effectuant pelle ou pioche en mains les travaux de fortification ou de terrassement, jouant aussi aux jeux de ballon, mais plus rarement car il préfère, pendant les heures de sport, monter Stag, son pur-sang arabe. Lorsque sonne l'heure du déjeuner, il s'assied avec les autres sur un banc de bois du réfectoire dans lequel sont exposés les trophées gagnés dans des compétitions avec l'autre école militaire, celle de l'infanterie de Sandhurst.

Chaque fin de semaine, le Prince prend le chemin de Chislehurst où l'Empereur trouve le temps très long sans lui. D'autant plus long que les progrès de sa maladie lui interdisent pratiquement tout exercice, et d'abord l'équitation. Depuis son retour de Wilhelmshöhe, il n'est monté que trois fois et, la troisième, il a fallu le soutenir lorsqu'il est descendu de cheval, à moitié évanoui, les traits décomposés par la douleur. Les nouvelles de France sont moins mauvaises. Maintenant que le calme est revenu, l'impopularité de la République devient une évidence. De plus en plus nombreux sont les Français qui regrettent l'Empire, particulièrement dans les départements. Depuis février 1871, les bonapartistes ont gagné à chaque élection quelques sièges supplémentaires. Le mouvement est lent, mais progressif. En février 1872, c'est Rouher, l'ancien vice-empereur, qui a été élu en Corse. Autour de lui un véritable noyau impérialiste s'est constitué, contribuant à réveiller dans tout le pays l'attachement des masses rurales à l'Empereur. Ce sentiment, resté très vivace, ne demande qu'à s'enfler. Les villes ont toujours été plus hostiles, on l'avait bien vu lors du dernier plébiscite, en mai 1870, qui pourtant avait été, dans l'ensemble du pays, une réelle victoire pour Napoléon III. Depuis, le peuple n'a jamais été consulté directement. Toute la doctrine du parti de « l'Appel au peuple » naîtra de là. Lors des récentes élections, des bulletins au nom de Napoléon ou du Prince impérial, en quantités importantes, ont été déposés dans les urnes. Quand reviendront-ils ? C'est une question qu'on se pose et qui n'est pas sans inquiéter le gouvernement de Thiers. Des agents à sa solde espionnent quotidiennement le comportement des exilés, notent les allées et venues, communiquent des listes de visiteurs de Camden Place où, parmi la domesticité, se cache sans doute un traître.

Il semble qu'à Paris on craigne un « retour de l'île d'Elbe ». Dans l'entourage de l'Empereur, la question est à l'ordre du jour. Le moment approche, croit-on, où les indécisions de l'Assemblée, les luttes d'influences entre républicains, légitimistes et orléanistes, la lassitude des Français devant le manque de stabilité des institutions, qui sont toujours « provisoires », favoriseront le rétablissement de l'Empire. Il importe d'être prêts. Si Napoléon doit rentrer en France, il faut que ce soit à la tête d'une armée. Lors d'un conseil tenu avec les principaux membres du parti, le 9 décembre, Rouher et le prince Napoléon donnent leur avis. On peut envisager un retour par la Suisse. L'Empereur partirait de Prangins, où le prince Napoléon a sa villa, sur le bord du lac Léman. Il gagnerait, par Annecy, Lyon où le général Bourbaki, inconditionnellement fidèle, commande le 14e corps. Acclamé par la troupe, ce serait la montée triomphale vers Paris. Un plébiscite montrerait si les Français, librement consultés, n'accueilleraient pas de nouveau l'Empire comme la seule planche de salut.

Mais, pour atteindre ce résultat, une condition est nécessaire, l'Empereur doit pouvoir monter à cheval. Il en est loin. Durant ces derniers mois, sa santé s'est dégradée au point qu'il a même dû renoncer à ses promenades quotidiennes à pied, dans le parc de Camden, car la marche lui est atrocement pénible. Sur sa figure, « on peut suivre les traces de la souffrance et les progrès du mal [1] ». Il passe des journées entières, cloîtré dans des pièces surchauffées, assis, faisant fonctionner avec un pied un petit tour à bois, exercice que le docteur Conneau lui a conseillé pour éviter l'ankylose. Par les fenêtres, il promène un regard éteint sur la nature que l'automne anglais rend sinistre, arbres sans feuilles se détachant sur un ciel gris.

1. Augustin Filon, *Le Prince impérial*, p. 108.

L'Impératrice a réussi à le décider à consulter deux des praticiens les plus réputés de Londres, sir William Gull et sir James Paget. Le résultat d'un examen auquel ils soumettent Napoléon III le 18 novembre est formel et sera confirmé le 6 décembre par le docteur Henry Thompson, chirurgien urologue de renom, qui fait sous anesthésie au chloroforme un sondage exploratoire : l'Empereur a dans la vessie un volumineux calcul évalué à la grosseur d'un œuf de pigeon. Une opération s'impose. Les médecins anglais manifestent le plus grand étonnement lorsqu'ils apprennent que leur patient, à Sedan, quinze mois plus tôt, est resté cinq heures à cheval. Ils vont jusqu'à qualifier d'héroïque l'endurance de l'Empereur. Appelée lithotritie, l'intervention qui consiste à broyer la pierre à l'intérieur de la vessie au cours de séances successives, est certes douloureuse et éprouvante, mais sir Henry Thompson a déjà opéré avec succès le roi des Belges Léopold Ier en 1863. Le principe en est retenu et, après une ultime consultation qui a lieu le 24 décembre, la première opération est fixée au 2 janvier.

Pour Noël, Louis vient passer quelques jours de congé avec deux de ses camarades anglais de Woolwich. Cette visite distrait Napoléon. Après tant de souffrances endurées, Eugénie espère pour le malade « une période de mieux et enfin la guérison complète ». « Je le désire ardemment, écrit-elle à sa mère, et je viens de passer par de cruelles inquiétudes. Mon fils, qui adore son père, est aussi bien malheureux, quoique je lui cache tout ce qui est de nature à l'inquiéter [1]. » Il semble donc qu'on ait minimisé, vis-à-vis de Louis, l'importance de l'opération que doit subir son père. Il sait néanmoins que celui-ci va avoir recours aux soins d'un éminent chirurgien anglais.

La première séance se déroule dans de bonnes conditions, sous chloroforme. Le malade la supporte bien, toutefois le résultat est jugé peu probant, la pierre n'est qu'à peine entamée. Pendant trois jours, les médecins observent leur patient. Sir Henry décide de procéder à une deuxième tentative le lundi 6 janvier. Le Prince est revenu pour le week-end. Lorsqu'il quitte son père pour retourner à Woolwich, il est sans inquiétude. La seconde intervention est plus laborieuse que la première, mais aussi plus efficace. Un bon morceau de

1. *Lettres familières de l'impératrice Eugénie*, tome II, p. 15.

calcul a été broyé et les éclats extraits à la pompe, mais les douleurs ont été très violentes et le malade en sort très affaibli. Le mardi 7, il demeure prostré. Comme l'Impératrice lui demande s'il veut qu'on fasse venir Louis, faiblement il répond : « Il ne faut pas le déranger, il travaille. » Des bulletins de santé sont publiés dans la presse anglaise. L'*Evening* écrit : « L'ex-empereur a passé une meilleure nuit. Le pouls est meilleur et l'état général est plus satisfaisant qu'il ne l'était les deux derniers jours. » La prostration du malade persiste le mercredi. A un moment, reconnaissant le docteur Conneau, penché à son chevet, le malade aurait dit :

« Henri, tu étais à Sedan ?

– Oui, Sire.

– N'est-ce pas que nous n'avons pas été lâches ? »

Le soir, les douleurs deviennent tellement vives que le docteur Gull prescrit une potion calmante à base de chloral, qui va les apaiser et permettra à l'Empereur, qui a sombré dans une demi-inconscience, de dormir. La nuit est meilleure et, le jeudi 9, un assez bon réveil permet au docteur Thompson d'envisager une troisième lithotritie le jour même, à midi. Mais tout va rapidement se précipiter. Vers dix heures, l'Impératrice fait atteler et se prépare à rendre elle-même visite à son fils pour lui porter des nouvelles rassurantes. Avant de partir, elle tient à passer voir l'Empereur et se dirige vers sa chambre. Sur le seuil, Colvisart l'arrête et lui demande de ne pas s'éloigner. Une crise vient de se déclarer, la faiblesse du malade est extrême, le pouls devient imperceptible. Eugénie se précipite à son chevet, il la reconnaît, lui sourit, mais elle comprend qu'il se meurt. Sur son ordre, Clary, dans sa voiture qui attend dans la cour, part chercher Louis à Woolwich. De minute en minute, Napoléon s'enfonce dans une profonde torpeur. L'abbé Goddard, qu'on a envoyé quérir en hâte, arrive à temps pour administrer l'extrême-onction. A dix heures quarante-cinq, Napoléon III, empereur des Français, a cessé de vivre.

Lorsque Clary arrive à Woolwich, le Prince assiste à un cours de fortifications. Un appariteur vient l'avertir qu'on le demande au parloir. Il descend en hâte. Clary l'entraîne vers la voiture :

« Venez vite, Monseigneur, l'Empereur est au plus mal. »

Durant le court trajet, Louis, même si les commentaires de Clary sont alarmants, veut encore espérer. Les minutes sont des siècles. Devant le perron, c'est le comte Davilliers qui l'accueille, dans le hall, Corvisart et Conneau. En silence, ils s'inclinent. Ils n'ont pas eu besoin de parler, en les voyant le Prince a compris qu'il arrive trop tard, et qu'il vient de perdre celui qu'il aimait le plus au monde. Il s'élance dans l'escalier et court jusqu'à la porte de la chambre de son père. Eugénie lui ouvre les bras :

« Louis, je n'ai plus que toi. »

Le Prince s'approche du petit lit de cuivre dans lequel l'Empereur semble dormir. Il a d'abord un cri de révolte : « Non ! non, je ne veux pas ! » Puis, se ressaisissant, à genoux, il récite d'une voix ferme le Notre-Père, avant de déposer un dernier baiser sur le front du mort. Durant plusieurs jours, sa douleur fera peine à voir. Pour lui épargner le lugubre spectacle des préparatifs funèbres, le comte et la comtesse Clary l'ont accueilli dans leur petite résidence d'Oak Lodge, à l'extrémité du parc. C'est là qu'il prend conscience, dans le silence et le recueillement, de l'ampleur de la perte qu'il vient de subir. Sur ses jeunes épaules pèse maintenant la charge très lourde de cet héritage prestigieux qui s'appelle l'Empire.

Dans l'Europe entière, les journaux saluent le nom de celui dont on prépare le cercueil dans un petit village d'Angleterre. La plupart des Cours prennent le deuil comme si Napoléon III eût encore été sur le trône. Tous les souverains adressent à l'Impératrice et à son fils des condoléances officielles. Le tsar Alexandre dépêche à Camden son ambassadeur, le comte Schouvalov, pour leur exprimer sa sympathie. En Italie, une souscription est lancée pour élever, à Milan, une statue à celui qui a tant fait pour la libération de la Lombardie et l'unité de la péninsule. A Paris, alors que les quelques feuilles bonapartistes, *l'Ordre*, *l'Union*, expriment ce que la France doit au mort, que la presse royaliste des deux bords s'exprime avec décence, les journaux de la gauche républicaine rivalisent de bassesse pour cracher leur fiel sur ce cercueil encore ouvert. Dès le 10 janvier, *le Journal des Débats* donne le ton : « Napoléon est mort ! Ce n'est pas un malheur pour la France, voilà ce qu'on se dira. Quelle surprise et quel châtiment ! Il a été, cet homme, la grande illusion de notre pays que les illusions ont perdu. »

Le peuple, moins ingrat, se souvient des bienfaits de dix-huit années d'un règne prospère. Rue de l'Élysée, au domicile de Rouher, des milliers de signatures sont apposées sur les registres tenus à la disposition du public. La mort de l'Empereur a produit « l'impression la plus vive que la capitale ait ressentie depuis les catastrophes de 1870 et 1871. Aucun souverain mourant dans l'exil n'a soulevé une émotion pareille ». Dans la France entière des prières sont dites et des messes seront célébrées dans de très nombreuses églises de tous les diocèses. Mais peut-être est-ce l'Angleterre qui rend le plus hommage au mort. On souligne que c'est dans ce pays qu'il a trouvé refuge. « Tout Londres était au comble de l'agitation, je n'ai rien vu de pareil depuis la maladie du prince de Galles », écrit le correspondant londonien du *Temps*. « Cette vie qui vient de s'éteindre, Napoléon III l'avait dépensée à faire le bien de son peuple et celui de ses alliés », peut-on lire dans le *Daily News*, et dans le *Times* : « Il a vécu un long règne qui laissera une grande place dans l'histoire. »

Durant les six jours qui précèdent les obsèques, les fidèles affluent à Chislehurst. En tête Rouher, qui a eu le triste privilège d'annoncer le décès de l'ancien souverain à la tribune de l'Assemblée. Le vendredi 10, le corps est autopsié par le professeur Bourdon-Sanderson, qui extrait de la vessie un calcul d'une taille impressionnante, et le lendemain, M. Gastine procède à l'embaumement. La toilette funèbre sera faite par les proches. L'Empereur est revêtu de la petite tenue de général de division, la poitrine barrée du grand-cordon de la Légion d'honneur, avec la Médaille militaire, qu'il a créée. A l'annulaire de la main gauche, il porte son anneau de mariage, à l'auriculaire celui de Napoléon Ier. Pietri voudra le lui ôter, Louis l'en empêchera. Dans les mains croisées du mort, on a placé un petit crucifix en nacre. Déposé dans un cercueil en bois d'orme doublé de satin blanc, dans lequel on a glissé les photographies de l'Impératrice et du Prince impérial, et un peu de terre de France, recueillie dans le jardin des Tuileries et apportée par Eugène Delessert, le corps a été laissé dans la chambre mortuaire.

Le grand Carpeaux prendra les derniers croquis qui lui permettront d'achever son sublime buste de l'Empereur, auquel il travaillait en 1870, peut-être le plus expressif – à la fois habité et mystérieux – qu'on eût jamais sculpté du souverain. Au milieu de la journée, le prince de Galles vient présenter ses condoléances. Il est reçu par Louis qu'il étreint longuement. Pour des raisons politiques, afin de ne pas risquer un incident diplomatique avec la République française, la Reine a renoncé à se présenter elle-même à Camden, quoi qu'il lui en coûte, mais elle a télégraphié à l'Impératrice. Jusqu'au lundi, on ne recevra que des intimes. Abandonné à sa douleur, Louis ne souhaite voir personne, mais il fera une exception pour la veuve du maréchal Pélissier, duchesse de Malakoff, durement frappée l'année précédente par la mort accidentelle de sa mère. « Ah ! madame la maréchale, lui dit-il, nous avons bien pensé à vous l'année dernière, nous avons partagé votre douleur, mais c'est aujourd'hui seulement que je la comprends. » Le lundi matin, le cercueil toujours ouvert de l'Empereur est descendu dans le hall, au milieu de la galerie du rez-de-chaussée, transformée en chapelle ardente.

En fin de matinée, le prince de Galles revient, accompagné de son frère le duc d'Édimbourg. Il est reçu par le Prince impérial, en habit, le ruban de la Légion d'honneur passé sous son gilet, et montera ensuite saluer l'Impératrice, restée dans son appartement. Les officiels se succéderont, lord Sydney, au nom de la Reine, le prince Christian de Schleswig-Holstein, le général Casanova représentant le roi Victor-Emmanuel, puis les grands dignitaires de l'Empire, civils et militaires. Lorsque le maréchal Lebœuf passe devant le cercueil, il tombe à genoux, s'incline sur les mains glacées de celui qu'il a si mal servi et murmure, en larmes : « Pardon. » Plus de soixante mille personnes, dont trois mille Français, vont défiler silencieusement entre midi et dix heures du soir et toute la journée du lendemain. On entend seulement de profonds sanglots, tandis que les bouquets continuent de s'amonceler autour du catafalque. Le soir du mardi, on procède à la fermeture du cercueil, en présence du prince Napoléon, des proches et du clergé. Louis, qui est venu, un moment avant, revoir son père une dernière fois, n'y assiste pas.

Dès deux heures du matin, le lendemain, entre Camden Place et l'église St. Mary, une foule recueillie s'est rassemblée, mais ce n'est qu'à dix heures que le cortège s'ébranle. En tête, une délégation d'ouvriers venus de France, portant un drapeau fait à la hâte, celui qu'ils apportaient ayant été confisqué par les douaniers au moment de leur embarquement. Derrière le corbillard traîné par huit chevaux, le Prince impérial, d'une pâleur qu'accentuent encore ses vêtements noirs, mais impressionnant de dignité, conduit le deuil. Immédiatement derrière lui, le prince Napoléon et les membres de la famille, le duc de Huescar, son plus proche parent, puis les dignitaires de l'Empire, les maréchaux, les anciens ministres, ambassadeurs, vingt-deux officiers généraux, deux cents membres de l'ancien Sénat. Autour de Louis, c'est toute la France impériale qui s'est rassemblée. Au grand complet, l'ensemble du corps diplomatique accrédité à la Cour de Saint James représente les souverains.

Deux absences sont remarquées : celle du maréchal de MacMahon, que Napoléon III a créé duc de Magenta mais qui, songeant peut-être à une carrière politique qui le conduira à la première place, ne veut pas risquer de déplaire à « Monsieur Thiers » auquel il va bientôt succéder; celle aussi d'Émile Ollivier, mais, d'Italie où il se trouve, il a adressé au Prince une fort belle lettre dans laquelle il l'exhorte à sublimer sa douleur afin qu'elle « se manifeste, non par des larmes, mais par une constante et violente préoccupation d'être digne de lui et de continuer son œuvre [1] ».

Deux cents personnes seulement peuvent prendre place dans la petite église, le reste attend dehors, dans le minuscule cimetière, debout au milieu des tombes. C'est le curé de Chislehurst, l'abbé Goddard, devenu depuis deux ans un familier de Camden, qui prononce l'éloge funèbre du plus illustre de ses paroissiens. « Acune âme, dit-il, n'a été plus noble, plus généreuse, que celle de l'Empereur. La grandeur de son esprit, son amour de l'humanité, vertus si rares et si belles suffisaient seules pour le désigner roi parmi les hommes. »

A la demande de l'ambassadeur de France, et pour ne donner à la cérémonie aucun caractère officiel, le gouvernement anglais a tenu à ne pas être représenté. Thiers osera exprimer « sa satisfaction et sa gratitude ». Il n'a pas hésité, à Paris, à tenter de limiter au maximum les services religieux célébrés dans les paroisses à la mémoire de l'Empereur, s'attirant cette courageuse réponse du cardinal Guibert, successeur de Mgr Darboy : « L'Empereur vivant avait droit à des égards; mort il a droit à plus d'égards et d'hommages. »

Après l'absoute, donnée par l'évêque de Southwark, le

1. Émile Ollivier, *Lettres de l'exil*, p. 153-154.

cercueil est déposé provisoirement dans une petite chapelle latérale, du côté de l'épître, isolée de la nef par une grille. Le Prince impérial s'agenouille un instant, jette l'eau bénite le premier et se retire, suivi des membres de sa maison. De retour à Camdem, il monte chez l'Impératrice où il reste longtemps, mais les fidèles qui se sont massés en grand nombre sur la pelouse le réclament, demandent à lui présenter leurs condoléances, à lui témoigner leur attachement. Il descend alors accomplir, d'abord dans le salon où se sont regroupés les princes et princesses de la famille, puis dans le parc pour tous les autres, son premier geste de prétendant. Pendant plus d'une heure il serre des mains. Sur son passage, des yeux se mouillent. D'un groupe d'ouvriers, un cri part : « Vive l'Empereur ! » C'est un artisan, Alfred Guerbois, qui n'a pu se maîtriser. Le Prince s'arrête, le visage douloureusement crispé. Cet hommage, il n'en veut pas encore.

« L'Empereur est mort, mais la France vit, il faut crier : Vive la France ! »

Le lendemain, c'est l'Impératrice qui tient à remercier, avant leur retour en France, ceux qui sont encore à Chislehurst. Appuyée au bras de Louis, elle parcourt le rez-de-chaussée où se sont massés ces Français fidèles. Silencieusement, elle tend sa main à baiser. Beaucoup plient le genou, des femmes font la révérence. L'émotion de tous est visible.

Le prince Napoléon était arrivé à Camden pénétré de son importance. La minorité du Prince impérial lui donnait, pensait-il, des droits qu'il était bien décidé à faire valoir. N'affiche-t-il pas vis-à-vis de Louis un ton de suffisance protectrice qui en dit long sur l'opinion qu'il a des qualités et de l'intelligence de ce « pauvre marmot » ? La vieille hostilité qu'il éprouve pour l'Impératrice ne demande qu'une occasion de se manifester. En face de la veuve de l'Empereur, il se veut le chef des Bonaparte. Après les obsèques, il demande à prendre connaissance des papiers laissés par Napoléon III. Dans son cabinet de travail, les scellés ont été apposés par Pietri, ils sont levés en présence du prince Napoléon qui commence à fouiller dans les tiroirs. On y trouve le testament de l'Empereur daté du 24 avril 1865. Rédigé à l'apogée de l'Empire, alors que Louis vient d'avoir neuf ans, il n'est certainement pas adapté aux circonstances présentes. C'est celui d'un souverain sur le trône. Il peut paraître étrange que Napoléon III n'en ait pas rédigé un autre après 1870, plus surprenant encore qu'il n'y ait pas pensé avant de se faire opérer. N'est-ce pas une preuve supplémentaire de la confiance qu'il avait dans la capacité des médecins anglais et dans le résultat qu'il attendait de leur intervention ? Très court, le testament ne contenait que de brèves dispositions générales. On était loin de celui, si détaillé et si précis, de Napoléon Ier, comportant une infinité de legs particuliers. Ici, personne n'était nommé, aucun souvenir, aucun geste en faveur d'aucun fidèle, d'aucun ami. L'Impératrice y était désignée comme régente durant la minorité du Prince impérial, ce qui équivalait à lui reconnaître la tutelle de son fils, celle-ci étant d'ailleurs parfaitement conforme à la loi. L'Empereur lui laissait, en outre, tout son domaine privé. Mais cela n'allait pas très loin. Ce que l'Empereur laissait à son fils était purement moral : « Qu'il n'oublie jamais la devise " Tout pour le peuple français " qu'il se pénètre des écrits du prisonnier de Sainte-Hélène. » Il lui demandait aussi de garder « comme talisman, le cachet [1] que je portais à ma montre et qui vient de ma mère ». C'était tout.

Quoi qu'il en soit, un testament existait, il fallait l'exécuter et il sera déposé à la Cour des probates, à Londres. L'idée ne peut venir à personne que l'Impératrice aurait fait disparaître un testament plus récent. Aucun des membres de son entourage ne se serait d'ailleurs prêté à un tel geste qui eût été sacrilège. C'est pourtant ce que pense le prince Napoléon et qu'il va exprimer brutalement. Après un rapide examen de quelques autres papiers, il se lève, furieux, et s'apprête à quitter Camden, persuadé qu'un tri a déjà été opéré et qu'on se moque de lui. Avant de partir, il finira par accepter de rencontrer l'Impératrice qui le recevra dans son appartement.

« Vous savez, lui dit-elle conciliante, que je ne suis pas une femme à rancunes, oublions nos disputes, mettez votre main dans la mienne, et qu'il ne soit plus question du passé.

– Madame, répond sèchement le Prince, je vous ferai connaître sous peu mes intentions. »

Dans les jours qui ont précédé les obsèques de l'Empereur, au cours de plusieurs réunions tenues à Londres par les bonapartistes, il avait longuement été question des dispositions à

1. Au sujet de ce cachet, voir l'article de Michel Duchamp, in *Revue du Souvenir napoléonien* n° 404, novembre-décembre 1995.

prendre, tant pour la direction du parti durant la minorité du Prince impérial, que pour la tutelle, au moins politique, de celui-ci. Lors d'un conseil « de tous les membres importants du parti, la question fut posée et agitée [1] ». Maurice Richard avait réclamé cette direction au nom du prince Napoléon ; Rouher, Pinard, La Valette et d'autres, peu soucieux de tomber sous la dépendance d'un prince dont ils redoutaient l'autoritarisme et n'appréciaient pas toujours les prises de position, plaidèrent pour l'application de la loi commune en faveur de l'Impératrice. Cette résolution fut adoptée à la majorité. Le Prince fit mine de s'incliner mais « on sentait qu'il souffrait de cet échec subi ». Conscient de son impopularité au sein du mouvement bonapartiste, il était bien décidé à ne pas en tenir compte, malgré le conseil d'Émile Ollivier qui lui avait écrit : « Supportez tout [2]. » La semaine suivante, il dépêchait à Camden le colonel Stoffel, chargé de porter à Eugénie ses conditions pour une « réconciliation ». Sans égard pour les droits que l'Empereur, dans son testament, reconnaissait à l'Impératrice, le Prince exigeait d'assurer personnellement la direction du parti bonapartiste et que l'éducation du Prince impérial lui soit confiée jusqu'à sa majorité. Eugénie fut légitimement blessée, au plus profond d'elle-même, par de telles conditions qui revêtaient un caractère d'ultimatum. Si la première pouvait être négociée avec l'accord des responsables du parti, la seconde était vexatoire et elle la ressentit comme un outrage. Était-elle donc à la fois « incapable et indigne » d'élever son fils ? C'est ce que, scandalisée, elle déclare à son entourage. Informée, la reine Victoria lui apporte son soutien. Elle écrit dans son journal : « Le prince Napoléon s'est très mal conduit, voulant écarter l'enfant de sa mère et de l'Angleterre pour faire " l'aventure avec lui " et ruiner son avenir. »

Les injonctions du cousin de l'Empereur seront énergiquement repoussées mais la détermination de l'Impératrice eût-elle été moins ferme que, de toute manière, jamais Louis n'eût accepté d'être « confié » à la garde du prince Napoléon, pour lequel il n'éprouvait aucune sympathie particulière et qui ne lui inspirait aucune confiance.

1. Ernest Pinard, *Mon journal*, tome II, p. 221.
2. Inédit, archives privées.

CHAPITRE VII

L'OFFICIER

Au début de février, pendant que se déroulaient ces pénibles négociations dont il était l'enjeu, Louis a repris le chemin de Woolwich. Ce n'est pas sans appréhension que l'Impératrice a vu son fils s'éloigner de Camden, après ce choc qui l'a si « rudement frappé ». Il fallait à Louis une diversion, il va la trouver dans le travail auquel il se consacre avec une ardeur renouvelée. Mois après mois, un examen après l'autre, il mettra un point d'honneur à gagner des places pour le classement final. N'est-ce pas la meilleure façon d'être fidèle au dernier souhait de son père ? « Depuis des mois, écrit Eugénie à Hortense Cornu, par cette prescience du cœur qui ne trompe pas, il passait des heures entières à causer avec l'Empereur au lieu de jouer avec ses compagnons, au point que je leur disais à tous deux : " Qu'avez-vous tant à vous dire ? " [1] » Ces conversations, Louis ne les oublie pas, elles l'ont mûri. La prise de conscience suivra la mort de l'Empereur. « Lorsque j'ai perdu mon père, mon devoir m'est apparu clairement. A partir de ce jour je n'ai plus eu qu'un but dans la vie et je marche toujours droit devant moi sans regarder en arrière [2]. »

La petite maison de Nightingale Lane a été abandonnée pour une autre, plus spacieuse, située 5 Woolwich Common, à proximité de l'Académie. Filon en donne une description détaillée. En perchoir de perroquet, elle s'élève sur quatre étages depuis les dépendances au sous-sol et comprend successivement une salle à manger, un salon et des chambres, le

1. Inédit, collection privée.
2. Cité par Augustin Filon, *Le Prince impérial*, p. 111.

tout très sobrement meublé par un tapissier de la ville. Cadre entièrement consacré à l'étude, austère, sans aucun luxe et d'une telle simplicité qu'il étonna d'abord Filon. Quant au Prince, habitué depuis son enfance aux splendeurs des Tuileries ou de Saint-Cloud, il semble ne même pas s'en apercevoir. Dans le salon, lourd mobilier de noyer accompagné de tentures en laine verte. Dans sa chambre, acajou verni avec, sur le lit dont les rideaux sont en calicot blanc à franges rouges, une courtepointe bleue. Les trois couleurs. Pour faire le service, le fidèle Uhlmann, un jeune boy, Charley, une femme de chambre et une cuisinière. Le Prince a souhaité avoir un piano. Son oreille est très juste et, d'instinct, sans avoir appris, il joue des scies à la mode ou des marches militaires. Ce sera sa seule distraction avec la présence d'une petite chienne noire, Darling, née le jour de la mort de l'Empereur, juste sevrée, et qui s'est tout de suite attachée à lui. La nuit de son arrivée, il est réveillé précipitamment. Les bâtiments de l'Académie sont en flammes. Quelques minutes plus tard, il se met, avec ses camarades, à la disposition des pompiers pour lutter contre l'incendie. En dépit des dégâts importants, les cours reprennent le jour même, comme si rien ne s'était passé. Telle est la discipline dans une école militaire anglaise. Même s'il n'épargnait que les murs, un si mince événement qu'un incendie ne devait pas interrompre le service.

Ayant manqué un examen au cours de son absence prolongée, plutôt que d'obtenir un passe-droit, Louis reprend ses études avec la promotion suivante, ce qui lui permet de rattraper une partie du retard qui le pénalisait encore dans les matières scientifiques. Le soir, avec Filon et Conneau, il discute politique, commente les événements qui se produisent en France, dépouille son courrier auquel, dans la mesure du possible, il tient à répondre lui-même, à l'exception des lettres de simple courtoisie pour lesquelles, à Camden, Pietri lui sert de secrétaire comme il le faisait pour l'Empereur. A l'académie, Louis tient, au milieu de ses camarades, à être un cadet comme les autres. Dans son comportement quotidien, nul ne pourrait deviner le rang qu'il occupe dans la société et la place qui est la sienne sur la scène politique. Alors qu'en France son nom est sur toutes les lèvres, que ses photographies, reproduites par centaines, acheminées à travers la Belgique, sont diffusées jusqu'au fond des provinces par les colporteurs, à

Woolwich personne ne fait la moindre allusion à sa qualité de prétendant. On ne parle pas de politique dans une école militaire où il n'y a d'autre doctrine que de servir. Il en résulte des conversations qui, avant tout pratiques, ne doivent susciter aucune polémique. Dans un domaine pourtant, une fois, une seule, Louis va concevoir, et exprimer, une certaine irritation. A l'occasion d'un cours d'histoire, il sera choqué par une interprétation des faits qui ne lui semble pas objective et, avec la spontanéité qui le caractérise, il ne pourra s'empêcher de manifester son désaccord. Convoqué par le général gouverneur, celui-ci n'aura aucune peine à lui faire admettre que, destinée à de jeunes Anglais, l'étude de l'histoire, telle qu'on la dispense à l'école, n'est certainement pas présentée comme elle pourrait l'être en France à de jeunes Français, et les choses en resteront là.

Certains membres influents du parti avaient suggéré que Louis abandonne ses études pour se consacrer à la politique. C'était aussi l'opinion du prince Napoléon. Ils ne trouvaient pas convenable que le prétendant au trône impérial, chef nominal d'un grand parti destiné à triompher dans un proche avenir, poursuive ses études, comme simple cadet, dans une école militaire étrangère. Le Prince impérial en a jugé autrement, appuyé par l'Impératrice et par le conseil de famille constitué au début de février. Ce conseil a décidé en outre qu'il n'y aurait aucun manifeste ni aucune proclamation signés par le Prince. *L'Ordre*, organe bonapartiste officiel, écrit seulement : « C'est la pensée de l'Empereur qui se continue dans le premier prince de son sang. Il ne portera pas le nom de Napoléon IV, si ce n'est dans le cœur de ses fidèles serviteurs ; il s'appellera le prince Louis-Napoléon, comme l'a fait son père. » *L'Ordre* est mal informé. Dès le 9 janvier, le Prince a abandonné son double prénom, dont jusque-là il a toujours usé, pour signer Napoléon seulement. Ainsi maintient-il la tradition, le chef de la famille impériale ne peut être que Napoléon. Pour l'Impératrice seule, il restera Louis.

Chaque fin de semaine, il la retrouve à Camden où la vie est devenue bien monotone. Tout à son deuil, Eugénie ne sort que pour de rares promenades, reçoit peu de visites. Deux fois, la Reine est venue la voir, et il y a, dans ces attentions de la souveraine, l'expression d'une très fidèle amitié, qui ne se démentira jamais. Le dimanche 16 mars 1873, pour l'anniversaire du Prince, il n'y aura aucune manifestation. C'est vainement que quelques curieux attendent, dans le petit cimetière qui entoure l'église St. Mary, avec l'espoir de voir les exilés de Camden. Louis a voulu que ce jour, qui lui rappelle tant de souvenirs heureux, soit un jour de recueillement, et c'est dans la chambre même où est mort l'Empereur qu'il assiste, avec sa mère, à la messe célébrée par l'abbé Goddard. A St. Mary, le cercueil de Napoléon III ne peut rester longtemps dans la chapelle exiguë où il a été déposé le 15 janvier, aussi l'Impératrice a-t-elle décidé la construction d'une chapelle funéraire, au chevet de l'église. Au printemps, avec le Prince elle pose la première pierre de cet édifice de taille modeste, pour lequel Louis a tenu à ce que tous les matériaux utilisés viennent de France, pierres, dalles, ardoises, ciment. Aux angles des murs seront sculptés des aigles.

A l'Académie royale, le Prince enregistre des progrès constants. Si les épreuves l'ont mûri, l'émulation a fait le reste. Il semble ne vivre que pour l'étude. « C'eût été pour moi une douce joie de montrer à mon père le fruit de mon travail », écrit-il au docteur Conneau. L'Impératrice ne dit pas autre chose : « Mon fils va bien et travaille avec ardeur. Il comprend et il sent qu'il doit mettre à profit le temps qu'il a pour s'instruire. Le souvenir de son père, tout ce qu'il lui a dit et désiré sont des lois pour lui. J'espère que cette chère mémoire sera l'étoile qui le guidera dans cette vie difficile qui s'ouvre devant lui [1]. »

Les visiteurs qui se présentent à Camden pour le rencontrer en fin de semaine sont généralement des membres influents du parti qui veulent le tenir au courant de la situation politique en France. Si, le plus souvent, il se contente d'écouter et de poser des questions, il lui arrive aussi de donner son avis sur la conduite à tenir. L'Impératrice assure la présidence des conseils où se joue l'avenir du parti, mais Louis y tient un rôle de plus en plus actif. La République paraît toujours si fragile qu'un peu partout on envisage la possibilité d'un changement de régime. Si la monarchie a des chances, elle est encore écartelée entre les deux branches rivales : les légitimistes, inconditionnellement fidèles au comte de Chambord, petit-fils de Charles X, qui incarne une tradition héritée de l'Ancien Régime, et les orléanistes rassemblés autour du comte de

1. Lettre à Hortense Cornu, collection privée.

Paris, petit-fils de Louis-Philippe, adeptes d'une monarchie constitutionnelle qui ne renie pas certains acquis de la Révolution. Les bonapartistes ne sont pas encore nombreux à l'Assemblée mais, s'ils ne peuvent rien par eux-mêmes, ils constituent une force d'appoint non négligeable et leur soutien peut se révéler nécessaire pour assurer une majorité. De leur vote peut dépendre l'acceptation ou le rejet d'une motion. Au cours d'un conseil tenu à Camden, se pose la question d'une éventuelle union de vote avec les monarchistes pour provoquer la chute de Thiers. Louis ne peut oublier la part que celui-ci a prise au renversement de l'Empire, lorsque la régente, dans le seul souci de la France, et non celui de la dynastie, lui avait envoyé Mérimée pour le sonder et, éventuellement, obtenir son concours. Thiers s'était dérobé, attendant une heure qui lui serait, à lui, plus profitable. Lors du vote du 24 mai 1873, au cours duquel légitimistes, orléanistes et bonapartistes réunissent leurs voix, Adolphe Thiers, que quelques mois plus tôt Gambetta, dans un geste théâtral, avait fait acclamer comme « le libérateur du territoire », est renversé, et le maréchal de Mac-Mahon, qui n'est pas membre du Parlement, est élu à sa place. Il devait déclarer un peu plus tard : « Ce n'est certainement pas pour fonder la République que l'Assemblée nationale m'a confié le pouvoir. » Était-ce pour ramener un roi ? Les chansonniers le suggéraient :

Mac-Mahon, l'illustre vaincu
Loyal, mais avide de gloire
Tient à se faire dans l'histoire
La même gloire que Monk eut[1].

L'Impératrice avait gardé de l'estime pour le maréchal, elle se fiait à son honneur de gentilhomme, à son loyalisme de soldat. Celui-là ne pouvait pas être comparé à un Trochu. Orléaniste convaincu, il ne pouvait pas non plus être question de compter sur lui pour rétablir l'Empire. La mort de Napoléon a attiré l'attention sur Louis, resté très populaire dans le pays qui n'oublie pas que, pendant seize ans il a été « l'enfant de la nation ». Pour le paysan, c'est toujours le « petit Prince », mais

1. Cité par Georges Poisson, *L'Élysée, histoire d'un palais* (Perrin). Allusion à l'histoire d'Angleterre, Monk ramenant Charles Ier, après la dictature de Cromwell.

il ne peut espérer revenir que par un plébiscite, et il ne faut pas s'attendre que le maréchal fasse quoi que ce soit pour le provoquer.

Faisant trêve à la politique, Eugénie a décidé qu'à la première occasion elle emmènerait Louis hors d'Angleterre, loin de Camden, où l'absence de l'Empereur se fait si durement sentir, dans ces pièces où il a vécu ses derniers jours, dans cette chambre où il a rendu le dernier soupir et à laquelle on n'a rien changé depuis, sanctuaire devant lequel Louis ne peut passer sans tristesse, loin aussi de cette église où chaque dimanche il assiste à la messe, si près du tombeau de son père. Pour ces premières vacances, Eugénie choisit Arenenberg. N'est-ce pas un endroit rêvé au début de l'été ? Louis y sera tout près de la France, il y recevra ses amis, tous ceux qui ne peuvent facilement ou discrètement faire le voyage d'Angleterre. Il y trouvera aussi plus de liberté d'action. L'embarquement de l'Impératrice et de son fils préoccupe la police française, toujours aux aguets. On pense immédiatement à un retour du Prince en France et, bien qu'aucune loi ne l'interdise, cette éventualité ne laisse pas d'inquiéter le gouvernement. Par la Belgique et le grand-duché de Bade, les voyageurs se rendent à Constance d'où ils gagnent Arenenberg par la route qui longe le lac. Eugénie a réservé au Prince la chambre qui a été celle de son père, au premier étage, à côté de celle de la reine Hortense qu'on laisse inoccupée. De la fenêtre, la vue est très étendue sur l'extrémité du lac, l'île de Reichenau et les baies de Berlingen et de Mannenbach. Cette chambre, Louis l'occupera chaque année. L'Impératrice voudrait regrouper autour de son fils tous ceux qu'elle aime le plus. Elle écrit à sa nièce préférée, Louise d'Albe, lui vantant Arenenberg où elle voudrait l'attirer : « Je suis sûre que tu le trouverais charmant. L'exposition au-dessus du lac est vraiment jolie et le lac est presque désert, on pourrait croire qu'il est à soi [1]. »

L'héritier des gloires impériales va s'y plaire, au milieu des souvenirs de l'épopée napoléonienne, et il s'attachera à rechercher les traces de la jeunesse de son père. Tout le lui rappelle, dans ces pièces remplies de meubles et d'objets au milieu desquels il a vécu. Très vite il y accueille des fidèles, et

1. *Lettres familières de l'impératrice Eugénie*, tome II, p. 17.

même le prince Napoléon, devenu plus conciliant, qui vient de Prangins en voisin [1] ; ce sera la première et la dernière fois. Mais surtout, il retrouve ses camarades d'enfance des Tuileries, ceux avec lesquels, sur la terrasse du bord de l'eau, il jouait, des après-midi entiers, au soldat. Scipion Corvisart, Napoléon-Charles Bonaparte, les cousins italiens, Napoléon Roccagiovine et Joseph Primoli. Tôt levé, le matin, il court la campagne et les bois avec eux. Ce sont chaque jour de nouvelles excursions avec le comte Clary comme mentor, car l'Impératrice se méfie de la témérité de son fils. Celui-ci ne se lasse pas de découvrir le pays. Promenades en bateau sur le lac, baignades. Il a toujours besoin de se dépenser jusqu'à la limite de ses forces. Une chose lui manque, on ne peut pratiquer l'équitation à Arenenberg. Il en prend son parti et fera de la bicyclette. Les journaux locaux publient des échos de ses activités. En contrepoint, de l'autre côté de la frontière, le ton des gazettes antibonapartistes est moins aimable. Méchamment, on le baptise « Vélocipède IV ».

Parmi les visiteurs importants qui se présentent, Rouher, mais aussi l'ancien professeur d'histoire de Louis, Ernest Lavisse, et son ami Maxime Du Camp, le baron Lambert et son fils Tristan, Mme Octave Feuillet, d'autres courtisans de l'espoir qui, trop nombreux pour être logés au château, sont descendus dans les deux hôtels fréquentables d'Ermatingen. Maxime Du Camp ne devait que passer mais, conquis par les attentions de Louis et séduit par ses qualités, il prolonge de quelques jours sa visite, éprouvant un réel plaisir à discuter avec lui. Impérialiste convaincu, il exprimera publiquement « l'espoir qu'il mettait sur cette jeune tête ».

Durant son séjour, Louis apprend les résultats du dernier examen. Ses efforts ont été récompensés, il a été classé vingt-deuxième sur quarante-neuf. Déjà, il est passé dans la première moitié. Clary note avec satisfaction qu'il est, « en tout, meilleur que le fils Conneau [2] ».

Tandis qu'un bref périple le conduit à Thoune, Grundelwald, Meyningen et Lucerne, ses partisans sont en effervescence. Le rapprochement qui longtemps avait paru impossible entre légitimistes et orléanistes se produit lors de la visite du comte de Paris au comte de Chambord, le 5 août. Le petit-fils

1. Inédit.
2. Inédit, archives privées.

de Louis-Philippe est allé faire allégeance à l'aîné des Bourbons. Est-ce la fusion entre les deux partis rivaux ? L'accolade des princes, pour touchante et spectaculaire qu'elle soit, peut-elle suffire à effacer les différences capitales qui existent dans des programmes politiques opposés ? Néanmoins, cette visite a dans la presse et dans l'opinion un tel retentissement que les partisans de l'appel au peuple ne peuvent pas en rester là. Ils décident de marquer d'un éclat particulier, les six mois de grand deuil passés, la fête du Prince impérial, le 15 août. Au cours de la rencontre des princes, une phrase, dont tous les termes avaient été négociés à l'avance, a été prononcée. Tous les journaux l'ont reproduite le lendemain. « Je viens, a dit le comte de Paris, en mon nom et au nom de tous les membres de ma famille, vous présenter mes respectueux hommages, non seulement comme au chef de notre maison, mais comme au représentant du principe monarchique en France. » Cela voulait-il dire la fusion ? Il eût été hasardeux de l'affirmer. Mais les bonapartistes n'entendent pas être en reste. S'il faut une déclaration, le Prince impérial la fera et, précisément le 15 août. Ses partisans se regrouperont autour du tombeau de l'Empereur – l'idée est de Rouher – et témoigneront de leur fidélité à son fils en qui s'incarne le principe de l'appel au peuple.

Une souscription est rapidement ouverte pour offrir à Louis une statue de bronze, sculptée par Clésinger, représentant Napoléon III à Magenta. Sous l'égide de Paul de Cassagnac, Guy de Turenne et M. Welles de Lavalette, elle réunit dix mille souscripteurs. Dans les départements, trente-deux mille neuf cent quarante signataires, bravant les menaces du pouvoir républicain, n'ont pas hésité à se faire inscrire sur les listes. Le 15 août, ils seront plus de mille à traverser la Manche pour être présents à Chislehurst, aux côtés du Prince, rentré deux jours plus tôt, tandis qu'en France même, de très nombreuses messes seront célébrées à l'intention de l'Empereur, à la demande des fidèles, malgré les intimidations dont le clergé est l'objet de la part des autorités civiles. Au cours du service à St. Mary, l'abbé Goddard déclare, s'adressant à Louis : « Vous n'oublierez jamais que les âmes fortes sont formées à l'école de l'adversité. Vous, Monseigneur, vous avez déjà développé les qualités qui vous rendront digne de votre père et de votre mère. Persévérez et Dieu récompensera vos actes et vos vertus. Prospera, procede et regna ! »

La famille impériale
en 1857. *(D.R.)*

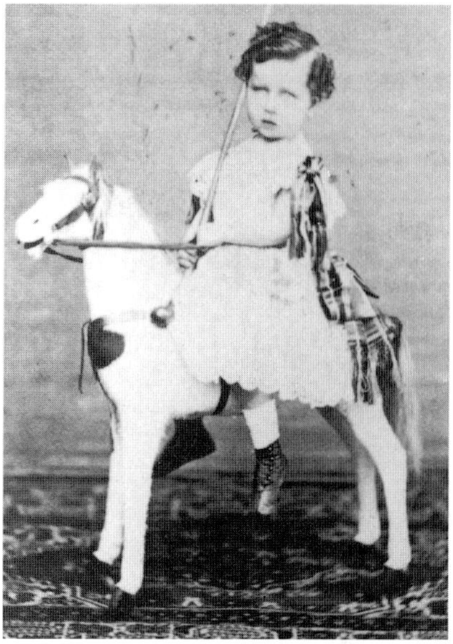

Loulou sur son cheval de bois,
1858. *(D.R.)*

Le petit grenadier,
1859. *(D.R.)*

En tenue de veneur.
Cliché Pierson, 1860

Profil, par Disderi, 1863.

Le prince à Châlons
en 1864. *(D.R.)*

Avec son chien Néro, par Carpeaux,
1865. *(Musée d'Orsay RMN.)*

Le sous-lieutenant.
(Cliché Lejeune, 18 juin 1870.)

Père et fils.
(W. & D. Downey, 1872.)

L'Impératrice Eugénie
en 1872. *(D.R.)*

Le Prince impérial
et le comte Clary. *(1874)*

Cadet à l'Académie de Woolwich, en 1875. *(D.R.)*

La réalité et la fiction.

(Attribué à Louis-Etienne Porion.

Napoléon IV descendant
les Champs-Elysées.

Les demeures de l'exil

Camden Place,
Chislehurst, Kent. *(D.R.)*

Arenenberg, Suisse. *(D.R.)*

Le Prétendant à Stockholm, Juillet 1878 *(D.R.)*

La mort du Prince impérial.
(Gravure sur bois de Godefroy Durand, D.R.)

Le monument, dans la plaine d'Itiotiozy, Kwazulu, Afrique du Sud. *(D.R.)*

Percy, le cheval que montait le Prince impérial le 1er juin 1879.

Tous les documents, excepté la statue de Carpeaux, proviennent de la collection particulière de l'auteur.

Au retour à Camden, les Français, rassemblés dans le parc, attendent impatiemment une allocution de leur prétendant. Rouher lui a conseillé de prendre la parole et Louis a jeté sur le papier les phrases qu'il a l'intention de prononcer. La veille, il les a montrées à l'Impératrice et à l'ancien ministre. Celui-ci a suggéré une allusion à l'appui populaire, traditionnel soutien des Bonaparte, en conseillant au Prince de dire : « Tout pour le peuple et par le peuple. » Louis a encore en mémoire les excès de la Commune, il a objecté : « Mais, tout par le peuple, n'est-ce pas l'anarchie ?

– Non, répond le " vice-empereur ", c'est le plébiscite et rien de plus. »

Ces quelques paroles du Prince, destinées à être reproduites et largement diffusées, doivent être la réponse nécessaire à la réconciliation des deux branches royalistes. Louis les a apprises par cœur et c'est d'une voix claire, assurée, convaincante, qu'il les prononce, avec cette chaleur communicative qui rallie les cœurs. La forme est élégante, les mots bien choisis, des mots qui portent :

« Je vous remercie d'être venus associer vos prières aux nôtres et de n'avoir pas oublié le chemin que vous avez pieusement parcouru il y a quelques mois. Quant à moi, dans l'exil et près de la tombe de l'Empereur, je médite les enseignements qu'il m'a laissés. Je trouve dans l'héritage paternel le principe de la souveraineté nationale et le drapeau qui la consacre. Ce principe, le fondateur de notre dynastie l'a résumé dans cette parole à laquelle je serai toujours fidèle : " Tout par le peuple et pour le peuple. " »

L'allusion au drapeau est habile. A Frohsdorf, le comte de Chambord montre une telle obstination à s'accrocher au drapeau blanc de ses ancêtres que les orléanistes ont bronché. Le pays ne voudrait plus d'un autre drapeau que le drapeau tricolore. S'il est celui de la révolution et de la république, il est plus encore celui que Napoléon Ier a conduit glorieusement d'un bout à l'autre de l'Europe, celui d'Austerlitz et de Wagram, que Napoléon III a fait triompher en Crimée et en Italie, celui de Malakoff et de Sébastopol, de Magenta et de Solferino. Il est le drapeau de la France. L'évocation du premier empereur et le rappel de l'origine populaire de la dynastie, liée au suffrage populaire, n'est pas moins habile. En quelques phrases l'essentiel est dit, la ligne est tracée. Louis est acclamé. De tous côtés on veut l'approcher, le toucher, on crie : « Revenez ! Revenez ! » Au milieu de ces Français qui lui font fête, le Prince se sent bien. Il a conscience de jouer, enfin , le rôle pour lequel il a été créé. Comme l'a toujours cru son père, il peut se croire prédestiné. Le soir, quand Marie de Larminat lui témoigne sa joie de la réussite d'une telle journée : « Oui, lui dit-il, j'ai été heureux ; c'était comme si j'étais en France. »

Pourtant, à Paris, quelques semaines plus tard, les bonapartistes seront loin de triompher. Les choses sont allées très vite. A la Chambre, la coalition légitimiste et orléaniste est presque arrivée à ses fins. Tout semblait prêt pour que la couronne soit offerte au comte de Chambord. Déjà les commerçants exposaient son portrait dans leurs vitrines, le carrosse de gala, pour l'entrée triomphale de Henri V, était commandé chez Binder, des pièces de monnaie étaient frappées à l'effigie du futur roi. Le 25 octobre, le baron Eschassériaux, fervent bonapartiste, rend publique une déclaration dans laquelle il se dit prêt à voter avec les radicaux pour empêcher le rétablissement de la monarchie sur un simple vote de la Chambre. « Le parti impérialiste, écrit-il, gardera religieusement sa foi publique et son drapeau. La nation seule, par l'expression libre et directe de sa volonté, peut fonder le gouvernement définitif de la France. Donnez la parole à la France, à elle de prononcer et de choisir. » C'est, sans ambages, l'appel au plébiscite. Considérant que la restauration des Bourbons est plus redoutable que le maintien de la République jusqu'au jour où le Prince impérial devenu majeur pourra provoquer un plébiscite en sa faveur, les députés bonapartistes s'emploient à la combattre

Coup de théâtre le 29 octobre, lorsque paraît dans l'*Union*, la lettre adressée par le comte de Chambord à M. Chesnelong. Ses partisans consternés y lisent, avec l'affirmation de sa fidélité inébranlable au principe qu'il incarne, son attachement sans réserve au drapeau blanc : « Il a flotté sur mon berceau, écrit-il, je veux qu'il ombrage ma tombe. » C'est le refus de régner qui s'exprime dans une lettre pleine de noblesse, mais aussi peu politique que possible. « Allons porter nos hommages au comte de Chambord », déclare Rouher qui voit s'écarter le seul péril qu'il peut redouter. Le parti de l'Appel au peuple va certainement gagner des suffrages dans le pays.

Ceux que la République ne satisfait pas comme ceux que le refus royaliste a déçus se tournent vers le seul parti qui semble présenter des garanties, aussi bien morales que politiques. Dans le parti, on pense un peu prématurément, que l'heure a sonné. Le 18 novembre, à la Chambre des députés, les bonapartistes appuient un projet de loi, déposé par le baron Eschassériaux, demandant que le 4 janvier suivant, le peuple soit consulté et décide librement de la forme de gouvernement à donner à la France. Rouher termine son discours en affirmant : « République, Empire ou Royauté, je le dis sincèrement, je suis prêt à respecter le verdict de cette nation et j'ai confiance dans la providence, j'ai confiance dans le peuple. » Mais la proposition n'obtiendra que quatre-vingts voix sur cinq cent quatre-vingts votants. Le lendemain, la République est provisoirement sauvée et le mandat présidentiel du maréchal de Mac-Mahon porté à sept ans. Curieuse république pourtant où les républicains sont minoritaires. Le pape Pie IX aura le mot de la fin : « Tout cela pour une serviette. »

A Woolwich où, sereinement, Louis a repris le cours de ses études, il note avec satisfaction de nouveaux progrès. Aux examens de septembre, il est « quinzième en mathématiques, neuvième en fortifications, huitième en dessin militaire ». Le général Simmons a tenu à lui porter lui-même les résultats. Il ne lui déplaît pas de constater les efforts et la volonté de réussir de ce prince, si différent de ceux qu'il a déjà fréquentés. En marge des cours purement militaires et techniques qui lui sont dispensés à l'académie, Louis poursuit avec Filon un enseignement jugé indispensable, autant par l'intéressé que par le conseil de famille, celui de l'histoire de la France, particulièrement aux grandes époques des deux empires. Il consacre à cette étude, plusieurs fois par semaine, les heures de loisir que les cadets emploient aux sports d'équipe, si chers aux Anglais, et qu'il n'apprécie que très modérément. Ne les ayant pas pratiqués durant sa prime jeunesse, il n'y est pas assez expérimenté, que ce soit le football ou le cricket, pour y faire aussi bonne figure qu'il le souhaiterait, et préfère s'en abstenir. « Il n'aimait pas, note Filon, se montrer dans un état d'infériorité auprès de ses camarades. » En fait de sport, l'équitation et l'escrime, aux différentes armes blanches, lui suffisaient, d'autant plus qu'il y excellait. Appelé à régner un jour sur la

France, il devait en connaître parfaitement l'histoire, cela lui semblait beaucoup plus important. Filon avait établi un programme qui, commençant au déclin de l'Ancien Régime, dont il faisait ressortir les causes; embrassait la Révolution, ses grandeurs, ses excès et ses crimes, dont il dégageait les leçons, pour aboutir au Consulat, qui permit à Bonaparte de « jeter sur notre sol ces blocs de granit qui devaient être les bases de la société moderne », et enfin à l'Empire, avec les abus du pouvoir absolu, qu'il ne dissimula pas à son élève, et la transformation libérale des Cent-Jours. Il avait volontairement laissé de côté les campagnes de la Grande Armée, qu'il réservait à des historiens spécialisés, plus compétents que lui pour en expliquer les détails tactiques. Le programme se poursuivait avec l'étude politique de la période contemporaine, avec les révolutions de juillet 1830 et février 1848, ce qui laisserait au Prince, qui en avait exprimé le désir, la faculté de « rédiger, puis réfléchir et conclure ». Excellente gymnastique intellectuelle pour cet esprit curieux de tout qui put apprendre ainsi à se discipliner.

A l'automne de 1873, l'Impératrice est allée prendre les eaux à Baden, pour rétablir sa santé, « bien ébranlée par tant de malheurs ». Déjà elle est prise de ce besoin de déplacements qui ne la quittera plus et même se renforcera au long des années. La monotonie de la vie quotidienne à Camden, au milieu de sa petite Cour, lui pèse jusqu'à lui être parfois insupportable. Sa principale distraction, avec les visites, moins fréquentes depuis la mort de l'Empereur, et les passages réguliers de Louis, en fin de semaine, elle la trouve dans l'abondante correspondance qu'elle entretient avec les nombreux amis demeurés en France. A tous, elle donne des nouvelles de son fils, fière de les informer de ses progrès. « Mon fils travaille et j'espère qu'il ne sera pas indigne du nom qu'il porte. Dans le dernier trimestre il a été 5e en mathématiques et 9e en fortifications. Vous voyez qu'il tient une bonne place [1]. » Elle déplore que dans les milieux politiques français « tous s'usent dans des luttes mesquines et dans des manifestations d'ambitions hautement avouées et non justifiées ». « L'avenir, ajoute-t-elle, est à

1. Inédit, collection privée.

mon fils s'il sait le mériter par sa conduite, ce que j'espère et je crois [1]. »

En décembre, la chapelle funéraire de l'Empereur, à St. Mary, est achevée. Louis en a suivi et surveillé l'exécution, soucieux des détails. De dimensions réduites, mais éclairée par de hauts vitraux, c'est un pastiche de gothique dont la simple élégance, au chevet de la modeste église, assure la majesté. Les éléments de décoration, discrets mais répétés, évoquent l'Empire, couronnes fermées, aigles. Pour le premier anniversaire de sa mort, le 9 janvier 1874, le cercueil de Napoléon III y sera transféré à l'issue de la messe de requiem célébrée, comme les obsèques, par l'évêque de Southwark, en présence du Prince impérial, de plusieurs princes Bonaparte, descendants de Lucien, et du colonel Bonaparte-Patterson, le petit-fils américain du roi Jérôme, neveu du prince Napoléon, qui lui s'est abstenu. Le corps de l'Empereur est déposé dans un sarcophage massif en granit clair d'Aberdeen offert par la reine Victoria en hommage à son ancien allié. Très simple, il porte seulement en lettres d'or l'inscription :

NAPOLÉON III
R.I.P.

L'Impératrice a tenu à assister à la cérémonie « cachée à tous » comme elle l'écrit à Hortense Cornu. « Je puis vous assurer qu'en le voyant enlever il me semblait qu'on m'arrachait le cœur ; est-ce sa dernière demeure ? Je ne puis le croire, mais il me semble que je ne pourrai jamais rentrer sans lui [2] ! »

A Paris, comme dans toute la France, les bonapartistes font célébrer des messes dans un grand nombre d'églises, provoquant la colère des autorités, les préfets n'hésitant pas à dénoncer ces hommages posthumes. Avec sa sœur la princesse Mathilde, le prince Napoléon assiste à celle dite à Saint-Germain-l'Auxerrois, paroisse des Tuileries, tandis qu'à Saint-Augustin, l'église impériale par excellence, on note la présence de la reine détrônée d'Espagne, Isabelle. Seul parmi tous les évêques français, l'évêque de Troyes, Mgr Ravinet, qui doit à l'Empereur le trône qu'il occupe depuis 1861, interdit les prières à sa mémoire dans toutes les églises de son

1. *Id.*
2. Collection privée.

diocèse. Certains hommes d'Église ne sont pas à l'abri de ces petites lâchetés. Indignée, l'Impératrice s'offrira le luxe d'une réponse qui est aussi une leçon donnée à un prélat que ne semble pas embarrasser « l'esprit de charité et l'amour du prochain ». La prière n'est-elle pas, lui écrira Eugénie, « cette longue chaîne qui nous lie les uns aux autres, riches ou pauvres, heureux ou malheureux, vivants ou morts » ?

Le succès de la manifestation du 15 août précédent avait été largement commenté dans les milieux bonapartistes. L'éclipse que connaissait le mouvement monarchiste après le refus du comte de Chambord, la tiédeur que montrait l'opinion pour la République, confirmée par la seule Assemblée à une si faible majorité, la nostalgie que beaucoup exprimaient à l'évocation de l'Empire, incitèrent les chefs du parti à organiser une manifestation d'importance à l'occasion du dix-huitième anniversaire du Prince. Le 16 mars 1874, selon la Constitution impériale, la seule valable en matière dynastique, Louis serait déclaré majeur. Ne convenait-il pas de fêter cette majorité comme un jour exceptionnel, prologue à un prochain retour triomphal et au rétablissement de l'Empire que beaucoup voulaient croire certain ? Le Prince, l'Impératrice surtout, se montraient réticents. Eugénie confie à Hortense Cornu ses souhaits et ses appréhensions au sujet de son fils : « Dieu veuille qu'on lui laisse finir ses études. Je ne crains rien tant que les agitations stériles ; tout semble préparer son avenir ! Mais quelle tâche difficile il a devant lui ! Quand le peuple comprendra-t-il la différence qu'il y a entre ceux qui l'aiment et ceux qui l'exploitent ? » Pendant qu'à Paris on s'agite à la perspective de cette fête qu'on souhaite grandiose, Louis écrit à Rouher, lui exposant ses motifs « pour ne pas se prêter à cette manifestation ». Avant de prendre une part active à la vie publique, et de se placer, lui-même, sur le devant de la scène, hormis le cas, alors improbable, d'une circonstance qui, en France, imposerait l'urgence, il entend terminer les études qu'il a commencées. Il répugnerait à se compromettre en parlant, à une date fixe, sans nécessité.

L'Impératrice, si elle approuve sa décision, n'a rien fait pour l'influencer. Elle connaît maintenant la sagesse de son fils. Elle sait qu'il n'acceptera jamais de se lancer dans une aventure chimérique. Il a trop de bon sens et de modération. Non sans humour, elle écrit : « Soyons sérieux, je le dis à tous, trop parler nuit ; demandez à M. le comte de Chambord s'il n'est pas de cette opinion ? » En lisant la lettre de Louis à Rouher, elle est « ravie, car elle est bien faite et décidée, sans être outrecuidante, ce que je n'aurais pas aimé à son âge ». Cette lettre, qu'elle n'a pas dictée, Eugénie ne l'a pas même inspirée, mais elle l'approuve de tout son cœur. Rouher ne pouvait que s'incliner, au moins en apparence, mais dans son entourage on n'en démord pas, la réunion aurait lieu et elle serait un succès. Les caciques du parti, les élus de l'Appel au peuple, les anciens notables de l'Empire se liguent pour revenir à la charge. Il fallait absolument que la majorité du Prince impérial soit marquée avec éclat. Il fallait qu'il apparaisse majeur, libéré de toute tutelle, et particulièrement de celle de sa mère dont la popularité n'était pas certaine. Les bruits les plus divers sont propagés. Le 3 février, le *Times* publie qu'aussitôt après le 16 mars, le Prince retournera en France, ce qu'Eugénie commente ainsi : « Il ne fera pas cette sottise. Le prestige se perd à l'intérieur : l'exil ou le trône. Du moins c'est mon avis. » Les princes d'Orléans en savaient quelque chose, à commencer par le duc d'Aumale qui avait repris du service dans l'armée, s'était vu charger de la présidence du tribunal militaire, au procès du maréchal Bazaine, comme le plus ancien officier général de l'armée française, et n'en avait tiré que des désagréments.

Le Prince finit par se rendre aux raisons de ses partisans et on en vint à l'élaboration d'un programme qui fut d'abord limité à un discours très bref, sans aucune allusion politique. Eugénie redoutait « un engrenage qui fasse qu'après une concession, on les fasse toutes ». Pressé de plus en plus, et peu soucieux de provoquer le mécontentement de ceux qui lui étaient le plus dévoués, le Prince accorda enfin ce qu'on lui demandait. Il recevrait à Camden, le 16 mars, tous les Français qui se présenteraient, et il leur adresserait un message. Mais il se montra intraitable en ce qui concernait la suite. Il entendait reprendre, dès le lendemain, ses études militaires à Woolwich, et non tout abandonner pour tenir seulement son rang de prétendant. Ce fut sa condition *sine qua non*. Il ne souhaitait pas non plus faire un discours-programme auquel il voyait un inconvénient majeur, celui de mettre le gouvernement anglais en situation délicate vis-à-vis du gouvernement français, en menant des activités politiques sur son territoire. Le Prince, comme Eugénie l'exprime à sa nièce Louise d'Albe, ne voudrait pas s'entendre dire : « Vous n'êtes plus cadet, allez ailleurs ! Ceci ne serait pas agréable. »

Sous l'autorité du duc de Padoue, un comité est constitué. Lointain cousin des Bonaparte par les Ramolino, fidèle parmi les fidèles, son nom, son grand âge et ses qualités personnelles le désignaient. Établi minutieusement, le programme de la journée du 16 mars est amplement distribué dans la France entière. On peut prévoir que plusieurs milliers de personnes, malgré les difficultés du voyage et les frais importants à engager, répondront à l'appel. La propagande est très bien faite. La célèbre imprimerie Pellerin d'Épinal diffuse une « image » retraçant les principales étapes de la vie du Prince, c'est de l'imagerie populaire, mais c'est touchant. Les libraires vendent des photographies de Louis portant la mention 16 mars. On le représente à l'ombre d'un drapeau, la main posée sur une urne, allusion au plébiscite, ou le genou fléchi, porté sur un pavois soutenu par un paysan, un ouvrier, un militaire et un bourgeois en redingote, avec en toile de fond les Tuileries et la colonne Vendôme. En exergue, « Vox populi, vox Dei ». Des médailles vont être frappées à son effigie, due à L. Merley, de profil gauche, le cou nu, avec cette légende : « Napoléon, né à Paris le 16 mars 1856. »

Soucieux de présenter au public l'image d'une famille impériale unie autour de son chef, Louis écrit aimablement, au prince Napoléon, pour l'inviter à Camden. La réponse de celui-ci est un refus. Bien qu'il assure son cousin de son « affectueuse amitié », il estime que la conduite tenue à son égard par ceux « qui se sont arrogé le droit de diriger le parti bonapartiste » – il faut entendre là l'Impératrice et Rouher – a créé une situation « qu'il est impossible de méconnaître », et qui ne lui permet pas « de prendre part à une manifestation faite par eux ». « Je serais pour vous une gêne, écrit-il, et me trouver avec certains hommes serait de ma part manquer de dignité [1]. » Une fois de plus, l'irascible prince Napoléon montre qu'il ne se reconnaît aucun tort, et il dénonce l'influence sous laquelle, pense-t-il, Louis est tombé, puisqu'il ajoute en terminant sa lettre : « Quand vous croirez le moment venu de vous affirmer réellement et de prendre une attitude personnelle, je serai toujours heureux que vous me

1. Archives nationales, 400 AP 75.

permettiez de m'entretenir avec vous de la situation si grave où se trouve notre parti. » Sa sœur, pour d'autres raisons, ne viendra pas non plus à Camden. Peu soucieuse de compromettre la situation confortable qu'avec l'appui de Thiers elle s'est acquise à Paris, où elle est mieux que tolérée, dans son hôtel de la rue de Berri, elle n'a garde de déplaire au gouvernement en se montrant à une manifestation que celui-ci condamne et dont il redoute les effets. Car, si les bonapartistes se mobilisent pour entraîner l'opinion dans un vaste mouvement en faveur du Prince impérial et à travers lui du rétablissement de l'Empire, le gouvernement ne ménage aucun effort pour en empêcher la réussite. A la lettre du duc de Padoue que le parti de l'Appel au peuple fait circuler dans le pays, invitant le plus grand nombre de Français à le rejoindre, pour que la visite à Camden « conserve le caractère d'un témoignage de reconnaissance pour le passé, de confiance dans l'avenir et ne prenne point celui d'une manifestation impatiente à l'égard du présent », répond celle que, deux semaines plus tard, le duc de Broglie, vice-président du Conseil et ministre de l'Intérieur, adresse aux préfets. Après avoir affirmé qu'il « ne pourrait entrer dans la pensée du gouvernement de gêner, ni même de soumettre à une surveillance trop étroite la liberté d'action des citoyens », et semblé reconnaître le droit de ceux qui « conservent, pour la famille du Prince qu'ils ont servi, une déférence qui les honore », il exhorte ses subordonnés à la plus grande vigilance pour découvrir « la moindre tentative de nature à mettre en doute la validité des décisions souveraines de l'Assemblée », afin de faire en sorte « que la répression suive immédiatement le délit ». On ne saurait tenir un discours plus hypocrite. Cette lettre est aussi, écrit Fidus dans son *Journal de dix ans*, « la plus grande maladresse qu'il pût commettre ». Tous ceux qui ignoraient le projet en étaient informés par le gouvernement lui-même qui ne cachait pas ses appréhensions. Les fonctionnaires vont rivaliser de zèle, on ira jusqu'à saisir, comme séditieuses, des photographies du Prince impérial, alors que celles du comte de Chambord et des princes d'Orléans, qui il est vrai ne présentent plus aucun danger pour la République, sont tolérées. Mais le duc-ministre n'a pas de chance, au même moment, dans le Pas-de-Calais, les électeurs envoient à la Chambre un bonapartiste déclaré, M. Sens, élu contre un républicain.

Les compagnies de chemin de fer, comme la navigation en Manche, étant libres, le pouvoir n'a aucun moyen d'empêcher le départ des Français. Seuls ceux qui sont sous la dépendance des autorités – militaires, fonctionnaires, élus locaux – reçoivent des menaces non déguisées de sanctions ou de représailles, pouvant aller jusqu'à la révocation. Habilement, les responsables bonapartistes ont engagé les participants à donner à leur voyage un caractère individuel. Cela évitera de gêner le gouvernement anglais alerté par le nouvel ambassadeur de France, le duc de Bisaccia, comme l'eussent fait des déplacements collectifs, plus difficiles à ignorer. Officiellement, il s'agira d'une réunion privée, tenue dans une demeure privée.

Dans toute la France, mais principalement dans les provinces du Nord et à Paris, des délégations s'organisent, constituées de beaucoup d'anciens notables, mais également de paysans et même d'ouvriers. Aux Batignolles et à Belleville, ceux-ci se cotisent, à raison de cinq francs chacun, et ils tireront au sort celui dont le voyage sera ainsi payé. Dans les jours qui précèdent, à la gare Saint-Lazare, à la gare du Nord, les compagnies ont multiplié les trains à destination de la côte. A Boulogne, à Calais, à Dieppe, c'est une véritable cohue qui prend d'assaut les navires et embarcations disponibles, malgré des formalités qui n'en finissent pas, et des contraintes de toutes sortes infligées aux voyageurs soumis à des questionnaires inquisiteurs par les agents des douanes. Surpris et inquiet des demandes de permissions de beaucoup de généraux, le ministère de la Guerre les a accordées, « sous condition d'être de retour à Paris le 12, c'est-à-dire quatre jours avant la manifestation ». Dans son ensemble, l'armée, nostalgique de l'Empire, supporte mal des mesures aussi mesquines, et le manifeste. Au 9e chasseurs à cheval, où sert le duc de Chartres, le cri de « Vive l'Empereur ! » retentit à l'intérieur des chambrées lorsqu'il passe dans les corridors.

Les premiers arrivants ont gagné Chislehurst plusieurs jours à l'avance. Certains se présentent à Camden dès le samedi 14, dans l'espoir d'être reçus. C'est le cas de Mme Lebon, déléguée par les dames de la Halle de Paris, qui malgré ses soixante-dix-sept ans n'a pas hésité à faire le voyage. « Avec une belle robe de soie et un chapeau à plumes, forte, bien portante », elle en impose. A peine voit-elle le Prince qu'elle s'élance et l'embrasse sur les deux joues, oubliant la harangue que ses collègues lui avaient fait apprendre. Elle rappelle à Louis amusé que, dix-huit ans plus tôt, elle l'a déjà embrassé dans son berceau. Londres, à l'arrivée des Français, est en effervescence. Autour de Charing Cross, tout le monde parle français. On attendait trois mille personnes, il en arrive plus de sept mille, qui demanderont à Willi's Rooms, 26 Kings Street, Piccadilly, le centre de ralliement bonapartiste, leur carte d'accès à Camden Place. Ce sont des cartons bleu ciel, timbrés à sec de la lettre N coiffée de la couronne impériale, avec la mention « Camden Place. Chislehurst. 16 mars 1874 ». A la demande de Rouher, Filon a réussi à faire imprimer, dans la nuit même qui précède la manifestation, en catastrophe et avec quelles difficultés, par un artisan de Bromley qui ne comprend pas un mot de français, le texte du discours que doit prononcer le Prince, mais il sera livré trop tard pour être distribué à tous les assistants.

Dans la matinée du lundi 16, les trains, au départ de Londres, se succèdent toutes les dix minutes. Il fait un temps superbe et la journée promet d'être magnifique. Chislehurst est méconnaissable, on se croirait dans un village de France. Entre la gare, décorée aux trois couleurs, et Camden, ce ne sont que tréteaux de fortune où l'on vend des objets souvenirs : photographies officielles du prétendant, portraits gravés, médailles, allégories impériales, violettes en papier ou en tissu pour orner les boutonnières, et Le *Quatrième Napoléon*, la récente biographie signée Léonce Dupont, publiée chez Lachaud et Burdin, dont l'encre est à peine séchée. On propose de la bière, l'ale que les Français trouvent trop amère. Sur le *Common* qui fait face à la propriété, on se rassemble, on mange, on boit, on s'embrasse, on communie dans la ferveur impérialiste. Presque tous les anciens ministres sont là, ainsi que les titulaires des grandes charges impériales, à l'exception des militaires toujours en service, retenus en France.

A dix heures trente, le cortège quitte Camden. Accompagnés du prince Lucien Bonaparte et du prince Murat, l'Impératrice et le Prince impérial, acclamés le long du chemin, gagnent en voiture la petite église St. Mary où la messe va être célébrée par l'abbé Goddard, tandis que les cloches de l'église protestante voisine sonnent à toute volée. A la porte du cimetière, le président d'un comité plébiscitaire parisien, Moureau, arrête le prince pour lui remettre une branche bourgeonnante du « marronnier du 20 mars », qu'il a coupée aux Tuileries. Louis ira la déposer au pied du tombeau de l'Empereur. Seuls les familiers devaient entrer dans l'église, mais la poussée des assistants est telle que la nef et les abords sont rapidement envahis. Rouher, lui-même, arrivé un peu en retard, ne pourra se frayer un passage et attendra la fin de la messe dans un coin du cimetière, entre deux tombes. Le retour s'effectue à pied, à travers une véritable marée humaine, mélange de Français enthousiastes et d'Anglais curieux, amusés, mais aussi chaleureux, difficilement maintenue par une police débordée. Sur le Common, les Français, qui ne savent pas se distraire sans chansons, reprennent en chœur, sur l'air de « T'en souviens-tu ? » les couplets écrits par la femme d'un ancien préfet, Mme Lefebvre : « Napoléon vient d'avoir dix-huit ans. »

Nos ennemis disaient dans leur démence :
« L'empire est mort, nous régnons maintenant »
Mais le ciel trompe une lâche espérance,
Car ils avaient compté sans un enfant.
Peuple français, cet enfant est un homme
Qui te rendra tes destins triomphants.
Paris sera plus illustre que Rome
Napoléon vient d'avoir dix-huit ans. (bis)

Après le retour du cortège, soigneusement filtrés par un service d'ordre efficace, tous les porteurs de cartes s'engouffrent dans l'avenue qui conduit au manoir, dont les grilles sont gardées par des policemen. Une grande tente a été dressée dans le parc, mais, trop petite pour contenir tout le monde, on en relèvera les côtés afin que tous puissent voir l'estrade garnie de deux trônes de velours rouge sur lesquels vont prendre place le Prince et sa mère. Les plus grands noms de l'Empire les entourent, derrière les Bonaparte et les Murat, la duchesse de Malakoff et la maréchale Canrobert, représentant son mari. Face à eux, les délégations.

A une heure précise, le Prince paraît, donnant le bras à l'Impératrice. Tous deux sont en noir, lui en habit, la poitrine barrée du grand cordon de la Légion d'honneur, dont il porte la plaque au côté, elle dans sa robe de deuil, sans aucun bijou.

Un tonnerre d'applaudissements salue leur entrée. Très pâle, Louis ne peut cacher son émotion. Digne vieillard à barbe blanche, le duc de Padoue s'avance vers lui. Au nom des comités dont il est le président, mais aussi au nom des millions de Français qui attendent Napoléon IV, il s'adresse au Prince. Après avoir rendu hommage à l'Empereur, il constate que « depuis trois années, les tentatives pour constituer un gouvernement définitif naissent et meurent dans l'impuissance ». Dans le désarroi dans lequel se trouve la nation, « quel gouvernement, déclare-t-il, choisira le suffrage universel ? » « Choisie dans les rangs du peuple, soutenue par d'innombrables suffrages », la dynastie des Napoléon, « élue non d'une classe, mais de la nation entière », donne ses titres au Prince impérial auquel, en terminant, le duc demande d'être « prêt pour les desseins de la Providence ». Tandis qu'il parle, seulement entendu par ceux qui se trouvent dans les premiers rangs, tous les yeux sont fixés sur le Prince dont on guette les moindres expressions. Son visage, à peine sorti de l'adolescence, est grave et tendu. Dans le fond, au dernier rang, Augustin Filon « rongé par une émotion qui allait jusqu'à l'angoisse » attend que Louis prenne la parole. Le discours qu'il va prononcer, il l'a pensé et écrit seul. La veille, au cours d'un conseil réunissant dix anciens ministres, il en a donné lecture, mais le matin même il l'a récité par cœur devant Filon pour s'assurer de sa mémoire.

C'est dans un silence impressionnant qu'il prend la parole, la voix d'abord légèrement voilée par l'émotion, mais qui devient rapidement claire et sonore. Après avoir remercié les assistants pour leur fidélité à la mémoire de l'Empereur, le Prince exprime le grand principe du parti napoléonien et se situe pour l'avenir. « Votre présence autour de moi, les nombreuses adresses qui me parviennent, attestent combien la France est inquiète de ses destinées futures. L'ordre est protégé par l'épée du duc de Magenta, ancien compagnon des gloires et des malheurs de mon père. Sa loyauté nous est un sûr garant qu'il ne laissera pas exposé aux intrigues des partis le dépôt qu'il a reçu. » Puis, faisant allusion au recours direct à la nation, le Prince poursuit : « Le plébiscite, c'est le salut, le droit, la force rendue au pouvoir et l'ère des longues sécurités rouverte au pays. C'est un grand parti national, sans vainqueurs et sans vaincus, s'élevant au-dessus de tous pour les réconcilier.

« La France, librement consultée, jettera-t-elle les yeux sur le fils de Napoléon III ? Cette pensée éveille en moi moins d'orgueil que de défiance de mes forces. L'Empereur m'a appris de quel poids pèse l'autorité souveraine, même sur de viriles épaules, et combien sont nécessaires pour accomplir une si haute mission la foi en soi-même et le sentiment du devoir. C'est cette foi qui me donnera ce qui manque à ma jeunesse. Quand l'heure sera venue, si un autre gouvernement réunit les suffrages de la majorité, je m'inclinerai respectueusement devant la résolution du pays. Si le nom de Napoléon sort une huitième fois des urnes populaires, je suis prêt à accepter la responsabilité que m'imposerait le vote de la nation. »

Combien, dans une telle foule, l'ont parfaitement entendu ? Peu, sans doute, mais à plusieurs reprises, il a été interrompu par des applaudissements nourris et par de vibrants « Vive l'Empereur ! ». Si l'allusion à la loyauté du maréchal a été fraîchement accueillie, d'autres passages ont suscité l'enthousiasme, comme le rappel de l'attachement indéfectible au plébiscite, affirmé avec vigueur, et la détermination du Prince à s'y soumettre. Une partie de ceux qui l'entourent et l'acclament le voient déjà empereur. Pour certains, c'est du délire. Filon a noté leurs commentaires : « Hein ! Avez-vous entendu ? Comme il parle bien le petit Prince ! Si jamais on aurait cru. »

Au pied de l'estrade, les délégations, groupées derrière quatre-vingt-six pancartes portant les noms des départements, vont défiler devant lui, avant que, le long d'une des routes qui entourent le parc où elles se sont arrêtées, ce soit lui, suivi par le duc de Padoue et Rouher, qui passe devant chacune car il veut leur adresser séparément la parole. Dans la délégation parisienne, au premier rang, Mme Lebon tient à lui rappeler de nouveau, publiquement, le baiser de 1856. « Eh bien ! madame Lebon, je vais vous rendre ce baiser-là », répond le Prince qui, avec une charmante bonhomie, s'exécute. Plus loin, c'est un vieux gentilhomme girondin, le baron de La Barthe, qui lui déclare : « Monseigneur, j'ai été légitimiste toute ma vie, mais puisque M. le comte de Chambord ne veut pas ou ne peut pas régner, je vous apporte ma foi et mon hommage », et le Prince, en réponse, avec une belle présence d'esprit, prenant ceux qui l'entourent à témoin : « Je les accepte ! Messieurs, voilà la vraie fusion. »

En fin de journée, avant de reprendre les trains du retour, les délégations dont l'exaltation n'est pas calmée demandent à revoir encore une fois leur prince, et Louis, alors que déjà tombe la nuit, doit paraître au balcon du premier étage, saluant de la main, tandis qu'une longue, une interminable ovation monte vers lui. Le même soir, à l'Alhambra de Londres, on donne un ballet dans lequel figurent des danseuses personnifiant les nations européennes. Lorsque paraît la France, dont la robe est parsemée de violettes, l'orchestre attaque « Le beau Dunois », l'air de la reine Hortense. De toutes parts éclate un immense cri de « Vive l'Empereur », poussé par les Français, nombreux dans la salle, auxquels se joignent aussitôt les Anglais, et l'air doit être exécuté trois fois.

Le lendemain, les grilles de Camden s'ouvrent de nouveau. Le Prince reçoit encore l'hommage de ceux qui, la veille, n'ont pas trouvé de place dans les trains surchargés. Au cours d'une dernière réunion dans la grande salle à manger, sorte de « conseil des ministres » tenu avec ceux qui sous l'Empire ont exercé la fonction, l'attitude du Prince confirmera à ses interlocuteurs, pourtant blasés, qu'il écoute volontiers les avis, qu'il a déjà un jugement sûr et qu'il sait exprimer clairement ses idées et ses choix. « Il nous a fait penser plusieurs fois à son père », dira Ernest Pinard. L'Impératrice, qui longtemps avait montré une grande réticence au projet, écrit à Marie de Larminat : « Tout a été à merveille. Je dois dire franchement que j'étais dans l'erreur et je l'avoue. » Non sans satisfaction, elle a constaté « l'intelligence et la puissance » du parti. Elle ne peut nier que le courant bonapartiste existe et, dans son discours, Louis l'a surprise par des accents qui lui rappelaient l'Empereur.

Dès le lendemain, avec beaucoup d'impatience, on guette les journaux. On n'attend pas de surprise de la presse française qui s'exprimera selon sa sensibilité. Cris de triomphe dans les journaux de l'Appel au peuple ou des sympathisants : *l'Ordre*, *le Pays*, *la Patrie*, *le Petit Caporal*, *l'Estafette* ou *les Abeilles*, qui publient intégralement le discours du Prince, mais sans faire mention d'empire, ni d'empereur pour désigner Louis, ce qui ne manquerait pas de provoquer la saisie du numéro. Les organes monarchistes font preuve d'une réserve prudente et résignée, teintée d'une légère ironie, alors qu'une véhémence agressive, des quolibets et des injures occupent les feuilles républicaines, plus violentes encore lorsqu'elles sont d'extrême gauche. Mais on est curieux des réactions de la presse étrangère et particulièrement anglaise, dont l'objectivité est généralement admise. En ouvrant le *Times*, on est immédiatement rassuré. Le Prince, y lit-on « tient le Second Empire dans ses mains, n'attendant que l'occasion de le transformer en troisième », et plus loin, « à Paris, on parle plus que jamais de l'Empire et du Prince impérial ; on revient sans cesse sur le même sujet, comme s'il n'y avait pas d'autre perspective politique. Aujourd'hui il n'y a qu'ombre et chaos ». On ne saurait mieux dire, tant il est vrai qu'à Paris, ou plutôt à Versailles, où siège l'Assemblée, les milieux politiques sont au bord du désarroi. Le parti bonapartiste qui, après la mort de Napoléon III, leur avait paru désemparé, qu'ils croyaient mort ou inexistant, vient de prouver qu'il ne manquait pas de vitalité et de ressources. Il vient de retrouver un chef. Le succès du 16 mars va lui redonner une énergie neuve. Dans les hautes sphères républicaines, « il fut considéré comme redoutable, et on s'appliqua de divers côtés à le traiter en conséquence ».

Dérisoire dans sa haine, l'extrême gauche tente le 18 une contre-manifestation, qui regroupe dans un music-hall sordide de l'East-End de Londres, pour le second anniversaire de la Commune, une poignée de réfugiés, auxquels se joignent quelques curieux ou sympathisants. Dans un cadre de drapeaux rouges, des « furieux », à la tribune, se répandent en propos antisociaux et en injures contre le Prince. Filon, qui avec plusieurs journalistes français s'est glissé dans la salle, en sort rasséréné. Il a pu « mesurer, à la violence même de leurs expressions, que son élève était maintenant pris au sérieux ».

De retour en France, les pèlerins de Chislehurst bravent les représailles des fonctionnaires zélés du ministère de l'Intérieur, racontant ce qu'ils ont vu, distribuant autour d'eux ce qu'ils ont rapporté. Il semble que les mots empire, empereur et impérial soient autant de provocations dont l'autorité voudrait constituer des délits. Le préfet de Seine-et-Oise n'hésite pas devant l'arbitraire en sévissant contre le duc de Padoue, maire de la petite commune de Courson-l'Aulnay, qu'il suspend pour raisons disciplinaires. Dans les attendus de l'arrêté, il reproche au duc d'avoir « assisté à la manifestation qui s'est produite en Angleterre le 16 mars, après avoir pris une part active à son organisation », manifestation qui s'est déroulée, il faut le rappeler, dans l'enceinte d'une propriété privée. En réponse, les bonapartistes font frapper, en Belgique, des pièces de monnaie, répliques parfaitement exactes de celles en circulation, avec le profil de « Napoléon IV Empereur », au millésime de 1874 [1]. Provocation aussi, peut-être – mais là on n'osera pas sévir –, la présentation à Paris, au Salon qui se tient aux Champs-Élysées, d'un beau portrait du Prince impérial, par Jules Lefebvre, qui est classé premier, ce dont se félicite Eugénie.

Beaucoup, surtout parmi les jeunes du parti, auraient souhaité que Louis quittât Woolwich, abandonnât l'uniforme anglais et, fort de ce grand mouvement qui s'esquissait, se jette dans la mêlée. Mais le Prince ne l'a pas voulu. Il l'avait déclaré avant, il tient à terminer les études qu'il a commencées. Dès le 20 mars, il est de retour à l'Académie royale, comme si rien ne s'était passé. Une déception, le départ de Louis Conneau qui le quitte pour se présenter à Saint-Cyr. Avant d'atteindre l'âge de la conscription et d'être appelé dans un corps de troupe comme simple soldat, il fait ce que Louis aurait tellement souhaité. C'est au milieu de jeunes Français qu'il va gagner ses galons d'officier. « Je me réjouis, a écrit le Prince à un ami, de voir l'heureuse entrée dans la vie de cette génération nouvelle, née et grandie avec moi », mais n'est-ce pas son grand regret, d'être retenu loin d'elle ? Au jeune duc de Morny, son cousin par la main gauche, qui lui aussi poursuit ses études, il écrit : « Ce n'est que par le travail que nous pourrons, les uns et les autres, nous rendre dignes de notre nom et utiles à notre pays [2]. » Voilà le grand mot lâché. De sa naissance, il n'attend d'autre privilège que celui de pouvoir servir, d'agir en faveur d'un peuple envers lequel il a des devoirs. Son vœu le plus cher est d'être utile, et il a horreur de l'oisiveté.

En France, la propagande bonapartiste est de plus en plus efficace, et le mouvement populaire en faveur du Prince s'amplifie. Gambetta, inquiet, s'en entretient avec Arthur Ranc, en exil à Bruxelles depuis sa condamnation à mort par

1. Ce sont aujourd'hui des raretés numismatiques : en bronze, de 10 et 20 centimes, en argent, de 0,50, 1, 2 et 5 francs.
2. Inédit, collection privée.

le conseil de guerre. Après avoir estimé, un peu légèrement, que le bonapartisme « ne fait pas les progrès dont il se vante », il enregistre la victoire, dans la Nièvre, réputé fief républicain, du baron de Bourgoing, ancien écuyer de l'Empereur, dont le fils Pierre est un camarade d'enfance du Prince. « Certains de nos amis, commente Gambetta amer, prennent prétexte de cet accident pour se décourager, pour s'écrier que tout est perdu, que c'est fini, que l'impérialisme gagne du terrain. La vérité est que l'Empire n'a pas cessé d'être notre principal adversaire et que cela se voit bien aujourd'hui. Nous avons vaincu les légitimistes en novembre ; les orléanistes ont perdu au 16 mai ; restent les bonapartistes qui nous donnent certainement de la tablature [1]. » Informé de cette évolution, Louis se réjouit de ces succès, mais il n'en poursuit pas moins, dans la seule compagnie de Filon, les études historiques et politiques qu'il sait indispensables à sa formation et au rôle qu'il est appelé à jouer.

Dans une phrase de son discours, qu'on lui a demandé de supprimer, ce qu'il a fait, il disait que « si l'anarchie se déclarait, il viendrait ». Certains de ses jeunes partisans sont persuadés que seul un coup de force peut l'emporter. Ne laisse-t-on pas passer une chance qui risque de ne pas se représenter ? Ils estiment le moment opportun. On est plus réservé chez les élus, et le Prince lui-même est d'avis d'attendre. Le grand espoir de la majorité du parti, et Louis l'a clairement exprimé, c'est le recours au plébiscite provoqué légalement. Mais, à part les bonapartistes, il est évident que personne dans le monde politique n'en veut. La décision populaire fait peur, elle aurait toutes les chances de ramener l'Empire, même si la presse de la gauche républicaine se mobilise pour discréditer ou ridiculiser le prétendant. Inlassablement, on ressort le poncif de « l'enfant de la balle ». On affuble le Prince de sobriquets ridicules, « Napoléon trois et demi », ou simplement « bébé ». Tous les moyens sont bons pour le minimiser, l'humilier ou le rendre odieux. C'est un « fruit sec », un crétin, un raté incapable de passer ses examens, et que des professeurs circonvenus notent avec complaisance, sans souci de la vérité. Il serait d'ailleurs l'objet du mépris et de l'hostilité de ses camarades, que sa morgue et sa suffisance ont fini par exaspérer contre lui, et qui l'auraient mis « en quarantaine ».

1. Arthur Ranc, *Souvenirs, correspondance*, p. 255-256.

Certains caricaturistes, auxquels le talentueux Gil ne dédaigne pas de s'associer, contribuent à cette campagne.

La réalité est toute différente. Les camarades du Prince n'ont jamais cessé d'avoir pour lui considération et amitié. Son « fair-play » a forcé leur estime. N'a-t-il pas renoncé, par exemple, à concourir en français dans l'épreuve de langue vivante, arguant qu'il y serait favorisé par rapport aux autres candidats, puisque c'est sa langue maternelle ? C'est sur une épreuve d'allemand qu'il sera jugé. Des photographies témoignent de la franche camaraderie que lui témoignent ses condisciples, comme celle qu'il a dédicacée à Augustin Filon, avec la mention manuscrite : « Un fruit sec en quarantaine », qui le montre familièrement assis à califourchon sur le genou d'un camarade, appuyé à un autre, dans une grande complicité, au milieu d'un groupe d'une douzaine de cadets.

Dans la petite maison de Woolwich Common, Louis se consacre uniquement à l'étude. Devant son ardeur à travailler, le brave Uhlmann, qui se soucie plus de sa santé que de son savoir, s'en ouvre à Filon, lui fait des remontrances : « Monseigneur se tuera ! », et Filon de répondre : « Non ! non, il ne se tuera pas, quoi qu'on en dise, le travail n'a jamais tué personne. »

Il a abonné le Prince au *Journal officiel*, ce qui a l'avantage de ne lui laisser ignorer aucune des lois nouvellement votées et aucun des discours des principaux orateurs de l'Assemblée. Ainsi se prépare-t-il, insensiblement, à la grande tâche qui l'attend, et Filon constate, avec une « surprise extasiée », l'épanouissement intellectuel de son élève, qu'il a si longtemps attendu et dont l'ampleur dépasse ses espérances. Modestement, il minimise son rôle dans cette soudaine éclosion. « Je n'ai pas formé le Prince, écrit-il, personne n'a formé le Prince. Le Prince s'est formé tout seul. Il a été ce que les Anglais appellent un " self made man " ; il a fait son éducation lui-même. Les qualités qu'il a montrées pendant les années suivantes, il les puisait dans sa nature ou il les dut à son effort personnel [1]. » Parallèlement, sa sensibilité artistique se développe et s'affine. Maintenant qu'il a visité les musées, découvert dans des collections privées de nouveaux peintres, son

1. Augustin Filon, *Le Prince impérial*, p. 119.

goût se confirme. Non seulement il regarde, mais il ressent avec une très vive acuité.

Au mois de mai 1874, le tsar Alexandre II, en voyage officiel en Angleterre, se fait annoncer à Chislehurst. L'empereur de Russie ne peut oublier l'accueil qui lui a été réservé aux Tuileries lorsqu'il est venu à Paris lors de l'exposition de 1867. Il tient à l'exprimer à Eugénie et à lui témoigner, par cette marque de déférence, la fidélité de son souvenir. Le Prince impérial a quitté Woolwich pour recevoir lui-même le Tsar et lui faire les honneurs de Camden Place. Il le revoit quelques jours plus tard, lors de la visite que le souverain rend le 20 mai à l'Académie royale. Accueilli par le prince de Galles et son frère le duc d'Édimbourg, après avoir visité l'Arsenal, l'Empereur passe en revue les cadets rangés, carabine au bras, qui lui rendent les honneurs. Le Prince impérial est à sa place au milieu d'eux. Venue incognito de Camden, l'Impératrice, dans sa voiture assiste à la revue. Celle-ci terminée, et pendant tout le temps de sa visite, le Tsar a des attentions marquées pour le fils de Napoléon III, qu'il réclame à ses côtés et auquel, au cours du lunch qui lui est offert au mess des officiers, il porte publiquement ce toast, après celui, traditionnel, à la Reine : « Prince, à votre santé, à votre bonheur et à votre prospérité ». Après le départ du Tsar, Louis est acclamé et presque porté en triomphe par la foule. Cette visite, et l'importance que le souverain russe a donnée au Prince, gêne l'ambassadeur de France, le duc de Bisaccia qui, n'ayant pas réussi à l'empêcher, s'ingéniera à les minimiser dans le rapport qu'il en fera à son ministre.

L'un des adversaires politiques qui, plus que tout autre, a l'occasion d'approcher Louis, est le professeur de français de l'Académie, au demeurant parfait honnête homme. Ancien proscrit du 2-Décembre, militant socialiste et ardent républicain, Théodore Karcher est le correspondant à Londres de *la République française.* Après leurs très nombreuses conversations, aussi passionnées que stériles, car aucun des deux interlocuteurs ne se rend jamais aux raisons de l'autre, il reconnaît et apprécie les qualités du Prince, dont il dira : « C'est un charmant jeune homme. Tout le monde l'aime à l'école. Nous avons ensemble de terribles discussions, mais nous n'y entendons pas malice. Je serais navré qu'il lui arrivât malheur et c'est avec une vraie joie que j'assiste à ses progrès en tous genres, quoique ma destinée soit, peut-être, de le combattre [1]. »

Avec l'été, Louis reprend le chemin d'Arenenberg où l'Impératrice l'a devancé. Le Prince gagne tranquillement la Suisse, en passant par la Belgique, dans le plus strict incognito. Il retrouve Arenenberg avec beaucoup de plaisir. Rapidement la maison se remplit de jeunes visages, ses cousines espagnoles et italiennes, les d'Albe, Roccagiovine, Gabrielli, Campello, ses cousins Charles Bonaparte et « Chino » Murat, venu avec son père, ses amis Espinasse et Conneau. Le 30 juillet, il apprend son classement à l'examen de fin d'année et enregistre encore des progrès. Il est onzième de sa promotion mais, paradoxalement, c'est l'épreuve de dessin militaire qui lui a fait perdre des points. Il n'y est classé qu'à la quatorzième place, sa composition ayant été jugée trop « artiste » et pas assez précise dans sa rigueur.

Avec ses amis, sous la conduite vigilante du comte Clary, il va faire un grand tour dans l'Oberland bernois. Fort bien accepté par les jeunes gens dont il va partager, durant plusieurs jours, les loisirs, Clary est un mentor qui rassure Eugénie. Ensemble, ils remontent la vallée du Rhin jusqu'à la Furka en franchissant le Saint-Gothard pour admirer « la tête de la vallée du Rhin ». Avec de bons guides, ils escaladent des sommets, à flanc de montagne, par des sentiers en corniche, dominant en surplomb des vallées de plus de cinq cents mètres, parfois dans le brouillard, ou battus par un vent qui risque à chaque instant de les précipiter dans le vide. Au glacier du Rhône, le Prince fait une petite chute sans gravité en sautant une crevasse. Sommairement pansé, réconforté par un verre de kirsch, le retour se fera en voiture par la vallée de la Reuss, le fameux Trou d'Uri et le Pont du Diable.

Toujours au premier rang des préoccupations des trois élèves officiers, les questions militaires n'avaient pas été étrangères à leurs distractions, et ils avaient longuement évoqué la belle campagne de 1799 qui, dans les Alpes, avait opposé Masséna à Souvaroff, et qu'Espinasse avait récemment étudiée à Saint-Cyr. En passant, ils visitèrent Thoune où le futur Napoléon III, en 1830, avait suivi les cours de l'école d'artillerie et du génie, commandée par le colonel Dufour. Ils

1. Augustin Filon, *Le Prince impérial*, p. 136.

regagneront Arenenberg par le lac des Quatre-Cantons et Zurich. Un mois plus tard, c'est un jeune homme détendu, épanoui, parfaitement équilibré et en pleine forme physique que retrouve Filon pour le dernier trimestre qui lui reste à effectuer à Woolwich.

A l'automne, le Prince a la grande satisfaction de renouer avec la vie des camps, lors du stage pratique d'artillerie par lequel se termine l'enseignement de chaque promotion de cadets. Il se déroule sur la côte de l'Essex, à l'extrémité de l'estuaire de la Tamise, dans le petit village de Shoeburyness, bordé de longues plages de sable s'avançant très loin dans la mer, ce qui exclut tout trafic de navires. Louis aime cette existence un peu rude qui favorise la grande camaraderie militaire. Elle lui rappelle l'atmosphère du camp de Châlons auquel il pense avec tant de nostalgie. Invitée par les autorités de l'école, l'Impératrice vient visiter le camp et constate avec satisfaction combien cette vie au grand air convient à son fils, comme il se plaît au bivouac, au milieu des soldats. Ne constituent-ils pas depuis toujours sa seconde famille ? Français ou anglais, c'est toujours l'uniforme.

De retour à Woolwich, Louis redouble d'efforts avant les derniers examens pour sortir dans le meilleur rang. Il a à cœur de prouver à ceux qui croient en lui, qui espèrent en lui, qu'il est digne de leur attachement et de leur confiance. Sa place au concours de sortie, il ne la devra qu'à lui-même. Le dimanche 4 octobre, Camden reçoit la visite du jeune prince des Asturies, lui aussi en exil, qui vient en Angleterre pour y suivre un semblant d'enseignement militaire. Contrairement à Louis, il ne passera aucun concours et sera admis « en prince », mais le gouvernement anglais n'a pas souhaité que les deux prétendants soient présents en même temps dans la même école, et c'est à Sandhurst, école d'infanterie, que le prince Alphonse doit entrer en octobre. Il garde une grande reconnaissance à l'Impératrice et au Prince impérial pour leur généreux accueil de 1868, lorsque, chassé de son pays, il avait à Pau trouvé un premier refuge, et il a tenu à venir la leur exprimer. Cette visite apporte une petite diversion à l'existence austère et monotone que mène Eugénie. Dans sa solitude, pour passer le temps, elle échafaude des plans de voyage dont aucun n'aboutit. Elle affiche, dira un témoin « une grande lassitude morale ». « Nous n'avons pas encore de projet pour l'été, écrit-elle, les miens s'évanouissent comme des bulles de savon, mais il ne m'en reste pas moins la jouissance d'y avoir pensé l'hiver. » Mélancolique, presque amère, elle ajoute : « Le gris perle du ciel anglais est comme la cuisine sans sel, il faut avoir bien faim pour manger [1]. »

Même si les activités se sont ralenties autour du château, les espions n'en continuent pas moins à adresser régulièrement leurs rapports à la police. A la fin du mois de décembre, répondant sans doute à une question de Paris, ils assurent que le Prince ne fera pas de manifeste à l'occasion du Jour de l'an. Ils en donnent une raison, pour le moins fantaisiste : « L'Impératrice est superstitieuse, elle considère l'année 1875 comme une année néfaste parce qu'elle commence et finit un vendredi [2]. » C'est pourtant cette même année qui va voir le rétablissement d'un Bourbon sur le trône de ses ancêtres. Après le règne éphémère et décevant d'Amédée de Savoie, l'Espagne réclame le prince dont elle a détrôné la mère. La nouvelle, écrit, Eugénie, « est arrivée comme un coup de foudre ». Elle lui cause à la fois une grande joie et de l'inquiétude, mais elle ne peut s'empêcher d'envisager une autre restauration. « Don Alphonse est le premier des oiseaux qui a passé à travers les barreaux de la cage, ajoute-t-elle, en sera-t-il de même pour d'autres ? » Elle ne précise pas : la France rappellera-t-elle aussi bientôt son prince ? Gambetta lui-même ne cache pas ses craintes en constatant la montée du sentiment impérialiste dans le pays, comme il l'exprime le 12 janvier 1875 : « Si les élections étaient en majorité bonapartistes, ce serait une nouvelle assemblée, le rappel de Napoléon IV, et M. de Broglie serait bientôt chassé du pouvoir avec le Maréchal lui-même, dont il aurait perdu la cause [3]. »

La question, en ce début 1875, n'est pas posée. Subrepticement, sans que personne en ait parlé, au cours d'une des nombreuses séances consacrées depuis 1873 à l'élaboration et aux modifications de projets de lois constitutionnelles, le 30 janvier, le député du Nord, Henri Wallon, soumet un amendement qui prévoit l'élection du président de la République, pour un mandat de sept ans, par un congrès réunissant les

1. Lettre à Marie de Larminat.
2. Archives de la Police, Paris, 1446.
3. Arthur Ranc, *Souvenirs, correspondance*, p. 269.

sénateurs et les députés. L'amendement est voté à une voix de majorité, il engage l'avenir, on n'aura qu'à s'y conformer lors du départ de la présidence du maréchal de Mac-Mahon, au plus tard à l'issue de son mandat. Sans bien s'en douter, l'Assemblée à majorité royaliste vient de confirmer la République.

En février, ont lieu à Woolwich les examens de promotion. Louis avait-il espéré sortir premier ? Il l'a été lors de la dernière épreuve, mais il sera classé septième pour l'ensemble du concours de sortie et c'est déjà une réussite. Avec le lourd handicap qu'il avait en entrant à l'école, le choc éprouvé à la mort de son père, le rôle officiel qu'il doit tenir à Camden lors de visites de souverains, de princes ou de personnalités importantes, qui lui font perdre beaucoup de temps, être remonté de la vingt-septième à la septième place est une performance dont il peut légitimement être fier. Personne ne s'y trompe à l'Académie royale et il reçoit des félications chaleureuses et méritées. Le Prince n'y voit pourtant que la fin d'une étape, comme il l'écrit à Rouher : « J'ai terminé une partie de mes études et je suis prêt à en commencer d'autres, qui me seront indispensables si le succès couronne vos efforts et ceux de nos nombreux amis. »

C'est le 19 février qu'a lieu la proclamation officielle des résultats, au cours d'une revue de l'école passée par le duc de Cambridge, cousin germain de la Reine, ministre de la Guerre. L'Impératrice a été invitée à assister à cette revue et le duc, qui l'accueille à la porte de l'Académie royale, la conduit au fauteuil installé pour elle dans une petite tribune d'où elle pourra tout voir. A un moment, le duc commande : « Prince impérial, hors des rangs ! » Les yeux de sa mère brillent de plaisir tandis qu'il commande, énergique, d'une voix forte, la manœuvre de l'ensemble des cadets. Trente-quatre de ses camarades sont nommés au grade de lieutenant. Les douze premiers seront admis dans le génie, les autres iront dans l'artillerie. Dans un discours qu'il adresse aux nouveaux lieutenants, lors des toasts, le duc de Cambridge émet le vœu que le « P.I. » conserve un bon souvenir de son passage à l'école et garde des liens d'amitié avec « les jeunes gentlemen dont il a été le camarade ». Le soir, un grand bal réunit les élèves dans la salle d'armes de l'Académie. A son arrivée, le

Prince est porté en triomphe par les nouveaux promus, preuve que le « fruit sec » que signalait la gauche française ne connaît toujours pas la « quarantaine ». A la fin de la soirée, avant de se disperser, les nouveaux officiers, les mains réunies, entonnent le vieux chant de clan « Auld Lang Syne » dont la traduction, « Ce n'est qu'un au revoir », est devenue traditionnelle en France. Le Prince est invité à adresser quelques mots à sa promotion avant de la quitter définitivement. Il le fait avec une infinie délicatesse : « J'espère que les officiers de la Royal Artillery me permettront toujours de croire que je fais partie de leur corps. Grâce à la générosité de l'Angleterre, j'ai pu maintenir la tradition de ma famille qui a toujours été une famille d'artilleurs. Je ne pourrai jamais oublier ces années passées à Woolwich, pas plus que je ne cesserai d'apprécier l'honneur d'appartenir à un corps dont la devise est " ubique quo fas et gloria ducunt ". »

Le lendemain, dans une taverne de Londres, les Blue Posts, a lieu une soirée plus intime réunissant seulement les trente-quatre jeunes officiers promus. Louis offre quelques cadeaux de politesse traditionnels aux professeurs et aux officiers instructeurs de l'école, sans oublier le socialiste Karcher auquel il donne, non sans malice, les œuvres complètes de Napoléon III. Il solde les dettes qu'il a faites, dont la plus importante représente une quantité incroyable de dumplings, des chaussons aux pommes, achetés à un marchand ambulant qui tient échoppe à la porte de l'Académie et dont il a fait une grande consommation. Parmi les congratulations qui accompagnent son départ figurent celles de la Reine, exprimées au duc de Cambridge. Victoria se déclare satisfaite et heureuse « du succès du cher jeune Prince impérial ». Elle insiste sur sa bonne conduite et la dignité de son comportement. Peut-être est-ce assez inhabituel de la part d'un prince pour que la souveraine tienne à le souligner ?

La page de sa vie qui se tourne a apporté à Louis beaucoup de satisfactions et, en premier lieu, celle de s'être prouvé à lui-même qu'il était capable d'atteindre, même avec des difficultés sérieuses, le but qu'il s'était fixé. Ses études terminées, il va quitter la petite maison de Woolwich Common où Uhlmann range les objets personnels et les livres qui lui ont tenu compagnie durant deux ans.

CHAPITRE VIII

LE PRÉTENDANT

Augustin Filon va s'éloigner définitivement. Sa tâche, dont il s'est acquitté avec autant de conscience que de passion, est maintenant terminée. Les dirigeants du parti, et Rouher en particulier, voient d'un mauvais œil sa présence constante auprès du Prince qu'il semble toujours guider. Il faut que Louis apparaisse enfin seul, dégagé de l'influence réelle ou supposée de celui qui a contribué à le former, et qui leur semble maintenant importune. Après la proclamation de la majorité du Prince, ils avaient essayé de le remplacer par un état-major politique et militaire, sans succès. Louis quittant l'Académie royale, sa présence ne se justifie plus, lui-même en convient. Filon n'en est pas moins navré, en prenant congé de celui auquel il a consacré sept années, et c'est le cœur lourd qu'il s'éloigne. Déjà, Clary, à la suite d'un léger différend avec l'Impératrice, dont aucun d'eux n'a jamais donné d'explication, a pris un certain recul. Son paternalisme, d'ailleurs bon enfant, et fort bien accepté par Louis, a-t-il semblé à sa mère incompatible avec la position du prétendant et son entrée dans la vie active ? Est-ce le résultat de l'influence occulte de Pietri, qui déteste cordialement Clary et s'emploie de toutes ses forces, avec un dévouement d'ailleurs sans bornes, à occuper seul le terrain ? Comme l'Impératrice l'a dit au début de son exil : « Les petites Cours ont tous les inconvénients des grandes, sans en avoir aucun avantage. » Celle de Camden n'est pas exempte de coteries et de rivalités d'intérêt, de fonctions ou d'influence, dont se ressent parfois l'atmosphère.

A ce moment, elle ne peut cacher son inquiétude. Que va

faire son fils rendu à la vie oisive ? A quoi va-t-il occuper son temps ? Comment luttera-t-il contre l'ennui de la vie quotidienne qui lui semble, à elle, insupportable ? Ne dit-elle pas : « J'ai mangé mon pain blanc le premier, ma veine est finie, c'est le tour des autres » ? Quelque confiance qu'elle puisse avoir dans ses qualités, le souvenir de la vie qu'a menée l'Empereur jeune homme ne peut s'effacer de son esprit et lui donne certaines appréhensions. Son fils est si jeune encore. Depuis la proclamation de sa majorité dynastique – légalement il est encore pour trois ans sous sa tutelle –, il a été l'objet des demandes de nombreux solliciteurs « dont le but était d'obtenir des subsides destinés à créer des organes de propagande ». A tous, il a très sagement répondu de s'adresser à l'Impératrice. Mais cela ne pourra durer toujours. Eugénie n'ignore pas quel prix les princes doivent quelquefois payer les services de ceux qui les aident, et ce que coûtent en concessions les subsides qu'un chef de parti peut être contraint d'accepter lorsque la nécessité l'y pousse. Elle ne veut pas que Louis hypothèque son indépendance ni que, plus tard, il dilapide ce qu'il possède. « La fortune de mon fils, dit-elle, c'est sa dignité. Je la sauvegarderai à tout prix. Un prince sans patrimoine est facilement traité en aventurier. S'il ne doit pas régner, que sa vie au moins soit honorable et libre. Qu'il ait le droit de faire un mariage de son choix et, s'il faut qu'il subisse les rigueurs de l'exil, que le tracas des embarras pécuniaires, si pénibles avec sa naissance, avec le nom qu'il porte, lui soient épargnés. »

Devant l'importance des messages de confiance et d'espoir qu'il reçoit de France, Louis se sent engagé dans un grand mouvement dont il est le centre. Émile Ollivier s'en fait le porte-parole : « Il ne faudra pas tarder trop à révéler votre personnalité d'une manière quelconque, afin que le peuple de France prenne l'habitude d'entendre votre voix, de l'aimer et qu'il sache que vous vous préparez à devenir son libérateur et non pas son geôlier [1]. » Mots bien faits pour toucher le Prince qui, dans la réponse qu'il fait parvenir à l'ancien ministre, se déclare parfaitement conscient des nouveaux devoirs qui lui sont imposés. Tout en ne se dissimulant pas les difficultés qui l'attendent, il s'attachera « à les remplir avec fermeté, persévérance et résolution ».

1. Archives privées.

La plupart du temps anonymes, des dénonciations arrivent à la police. L'un sait de source sûre que le parti du Prince a l'intention de provoquer, dans les églises de Paris, des manifestations très nombreuses à l'occasion du 16 mars. Au fur et à mesure que la date se rapproche, les menaces de sanctions se précisent. Dès le 24 février, la publication, la distribution ou la mise en vente de portraits du Prince « seul ou en groupe » font l'objet d'une « interdiction absolue » à l'exception de deux photographies anglaises de la maison Downey. « Les infractions seront relevées par des procès-verbaux et déférées aux tribunaux. » Le 3 mars, le ministère demande au fonctionnaire Lombard d'assurer la saisie du tirage de quatre cents lithographies représentant le Prince « décoré de la Médaille militaire ». Malgré ses investigations, celui-ci communiquera, le 2 août, qu'il n'a toujours rien trouvé ! La presse de gauche accentue ses injures. A propos d'une image d'Épinal, vendue chez Frionnet, qui représente le Prince impérial en habit, portant en écharpe le ruban de la Légion d'honneur, *l'Événement* écrit : « Le papier pourrait, au besoin servir au même emploi que le sonnet d'Oronte [1]. »

La police en est pour ses frais, il n'y a aucune manifestation particulière ce 16 mars, à l'exception d'une messe très discrète à Saint-Augustin qui ne donnera lieu à aucune interpellation. Pour Pâques, les amis du Prince lui ont ménagé une grande joie. Profitant de leurs congés, Conneau, Espinasse, Drouot, petit-neveu du général, Pinard, fils du ministre et Masimbert, tous les cinq saint-cyriens, sont venus à Camden. Invités à dîner par l'Impératrice, ils feront à Louis la surprise de se présenter en grand uniforme. Plaisir mélangé d'amertume, instant de vive émotion.

L'Impératrice avait imaginé, pour distraire son fils, de faire en sa compagnie, au mois de mai, un séjour d'environ six semaines en Espagne d'où ils seraient allés directement à Arenenberg. Ce voyage aurait donné au Prince l'occasion de revoir sa grand-mère, la vieille comtesse de Montijo, qu'il n'a pas vue depuis 1865, et de rendre visite, à Madrid, au jeune Alphonse XII, plus chanceux que lui. Eugénie a même pensé que le duc d'Albe pourrait donner un bal en l'honneur de Louis, au palais de Liria, « le pauvre garçon eut si peu de plai-

1. Allusion déplacée au vers de Molière dans *Le Misanthrope*, Acte I, scène 2 : « Franchement, il est bon à mettre au cabinet. »

sir dans sa vie, écrivait-elle, que cela l'amuserait beaucoup [1] ». Elle a fait tâter le terrain par le duc de Sesto, puis le Prince lui-même a écrit au roi une lettre qui lui a été transmise par sa mère, la reine Isabelle, à laquelle le comte Clary l'a portée personnellement. La présence à Madrid du maréchal Bazaine, évadé de Sainte-Marguerite, complique la situation. Les réponses se faisant attendre, Eugénie en prend ombrage, tout en comprenant les réticences du gouvernement espagnol encore mal assuré, face à la perspective de protestations.

Le 6 juin, Louis adresse une requête au duc de Cambridge ; « Ce fut une suprême consolation pour mon père, que de si terribles malheurs avaient frappé, de voir que son fils était confié à des mains si loyales, et qu'il avait trouvé sur la terre d'exil l'éducation qui fait des hommes. Aujourd'hui, je demande à S.M. la Reine et à Votre Altesse Royale l'autorisation de poursuivre mes études commencées à Woolwich, en suivant les manœuvres d'Aldershot en qualité d'officier d'artillerie. Ce sera pour moi une grande source de joie de me retrouver au milieu des officiers anglais, qui ont bien voulu se souvenir, dans les jours de malheur, de l'amitié établie par l'Empereur entre nos deux pays dans des jours glorieux [2]. » Cette demande est immédiatement satisfaite et, dans le courant du mois, il quitte Camden pour Aldershot où il revêt l'uniforme. N'appartenant pas à l'armée, il n'a pas d'affectation précise et sera seulement intégré à une batterie pour un stage d'entraînement pratique. Pendant plusieurs semaines, il va mener, au grand air, la vie active qui lui plaît. Il se lie avec trois jeunes officiers qui deviendront ses meilleurs amis anglais, les lieutenants Bigge, Slade et Wodehouse. Parfaitement accueilli à son arrivée par l'ensemble des officiers du camp, y compris par ceux des autres armes, il sera même fait « membre d'honneur » du mess des officiers du 21e hussards, arme très « fermée », par un message que lui adresse personnellement le chef de corps, le colonel Macleod [3]. Ce séjour au camp est riche en péripéties, dues en grande partie à des pluies diluviennes qui ne cessent de tomber sans interruption pendant plusieurs jours. Elles débutent en pleine nuit et Louis

1. *Lettres familières de l'impératrice Eugénie*, tome II, p. 36.
2. Inédit, collection de l'auteur.
3. Inédit, archives privées.

se réveille trempé, avec le jeune officier dont il partage la tente, « au milieu, écrira-t-il, d'un petit lac où flottaient nos affaires en piteux état ». Pelle en mains, sous une véritable douche céleste, il creuse lui-même le fossé qui seul peut mettre hors d'eau son gîte de toile.

Le frêle adolescent qui suivait le cercueil de Napoléon III a fait place à un jeune homme plein de vie et de santé que l'exercice des sports a harmonieusement développé. De taille moyenne, légèrement plus grand que son père auquel il ressemble de plus en plus, il se tient très droit, porte bien l'uniforme, et ses proportions sont parfaites. Il monte à cheval admirablement avec un maintien souple et une grande distinction de gestes et de manières. Son élégance est raffinée, sans afféterie, une fine moustache souligne sa lèvre supérieure et il a gardé les cheveux mi-longs séparés par une raie à gauche. Son nez, un peu grand, s'est légèrement busqué comme l'était celui de l'Empereur. L'art des photographes permet de l'estomper sur les portraits officiels qui, c'est alors la coutume, sont retouchés. Il émane de sa personne un charme viril auquel les femmes ne sont pas insensibles. C'est le cas de Marie de Larminat, qui l'idolâtre. Il n'est que de lire le portrait qu'elle en trace alors : « Sa figure bronzée par le hâle s'éclairait de beaux yeux clairs, ses traits qui s'étaient accentués donnaient une forte expression d'énergie et de volonté. Sa physionomie très mobile révélait d'elle-même toutes les impressions d'une nature extrêmement sensible. Lorsqu'il était triste ou déçu, ses yeux devenaient si pâles qu'on n'en voyait plus l'azur, mais une expression heureuse, un souvenir gai donnaient à son regard un éclat extraordinaire. Je n'ai jamais connu personne qui lui ressemblât [1]. »

Après quelques jours de détente au bord de la mer à Southsea, il rejoint sa mère en Suisse. Par la Belgique, il gagne Arenenberg où il va rester plus de deux mois, y recevant de nombreux visiteurs. L'Impératrice y consulte ses avocats avant de soumettre aux tribunaux l'appréciation de ses réclamations contre le République française. Un accord avait été conclu en octobre 1873, au nom de la succession de Napoléon III, pour la liquidation de la liste civile et la récupération de pièces de collections, armes, statues, tableaux, bijoux, saisis tant à Fontainebleau qu'à Compiègne. Mais les choses traînaient en lon-

1. Comtesse des Garets, *L'Impératrice Eugénie en exil*, p. 106.

gueur et il fallait se résoudre à engager des procès. C'est au nom du Prince, solidairement avec sa mère, que seront introduites les différentes instances mais, entre la politique et les distractions de son âge, il ne s'y intéressera que très accessoirement. Il a invité Bigge et Slade à le rejoindre et, avec eux, entreprend de nouvelles excursions dans l'Oberland bernois qu'il a parcouru avec tant de plaisir l'année précédente. Il retrouve aussi ses plus anciens amis. Pour animer les soirées, Pierre de Bourgoing constitue une petite troupe de théâtre. On s'amuse à monter des charades et même des pièces, en utilisant des costumes du temps de la reine Hortense trouvés dans un grenier. Dans *Télémaque*, comédie en vers de Verconsin, Conneau interprète superbement le rôle titre, Gégé Primoli est excellent en Mentor et Bourgoing s'est réservé la tâche ingrate du souffleur. Le Prince n'est que spectateur. Avec Espinasse et deux petits-fils de l'amiral Tréhouart, l'un saint-cyrien, l'autre élève à Navale, qui les ont rejoints pour quelques jours, c'est une joyeuse bande qui passe une partie de son temps sur le lac, à naviguer à bord du petit bateau à vapeur que l'Impératrice vient d'acheter pour son fils, ou à pratiquer la natation. Avec l'ardeur de cet âge, ils comparent leur style et mesurent leurs forces. Régulièrement ils se rendent au stand de tir au fusil de guerre d'Ermatingen où ils s'entraînent sur des cibles à but fixe avec des fusils suisses Vettreli.

Avec Ernest Lavisse, qui restera plusieurs semaines, Louis aura de longues conversations qui compléteront ses connaissances, car il est plus que jamais avide d'apprendre, et il apprécie l'esprit très clair de l'historien et sa vaste culture. Eugénie a fait installer, à proximité du château, trois bâtiments complémentaires, l'un pour les visiteurs, qui peut accueillir une vingtaine de personnes, un autre pour les hôtes « importants », le dernier, enfin, pour le personnel domestique. Elle peut ainsi tenir table ouverte, et les invitations se succèdent. C'est une partie de l'ancienne Cour qui se reconstitue autour d'elle. Même la princesse Mathilde se présentera, accompagnée du prince d'Orange. Arenenberg, lit-on dans *le Gaulois*, est alors « un petit Compiègne ». Mécontent de voir s'éterniser une brouille préjudiciable au parti et dont il souffre personnellement comme chef de famille et comme parent, Louis ne s'est pas opposé à une tentative de rapprochement avec le prince Napoléon, dont l'idée revenait à Mathilde. C'est chez elle, à Saint-Gratien, au cours de l'été, qu'il a délégué Filon pour le rencontrer. Mais l'entrevue n'a pas abouti, le prince Napoléon, toujours aussi ferme dans ses exigences, ses opinions et ses rancunes, n'ayant pas consenti la moindre concession. Filon le quitta, à la fois séduit par les éminentes qualités qu'on ne pouvait manquer de remarquer quand le Prince avait décidé de charmer, et très amer quant aux conclusions qui ne laissaient espérer aucune entente. Le prince Napoléon lui avait clairement fait comprendre ce qu'il pensait de Louis, qu'il tenait pour un jeune homme insignifiant, totalement sous la domination de l'Impératrice qui demeurait sa bête noire. Filon, mieux que quiconque, était à même de savoir combien ce jugement était inexact et injuste, mais il lui fut impossible de le faire admettre au prince Napoléon. Celui-ci ne voyait qu'une issue aux difficultés que rencontrait la cause de l'Empire, qu'une condition pour assurer son triomphe, c'était qu'elle lui fût confiée. En fait, il n'accordait de crédit qu'à lui seul. Il avait été jusqu'à remettre en cause le principe héréditaire de primogéniture dans le parti de l'Appel au peuple, suggérant que, le jour venu, celui-ci propose au plébiscite, non le chef de la maison impériale, mais celui de ses membres qui serait alors le plus capable de gouverner le pays, c'est-à-dire lui. Lorsqu'il exposait ses idées progressistes et anticléricales, on retrouvait le « prince de la Montagne » qu'il avait été sous la IIe République. Avait-il jamais changé ? Ce qu'il oubliait de rappeler, et Filon le lui laissa entendre, c'est qu'il avait peut-être « dernière lui une ou deux douzaines d'hommes d'esprit, tandis que le Prince impérial était suivi de plusieurs millions de Français ». Tenue au courant de l'échec de sa tentative, Mathilde s'est désolidarisée de son frère et, par sa présence à Arenenberg, a tenu à montrer publiquement son attachement à Louis et son respect du principe dynastique.

En ce mois de septembre, les espions de la police française dénoncent un important trafic, qui se ferait à Bruxelles, par l'intermédiaire d'un certain Charnet, de pièces d'argent de cinq francs, « à l'effigie de Napoléon IV », tandis qu'un autre est signalé quelques jours plus tard, également par la Belgique, concernant les contretypes d'une photographie du Prince « en costume d'officier d'artillerie de l'école de Woolwich », par Downey [1]. C'est au cours de ces vacances, qu'évoquant les attaques dont il est l'objet de la part des radicaux et de la gauche en général, Louis confie à ses intimes : « Ce n'est pas avec la haine qu'on gouverne. Si le peuple me rappelait, je voudrais effacer de la langue française les mots " exil " et " proscription ". Il ne faut regarder en arrière que pour y chercher des exemples et des leçons et non des sujets de vengeance et d'amertume. »

Une initiative pour le moins surprenante venait d'être inspirée à la reine mère d'Espagne, Isabelle, alors en villégiature à Baden, près de Vienne, où elle prenait les eaux. Des raisons familiales et dynastiques avaient interrompu quarante ans plus tôt les relations que la famille royale espagnole entretenait avec les aînés des Bourbons lorsqu'au mépris de la « loi salique », elle avait été proclamée reine. Quelle ne fut pas la surprise du comte de Chambord, au cours de cet été 1875, de recevoir une lettre de la reine, sa cousine germaine, sollicitant une entrevue. Toujours très déférent, mais assez peu désireux de recevoir une parente dont la réputation d'originalité n'était plus à faire, le Prince lui adressa un de ses gentilshommes, le comte de Monti de Rézé, qui vint à Baden déposer aux pieds de la reine détrônée les hommages de son maître et s'enquérir des motifs importants qui la préoccupaient. Ce n'est pas sans réticence que celle-ci accepta de se confier à un autre que son cousin, mais il fallut bien s'y résoudre. Après avoir souligné que le comte de Chambord n'avait pas d'enfant, et proclamé la « sympathie admirative » que l'impératrice Eugénie et son fils vouaient à celui qui aurait pu être Henri V, la conclusion de la Reine était que « si le comte de Chambord adoptait le Prince impérial, un cri d'enthousiasme s'élèverait dans toute la France et les conséquences immédiates de ce grand acte s'imposeraient [2]. » Le représentant de l'aîné des Bourbons dut avoir du mal à conserver son sérieux. En réponse, le Prince fit savoir à la Reine que les lois dynastiques ne l'autorisaient pas à choisir son successeur et que, puisque hélas, il n'avait pas d'enfant, la providence seule pourrait y pourvoir.

Il va sans dire qu'Eugénie et Louis n'étaient pour rien dans les élucubrations de la vieille dame et n'avaient pas été tenus

1. Archives de la Police, Paris, 1468 et 1473.
2. Comte de Monti de Rézé, *Souvenirs sur le comte de Chambord*, p. 87-88.

au courant de la démarche qu'elle s'était, seule, aventurée à tenter. L'Impératrice n'avait jamais caché ni ses sentiments légitimistes, ni la considération qu'elle éprouvait pour la personne du comte de Chambord. Que Louis doive entrer en compétition avec lui n'avait jamais été pour lui plaire, aussi avait-elle été soulagée lorsque, par son refus d'abandonner le drapeau blanc, ses dernières chances de régner s'étaient évanouies. Par ce geste, il avait laissé la place libre pour le Prince impérial, mais de là à envisager une adoption, seul l'esprit un peu dérangé de la reine Isabelle avait pu l'imaginer.

En octobre, Espinasse, profitant d'une longue permission, avant de rejoindre son régiment, vient passer plusieurs semaines à Camden. C'est l'automne triste et gris du Kent, cette saison qui fait horreur à Eugénie. Infatigables cavaliers, malgré la pluie et la boue, Louis et son ami parcourent la campagne en longues randonnées. Toujours heureux de se dépenser physiquement, Louis profite de la présence d'Espinasse, d'une force à peu près égale à la sienne, pour se mesurer à lui avec les différentes armes blanches qu'il pratique. Il dispose de panoplies complètes, fleurets, épées, sabres, javelots, lances indiennes. Dans la salle à manger dont on a repoussé la table et les chaises contre les murs, sous la conduite du maître Bertrand, qui vient plusieurs fois par semaine de Londres, ils multiplient les assauts. Ils iront jusqu'à s'affronter, à cheval, à la lance et au sabre. Malgré leur sang-froid et leur habileté à manier les armes, la passion qui les anime peut rendre les exercices dangereux, comme le jour où le Prince blesse légèrement Espinasse au bras. On parla de duel, il n'en était rien. Lorsqu'il pleut trop, ils jouent à des jeux militaires comme le Kriegspiel, que Louis a pratiqué à Woolwich, ou, avec un immense plan de la région parisienne étalé sur le billard, à l'aide des deux volumes du général Vinoy, ils refont le siège de Paris que Louis illustre, à l'étonnement ravi d'Espinasse, de combats ou de silhouettes militaires qu'il esquisse avec une étonnante sûreté de trait.

L'hiver suivant va marquer le début d'une nouvelle époque dans la vie du Prince. Libéré de toute contrainte extérieure, il prend son destin en main. Refusant de se rendre au vœu de nombreux partisans, il a repoussé la constitution d'une maison civile et d'une maison militaire, qu'on lui conseillait, formées d'hommes déjà rompus aux affaires, à la politique et aux intrigues, dont il a redouté de devenir rapidement le prisonnier. Il préfère rester seul, en position d'arbitre du parti, libre de solliciter, à son gré, les avis des uns ou des autres, parmi lesquels il choisira. N'ayant pas la charge de gouverner, il estime ne pas avoir besoin d'un cabinet. Il se contente d'un secrétariat assuré par le dévoué Franceschini Pietri, arrivé très jeune aux Tuileries comme copiste du courrier de Napoléon III, auquel il a consacré sa vie et dont il est rapidement devenu un intime collaborateur. « Vous aviez toute la confiance de l'Empereur, lui a écrit le Prince, vous avez aujourd'hui la mienne. »

Certains s'étonnent de la vie austère qu'il mène, surprenante pour un garçon de son âge. Que de calomnies elle fait naître ! L'Impératrice le chambrerait, lui refuserait jusqu'à son argent de poche. Ne pouvant payer son écot, sa fierté l'empêcherait de sortir avec ses amis et le condamnerait à la triste solitude de Camden Place. La réalité est tout autre. Cette retraite n'est qu'apparente et c'est lui qui l'a choisie. Il n'a pas renoncé à mener une vie conforme à son rang. Il ne boude pas la Cour où la Reine l'accueille très volontiers et le traite avec beaucoup d'affection. Le prince de Galles l'a parrainé dans plusieurs clubs élégants de Londres. Il participe volontiers à des chasses et, s'il accepte, plus rarement, de se rendre à des dîners et à des bals, c'est parce que son goût ne l'y porte pas et qu'il pense pouvoir mieux occuper son temps. Il refuse d'être seulement un jeune homme à la mode, que se disputent les salons et qui gaspille sa vie en activités futiles. Eugénie le confie à un intime : « Vous êtes complètement dans l'erreur si vous croyez que je suis pour quelque chose dans le genre de vie qu'il a. Il fait ce qu'il veut, complètement. Mais on s'est tellement occupé de lui tracer une ligne de conduite autre que celle qu'il veut, qu'il ne souffre pas qu'on le pousse dans telle ou telle direction. Il aime le travail et je crois que le mieux pour tous c'est qu'on lui laisse choisir sa vie. C'est ce que je fais, d'autant mieux qu'il est la raison même [1]. » De son côté, Louis écrit à Filon, en décembre 1875 : « Si, sans me détourner de ma route, je franchis les obstacles, j'aurai la satisfaction d'avoir continué l'œuvre de mon père. » Tel est le but qu'il souhaite pouvoir atteindre si les circonstances le lui per-

1. Inédit, archives privées.

mettent et auquel il continue, inlassablement, à se préparer. Crayon en main, il a entrepris la lecture des trente-deux volumes de la correspondance de Napoléon Ier qui devrait être, écrira-t-il à Conneau, « le bréviaire des hommes de guerre ». Mais il étudie aussi les grands économistes du passé, comme Quesnay, Turgot, Saint-Simon, dont l'influence sur son père a été si grande, ou les contemporains, Proudhon et même Karl Marx. Plusieurs fois par semaine, il suit à Londres, les cours d'un professeur de droit, et pour se distraire lit Zola, qu'il trouve trop violent et outré dans sa dramatisation de la vie populaire.

Camden est devenu un rendez-vous de visiteurs très variés. Des membres influents du parti, des journalistes, aussi bien que d'anciens fidèles dont l'expérience n'est pas négligeable s'y succèdent. Au premier rang, Rouher, chef pratiquement incontesté des impérialistes, encore que son autoritarisme comme sa prudence soient jugés excessifs par certains, notamment par Granier de Cassagnac, qui le déteste. Il faut citer aussi Paul Merruau, le général Pajol, Ernest Pinard, Léon Chevreau d'Entraigues, Eschassériaux, Eugène Loudun, Jolibois. Et plus encore des jeunes comme Raoul Duval, orateur de talent qui par sa fougue commence à s'imposer dans les débats publics, dont le Prince apprécie l'enthousiasme autant que l'intelligence et qu'il se réserve d'utiliser. Tous il les impressionne, par l'étendue des connaissances qu'il a déjà acquises, la pertinence de ses remarques, l'attention avec laquelle il sait écouter. Il ne prend pas seulement des notes, il sollicite lui-même ses amis, maintenant officiers dans l'armée française, auxquels, plus qu'aux politiques, il a recours.

C'est à eux, garçons de son âge dont il connaît et apprécie la fidélité, le zèle et la discrétion, qu'il confie des missions d'information, adresse des questionnaires détaillés sur des sujets très divers, militaires bien sûr, mais aussi économiques et agricoles. Il n'oublie pas que la classe paysanne a été le plus constant et le plus ferme soutien de son père, et reste celui sur lequel sans doute, il devra compter. Louis Conneau, Jules Espinasse, Adrien Bizot, Scipion Corvisart, Pierre de Bourgoing seront à l'occasion des collaborateurs efficaces et contribueront à satisfaire le besoin du Prince d'approfondir, autant qu'il le peut, les problèmes, et d'étoffer les dossiers qu'il se constitue avec une soif toujours plus intense de savoir. Aux élus du parti, il demande des précisions sur leur département, se préoccupant des réalités sociales dont il ignore tout : les conditions de vie, les prix des denrées, le fléau que représente l'alcoolisme, les rapports de classes, l'influence des élites, la force de l'administration, le pouvoir du clergé. La religion occupe maintenant dans sa vie une place importante. Le temps est loin où il se satisfaisait de l'Histoire sainte que lui apprenait le bon abbé Deguerry. La piété naïve de son enfance s'est transformée en une foi profonde, inébranlable. La prière lui est nécessaire. Il est assidu à remplir ses devoirs religieux, non par respect de la discipline catholique mais par un besoin de son âme, et il rencontre régulièrement, à Londres, son confesseur le chanoine Tourzel, qui officie à la chapelle française de Portman Square. Parmi les prélats les plus écoutés durant le Second Empire, le cardinal de Bonnechose, archevêque de Rouen, occupe une place éminente. Louis sollicite ses conseils, qu'il apprécie comme chrétien, persuadé que sans l'aide de Dieu, il ne pourrait rien. « Qu'il m'accorde, lui écrit-il, la grâce de toujours bien remplir mon devoir. Je sens en effet combien j'aurai besoin de la protection divine pour agir toujours avec la sagesse et le courage nécessaires à celui qui peut être appelé à régner sur un grand pays. » Mais s'il a besoin du soutien de la foi, il n'a rien d'un bigot. Entièrement soumis aux prêtres en matière de religion, il n'entend pas pour autant que ceux-ci se mêlent de politique. A chacun son rôle. Il tient à une séparation très nette des influences. Aux hommes d'Église la piété, la morale et la charité, là se limite leur domaine et il a la ferme volonté d'y veiller.

Toutes ses correspondances sont acheminées par des amis sûrs, aucune n'étant confiée à la poste dont, à juste titre, on se méfie, car les écritures des habitants de Camden sont identifiées et les lettres seraient remises à la police. Le spectacle que donnent en France les affrontements politiques finit par écœurer le Prince. Ils ne sont pas seulement verbaux et ne se cantonnent pas à l'enceinte de l'Assemblée qui siège toujours à Versailles. La galerie des Pas perdus de la gare Saint-Lazare, où les députés attendent le train parlementaire en compagnie de partisans plus ou moins excités, est parfois le cadre de manifestations violentes qui peuvent aller jusqu'à des coups échangés entre adversaires rendus furieux, sous les yeux d'un public goguenard et d'une police impuissante. Si, publiquement, la lutte est ouverte entre Gambetta et Rouher qui ne perdent pas une occasion de s'affronter à la tribune, les louvoiements auxquels les bonapartistes sont contraints à la Chambre où ils ne sont pas suffisamment puissants pour agir seuls, déçoivent le Prince. Devoir associer ses votes tantôt à ceux de l'extrême droite contre la gauche, tantôt à ceux de la gauche contre les monarchistes de droite, lui déplaît. Mais, s'il est pur, il n'est pas naïf. Existe-t-il un autre moyen pour peser sur les décisions ? Ne faut-il pas nécessairement accepter ces compromis dont il a horreur ? « Si les hommes politiques, écrit-il à Émile Ollivier, avaient autant de droiture que vous, s'ils restaient aussi fidèles à leurs convictions que vous êtes resté attaché aux vôtres, soit dans le parti opposé, soit au pouvoir, le cruel spectacle que la vie parlementaire de l'Assemblée actuelle nous a offert aurait été évité au pays [1]. » Dans ce spectacle, il ne veut jouer aucun rôle, il préfère attendre que la France se lasse de disputes stériles que le maréchal de MacMahon, paralysé par sa fonction, est impuissant à empêcher. Alors, peut-être, son heure viendra.

Un deuil cruel est venu assombrir ce début d'année 1876. Le 9 février, à Séville, après quatre mois de mariage, la jeune duchesse de Medinaceli, Louise d'Albe, est morte brutalement. Louis avait pour elle une affection de frère. De tous ses cousins et cousines, c'était elle dont il se sentait le plus proche et il ressent de cette mort une immense douleur. Il en parle comme d'un « terrible malheur ».

Mais la politique reprend ses droits à la veille des élections législatives de mars. Certains impérialistes attendent un manifeste de sa part et voudraient le voir définir « ce que serait le troisième Empire ». Le Prince s'y refuse et s'en explique dans une lettre à Louis Conneau. Plutôt que de parler avant les élections, ce qui à son avis ne servirait à rien, il se réserve de le faire après, pour indiquer ce que devra être la politique des élus bonapartistes à l'Assemblée. L'étude très approfondie qu'il a menée, département après département, circonscription par circonscription, lui fait espérer au mieux soixante-dix députés, ce qui est peu, dans trente-cinq départements très

1. Inédit, archives privées.

attachés à l'Empire. Le scrutin d'arrondissement n'est pas favorable aux bonapartistes. Il en tire une conclusion : « Notre succès ne peut être que relatif. » Quant à publier un manifeste, il estime que l'heure n'en est pas venue. Son recours sera le plébiscite, qui ne peut encore être envisagé. Inutile de hasarder vainement ses chances. Il faut attendre. « Dire quelle sera ma politique à l'égard de l'Allemagne ? Ce que je pense sur la loi militaire ? La loi sur l'enseignement ? Sur les questions religieuses ? Sur les questions ouvrières ? Mais ce serait m'empêcher d'avance de résoudre ces questions. Il n'y a de bonnes innovations que des innovations hardies. Elles ne réussissent que lorsqu'on les introduit peu à peu. » On croirait entendre parler son père.

Un pénible affrontement, auquel il est sensible, va mettre aux prises deux candidats bonapartistes, et non des moindres, livrant en pâture au public et aux adversaires politiques un grave dissentiment, non dans le parti, mais au sein de la famille impériale. Rouher venait, avec l'appui de Louis, de se porter candidat à Ajaccio, lorsque le prince Napoléon, de son propre chef, rendit publique sa candidature au même siège. Impolitique – malgré son nom de Bonaparte –, puisqu'il n'a pas l'aval officiel du parti, et dans le berceau même de la famille – ce qui pouvait passer pour une provocation –, c'était plus que Louis n'en pouvait supporter. Déjà, avec un moindre retentissement, lors des élections aux conseils généraux, en octobre 1874, le prince Napoléon s'était présenté dans cette même circonscription d'Ajaccio, contre son cousin Charles-Lucien, candidat officiel du parti, soutenu par le Prince impérial qui l'avait fait savoir, et c'est ce dernier qui avait été élu. Furieux de ce résultat le bouillant prince Napoléon, dans une lettre publique adressée aux Ajacciens, avait mené l'attaque, déclarant : « Le fils de l'Empereur a parlé pour la première fois et c'est contre moi. » Suivait un exposé complet de sa doctrine, la seule, d'après lui, vraiment napoléonienne. Il rappelait que, sous l'Empire, il avait souvent condamné la politique de Napoléon III, et se félicitait de l'avoir fait, s'attribuant le succès de tout ce qui avait réussi, rejetant sur les autres les échecs du règne. Comme plaidoyer *pro domo*, on n'aurait pu mieux faire. « Deux politiques », avait-il écrit, étaient en présence ; derrière lui le parti du progrès, contre celui de la réaction. Un an et demi plus tard, il n'avait pas changé, et sa candidature, face à celle de Rouher, confirmait sa détermination de mener, contre celle du prétendant, sa propre politique. Sa décision étant rendue publique, il fallait que la réponse de Louis le soit aussi. Elle le fut. C'est profondément blessé qu'il se résolut à dépêcher Franceschini Pietri en Corse, porteur d'une lettre pour les électeurs. Le jeune chef de la maison impériale n'y mâchait pas ses mots. Après avoir dénoncé une candidature portée contre sa volonté, il signalait les dangers de « dissentiments nouveaux » lors de votes à l'Assemblée si le Prince devait être élu. Il ajoutait : « Lorsque l'Empereur vivait, son autorité n'était pas contestée au sein de sa famille. Moi, j'ai le devoir de constituer la mienne », et il engageait les Corses, « qui ont le sentiment du devoir et de l'honneur », à voter pour Rouher. « Ses longs et loyaux services, écrivait-il, son inébranlable dévouement, le rendent digne de représenter les idées napoléoniennes dans la ville napoléonienne par excellence. »

Ce fut le vieux serviteur de l'Empire qui réunit le plus de suffrages, mais l'effet avait été désastreux. Combien, parmi les électeurs favorables à l'Empire, qui avaient voté pour Rouher, étaient consternés d'avoir refusé leur voix à un Bonaparte ? Ne se tenant pas encore pour battu, le prince Napoléon éleva une protestation aussi véhémente qu'indignée, évoqua des irrégularités, exigea l'invalidation. Il devait l'obtenir. Rouher, qui s'était présenté simultanément dans plusieurs circonscriptions, avait été élu confortablement à Bastia et à Riom. C'est son arrondissement du Puy-de-Dôme pour lequel il va opter, et qu'il représentera à l'Assemblée. Les électeurs d'Ajaccio seront de nouveau convoqués le 14 mai, et le prince Napoléon, sans concurrent bonapartiste cette fois, sera élu.

Mais le scandale avait été complet. Les idées qu'il affichait, l'autoritarisme avec lequel il les défendait et les emportements violents, incontrôlés, qui rendaient tout commerce avec lui difficile pour qui n'était pas de son avis et osait le montrer, avaient achevé de le déconsidérer au sein du parti. Ce fut la rupture. A l'Assemblée où il siégera à gauche, il unira souvent sa voix à celles des républicains. Même s'il ne nourrissait aucune illusion sur la fidélité de son cousin à sa cause, une telle opposition, si nettement déclarée, a été très péniblement ressentie par le Prince impérial.

D'autres déceptions devaient lui apprendre à connaître les hommes sous leurs aspects les plus méprisables. De plus en plus, il est assailli de demandes, d'offres de service qui ne sont pas toujours désintéressées. Certains hommes politiques, qui ont été en place sous l'Empire, ne cachent pas qu'ils peuvent être à vendre. Une rente, osent-ils suggérer, ou bien ils se verront contraints, à leur grand regret, de servir la République. Le Prince les adresse à l'Impératrice, puisque c'est elle qui, sur sa fortune personnelle, assure une partie des dépenses réglées par Rouher pour la cause. « Nous regrettons bien, leur fait-elle savoir, de ne pouvoir payer votre dévouement aussi cher. » Si de telles demandes n'étonnent pas Eugénie, qui a appris jusqu'où peuvent aller l'ingratitude et la lâcheté, Louis en est choqué. Sa mère redoute plus que tout ces manœuvres dont il est la cible. Si mûr qu'il soit pour son âge, il suffirait de peu de chose pour lui faire commettre une imprudence qui pourrait se révéler fatale. Habilement sollicités, son sens du devoir et son audace suffiraient à l'entraîner. « C'est en s'adressant à un de ces sentiments, écrit-elle à sa mère, qu'on pourrait lui faire faire une folie, et il faut dire qu'il ne manque jamais d'intrigants qui jouent avec vous à pile ou face. » De là l'extrême réserve que Louis s'impose en face des nouveaux venus, nécessaire protection contre des gens peu scrupuleux qui seraient tentés de gager sur sa jeunesse et son inexpérience. Mais cela ne va pas sans dérouter parfois des interlocuteurs de bonne foi qui se demandent s'ils ont été entendus et compris. Ce sera le cas pour Ernest Merson qui, à la suite d'un entretien que lui a accordé le Prince, reçu par l'Impératrice, lui exprimera son sentiment : « Vous avez été content de mon fils ?

– Non, Madame.

– Et pourquoi donc ?

– Je suis venu, Majesté, apporter au Prince, au milieu d'observations pratiques, tout un programme d'organisation. Le Prince m'a écouté sans me répondre.

– Ah ! Ce n'est que cela ? Tant mieux. Vous m'avez effrayée. Le Prince est très réfléchi ; il vous a écouté parce que vous l'intéressiez. Il fera son profit de tout ce que vous lui avez dit, vous vous en convaincrez ce soir après dîner, car vous dînez à Camden [1]. »

1. Ernest Merson, *Confidences d'un journaliste*, p. 262.

Merson put constater, en effet, au cours d'une longue conversation tête à tête qui suivit le dîner, combien Louis, de silencieux, était devenu communicatif. La rapidité avec laquelle il avait assimilé les propos de son visiteur, auxquels il avait ajouté le fruit de sa propre réflexion, dénotait « une lucidité vraiment rare », qui confondit le journaliste.

Dès le premier tour des élections, le 20 février, on pouvait se rendre compte que le Prince impérial avait vu juste. Le 5 mars, les résultats du second tour confirmeront ses prévisions. Soixante-quinze députés bonapartistes vont se retrouver à l'Assemblée. Il y avait de grands battus, comme Ernest Pinard, dont Louis avait vivement souhaité le succès car, parmi les hommes du passé, celui-là avait sa confiance. Il lui exprime sa reconnaissance d'avoir vaillamment soutenu, en Saône-et-Loire, département réputé difficile, la cause de l'Appel au peuple. « Les efforts tentés de toute part pour la faire triompher, lui écrit-il, ne seront pas stériles, si tous ceux qui ont combattu pour elle, avec des fortunes diverses veulent, comme je l'espère, continuer leur œuvre avec persévérance et fermeté [1]. »

Si le premier Sénat de la République, élu en janvier au suffrage restreint, est conservateur, sous la présidence du duc d'Audiffret-Pasquier, à la Chambre des députés, une nouvelle majorité, républicaine cette fois, est sortie des urnes, et elle élit comme président le modéré Jules Grévy. Celui-là n'est pas sectaire. Le Prince ne peut oublier qu'en août 1870, bien que dans l'opposition, il aurait accepté de se ranger derrière la régente pour la constitution d'un cabinet d'union nationale. Les battus de ces élections sont les monarchistes qui n'ont plus de chef véritable, mais qui est vraiment vainqueur? Thiers a beau déclarer « La République est ce qui nous divise le moins », les républicains n'en sont pas moins tiraillés entre leur gauche et leur droite, et Gambetta lui-même a le triomphe modeste. A la Chambre, les empoignades sont fréquentes, les séances dégénèrent et les injures font partie du vocabulaire courant. Triste spectacle pour le public. Après les dix-huit années du Second Empire, et malgré les cinq milliards d'indemnité payés à l'Allemagne, la France est prospère. L'image que lui donne l'Assemblé est déroutante pour le pays

1. Collection privée.

qui finit par s'en désintéresser. A l'exception des grandes villes, Fidus constate que la province est « morte à la politique. On devient indifférent à tout; on a du dédain, du dégoût même de la République, on ne désire pas mieux que d'en être débarrassé, mais on ne fera pas un pas et un geste pour quoi que ce soit ».

Au sein du parti bonapartiste, on est tout aussi divisé. Certains sont d'avis d'attendre les erreurs que ne peut manquer de faire le gouvernement et que la France en soit lasse. D'autres, véhéments, font savoir au Prince impérial, qu'il n'y a pas une minute à perdre et qu'il faut tenter un coup de force. L'armée, surprise, n'est pas encore attachée à la République, de nombreux généraux, formés sous l'Empire, nostalgiques d'un régime d'ordre et d'autorité, seraient, affirment-ils prêts à appuyer une prise du pouvoir. On cite les commandants des corps d'armée de Lyon, Rouen, Châlons, Bourges, mais il y en a beaucoup d'autres qu'on pourrait gagner. Leur crainte est que le nouveau gouvernement change les généraux, élimine ceux qu'il redoute : l'occasion serait perdue. Ils envisagent même de pressentir le maréchal de Mac-Mahon et, s'il est hostile à leur projet, de s'entendre avec la gauche pour le renverser. Il serait remplacé par un civil auquel l'armée n'obéirait pas volontiers et le Prince aurait sa chance. Il y a beaucoup d'exaltation dans ces projets et Louis a la sagesse de ne pas les adopter, quoi qu'il puisse lui en coûter, au moins pour l'instant. S'il en approuve l'idée, il estime qu'il est trop tôt pour la mettre à exécution. Sans doute aussi se trouve-t-il trop jeune pour pouvoir s'imposer au pays dans de telles conditions. S'il lui est permis de faire un pas en avant, « il lui est interdit d'en faire en arrière ». Appuyé par les radicaux, un nouveau ministère, en partie conservateur, confié à Dufaure, « a rassuré par un programme somnolent », avec la bénédiction du maréchal qui aurait déclaré : « Qu'on ne me parle pas de politique, cela ne me regarde pas. »

Avec le début de la « season », Louis, sur les instances de sa mère a accepté quelques invitations, à des chasses, à des spectacles, aux courses, mais c'est avec plus de satisfaction qu'il gagne Aldershot pour sa période annuelle. De là, il part directement pour Arenenberg où il retrouve l'Impératrice et des invités, de plus en plus nombreux. Parmi eux, le sous-lieutenant Espinasse, qui dispose d'un long congé, le duc et la duchesse de Mouchy, celle-ci la plus proche d'Eugénie parmi les membres de la famille de l'Empereur, le prince d'Orange, fils de la reine Sophie, que son teint bilieux a fait surnommer « Citron » par les humoristes des salons parisiens où il passe le plus clair de son temps, les Metternich, qui rappellent les jours heureux, lorsque l'ambassadrice régnait sur les distractions de la Cour. Espinasse la trouve « franchement laide », avec des circonstances atténuantes : « bouche à grosses lèvres, mais avec de jolies dents, yeux petits et charbons, mais pleins d'âme ». Avec cela, « tellement d'esprit, de vivacité et de gaieté originale, qu'elle (est) séduisante au possible ». Pour un garçon de vingt-deux ans qui parle d'une femme de quarante, le compliment a son prix.

Les rapports des espions se font plus fréquents, plus précis. Le policier Lombard en signe un de quatorze pages, dans lequel il recense méthodiquement tout ce qui existe à Ermatingen. Énumération des domestiques, des fournisseurs, des habitants du village, jusqu'à la voiture de louage du dénommé Ammann, qui fait la navette jusqu'à Constance. Sa conclusion est pessimiste : « Surveillance disons impossible, du moins très difficile. » Il signale pourtant une excursion de quelques jours du Prince, « avec MM. Conneau et de Bourgoing ». Grand émoi le 28 septembre. On aurait appris à Constance, « que le maréchal de Mac-Mahon et le général Bourbaki étaient venus rendre visite à l'ex-Impératrice et à son fils. Ce bruit, qui ne repose sur aucune base, semble prendre une certaine consistance [1] ». Le fin limier qui signe ce rapport est sur les dents. A l'évidence il n'en était rien, mais la police française, comme toujours, se tenait à l'affût, guettant, craignant un complot.

D'Arenenberg, Eugénie et Louis ne rejoindront pas l'Angleterre où rien ne les oblige à rentrer. L'Impératrice a projeté un voyage, à titre strictement privé, en Italie. A Louis, elle a fait miroiter la visite des champs de bataille de la campagne de 1859 contre l'Autriche. Il n'y a rien, sans doute, qui puisse être de nature à l'intéresser davantage. Ils pourront passer tout l'hiver dans la péninsule, échapper à une saison si triste dans les brumes anglaises, rencontrer les nombreux membres italiens de la parentèle Bonaparte, ce qui ne manquera pas d'agréments. Pour l'accompagner, Louis a choisi

1. Archives de la Police, Paris, 1490.

« Chino » Murat, que ce voyage va consoler de son échec à Saint-Cyr, et Espinasse, dont le père a été tué à Magenta. La suite de l'Impératrice, plus nombreuse, comprendra les Clary, Mme Lebreton, le docteur Conneau, Marie de Larminat et le comte Primoli.

Partis en voiture d'Arenenberg le 9 octobre, les voyageurs, après avoir franchi le col de Splugen, gagnent par le lac Majeur Bellagio puis Lecco d'où, le 11, le Prince et ses deux compagnons vont s'élancer vers Magenta où ils arriveront le lendemain. Les noms des victoires paternelles sont, depuis sa petite enfance, inscrits dans la mémoire de Louis. Ils éveillent en lui des échos glorieux. Avec Espinasse, toujours bien documenté, il va revivre, dans les moindres détails, les épisodes de chaque bataille. Leur premier geste est d'aller s'incliner devant la stèle qui marque, dans un champ, près de la ville, à la fourche d'un chemin menant à Marcallo, l'endroit où le général Espinasse a trouvé la mort. Puis, chargeant au pas de course, comme l'avaient fait les zouaves entre le passage à niveau du chemin de fer et la première maison de la ville, ils revivent intensément le grand moment de l'assaut. Après la traversée de Magenta, ils veulent voir tous les sites du combat, San Martino, Buffalora, Ponte di Magenta, évoquant au passage les héros morts, le colonel de Senneville, le commandant Maud'huy et beaucoup d'autres dont les noms leur sont familiers. Solferino les retient moins longtemps, mais leur enthousiasme est le même. Là, les deux empereurs s'étaient affrontés, chacun commandant ses troupes, et la victoire remportée par Napoléon III en personne était incontestable. Minutes exaltantes pour ces jeunes gens également passionnés, tous les trois soldats dans l'âme. Après s'être beaucoup dépensés, ils apprécient le déjeuner rustique que leur propose une trattoria du petit village de Rivoltella. « Assis sous une tonnelle au bord du transparent lac de Garde, avec devant nous le lumineux paysage de son cirque ayant les crêtes des Alpes pour fond, écrit Espinasse, nous trouvions la vie belle. Nous étions pleins de jeunesse, de force et d'espoir [1]. »

Poursuivant leur voyage, ils visitent Vérone, s'attardant à étudier les fortifications « maximiliennes », à l'autrichienne, qu'ils comparent aux fortifications françaises à la Vauban, à l'avantage de celles-ci. Redevenus touristes admiratifs des

1. Général Espinasse, *Mémoires*, p. 328.

chefs-d'œuvre de l'art et des merveilles du passé, ils s'attardent trois jours à Venise. Eugénie, qui n'a pas oublié son voyage de 1869, en route pour l'inauguration du canal de Suez, a vivement conseillé à Louis de pousser jusque-là. Le 16 octobre, ayant fait ses adieux à Espinasse qui rentre en France où il reprend son service au 85e régiment d'infanterie, Louis, accompagné du seul Chino, rejoint sa mère à Milan. Jusque-là, il a voyagé incognito sous le nom de comte de Pierrefonds, mais, dans la capitale de la Lombardie, c'est le fils du libérateur du territoire national qui va être accueilli chaleureusement. La municipalité a mobilisé toute la population pour fêter ses illustres visiteurs, et le maire est heureux de les informer qu'une colossale statue équestre de Napoléon III a été commandée à la Grande Fonderie de Florence, pour être bientôt érigée sur l'une des places principales de la ville. Le lendemain de son arrivée, le Prince impérial rend visite au prince Humbert, fils aîné de Victor-Emmanuel II, de passage à Milan, qui a désiré le rencontrer.

Le voyage, qui devait être touristique, familial et privé, prend un aspect plus officiel qui se confirmera le vendredi 20, lorsque les voyageurs arriveront à Florence. A leur descente de wagon, la foule est si dense, si enthousiaste, si démonstrative, qu'il est difficile de gagner les cinq voitures aux livrées du comte Rasponi, descendant de Murat, qui attendent devant la gare, puis de se frayer un chemin jusqu'à la villa Oppenheim que l'Impératrice a louée pour l'hiver, devant laquelle une fanfare militaire leur donne l'aubade. Pendant plusieurs semaines, les fêtes vont se succéder dans les palais des principales familles patriciennes, et le Roi lui-même se présentera à la villa Oppenheim, pour saluer l'Impératrice. Le gouvernement français suit de très près la situation créée par la présence en Italie de l'ancienne souveraine et du prétendant. On ne sait pas encore si le Prince poussera jusqu'à Rome, mais nul ne peut ignorer qu'il est le filleul du pape Pie IX. On est donc fondé à penser qu'il souhaitera se présenter à son parrain. La vacance de l'ambassade près le Saint-Siège n'arrange pas les choses, et le chargé d'affaires, en l'absence du nouvel ambassadeur, nommé mais non encore arrivé, de même que le marquis de Noailles, accrédité au Quirinal, adressent au duc Decazes, leur ministre, dépêches sur dépêches.

Le 1er novembre, l'ambassadeur de France, le baron Baude, arrive à Rome et, le lendemain, le cardinal Lucien Bonaparte sollicite directement du pape une audience pour son filleul, que le pontife ne peut ni ne veut refuser. C'est ce qu'il confirmera lui-même le 3 au baron Baude. Celui-ci en a immédiatement informé son ministre ; il ajoute que cette visite sera suivie de celle de l'Impératrice dont les appartements sont préparés, précise-t-il, au palais Gabrielli. Pour rassurer Decazes, il commente : « Le spectacle du fils de Napoléon III agenouillé devant Pie IX n'a rien d'alarmant pour les esprits élevés, et je suis persuadé que le filleul de Sa Sainteté trouvera là une grande leçon et aucun encouragement. » Quant au gouvernement italien, il a fait savoir au marquis de Noailles que son attitude se limiterait « envers l'Impératrice (aux) égards naturels et (aux) devoirs de la courtoisie ».

Le 4 novembre, presque entre deux trains, le Prince impérial se présente au Quirinal pour rendre à Victor-Emmanuel, arrivé la veille dans la Ville éternelle, la visite que celui-ci a faite à sa mère quelques jours plus tôt. De là il retourne à Venise qu'il tient à visiter plus en détail. Eugénie, quant à elle, reste à Florence dont elle goûte les charmes. Le 12 décembre, la mère et le fils se retrouvent à Rome, non chez le prince Gabrielli, mais à la villa Bonaparte où les accueillent le prince Napoléon-Charles et la princesse Christine, née Ruspoli. Le pape, le lendemain, recevra d'abord son filleul seul. A cette audience, le Prince ne voulait donner aucune portée politique. Il le confirme dans une lettre à Tristan Lambert : « J'ai été déposer mes hommages au pied d'un saint vieillard, chef encore tout-puissant de la chrétienté. » Au cours d'une conversation tout amicale, il expose pourtant au pape ses conceptions des rapports de l'Église et de l'État, et ce qu'ils seraient en France sous un troisième Empire, qu'il voudrait, « comme le deuxième et le premier, protecteur de toutes les libertés utiles et surtout de celles qui aident à faire le bien ». Il attendrait en contrepartie que l'Église se tienne en dehors de la lutte politique. « Elle ne devrait, sous peine de perdre de son influence et de son prestige, s'inféoder à aucun parti. » Louis n'eut qu'à se féliciter de l'accueil de son parrain qui, en le quittant, lui déclara : « J'espère qu'un prompt retour vous ramènera en France ; je le souhaite à l'Église, je le souhaite à votre patrie, je le souhaite à l'Europe. » Le 16, c'est le tour d'Eugénie, qui est reçue au Vatican avec les honneurs souverains. Le pape n'oublie pas qu'en 1856 il lui a envoyé la Rose d'or.

Au cours de leur séjour à Rome, le Prince et sa mère sont l'objet d'attentions particulières de la haute société. D'ordre de leurs souverains, les ambassadeurs des principales couronnes se sont fait inscrire au palais du prince Napoléon-Charles dès l'arrivée de l'Impératrice. Ils seront les premiers à accepter les invitations aux réceptions que les familles descendant ou alliées des Bonaparte donneront en l'honneur d'Eugénie et de Louis, les Campello, les Pepoli, les Roccagiovine. L'Impératrice et son fils seront encore accueillis au Quirinal par le prince et la princesse de Piémont, Humbert et Marguerite, héritiers de la couronne.

De retour à Florence, où il va passer les trois premiers mois de 1877, Louis renoue avec plaisir, quand il ne fait pas simplement leur connaissance, avec ses nombreux cousins italiens qui se mobilisent pour le rencontrer, se relaient pour l'accompagner, s'emploient à lui faire visiter tout ce qui est de nature à l'intéresser ou à lui plaire. De son côté, le docteur Conneau tiendra à lui présenter d'anciens amis de l'Empereur, comme le vieux comte Arese, qui s'improvisera cicerone pour le guider dans les incomparables musées ou galeries privées, voire dans les ateliers d'artistes attirés par la lumière de Toscane. C'est lui qui réussira à le convaincre d'accepter quelques leçons d'un peintre déjà célèbre, mais le Prince, quels que soient ses dons, redoute de se laisser aller à une vocation artistique. « Si je m'abandonne à ce penchant, je serai attiré plus loin que je ne voudrais, a-t-il confié un jour à Pietri, et je négligerai mon métier. » Il lui faut choisir, et son destin, il en a la certitude, est ailleurs.

Victor-Emmanuel était venu à la villa Oppenheim, Eugénie lui rendit sa visite au palais Pitti. Elle fut reçue dans un salon orné, sur tous les murs, de portraits de princes allemands, Guillaume Ier et son fils le Kronprinz, les rois de Bavière et de Saxe, mais également le prince de Bismarck et le maréchal von Moltke. Il n'y avait aucune image de Napoléon III, rien qui rappelât, chez le roi d'Italie, celui qui l'avait si efficacement aidé à libérer son pays de la domination autrichienne. Devant la surprise marquée d'Eugénie, à l'examen de ces visages, le Roi, gêné, lui demanda :

« Vous êtes étonnée de ce que vous voyez ?

– Non, répliqua l'Impératrice, je le suis de ce que je ne vois pas. »

Et elle prit congé.

Les distractions que Florence propose au Prince impérial, la sympathie qu'on lui témoigne, les attentions dont il est l'objet ne peuvent lui faire oublier l'évolution de la situation à Paris. En décembre, le cabinet Dufaure a été renversé et Mac-Mahon a appelé Jules Simon pour le remplacer. Plus à gauche que son prédécesseur, celui-ci va louvoyer entre les radicaux et les royalistes, conscient que l'adversaire le plus redoutable est le parti de l'Appel au peuple. Rouher vient rencontrer le Prince à Florence. A la veille de ses vingt et un ans, il faut décider quelle sera son attitude pour répondre à la conscription qui a été votée en juillet 1872, pour tous les jeunes Français. Ne touchant qu'un nombre réduit d'appelés par classe, on a institué un tirage au sort. La position du Prince avait été formelle après la mort de l'Empereur. Alors qu'aucune loi ne lui interdisait de venir en France, il n'était pas question pour lui de se présenter sur le sol national autrement que pour y régner. Mais la situation est nouvelle et préoccupe Rouher. Face à la loi, le petit-neveu de Napoléon Ier peut-il s'exposer à être déclaré réfractaire ? Que fera-t-il si son numéro est tiré ? Quelle étrange situation ce serait de voir le Prince impérial incorporé comme soldat de deuxième classe dans un régiment. Un général a émis l'idée que Louis pourrait se faire exempter de la conscription comme « fils unique de veuve », exemption prévue par la loi pour les jeunes gens soutiens de famille, mais cette possibilité lui a paru parfaitement ridicule. « Tout le monde sait, déclara-t-il à Rouher, que je ne fais pas vivre ma mère du travail de mes mains. » Dans cette expectative, on devait apprendre que le nom du Prince ne figurait pas sur les listes établies pour le tirage au sort du 2 février à la mairie du 1er arrondissement. Par une négligence administrative, on avait omis de l'inscrire, et il était trop tard pour réparer cet oubli tout à fait involontaire. Il devrait attendre l'année suivante pour satisfaire à la loi. Les journaux de la gauche ne perdent pas une si belle occasion et tentent, une fois de plus de le ridiculiser. « Une triste recrue dans tous les cas », lit-on dans *le Siècle* du 28 janvier, qui insinue que les médecins lui ont ordonné « un séjour dans un climat chaud » pour réparer une santé chancelante due aux excès paternels « d'un homme qui a abusé de la vie ». Explication tendancieuse du voyage en Italie. A de telles ignominies, que répondre ?

Louis éprouve une contrariété plus vive à la lecture, dans *la Nation*, d'un article maladroit paru sous la signature d'Augustin Filon. L'auteur reprenait un mot paru dans le *Times* : « We shall not fight [1] », et concluait son article en exprimant la certitude que l'Angleterre « sur terre et même sur mer était à ce moment, hors d'état de faire la guerre à une grande puissance ». Le Prince se sentit indirectement engagé par une telle publication, dans un journal de son parti et sous la plume de son ancien précepteur. Il était trop lié à l'armée anglaise, dont il portait même l'uniforme, pour ne pas être vivement blessé par un jugement aussi péremptoire dont l'origine pouvait lui être attribuée, ce qui ne serait pas sans le gêner vis-à-vis de ses camarades. Immédiatement il demanda à Rouher de faire publier, dans tous les journaux du parti, des articles qui devaient soutenir exactement le contraire, dont l'effet, espérait-il, annulerait celui qu'il déplorait. Mais en même temps, il voulut exiger de Filon un démenti formel de ses propres conclusions. Celui-ci refusa. Non qu'il ne se rendît aux raisons de son ancien élève quant à l'inopportunité de la publication de son article, mais il ne voulait pas revenir sur une opinion qu'il avait exposée en conscience, qu'il estimait fondée et qu'il maintenait. Les relations entre les deux hommes, quoi qu'il leur en coûtât, furent interrompues et tous deux en souffrirent. Mais chacun était trop entier dans ses sentiments, et il faudra, un peu plus tard, qu'une grave affection oculaire menace de cécité son précepteur pour que Louis lui témoigne, avec une générosité de cœur qui était un des traits de sa personnalité, une très affectueuse compassion.

Au début du mois d'avril, l'Impératrice poursuit, par le sud de l'Italie, Naples, la Sicile, puis Malte et Gibraltar, un voyage qui la conduira en Espagne où, entre autres projets, elle compte rendre visite à sa mère. Louis, ayant traversé Gênes, Munich et la Belgique, regagne Chislehurst où il arrive le 14 avril. Le premier rapport transmis à la police, à Paris, indique seulement : « Le Prince paraît jouir d'une parfaite

1. « Nous ne combattrons pas. »

santé et semble satisfait d'être de retour chez lui [1]. » Il va y trouver une lettre de la reine de Hollande, née Sophie de Wurtemberg, cousine germaine du prince Napoléon. Agée et malade, celle-ci tente un dernier geste, sur lequel elle demande à Louis le secret, pour amener un rapprochement, qu'elle souhaite ardemment, entre les deux cousins. Dans la réponse qu'il lui adresse, le Prince exprime à la Reine ses remerciements pour son « conseil affectueux sur une question délicate » et ses regrets de ne pouvoir déférer à son vœu en mettant fin à une brouille qu'il déplore. Il rappelle qu'il avait, en mars 1874, pris spontanément l'initiative d'une démarche « qui pouvait éviter une rupture et son retentissement pénible », mais que le prince Napoléon avait alors refusé la main qu'il lui tendait. Trois ans plus tard, la situation a évolué, les prises de position de son cousin, son activité à la Chambre, en contradiction, le plus souvent, avec les résolutions impériales, ne lui permettent plus de provoquer une réconciliation qui, pour le public, dépasserait le cadre familial. « On interpréterait ma détermination, ajoutait-il, comme une adhésion donnée à la politique de mon cousin, politique qui ne sera jamais la mienne. »

Au cours de son séjour italien, il a atteint sa majorité légale et, bien que cet anniversaire n'ait donné lieu à aucune manifestation, il est maintenant totalement libre de ses actes, le conseil de tutelle a cessé d'exister. C'est ce qu'il entend montrer aux responsables du parti avec lesquels il va s'entretenir de la situation en France qui a rapidement évolué. Dans l'entourage du président de la République, on sent venir une crise. Le jour où elle éclatera, il importe que le parti soit prêt et que le Prince puisse répondre « Présent », si son heure sonne. Assez peu apprécié du maréchal, le ministère de Jules Simon paraît de plus en plus contesté. Dès son origine, le gouvernement composite qu'il a formé s'est montré divisé. Son chef avait affecté de jouer les modérés avec la droite, tandis qu'il se présentait à la gauche comme un ardent républicain. Cette duplicité, dont on lui avait fourni des preuves, indisposait le maréchal qui n'attendait qu'une occasion pour clarifier la situation. Jugé trop tiède par Gambetta, Jules Simon n'offrait pas aux orléanistes des garanties suffisantes de neutralité. S'il ne mécontentait pas tout le monde, il ne satisfaisait

1. Archives de la Police, Paris, 1521.

personne. Lui-même se rend compte de l'inconfort de sa position : « Il est impossible de gouverner avec les républicains », aurait-il même déclaré. Mais alors, comme l'écrit Fidus : « Pourquoi s'est-il fait républicain ? » L'expérience ne semble pas faite pour durer. La Chambre donne de plus en plus le spectacle d'un champ clos où les orateurs des partis opposés s'affrontent en des joutes d'une violence extrême.

A l'instigation du duc de Broglie, le maréchal décide, le 16 mai 1877, de mettre un terme au ministère Jules Simon, en poussant celui-ci à donner sa démission. L'enjeu de la crise qui s'ouvre peut être le sort même de la République. A Chislehurst, la surveillance policière est renforcée et les rapports transmis à Paris sont parfois bi-quotidiens. Leur nullité est d'ailleurs affligeante. Il en ressort que le Prince ne sort presque pas « car le temps est affreux », qu'il ne reçoit pas de visites, à part, rarement, celles d'officiers anglais, et qu'il travaille avec Paul Merruau, installé à Camden pour plusieurs semaines, et Rouher, mais précise l'espion, « l'objet de ces entretiens n'est pas encore connu [1]. »

Ce à quoi s'astreint le Prince, c'est à reprendre en main le parti, dont les divisions lui paraissent insupportables, d'autant plus qu'elles s'étalent dans les différents journaux qui se réclament de lui. *L'Ordre*, organe presque officiel, que Rouher va confier à Merruau, *l'Autorité* de Cassagnac, qui a succédé au *Pays*, passé sous le contrôle du prince Napoléon, n'ont jamais marché du même pas. Trop de désaccords existent entre leurs dirigeants, sans parler des rivalités de personnes, et comment maintenir une ligne commune entre les autres feuilles bonapartistes, *l'Estafette*, pour la propagande, *le Petit Caporal*, de Perron, *la Nation*, de Raoul Duval, *le Droit du peuple*, de Jules Amigues, *la Patrie*, de Guyon, sans compter les innombrables *Abeilles* qui paraissent dans les provinces. Les impérialistes eux-mêmes sont toujours aussi partagés. Des exaltés suggèrent, dans le cas d'une dissolution de la Chambre, que le Prince maintenant majeur se porte candidat à la députation. Il renouvellerait le geste de son père en 1848, et suivrait ses traces. Député, président de la République, empereur. Les timorés penchent, au contraire, pour soutenir le maréchal jusqu'à la fin de son septennat, afin de donner à Louis le temps de mûrir. Celui-ci ne partage ni les illusions utopistes

1. Archives de la Police, Paris, 1544 à 1550.

des uns, ni la réserve des autres. Son constat de l'état d'avilissement de la France est amer : « Le mal qui tue la société française, c'est la disparition du patriotisme, c'est le mépris de la loi et de l'autorité. Le mal qui tue l'armée, c'est la disparition de l'esprit militaire. Pour porter remède à ces deux maux qui ont une même origine, une cause unique, il faut des réformes d'ensemble énergiquement conçues et vigoureusement exécutées. Ce sera l'œuvre, je l'espère, du troisième Empire ; en tout cas, ce sera mon but », écrit-il au baron de Bourgoing. Quant à lui, il a flairé le piège. Une attitude équivoque ne peut lui plaire, elle est trop éloignée de son tempérament. La politique qu'il a adoptée est claire. Il se soucie peu de tirer les marrons du feu pour un autre et n'a pas envie de contribuer à renforcer la situation personnelle du maréchal pour lui permettre de terminer tranquillement son mandat. « Une dictature du maréchal, écrit-il, serait pire pour nous que sa démission », et dans une autre lettre : « J'ai recommandé à nos amis de se tenir sur leurs gardes et de ne pas confondre la cause de l'Empire avec la cause du maréchal. Ce dernier est, au fond, mal disposé à notre endroit, il ne voit que son propre intérêt et perd la France. »

C'est le duc de Broglie qui va former un nouveau gouvernement, soutenu par les républicains modérés, dans lequel il donne des gages aux impérialistes. Brunet, ancien haut magistrat sous l'Empire, recueille l'Instruction publique et les Cultes, Fourtou reçoit l'Intérieur, le baron Reille, fils du maréchal, est nommé secrétaire d'État. Le parti de l'Appel au peuple peut envisager de marcher avec lui, si son objectif est de s'opposer aux radicaux et, si possible de les abattre ; mais il est exclu de favoriser une nouvelle tentative de restauration royaliste. Louis se souvient de la duperie dont ses amis ont été les victimes lors de leur union de vote avec les monarchistes pour faire tomber Thiers, qui a surtout conduit au rapprochement des légitimistes et des orléanistes, lequel s'est fait sur leur dos. Dans une lettre au rédacteur du journal du Puy-de-Dôme, Rouher, interprète de la pensée du Prince, écrit : « Le jour venu, il n'y aura en présence que deux formes de gouvernement, la République ou l'Empire ». C'est leur conviction, encore faut-il réunir les conditions pour y parvenir.

Dans la lutte qui se prépare à l'Assemblée, il faudrait une unité d'action et de vote chez les bonapartistes. Elle est loin d'être acquise et c'est ce que déplore le Prince. « Une dissolution prochaine m'effraierait, écrit-il à l'Impératrice toujours en Espagne, aussi ai-je pris des mesures pour qu'elle ne soit pas votée par nos amis à la légère. » Le jeu est entre les mains du maréchal qui doit, précise-t-il encore, « vaincre ou mourir ». C'est déjà, avec d'autres mots, la formule qu'emploiera bientôt Gambetta : « Se soumettre ou se démettre. » Sa conviction est que le président ne peut l'emporter qu'avec les bonapartistes, cela leur donne une certaine force, encore faut-il savoir la maîtriser. « M. Rouher, à qui j'ai donné des instructions précises à ce sujet, écrit-il encore, est pleinement de mon avis. Nous ferons notre possible pour maintenir nos amis dans le calme et pour les empêcher de se laisser entraîner par l'enthousiasme d'une prétendue victoire ; la bataille n'est pas encore livrée [1]. »

Ceux qui tenaient le maréchal pour le type même de la fidélité se sont déjà précipités au-devant de la main qu'il leur tendait, sans penser qu'il pouvait s'agir d'un leurre. D'anciens fonctionnaires de l'Empire, qui n'avaient pas voulu servir les deux ministères précédents, n'hésitent plus à poser leur candidature à des postes où leur expérience des affaires les rendrait éminemment utiles. Avant de gagner les départements où ils sont affectés, ils passent rue de l'Élysée, pour conférer avec Rouher et prendre ses instructions, mais beaucoup s'habitueront à servir l'administration républicaine.

Le 18 mai, trois cent soixante-trois députés, en majorité républicains, auxquels s'est joint le prince Napoléon, signent un manifeste d'opposition au ministère de Broglie et, en réponse, le maréchal ajourne la Chambre pour un mois. Dès son retour, le 22 juin, usant des pouvoir que lui donne la Constitution, il prononcera sa dissolution, et des élections seront annoncées pour le 14 octobre.

Seul à Camden, le Prince reçoit peu et ne s'autorise que de rares distractions, mais il fait exception pour les invitations de la Reine, à Windsor. L'espion précise dans une note : « Ses rapports avec la Cour sont excellents. [Vendredi] il a été très bien reçu par la Reine qui l'a retenu pour le lunch. On parle d'un mariage possible entre le Prince et l'une des filles de la Reine, la princesse Béatrix dit-on. » Au Gaiety Theater, il assiste à la représentation donnée par une troupe venue de

1. Archives nationales, 400 AP 75.

France, conduite par Frédéric Febvre, de la Comédie-Française. Reconnu, il est applaudi par les Anglais, mais des réfugiés de la Commune répondent par des sifflets accompagnés de « A Sedan ! A Sedan [1] ! » La haine ne désarme pas. On le voit aussi à Ascot, dans la *Royal Enclosure*, en compagnie du prince de Galles, de l'impératrice du Brésil et du duc de Cambridge.

Ce n'est que le 15 juillet, après une absence qui aura duré un an, que l'Impératrice rentre à Camden en voiture, avec les Clary. Pour écourter son voyage de retour, elle avait envisagé de traverser la France, et s'en était ouverte à Louis. La réponse du Prince avait été très ferme : « Quelque ardent désir que j'aie de revoir mon pays, je ne mettrai les pieds en France que pour y commander. Ma fierté s'arrangerait mal d'une situation forcément fausse. Je ne pourrais me résigner à coudoyer un tas de gens indifférents qui criaient autrefois " Vive l'Empereur ! " lorsque nous passions. Ce sentiment serait le vôtre dès que vous seriez entrée dans ce pays où vous avez régné vingt ans ! Je m'arrête pour ne pas influencer votre décision [2]. » Eugénie a suivi le conseil. Les rapports de la mère et du fils, maintenant inversés, sont toujours empreints de la même confiance, mais c'est l'Impératrice qui sollicite un conseil et c'est Louis qui inspire ce qu'il convient de faire.

On est loin des médisances si longtemps répétées qui ont fini par accréditer la légende d'une Eugénie autoritaire laissant son fils manquer de tout pour mieux le tenir sous sa dépendance. Ces bruits, ces calomnies ont tous la même origine, les prétendues confidences du comte de La Chapelle, qui détestait l'Impératrice, rapportées sans bienveillance dans sa biographie du Prince impérial, parue en 1890, avec plusieurs anecdotes, sans doute inventées, par Maurice Irisson « comte d'Hérisson », qui ne la détestait pas moins. Aucun des membres de l'entourage des exilés ne s'est jamais fait l'écho d'une contrainte qui eût pesé sur lui. Entre la mère et le fils, les relations ont toujours été empreintes de la plus totale confiance, d'une communion de pensée que tous les témoins de leur vie quotidienne ont confirmée. Les aspérités du caractère d'Eugénie, les réactions parfois brusques d'une nature

1. Archives de la Police, Paris, 1566.
2. Archives nationales, 400 AP 75.

exigeante et ardente, rendue irritable par les épreuves, et qui pouvaient aller jusqu'à la violence, n'avaient pas de prise sur son fils qui, comme l'eût fait l'Empereur, savait les contourner. Les discussions entre eux pouvaient être vives, car ils y mettaient toute leur passion, mais les conclusions les réunissaient dans une tendre complicité.

Reste la dépendance financière. Durant la minorité de son fils, il allait de soi que l'Impératrice, tutrice légale, était comptable de ses intérêts, lesquels se limitaient à la succession, d'ailleurs confortable, de la princesse Bacciochi, seule héritière d'Élisa, morte sans descendance en 1869, qui avait fait de Louis son légataire universel. Mais, à cette fortune, on ne touchait pas. Le train de vie de Camden était assuré sur les revenus personnels d'Eugénie. Aux dépenses de la petite Cour, à l'entretien d'Arenenberg, aux frais des voyages, aux invitations nombreuses, il fallait ajouter une contribution, parfois importante, aux sommes engagées par Rouher pour le parti, et le soutien financier d'œuvres diverses et d'anciens serviteurs des demeures impériales qui avaient perdu leur emploi et que l'Impératrice secourait. Dieu merci, elle était riche en Espagne, mais sa fortune n'était pas sans limites. Ayant connu dans son enfance une période de grande pauvreté, dont le souvenir lui était resté, elle en avait gardé un solide sens de l'économie domestique, qu'on aurait eu tort de lui reprocher. Comme tous ceux qui ont, un jour, manqué du nécessaire, elle ménageait un avenir qu'elle redoutait, peut-être à juste titre, et cet avenir était tout à Louis. Lui-même, jusqu'en 1870, a ignoré la valeur de l'argent. Confronté à un miséreux, ou même à un solliciteur, il vidait ses tiroirs. Eugénie pouvait, à bon droit, craindre qu'il ait hérité la prodigalité inconsidérée de l'Empereur et veilla donc, au moins au début de l'exil, à empêcher tout débordement, et à donner à son fils un sens plus réaliste des contraintes financières. L'argent de poche, certainement mesuré, mis à sa disposition, n'a pourtant pas fait l'objet de sérieuses critiques de la part de ses proches, à l'exception de Marie de Larminat, évoquant pour la déplorer la modicité des sommes alors allouées au Prince. Ni Filon, qui partageait sa vie, ni le comte Clary, qui fut pendant plusieurs années un mentor aussi vigilant que dévoué, n'ont émis la moindre réserve à ce sujet. Eugénie a été très vite rassurée, Louis faisait preuve, pour son âge, d'une sagesse, d'une prudence et même d'une rigueur qu'on eût pu qualifier d'exemplaires.

Lorsqu'il a quitté Woolwich, elle souhaita lui installer, à Londres, une résidence indépendante où il eût été chez lui, mais il ne pouvait s'agir d'un palais. Sa fierté, sans doute, le fit hésiter. Un établissement, si confortable soit-il, mais nécessairement modeste pouvait-il convenir au prétendant à l'Empire ? Finalement, il y renonça. Pour les études qu'il entendait poursuivre, Camden convenait parfaitement. N'ayant pas à soutenir un train de maison, il en resta donc à l'argent de poche. « Demande-moi », disait Eugénie, mais Louis n'aimait pas demander. Tout change au moment du voyage en Italie, lorsque, à sa majorité, elle lui fait ouvrir, chez ses banquiers MM. Baring, un crédit illimité. Il peut y recourir quand il veut et autant qu'il veut. Il en usera chaque fois qu'il en éprouvera le besoin, mais ce n'est pas encore « son » argent, c'est toujours celui de sa mère.

Pour sortir d'une situation qui pourrait, à la longue, devenir contraignante, la mère et le fils, en plein accord, demanderont en décembre 1878 à trois anciens ministres, MM. Busson-Billault, Grandperret et Pinard, avec l'assistance de Rouher, de revoir les conditions de l'indépendance matérielle de Louis. L'application des dispositions testamentaires de Napoléon III leur paraîtra irréaliste et ils conseilleront alors le partage de l'actif successoral de l'Empereur. Faisant comme si le testament de 1865 n'avait pas existé, on se conformerait aux dispositons communes, légales en la matière. Tout sera réglé au début de 1879.

CHAPITRE IX

VOYAGER

Avec la maturité, l'autorité de Louis s'est affirmée dans tous les domaines et avec tous. Il est, écrit Marie de Larminat, « fort et ardent, mélange exquis de fierté, de volonté tenace et dominatrice, avec toutes les grâces d'une bonté charmante et toutes les séductions de la jeunesse ». Devant l'accueil fait à son fils, en particulier par le public anglais qui l'acclame chaque fois qu'il se présente quelque part, Eugénie ne songe qu'à s'effacer pour lui assurer partout la première place. Après sa longue absence, il n'est pas question pour elle de quitter de nouveau l'Angleterre. Arenenberg restera donc fermé en 1877, et c'est à Camden que le Prince et sa mère vont passer un été très occupé à préparer les élections d'octobre.

Sans doute Louis se fait-il peu d'illusions sur le résultat d'une consultation populaire engagée dans de mauvaises conditions et dont la gauche, par une offensive énergique contre le maréchal, entend bien profiter. Gambetta se montrera tellement brutal dans ses propos qu'il sera même inculpé d'outrages au chef de l'État et déféré devant la justice. « A moins d'un bien grand bonheur, écrit le Prince à Conneau, la crise finale ne pourra être, quel que soit le résultat des élections, que retardée et non conjurée, aussi, je vous prie de le croire, aucune éventualité ne me surprendra [1]. » La crise finale, Louis entend par là le gouvernement confié aux radicaux qui ne pourront amener, pense-t-il, que ruine et

1. Inédit, collection privée.

désordre. L'application de leur programme provoquerait fatalement la désorganisation des grandes forces sociales. Alors, le Prince serait peut-être, selon la formule de l'Empereur, « la solution nécessaire ».

Plus que jamais, ses regards se tournent vers l'armée. Confidentiellement, il sollicite Conneau : « Je vous écrirai régulièrement tous les quinze jours en vous priant de me tenir au courant de ce qui a trait à la cavalerie. Si vous pouvez aussi me donner vos appréciations sur les personnes qui ont une situation dans votre arme, je vous en serai reconnaissant parce que le rôle d'un chef d'État et d'un chef d'armée est bien simplifié lorsqu'il connaît son personnel. Je vais faire la même demande à Espinasse en ce qui touche l'infanterie et à Bizot pour ce qui a trait à l'état-major [1]. » Est-ce assez clair ? Il veut se tenir prêt et savoir à l'avance sur qui il pourra compter.

En même temps, dans une longue lettre destinée au général Ney, prince de la Moskowa, ancien aide de camp de Napoléon III, il expose son point de vue sur la situation créée par l'initiative risquée du président de la République. L'éventualité qu'il redoute, mais qui lui semble probable, est celle d'un succès renouvelé des républicains, qui constituerait un désaveu formel du maréchal. Il n'imagine pas que celui-ci puisse se maintenir dans ces conditions sauf à satisfaire aux injonctions d'une Assemblée contraire aux opinions qu'il a toujours affichées. « Je croirais manquer au respect que l'on doit à un maréchal de France, écrit-il, si ma pensée s'arrêtait un moment à considérer l'hypothèse où le duc de Magenta, se soumettant au parti qu'il vient de combattre, se ferait l'instrument de la ruine du pays [2]. » S'il se démettait, livrant la France aux radicaux, le devoir de Louis ne serait-il pas de se manifester au peuple au nom du principe qu'il représente ? Il l'exprime fermement : « Le fils de celui qui a sauvé la nation de l'anarchie au 2 décembre, le petit-neveu de celui qui l'a sauvée au 18 brumaire, ne peut, sans faillir à son nom, voir le pays se perdre et rester inactif [3]. » Louis demande au général s'il le suivrait dans une telle aventure, et il ajoute : « Si vous approuvez ma détermination, si vous êtes disposé à en seconder le cas échéant l'exécution, je crois qu'il serait néces-

1. *Id.*
2. Archives privées.
3. *Id.*

saire de songer dès aujourd'hui aux moyens d'action qu'il nous faudra employer. » En complément à cette lettre, une note, juste esquissée, énumère les différents points du *modus agendi* qu'il a établi et qu'il soumet à son appréciation. Tout y est prévu : les relations avec les généraux capables de faciliter l'entreprise, les points de concentration des troupes engagées, le moyen le plus sûr et le plus rapide de gagner Paris si l'offensive débutait en province, le lieu de réunion des membres agissants du gouvernement, réduit à quatre ministres essentiels, la nécessité d'établir la liste des personnes à arrêter et des points stratégiques à occuper, enfin le contrôle à assurer des chemins de fer et du télégraphe pour paralyser toute résistance.

Louis a la certitude que l'Empire est le seul gouvernement capable de redonner à la France, dans le concert des nations européennes, la place qui lui revient. Les conversations qu'il a eues avec des diplomates de presque tous les pays le lui ont « prouvé jusqu'à l'évidence ». Sur ce point, n'a-t-il pas été volontairement abusé par ses interlocuteurs ? Il n'est que trop certain que l'Allemagne, en particulier, et l'Angleterre, sans doute, ne peuvent que se réjouir d'avoir pour voisin un pays affaibli par les fautes et les erreurs de la République. En ce qui concerne l'armée, le Prince pense qu'elle souffre d'être sous la dépendance « d'avocats, de journalistes et de bureaucrates » dont il faut l'affranchir. « L'armée, écrit-il, doit être en France la clef de voûte de la société comme en Allemagne, elle doit être respectée comme chez nos voisins et elle le sera si je m'assois jamais sur le trône de France [1]. »

Cette lettre, restée inachevée, n'a jamais été envoyée à son destinataire, mais le soin apporté par Louis à sa conception, comme à sa rédaction, indique l'importance qu'elle revêtait à ses yeux. Abondamment raturé et corrigé, le texte comprend trois brouillons successifs, de trois à cinq pages chacun, sur lesquels on peut suivre l'évolution de sa pensée et le souci de maîtriser ses expressions. On y décèle un être ardent et généreux, animé par le souci d'assurer la grandeur de la France et le bonheur des Français, l'un ne pouvant aller sans l'autre. C'est sa conviction, tel est le but de sa vie.

A-t-il pu nourrir, un moment, l'illusion qu'un tel projet aurait la plus petite chance de réussir ? Est-ce son réalisme

1. Archives privées.

qui, à la réflexion, l'a amené à y renoncer? Calquée sur le coup d'État du 2-Décembre, une telle tentative de s'imposer par la force, sans en avoir réellement les moyens, ne pouvait qu'être vouée à l'échec. Son père en 1851, président de la République, disposait du pouvoir exécutif, et ce n'était pas qu'une apparence. La situation aujourd'hui est toute différente. Lui ne pourrait compter, au mieux, que sur certains dévouements très limités. Absent de France, n'en ayant gardé que de lointains souvenirs d'enfance, comment le Prince eût-il apprécié les difficultés de l'entreprise ? Lancé dans l'aventure, il eût renouvelé les échecs de Strasbourg et de Boulogne, se fût déconsidéré et eût, sans doute à jamais, perdu sa cause. Rouher a-t-il été consulté sur cette initiative ? C'est peu probable. Il l'eût à coup sûr combattue.

Au cours de l'été, un deuil sensible le frappe dans ses plus chères affections. Fatigué, le docteur Conneau avait dû quitter l'Impératrice à Florence, quelques mois plus tôt, pour partir se reposer chez lui, en Corse, dans sa maison de La Porta. Apprenant que le vieux compagnon de Napoléon III, maintenant âgé de soixante-quatorze ans, l'ami des bons et des mauvais jours, qui n'avait presque jamais quitté l'Empereur depuis la mort de la reine Hortense, est malade, Louis lui écrit le 12 août une lettre chaleureuse dans laquelle, le sachant sans fortune, avec délicatesse il se met à sa disposition pour lui assurer les meilleurs traitements. « Que la question financière précise-t-il, ne vous arrête pas [1]. » N'est-ce pas la preuve qu'il a les moyens de l'aider ? Deux jours plus tard, le vieil homme est mort. Louis est profondément affecté par cette perte qui touche son meilleur ami. « Je viens, lui écrit-il aussitôt, pleurer avec vous celui que j'aimais autant que vous. Cette nouvelle douleur qui nous est commune me rend votre amitié plus chère encore que par le passé. La tristesse que j'éprouve me montre bien que j'aimais votre père comme un père. Vous, mon ami, laissez-moi vous aimer comme un frère [2]. » Sachant que, sur sa maigre solde d'officier, Louis Conneau aura la charge de sa mère et de sa jeune sœur Henriette, il ajoute : « Maintenant que vous êtes chef de famille, vous allez avoir

1. Inédit, collection privée.
2. *Id.*

bien des difficultés et bien des embarras, je vous en prie, souvenez-vous de moi et comptez sur moi. »

Une grande désillusion va suivre lorsqu'il apprend, quelques jours plus tard, que Louis Conneau a contracté une importante dette de jeu qu'il est dans l'impossibilité de régler. N'osant s'adresser personnellement au Prince, dont il connaît la rigueur, et devinant la brutalité du coup qu'il va lui porter, c'est au comte Clary qu'il a demandé d'intervenir en sa faveur et de plaider sa cause. Louis ne songe pas un instant à se dérober devant la détresse de son ami, mais il a une aversion profonde pour le jeu et ne montre aucune indulgence pour ces sortes de faiblesses qu'il juge indignes. Il n'y a pas si longtemps, il a offert à Conneau son épée d'ordonnance, en souvenir des nombreuses années durant lesquelles ils ont mesuré leurs forces dans des jeux d'inspiration guerrière. Dans la lettre qui lui annonçait ce cadeau, il indiquait : « Sur un des côtés de la lame, je fais graver la dédicace et, sur l'autre un vieux cri de guerre de France, que je désire vous voir prendre pour devise : “ Passavant le meillor. ” Vous passez avant le meilleur dans mon amitié : c'est pourquoi je souhaite que vous passiez aussi avant le meilleur sur le champ de bataille, et partout où le devoir peut vous appeler. » Et voici que Conneau, cet autre lui-même, n'est plus le meilleur, s'est laissé pervertir par le démon du jeu, et se montre indigne de sa confiance. Son amertume s'exprime dans la réponse qu'il adresse au comte Clary, car il ne veut pas faire lui-même à Conneau les reproches qu'il mérite. « Écrivez-lui de ma part que les joueurs n'ont jamais réussi qu'à se ruiner et à éteindre dans leur cœur les nobles aspirations qui vous soutiennent et vous guident dans la vie. Envoyez-lui la somme qu'il doit le plus promptement possible et gardez cette affaire secrète. » Il ajoute : « Vous savez la mort de M. Conneau, j'espère qu'il a ignoré la faute de son fils. Si Conneau se corrige, comme je l'espère, ce premier faux pas, que je suis prêt à oublier, n'a pas de gravité, mais qu'il se garde de toucher une carte de sa vie. L'occasion est assez solennelle pour qu'il prenne avec sa conscience un engagement qu'il gardera [1]. » Clary eut-il le temps de s'acquitter de cette ultime mission de confiance ? Lui-même va s'éteindre brutalement le 14 septembre, privant

1. Inédit, collection privée.

le Prince d'une amitié vigilante autant que discrète, et d'un dévouement sans bornes.

Une autre mort a fait plus de bruit, mais n'a provoqué aucune émotion. Survenant à la veille d'une ultime combinaison qu'il tramait contre le maréchal, le décès de Thiers, le 3 septembre, laisse la France indifférente et sa disparition n'inspire aucun regret. Le gouvernement est très occupé à tenter de sauver ce qui peut encore l'être, et il utilise tous les moyens qui sont à sa disposition pour effrayer les électeurs. Le cri le plus répandu est « Mac-Mahon ou Gambetta », ce qui signifie : ordre ou révolution. Le maréchal a déclaré publiquement qu'il n'accepterait jamais d'être un instrument entre les mains des radicaux et n'abdiquerait pas davantage les pouvoirs que lui donne la Constitution. Au cours de la campagne, les candidats de l'Appel au peuple ont marché comme un seul homme contre l'adversaire commun. Tous sont persuadés du triomphe sur lequel tablent, à l'avance, certains journaux conservateurs qui prédisent un gain de cent à cent vingt sièges en faveur de la coalition gouvernementale soudée derrière le maréchal. Le Prince ne partage pas ces illusions et le résultat du 14 octobre va lui donner raison. Dans la nouvelle Assemblée, même avec un nombre réduit d'élus, les républicains sont toujours majoritaires. Si les bonapartistes ont renforcé leur position avec cent quatre députés, ce qui peut passer pour un succès, ils n'en tirent aucun avantage et cela ne leur donne aucun pouvoir.

Une nouvelle fois, la Corse a été livrée à une joute électorale entre les bonapartistes et le prince Napoléon, qui s'est présenté à Ajaccio pour reconquérir son siège de député. Le parti lui a opposé la candidature du baron Haussmann, l'ancien préfet de Napoléon III, le rénovateur de Paris, dont le nom, justement célèbre, a paru un gage de succès, et qui a eu le soutien du Prince impérial. Protestant, il a reçu aussi celui de l'Église, qui a pesé de tout son poids dans cette élection et s'est refusée à faire voter pour le prince Napoléon dont elle ne peut accepter les idées avancées et l'anticléricalisme notoire. Entre le 4 et le 14 octobre, Ajaccio a été le cadre d'affrontements violents entre les deux équipes rivales, faisant penser à « ces villes italiennes de la Renaissance, en proie aux factions de familles ennemies ». C'est finalement Haussmann qui l'emporte, à la fureur du prince Napoléon qui, une fois encore, demandera l'invalidation de son rival heureux, mais ne pourra l'obtenir. Ainsi se termine une carrière parlementaire commencée trente ans plus tôt, à l'Assemblée de 1848, par un jeune prince fougueux et déterminé, à l'ardeur alors toute républicaine.

Avec beaucoup d'amertume, le duc de Broglie enregistre la défaite des droites. Il en accuse la désunion dont elles ont une fois de plus fait preuve, face aux adversaires républicains, et semble en rendre responsables les membres de l'Appel au peuple qui n'auraient pas tenu les engagements pris dans certaines circonscriptions avant le vote. C'est toucher Louis à un point particulièrement sensible et les reproches du ministre qui, même sans le viser personnellement, s'adressent à un parti et à des hommes se réclamant de lui, le blessent profondément. Il s'en explique à Rouher : « La franchise et la droiture sont nécessaires en politique comme en toute autre chose, et je suis navré de constater que notre conduite dans cette circonstance peut être taxée de duplicité. »

Devant le péril que représente le succès indiscutable des républicains, certains députés bonapartistes croient habile, sans en référer au Prince, d'assurer le maréchal de leur sympathie et de lui promettre leur concours lorsqu'il lui sera nécessaire. Cette initiative lui paraît aussi maladroite qu'inopportune. « Je ne vois pas, je l'avoue, écrit-il à Rouher, l'avantage que le parti pourra recueillir de cette démarche, et si j'en avais été informé, je l'aurais certainement déconseillée. Nous n'avons aucun intérêt à nous solidariser avec le gouvernement du 16 mai. Nous n'étions pas avec le maréchal la veille de la bataille, il est inutile de nous ranger derrière lui le lendemain de la défaite. » Le maréchal envisage de dissoudre la nouvelle Chambre. On entre dans une crise qui ne sera dénouée que le 13 décembre par le rappel de Dufaure, chargé de constituer un gouvernement à participation radicale dans lequel il fera entrer Freycinet, auxiliaire de Gambetta. Le maréchal a été joué et vient d'apporter la preuve de son impuissance. S'il a gardé sa popularité à peu près intacte, l'heure d'un véritable rôle personnel est passée pour lui.

Le pays reste dans une situation flottante qui ne permet aucune réforme importante C'est toujours la politique de l'attentisme, qui dure depuis bientôt six ans. La France a un gouvernement, mais est-elle gouvernée ? Il paraît parfaitement inutile à Louis de conduire le parti dans une opposition agressive, inutile et même dangereux. Sans rien gagner, on peut perdre en considération et en crédibilité. La sagesse politique est d'attendre, de laisser aux républicains le temps de faire la preuve de leur incapacité. Les deux Républiques, en France, n'ont-elles pas fini ainsi ? Il faut se préparer pour recueillir le fruit lorsqu'il sera mûr. « Il n'est qu'une loi constante, écrit Louis à un ami, c'est celle des retours de fortune. Elle donne l'instabilité aux gouvernements, mais laisse l'espoir aux exilés [1]. »

En cette fin d'année 1877, ses lettres contiennent surtout des messages de circonstance. Aux députés élus, il adresse des félicitations, aux battus, il prodigue des consolations et des encouragements. A tous, il se déclare touché du dévouement dont il est l'objet et il exprime sa reconnaissance pour les sacrifices consentis à sa cause. « Ces témoignages de fidélité, après tant de malheurs, sont de nature à me faire oublier les tristesses de l'exil ; lorsqu'ils viennent d'hommes de talent comme vous, ils raffermissent ma confiance en l'avenir. » Tel est le ton général. Mais les lettres qu'il prend plaisir à écrire s'adressent à ses amis officiers dans lesquels il se reconnaît beaucoup plus que dans les politiques. « La carrière des armes, écrit-il à Pierre de Bourgoing, est la seule ouverte aux hommes qui veulent servir leur pays avec indépendance, sans se compromettre dans les intrigues [2]. » Comment ne pas lire entre les lignes son amère déception de ce que lui a appris la fréquentation du monde politique.

Il vient de lire le début des *Origines de la France contemporaine* de Taine et tient à se manifester à l'auteur pour lui exprimer son admiration. La pertinence de l'analyse et la rigueur des conclusions l'ont vivement impressionné : « Tous ceux qui sont désireux de s'éclairer sur la situation de notre pays, lui écrit-il, et de chercher les causes de notre état social, vous doivent de la reconnaissance. » Taine lui répond qu'il a pensé son livre en scientifique autant qu'en historien, soucieux seulement de rechercher la vérité sans se laisser aller à la passion politique ou partisane. « Mon livre n'est qu'un document, précise-t-il, un mémoire à consulter par les hommes qui sont

1. Inédit, archives privées.
2. Inédit, collection privée.

ou peuvent devenir des hommes d'État. » Cassagnac avait écrit dans *l'Autorité* que le drapeau impérial serait de nouveau déployé en 1880, à quoi *le Soleil*, organe orléaniste, s'était empressé de répondre que ce serait le drapeau de la royauté. Mais pour les deux partis, aujourd'hui minoritaires et disposant à la Chambre du même nombre de députés, cela revenait à reconnaître qu'il n'y aurait de possibilité de changement qu'après la fin du mandat du maréchal, s'il allait jusque-là. C'est aussi l'opinion du Prince qui va maintenant profiter, après cette longue période consacrée presque exclusivement à la politique, des distractions que lui propose l'Angleterre.

Avec Conneau, rentré en grâce depuis qu'il s'est engagé à fuir le jeu, Louis a vite repris une correspondance régulière. Dans une lettre d'une infinie délicatesse, il lui exprime les sentiments très forts qu'il nourrit à son endroit après tant d'années de confiance réciproque et d'intimité quotidienne : « Ce que j'aime en vous c'est votre droiture, votre franchise, c'est votre loyauté. On me dirait que vous avez fait telle chose que la délicatesse ou l'honneur désapprouve, je ne le croirais jamais, et si on me le montrait, je dirais : ce n'est pas mon Conneau, c'est un autre qui lui ressemble, mais ce n'est pas le mien [1]. » Il l'informe de ses occupations et des rencontres intéressantes que lui ménagent ses engagements mondains. Il se rend volontiers à des chasses à courre, à la manière anglaise, qui se rapprochent plus du steeple, avec de perpétuels sauts de haies ou de fossés, que de la vénerie qu'il a pratiquée à Compiègne. S'il ne néglige pas ses activités de prétendant, il avoue avoir « un peu mené, cet hiver, la vie de château ».

Le sympathique accueil que lui réservent les grands seigneurs anglais ne le laisse pas indifférent et il est sensible à la qualité des réceptions élégantes et raffinées données par la société. Eugénie s'en réjouit : « Mon fils de temps en temps va chasser à la campagne et alors il a toute espèce de plaisir ; on danse le soir et on chasse le matin. Le reste du temps, c'est plus sévère, mais s'il sait s'ennuyer il saura quelque chose que tous les Français ignorent et qui lui sera fort utile. » A Camden, de son côté, elle reçoit des hôtes illustres, la Reine et les membres de la famille royale, qui l'entourent d'une affectueuse sollicitude, mais aussi le roi de Grèce, le roi de Hanovre, et d'autres membres de maisons régnantes

1. Inédit, archives privées.

d'Europe, qui se souviennent d'avoir été reçus aux Tuileries, à Fontainebleau ou à Saint-Cloud. C'est alors l'occasion pour Louis d'entretenir ou de nouer des relations personnelles avec les Cours. Mais ces moments privilégiés sont rares. La réalité quotidienne est plus terne, c'est la monotonie générée par un entourage sans jeunesse et sans illusions. Eugénie elle-même ne peut s'y résigner. Elle s'en plaint à sa mère. Son existence, lui écrit-elle, est triste « autant qu'une vie l'est lorsqu'on ne manque pas du nécessaire et même du superflu, mais sans aucune distraction d'aucune sorte [1] ». Les fidèles venus de France sont toujours les mêmes, avec en tête Rouher, que l'âge rend susceptible à l'extrême, et ses plus proches collaborateurs. Plus rarement, c'est un journaliste. La surveillance policière reste vigilante, mais les télégrammes adressés à Paris sont moins fréquents. Quelquefois vrais, souvent ridicules, les bruits les plus divers sont scrupuleusement rapportés. Si le 15 août 1877, à l'occasion de la Saint-Napoléon, l'espion s'est contenté de transmettre, de façon sibylline : « Pas démonstration, pas discours, vingt personnes, lettre suit », il informe ses supérieurs, en septembre, que le général-comte Roguet a légué toute sa fortune au Prince impérial, ce qui est parfaitement exact. De leur côté, les dénonciateurs, le plus souvent anonymes, ne se privent pas de donner de « précieuses » informations. Le Prince a été vu en Alsace, à la Robertsau, écrit « un honorable négociant de Strasbourg ». Il serait allé rendre visite au baron Zorn de Bulach, ancien aide de camp de Napoléon III, rallié à l'empereur Guillaume Ier, dont il est devenu l'ami, et au haut commandement allemand d'Alsace. « Dès qu'il a été reconnu, précise le billet, il a quitté la ville. La population est indignée. » Il n'en est rien, évidemment, Louis n'a pas quitté l'Angleterre. La presse à ragots n'est pas en reste. Au même moment on parle d'un mariage « négocié et arrêté », avec l'infante Maria del Pilar, fille de la reine d'Espagne Isabelle et sœur du jeune Alphonse XII, princesse d'une laideur affligeante. On en suggère un autre, tout aussi invraisemblable, avec la fille aînée du maréchal de MacMahon.

Pour distraire son fils, Eugénie l'engage à visiter les sites et les temples de la Haute-Égypte qui lui ont laissé un souvenir inoubliable et elle demande à son cousin Ferdinand de

1. *Lettres familières de l'impératrice Eugénie*, tome II, p. 69.

Lesseps, le mieux placé en la circonstance, de lui organiser un voyage. Louis devrait s'embarquer à Naples sur l'*Anadyr*, d'où il gagnerait Alexandrie [1]. Malheureusement, les médecins qui le soignent pour une ophtalmie dont il souffre au cours de l'automne l'obligent à renoncer à ce projet qu'il eût complété par une extension jusqu'aux Indes, où servent certains de ses camarades de Woolwich. Une belle occasion manquée de quitter le cadre lénifiant de Camden.

En janvier 1878, il confie à son cousin, le quatrième prince Murat, la mission de le représenter pour tirer au sort, au palais de l'Industrie, où siège la commission de conscription du 1er arrondissement. A l'appel du nom de Bonaparte, patronyme toujours officiel de la famille impériale, le prince Murat tire le numéro trois cent sept qui ne sera pas appelé. Avec son ami Tristan Lambert, qu'il a invité à Camden pour un séjour de plusieurs semaines, Louis travaille à l'élaboration d'un « Mémoire pour servir d'indication à la rédaction d'une Constitution impériale ». Le jugement sévère qu'il porte sur la démocratie parlementaire, et sur l'application au gouvernement du pays des articles de la Constitution de 1875, l'amène à en prendre systématiquement le contre-pied. Il faut voir dans ce texte d'inspiration nettement réactionnaire le fruit de la réflexion d'un jeune homme épris d'idéal, respectueux avant tout de l'ordre assuré par l'autorité. Il y a beaucoup de noble ambition dans ces réflexions générales, non abouties, et un ardent désir de contribuer à redonner au pays sa grandeur, mais force est de reconnaître qu'elles sont totalement utopiques.

Le Prince est habité par un enthousiasme généreux qui lui masque la réalité. Militaire dans l'âme, n'est-il pas naturel qu'il place au-dessus de tout les valeurs essentielles des armées, la discipline et le respect de la hiérarchie ? S'il maintient le principe du suffrage universel, il pense en réduire sensiblement l'exercice. S'il reconnaît l'égalité des citoyens devant la loi, il souhaite leur accorder des droits politiques différents. « L'inégalité prodigieuse, intellectuelle et morale, exige que le gouvernement soit aux mains des meilleurs et que les fonctions publiques soient des carrières. » Aussi envisage-t-il la création d'une nouvelle aristocratie à laquelle seraient réservées les fonctions publiques. « Il est nécessaire, pour

1. L. Bridier, *Une famille française, les de Lesseps*, p. 419.

assurer le respect de l'autorité, la stabilité et le progrès des institutions, le fonctionnement des services publics, de recréer une classe gouvernementale, qui sera l'aristocratie de fait, dont Napoléon Ier jeta les bases. » Cette aristocratie serait fondée, non sur la fortune, mais sur l'intelligence et le mérite. Nullement sectaire, il voudrait maintenir les charges indépendantes du gouvernement, afin « que le favoritisme disparaisse et que l'élite de tous les partis puisse servir l'État ». Enfin, il rejette tout ce qui n'est pas scrupuleusement honnête et il ne peut cacher le mépris que lui inspire « une classe de faiseurs d'affaires pour qui la spéculation est une carrière. Ils ont la puissance que donne d'immenses capitaux. Il faut la ruiner ».

A n'en pas douter, dans l'esprit du Prince, le troisième Empire devrait, avant tout, imposer la vertu. Mais ces réflexions sur ce qui pourrait servir de base à la rédaction d'une nouvelle Constitution restent confidentielles et ne seront soumises ni à Rouher, ni à aucun dirigeant du parti. Louis ne les communiquera qu'à deux personnalités qui ont sa confiance, dont il va solliciter les avis et éventuellement les suggestions ou les critiques, le journaliste Eugène Loudun et le cardinal de Bonnechose. Dans son *Journal de dix ans*, le premier ne cache pas son intérêt, on pourrait même dire son enthousiasme, à la lecture de ce projet. S'il en remarque, et semble approuver, le caractère autoritaire, il n'en perçoit pas l'irréalisme. Quant au cardinal, Louis se réserve de s'en entretenir avec lui et il a chargé Tristan Lambert de l'inviter à séjourner à Arenenberg au mois de septembre. « Notre maison, quoique petite, peut abriter un ami, s'il consent à être à l'étroit. Si le cardinal accepte notre hospitalité, le vœu de Socrate sera pour nous réalisé [1]. »

Insensiblement, la France paraît s'installer dans la République, et le maréchal s'accommode de son rôle de figurant. L'heure est aux règlements de comptes et le nouveau gouvernement ne recule pas devant l'arbitraire. Dans la pratique, il s'agit essentiellement de déplacements de fonctionnaires et de quelques mesures d'invalidation inspirées à la majorité de la Chambre par un esprit partisan, visant des élus de l'opposition. Les bonapartistes en font souvent les frais et le Prince est choqué par ces décisions injustes qui frappent certains de ses amis. Il est particulièrement sensible à celle qui atteint, à

1. Inédit, collection privée.

Paris, le député Godelle, privant, lui écrit-il « le parti de l'Appel au peuple d'un dévouement, d'un talent et d'une énergie comme j'en voudrais beaucoup dans mon parti [1] ».

Répondant à son invitation, Maxime Du Camp, avec lequel il a souhaité s'entretenir des sujets d'actualité, vient passer plusieurs jours à Camden. Peu favorable à l'Impératrice, dont il tracera dans ses *Souvenirs d'un demi-siècle* une méchante et injuste caricature, Maxime Du Camp loue au contraire l'intelligence, l'ouverture d'esprit et le sérieux du Prince, auquel il trouve une prodigieuse ressemblance, tant morale que physique, avec l'Empereur, à l'exception des « jolis yeux bleus » qu'il tient de sa mère. Il remarque chez lui un mélange d'enfant et d'homme, le trouvant à la fois très, peut-être trop, raisonnable, tout en ayant gardé la fraîcheur, la spontanéité et jusqu'à l'espièglerie de l'enfance, mélange de vigueur et de fragilité. « Je l'ai vu, écrit-il, discuter une question d'économie politique avec des arguments au-dessus de son âge et, cinq minutes après, faire la roue sur le gazon, marcher sur les mains et déployer une agilité d'acrobate. » Il souligne, avec une satisfaction d'intellectuel, que la bibliothèque de Louis est bien composée, qu'il lit beaucoup et sait profiter de ses lectures. Une chose l'étonne chez un si jeune homme, l'indulgence dont il fait preuve pour les excès, les écarts, les fautes et même les lâchetés de ses adversaires. Alors que la jeunesse est généralement intransigeante dans ses jugements, il remarque chez Louis une générosité qui le surprend. Sans doute est-ce le souvenir des dernières consignes de l'Empereur qui lui a enseigné le pardon et l'oubli des offenses. Lorsqu'on évoque devant lui Jules Favre ou Bazaine, même Trochu, aucune parole amère ne tombe de ses lèvres et il n'exprime ni irritation ni rancune. Il est un seul domaine pour lequel il paraît intraitable, celui de la vertu et de la morale domestiques.

On a souvent constaté que les débordements amoureux des pères entraînaient un rigorisme extrême des fils. Louis ne fait pas exception et sa vie est d'une chasteté qui paraît absolue. Faut-il y voir l'influence excessive de la pudibonderie prônée par la société victorienne au sein de laquelle il vit, ou l'application stricte des principes d'une religion dont il respecte scrupuleusement les interdits ? Aucun indice, dans sa correspondance comme dans les confidences de ses plus proches amis,

1. Inédit, collection privée.

ne permet d'évoquer une quelconque aventure. Il a une opinion trop élevée de l'amour, et ce qui a été imprimé après sa mort au sujet d'une prétendue liaison avec une certaine Charlotte Watkins, dont serait né un enfant, ne procède que du très mauvais roman [1]. Eugénie ne qualifiait-elle pas son fils, au cours d'une confidence, d'« homme le plus puritain du monde, qui ne comprend pas les faiblesses des mortels » ? Il semble que ce soit l'expression de la stricte vérité. « Rien n'est plus laid, plus dangereux, qu'un prince viveur », déclare-t-il à Maxime Du Camp, et comme celui-ci lui objecte qu'il n'est pas donné à tout le monde d'être vertueux : « Alors, il ne faut être ni prince ni prétendant ! »

Dans un article « violent » évoquant la question romaine, le prince Napoléon, volontiers critique des actions des autres, a injustement taxé de duplicité la politique impériale. S'estimant concerné, le duc de Gramont a répondu publiquement sur un ton mesuré mais avec énergie. Dans une longue lettre, le Prince impérial, soucieux avant tout d'honneur et de loyauté, exprime à l'ancien ministre de son père ses félicitations et sa gratitude. « Pour tout homme politique et pour tout homme de cœur, lui écrit-il, la vérité et le droit sont de votre côté [2]. »

Observateur vigilant de l'évolution de la situation en France, il est persuadé qu'on se dirige vers « une crise analogue à celle qui a suivi les événements de 1848 ». Toujours confiant, il écrit au commandant Duperré : « L'Empire en profitera, j'en ai la conviction, mais il faut un peu de patience aux impatients et je redoute pour le parti le découragement qui s'emparera des ci-devant optimistes qui avaient cru à la victoire impossible et que la défaite a abattus [3]. » En même temps, dans une lettre adressée à Rouher le 30 avril, et destinée aux dirigeants du mouvement impérialiste auxquels elle devrait servir de programme, il exprime clairement ce qu'il pense et ce qu'il souhaite. Il demande à ses partisans de s'en tenir à une « attitude neutre », faisant trêve à l'agressivité, et de demeurer simplement les témoins d'événements sur les-

1. Cet enfant est né le 21 juillet 1880, treize mois après la mort du Prince. Celui qu'il aurait eu en 1873 d'une jeune institutrice suisse, Joséphine Haab, relève davantage encore de la fantaisie.
2. Inédit, lettre du 21 avril 1878, archives privées.
3. Inédit, collection privée.

quels ils n'ont aucune possibilité d'action. « Je ne veux pas licencier mes troupes, écrit-il, je veux qu'elles prennent leurs quartiers d'hiver. Est-ce donc impossible à un parti politique de former les faisceaux sans mettre bas les armes ? »

Il a été choqué, et il le dit, par des articles polémistes entre les différents organes du parti, un journal s'attaquant à un autre. Cette politique des coups d'épingle qui affecte le mouvement bonapartiste lui paraît dérisoire et indigne. Revenant sur des consignes qu'il a déjà données aux directeurs des journaux de l'Appel au peuple, comme à Paul Merruau pour *l'Ordre*, il déplore qu'il n'en ait pas été tenu compte et que certains articles contiennent toujours « des choses de mauvais goût », comme ce poncif constamment répété qui consiste à affirmer que « quoique en majorité à la Chambre, les républicains sont en minorité dans la nation », ce qui n'est « ni adroit, ni vrai ». La situation est calme en France, et la masse du peuple, qui n'appartient à aucun parti, est favorable au *statu quo*. Le Prince en fait la constatation : « Si, par voie plébiscitaire, on lui demandait aujourd'hui, par malheur, son avis, il répondrait oui à la république, c'est-à-dire : " Je veux rester tranquille. " » En conséquence, la règle de conduite des bonapartistes est simple et doit se résumer dans cette attitude : « Laisser faire les républicains sans désarmer, de façon à profiter de leurs fautes. »

S'il est de plus en plus apprécié outre-Manche dans les milieux les plus divers, c'est moins pour le prestige qui s'attache à son nom, ou pour les malheurs qui, si jeune, l'ont frappé, que pour les qualités personnelles dont il témoigne en toute occasion. Le 6 avril 1878, dans Willi's Rooms, il est l'hôte d'un banquet de la Société des ingénieurs civils de Londres, qui s'honore d'avoir eu, avant 1848, le futur Napoléon III comme membre correspondant. C'est l'occasion pour le Prince de confirmer, au cours d'un speech que les principaux journaux de la City reproduiront le lendemain, la qualité des liens qui l'attachent à l'Angleterre, devenue par la volonté de son père l'alliée et l'amie de la France. Après avoir rappelé l'intérêt que l'Empereur a toujours montré pour les questions scientifiques et l'importance donnée sous son règne au développement des grands travaux nés des nouvelles techniques, il conclut en exprimant sa conviction que, parmi les conquêtes du siècle, « aucune n'a été plus favorable à l'humanité que les triomphes pacifiques de l'industrie ». Un mois plus tard, le 18 mai, en présence de membres influents représentant les autorités civiles, militaires et religieuses, de savants, d'artistes et d'écrivains, c'est au banquet annuel de la caisse de secours de la presse, présidé par lord Houghton, qu'il prononce un discours attendu. Lui qui a toutes les raisons de se méfier des journaux qui l'ont si souvent attaqué et dont il a eu tellement à souffrir fait un éloge sans réserve de la presse anglaise à laquelle il exprime son admiration. Il loue son impartialité presque générale et la félicite pour les services qu'elle rend au progrès par son « intelligent et énergique concours ». Dans le domaine politique, il se plaît à souligner que son rôle est plus important encore puisqu'elle contribue largement à « diriger l'opinion publique dans les sentiers de la justice en établissant la vérité des faits d'une manière plus effective encore qu'en défendant par des arguments théoriques la meilleure des causes ». C'est dire clairement qu'avant d'être un instrument de propagande au service d'un parti, une presse qui s'honore doit assurer sa mission d'information dont la règle essentielle est le strict respect de l'objectivité. « On peut donc être fier, ajoute-t-il, d'appartenir à une presse qui comprend son devoir et qui sait le remplir. »

Parmi les assistants, l'un des plus attentifs est peut-être le cardinal Manning, archevêque catholique de Westminster, qui note l'intérêt dont les propos du Prince sont l'objet de la part des auditeurs et les manifestations d'enthousiasme qui saluent la fin de son discours. « Il y a dans ce jeune homme, écrit-il, quelle que soit sa carrière, une puissance qui entraînera et dominera les masses. » Louis demandera à Rouher de faire publier dans tous les organes du parti la traduction française du texte qu'il a rédigé en anglais. Il ne lui déplaît pas de faire savoir en France ce qu'il pense du rôle de la presse d'information et la noblesse qu'il lui reconnaît lorsqu'elle le remplit dans le strict respect de la vérité. *L'Ordre* saluera cette intervention publique du Prince : « Nous nous félicitons de voir le fils de l'Empereur se manifester au-dehors, entrer en communication avec l'esprit public, prendre la direction de son parti et rappeler ainsi à ce pays que l'enfant a fait place à l'homme et que, si la révolution va vite, il y a, Dieu merci ! un Napoléon pour la devancer. »

Au même moment s'ouvre à Paris l'Exposition Universelle dont le gouvernement tient à faire un succès pour effacer, s'il se peut, le souvenir de celle de 1867 et imposer à l'Europe monarchique l'image de la grandeur républicaine. Dans une ville pavoisée de tricolore qui va être, durant plusieurs mois, le cadre de réjouissances populaires sans nombre, seize millions de visiteurs, cinq de plus que onze ans plus tôt, vont se succéder entre le palais du Trocadero, lourde bâtisse sans charme et sans élégance élevée sur la colline de Chaillot, et une immense galerie provisoire installée, au Champ-de-Mars. Après un mauvais début, sous une pluie battante, le jour de l'inauguration, les efforts des organisateurs et des participants sont récompensés. Si aucun souverain régnant ne se déplace, tous se font représenter par un prince de leur maison et pour certains par l'héritier de leur couronne, ce que déplore Eugénie, choquée de les voir pactiser avec la République pour une manifestation qui n'est que de prestige. La France de MacMahon et de Gambetta montre qu'après la période douloureuse qui a suivi la guerre, elle est redevenue une puissance économique de première importance, mais ne le doit-elle pas à l'Empire qui lui a assuré un tel développement et une telle prospérité pendant dix-huit ans ?

A la préfecture de police, une dénonciation de Chislehurst annonce, le 16 mai, que le Prince impérial viendra « incognito, visiter l'exposition en compagnie de jeunes gentlemen anglais ». La surveillance dont il est l'objet se renforce, deux espions vont se relayer, sous des numéros de code, le 11 et le 36. Quelques jours plus tard, autre information : le Prince « aurait été vu à Saint-Mandé ». Il n'y a rien de vrai dans ces bruits, mais une démarche a pourtant été tentée auprès de Louis par un noyau de bonapartistes, convaincus que le moment est venu pour lui de se présenter à Paris, de s'y faire acclamer et de reconquérir son trône. L'enthousiasme, ils en ont la certitude, enflammerait l'opinion, et le succès est assuré. Ils ont envoyé à Camden une délégation chargée d'organiser avec le Prince les détails pratiques de l'entreprise. Sans qu'ils lui en eussent encore référé, il semble que leur projet ait eu un commencement d'exécution. Deux uniformes de général de division, confectionnés à ses mesures par le tailleur Versini, seront un peu plus tard saisis par la police au domicile d'un des organisateurs, M. Pugliesi Conti, ancien préfet de l'Empire. Après les avoir écoutés, Louis leur donna son point de vue : « Examinons la situation et demandons-nous ce qui arriverait si je me rendais à votre désir. Je descends dans un hôtel : on vient manifester sous mes fenêtres. On conduit au poste quelques pauvres diables qui ont crié " Vive l'Empereur ! "... Le lendemain, de grand matin, un commissaire de police, accompagné de deux agents en bourgeois, vient me chercher et me conduit à la frontière. Vous me dites que je dois me faire connaître de la France ; est-ce ainsi que je dois me faire connaître d'elle, si elle ne me connaît pas encore ? Non, messieurs, j'irai en France, soyez-en sûrs, quand l'heure sera venue mais, cette heure-là, c'est moi qui la choisirai [1]. » Une fois de plus, il a fait preuve de clairvoyance et de raison. Eugénie, que ces démarches inutiles irritent, déplore le zèle de certains partisans, qui « ne veulent pas comprendre qu'il faut savoir rester tranquille et ne pas toujours faire du bruit », confie-t-elle à sa mère.

Dans le courant du mois d'avril, le Prince royal de Danemark, époux de Louise de Suède, de passage en Angleterre, est venu à Camden saluer l'Impératrice. Il apportait au Prince impérial une invitation de la part du roi son père, Christian IX, à visiter Copenhague durant l'été. Cette invitation fut acceptée et annoncée officiellement dans les journaux. Le roi de Suède et de Norvège, Oscar II, fit alors demander à Louis de prolonger son voyage jusqu'à Stockholm où il serait heureux de l'accueillir. Il parlait en allié de la famille impériale, puisque sa mère, la vieille reine Joséphine, marraine de Louis, morte en 1876, était la fille du prince Eugène de Beauharnais, et donc la cousine germaine de Napoléon III.

C'est en compagnie du comte Joachim Murat et de Franceschini Pietri que le Prince entreprend son voyage dans les derniers jours de juin, vivement encouragé par l'Impératrice. Secrètement, elle nourrit un espoir matrimonial. L'éventualité du mariage de Louis a déjà été évoquée par des journaux en mal de copie, mais chez certains bonapartistes, elle est aussi à l'ordre du jour. Il ne saurait être question pour lui de faire un mariage de sous-lieutenant, et Eugénie ne peut oublier les commentaires qui ont accompagné le sien. Ce que l'opinion a accepté de Napoléon III, sur un trône restauré, ne pourrait que nuire à un prétendant. Pour Louis, une alliance avec une

1. Cité par Augustin Filon, *Le Prince impérial*, p. 194.

princesse de maison souveraine s'impose. Il convient donc qu'il rencontre des princesses et, à la Cour danoise, il y en a une à marier, la propre sœur de la princesse de Galles. Une telle union plairait à l'Impératrice. La maison de Schleswig-Holstein-Sonderbourg-Glücksbourg est une des plus anciennes d'Europe et des alliances nombreuses l'ont unie à presque toutes les maisons souveraines. C'est ainsi que la princesse Thyra, un peu plus âgée que Louis, puisqu'elle est née en 1853, se trouve être la sœur de la princesse Alexandra, femme du prince de Galles, de la princesse Dagmar, mariée au tsarévitch, du prince royal Frédéric et du prince Guillaume, monté en 1863, à dix-huit ans, sur le trône de Grèce, sous le nom de Georges Ier. Sur le plan dynastique, on ne pourrait rêver mieux. Devenir à la fois le beau-frère du futur roi d'Angleterre, du futur tsar de Russie, du futur roi de Danemark et du roi des Hellènes, voilà une position assurément enviable. Mais faut-il encore que Louis rencontre la princesse et qu'elle lui plaise. Il ne donnera son nom et sa foi qu'à celle à laquelle il pourra jurer fidélité. « C'est, écrivait-il à Rouher, une grosse question que la question du mariage pour un homme qui est décidé à en remplir tous les devoirs. »

A son arrivée à Copenhague, malgré le mauvais temps, il est accueilli chaleureusement, et le drapeau tricolore flottera pendant tout son séjour sur l'hôtel d'Angleterre, où il est descendu. Lorsqu'il entre ou sort, le public, massé dans l'espoir de l'apercevoir, lui fait une ovation. Dès le lendemain de son arrivée, le Roi l'a fait convier à dîner, mais, dans l'après-midi, sans souci du protocole, il lui rend une première visite, très improvisée, qui témoigne de la simplicité des habitudes de la Cour. Assez surpris, Louis décrit la scène à l'Impératrice : « Je m'apprêtais à partir, lorsque le Roi, qui s'était introduit dans l'hôtel, comme l'aurait pu faire un bon bourgeois de sa capitale, sans être reconnu, fit dans mon salon une soudaine apparition avant que j'eusse eu le temps de voler à sa rencontre. » Pendant quatre jours, Louis est l'objet de toutes les attentions. Il est invité à dîner deux fois chez le Roi et une fois chez le Prince royal dans sa résidence de Charlottelund. Le samedi 6 juillet, après que l'orchestre a joué « Partant pour la Syrie », le Roi, debout, porte un toast à la santé de son hôte. A chaque occasion, le souverain, qui ne le traiterait pas avec plus d'égards s'il était sur le trône, s'efface devant lui et le force à passer le premier. L'élite du pays a été mobilisée pour lui faire connaître les curiosités et les beautés de la capitale. En compagnie du savant Dr Vorsaae, il visite le palais de Rosenborg et admire, en digne héritier de Napoléon III, les antiquités scandinaves et l'intéressant musée ethnologique, mais aussi les œuvres du premier sculpteur danois, Thorvaldsen.

Une certaine presse se fait l'écho des divers bruits qui entourent son voyage, et en particulier de ceux relatifs à l'éventualité de son mariage avec la princesse Thyra. Pour les uns il ne s'agit que d'une rumeur, mais d'autres l'annoncent comme certain. Le principal intéressé est quant à lui, beaucoup plus discret et, s'il a rencontré la Princesse à plusieurs reprises, il ne confiera pas ses impressions, ni ses pensées intimes. La vérité est qu'elle est passablement laide, ce qu'il n'a pu manquer de remarquer, et qu'à aucun moment il n'a réellement songé, ni ne songera, à l'épouser. S'en expliquant avec le général Pajol, il lui dira seulement : « Je veux être honnête, je ne prétends pas être infidèle à ma femme. » Pourtant, autour de cet hypothétique mariage, on va beaucoup jaser, même dans les journaux du parti, et, jusqu'à l'automne, les bruits les plus divers circuleront.

Le lendemain de son arrivée à Malmö, le roi de Suède l'accueille à Jonkoping, où il lui fait les honneurs du Concours régional, avant de l'accompagner au château de Drottningholm, la splendide résidence d'été de la famille royale. Petit-fils de Bernadotte, mais aussi de Désirée Clary et d'Eugène de Beauharnais, Oscar II, d'ascendance aux trois quarts française, est un curieux mélange de rudesse pyrénéenne et du charme créole de son arrière-grand-mère Joséphine, qui est aussi celle de Louis. Dans une lettre à l'Impératrice, le Prince ne cache pas l'admiration qu'il lui inspire : « Le roi me plaît beaucoup, il a gagné mon cœur ; je le crois sincère dans les sentiments qu'il me témoigne. A coup sûr c'est un homme charmant ; il travaille beaucoup et sait à merveille son métier de roi. Je crois ne pas m'avancer en lui rendant cet hommage, que peu de souverains méritent à notre époque. » Le Prince pourrait se croire revenu aux plus beaux jours de son enfance. C'est la première fois, depuis l'été 1870, qu'il fait un séjour dans un palais, au milieu d'une Cour, objet des attentions de tous.

Avec le Prince royal, le futur Gustave V, son cadet de deux

ans, il visite les nombreux musées de Stockholm, ville d'art raffinée, et ne cache pas son admiration pour les richesses qu'on lui présente. La situation de la « capitale du nord », isolée entre l'eau et la forêt, le surprend. « Nulle part ailleurs, écrit-il à sa mère, on ne trouve de transition aussi brusque entre la nature sauvage et le monde civilisé. A peine est-on sorti des portes de Stockholm, que l'on pourrait se croire sur la rive des lacs inexplorés de l'Amérique [1]. » Après un trajet en chemin de fer jusqu'à Kongsberg, avec une suite de quatorze carrioles, toujours accompagné du Prince royal, il gagne la Norvège, visite Christiania le 26 juillet et entreprend une excursion qui va durer huit jours à travers les montagnes. Infatigable, il effectue l'ascension de deux sommets, le Rjukanfos et le Ravnejunet, et son intrépidité comme sa résistance étonnent les guides. En bateau, il fait des promenades sur les lacs Tinsjö et Nordsjö. Par une chaude journée, le Prince retire ses vêtements, enjambe le bastingage et plonge, du pont, dans l'eau glacée. Cette prouesse stupéfie le Prince royal et sa suite, mais porte à son comble l'admiration que le jeune prince français suscite chez les membres de l'équipage. Quand il saisit la corde qu'on lui a lancée et remonte sur le pont, les matelots lui font une chaleureuse ovation. Le 4 août, il arrive à Skien, où ses hôtes lui ont ménagé le plaisir de passer les troupes en revue. A Drobak, le lendemain, sur le Christiania fjord, il assiste aux manœuvres navales sur le vaisseau royal.

De Stockholm à Göteborg, de Göteborg à Christiania, partout le nom de Napoléon a été acclamé et il y voit autant d'hommages rendus aux deux empereurs que de mouvements de sympathie à son égard. « On eût dit que je faisais un voyage officiel, écrit-il au docteur Corvisart, partout des drapeaux tricolores pour me rappeler ma patrie, partout des musiques jouant " Partant pour la Syrie " pour me rappeler l'Empire. Je ne suis pas entré dans une petite ville sans passer sous un arc de triomphe décoré de l'N. » Ce voyage lui a prouvé que le nom de Napoléon est toujours populaire auprès des masses.

Avant de faire ses adieux à la Scandinavie, il passe encore quelques jours à Moss, avec la famille royale, qu'il ne quittera que le 10 août pour regagner Arenenberg. L'Impératrice revient d'Autriche où, le dimanche 8, dans la crypte des capu-

1. Archives nationales, 400 AP 75.

cins de Vienne, elle a déposé une couronne au nom de son fils, sur l'étroit cercueil de bronze, orné de têtes de lions, du roi de Rome, cet autre Prince impérial, mort à l'âge de Louis dans son exil doré. Arrivés le soir du 14, la mère et le fils sont l'objet dès le lendemain, à l'occasion de la Saint-Napoléon, d'une manifestation de sympathie de la part de la population d'Ermatingen, heureuse de les retrouver après deux ans d'absence. Quelques Français ont franchi la frontière pour lui témoigner leur attachement et les messages s'accumulent, apportant les vœux de ceux qui n'ont pu se déplacer. Le même jour, il a écrit à Conneau pour lui demander de venir le rejoindre dès qu'il le pourra.

Parmi les visiteurs qui vont se succéder nombreux jusqu'en octobre, Octave Feuillet, l'auteur favori d'Eugénie, reste quelques jours. Dans son volume de *Souvenirs*, sa femme trace le portrait de Louis, qu'elle n'avait pas vu depuis l'été 1876. « Nous ne reconnûmes pas le Prince tellement il avait grandi, tellement sa figure s'était animée, ennoblie. C'était un beau garçon de vingt-trois ans (il n'en a que vingt-deux), ayant la grâce d'un parfait gentleman [1]. »

Tous ceux qui le rencontrent, au cours de cet été, louent son aspect physique, sa vigueur, son intelligence très vive, et une ouverture d'esprit qui semble n'avoir pas de limite. Tout l'intéresse et il est curieux de tout, notamment des échos de la brillante carrière d'une comédienne follement acclamée par le public, dont les interprétations comme les extravagances alimentent toutes les conversations, qu'il n'a jamais vue mais qui semble le fasciner, Sarah Bernhardt. Alimentée par des lectures très diverses et bien choisies, sa culture ne cesse de progresser. Ses auteurs de prédilection sont, chez les modernes Taine et Renan, l'un et l'autre déjà reconnus et encouragés par Napoléon III, qui a favorisé leur carrière universitaire. Il a moins de goût pour le roman, qu'il trouve ou excessif ou inférieur à la réalité et, s'il admire le talent de Zola, alors très à la mode, dont il loue « des pages superbes », il déplore sa brutalité et le pessimisme, qu'il trouve outré, de nombreuses scènes. Dans l'île de Mainau, il a plusieurs entretiens avec le grand-duc de Bade, qui se montre surpris qu'un si jeune homme ait des idées si justes et un jugement si sûr.

De nombreux visiteurs se présentent, constituant chaque

1. Mme Octave Feuillet, *Souvenirs et Correspondance*, p. 387.

jour une compagnie brillante et choisie, sans cesse renouvelée, qui forme à l'Impératrice une petite Cour qui la change heureusement de Camden. Dans l'après-midi du 12 septembre, une excursion sur le lac réunit autour d'Eugénie et de Louis dix-huit personnes, « treize hommes et cinq dames », précise le rapport de police et, pendant trois heures, on admire les paysages variés des rives, déjà jaunissantes en cette fin d'été, avec en arrière-plan les hauts sommets des Alpes, dont le soleil déclinant adoucit les aspérités.

L'ancien ministre Ernest Pinard, candidat malheureux en Saône-et-Loire aux élections d'octobre 1877, échec que le Prince a déploré, précède de peu le cardinal de Bonnechose, dont la calotte rouge intrigue l'espion, apparemment peu familier avec les coiffures des ecclésiastiques. Membre influent de l'épiscopat français, assez proche de Napoléon III qui, après lui avoir fait obtenir le chapeau de cardinal en novembre 1863, lui a imposé lui-même la barrette dans la chapelle des Tuileries, Mgr de Bonnechose verrait d'un très bon œil le rétablissement de l'Empire, mais à certaines conditions. Au cours de plusieurs entretiens qu'il a avec Louis, le matin, après la messe qu'il célèbre dans la petite chapelle élevée par la reine Hortense, il évoque les questions sociales, le rôle que devraient jouer les familles dans la conduite des affaires de la cité et les rapports de l'Église et de l'État. Le cardinal s'aperçoit vite que les connaissances du Prince, universitaires et livresques, sont très théoriques, et souvent fort éloignées de la réalité qu'en tant que pasteur il est à même de bien connaître. Répondant à des questions nombreuses, « courtes et précises », de Louis, il s'efforce de l'éclairer sur les points où il juge ses informations confuses. Dans son journal, il note l'impression qu'il garde de ce jeune homme « naturel, simple et bon ». Il a été « touché de sa belle âme, de sa générosité, de sa foi, de l'élévation de son esprit ». Il voit en lui « une espérance pour la patrie [1] ». Sensible à la venue du cardinal qui est resté au château trois jours, et à l'attention que le prélat a consacrée à ses réflexions sur une nouvelle constitution impériale, dont il a approuvé les grandes lignes, appuyant même l'option d'une forme de gouvernement élitiste et autoritaire,

1. Cité par Mgr Besson, *Vie du cardinal de Bonnechose*, tome II, p. 272 à 279.

Louis le lui exprime quelques jours plus tard dans une longue lettre : « Je vous suis reconnaissant de m'avoir apporté les encouragements d'une âme chrétienne, et les conseils d'un esprit qui a pour lui la sagesse de l'expérience », et il ajoute, parlant d'Arenenberg dont le cardinal a apprécié le cadre romantique : « J'aime cet endroit où tant de souvenirs m'attachent, et je m'y plais, quoique mon corps soit seul en exil et que ma pensée soit toujours en France. Car la France est le but de ma vie ; ma raison d'être est de la servir, je ne peux pas dire de la sauver, Dieu seul le peut. »

La saison étant exceptionnellement belle, et rien ne les rappelant à Chislehurst, l'Impératrice et son fils prolongent leur séjour en Suisse jusqu'à la mi-octobre. Après une visite d'adieu au roi de Bavière Louis II, à Friedrichshaffen, ils quittent Arenenberg le 17, à quatre heures du matin, pour prendre le train à Constance et regagner l'Angleterre par la Belgique. Ayant appris durant l'été, par le colonel Stoffel, que l'Autriche se préparait à un conflit armé en Bosnie-Herzégovine, qu'elle venait d'occuper en application du traité de Berlin, et qu'elle mobilisait des troupes, Louis s'en est longuement entretenu avec son cousin Napoléon Roccagiovine, de cinq ans son aîné, aussi ardent et déterminé que lui, charmant garçon, mais tête brûlée, qui ne rêve qu'aventures guerrières. Ensemble, ils ont échafaudé des projets et envisagé la perspective d'un engagement dans les troupes de la double monarchie qui doivent participer aux opérations.

Leur décision prise, Louis a demandé à l'Impératrice d'intervenir auprès de François-Joseph pour lui faire part de son désir et obtenir son autorisation. Vainement Eugénie a essayé de combattre la volonté de son fils, en soulevant des objections parfaitement motivées. Elle lui a montré les inconvénients qu'il y aurait à participer à une intervention territoriale dans laquelle l'occupant austro-hongrois ne joue pas le beau rôle, contre la Turquie, alliée traditionnelle de la France depuis François Ier, partenaire de Napoléon III durant la campagne de Crimée, qui l'a reçue, elle-même, triomphalement en 1869, lorsqu'elle s'est arrêtée à Constantinople, en route pour l'inauguration du canal de Suez. Si la situation s'envenime et qu'un conflit éclate, la place du Prince impérial n'est pas au sein de l'armée qui combattra les Turcs. Si l'opposition locale est réduite, l'intervention des troupes autrichiennes se limitera à appuyer un énergique contrôle policier des populations et il n'en récoltera aucune gloire. Il mènera, dans une petite ville des Balkans, la vie d'officier de garnison, fréquentant les cafés, jouant aux cartes pour tuer le temps, et s'intéressant aux danseuses locales. Quel prestige pourrait-il en retirer ? La presse républicaine n'en profiterait-elle pas pour le tourner en ridicule une fois de plus ? Mais, le Prince l'a écrit à un ami anglais, il a « soif de sentir la poudre ». Déjà, quelques mois plus tôt, il avait nourri l'espoir que l'armée anglaise serait impliquée dans un conflit russo-turc, et il s'était préparé à cette éventualité qui n'avait été suivie d'aucun effet. Rien ne le fera renoncer à un projet d'engagement dès qu'une possibilité se présentera. Et voilà que celle-ci s'offre à lui. Nullement convaincue et avec une extrême réticence, Eugénie a fini par céder devant sa détermination et a écrit en son nom à l'empereur d'Autriche.

De retour à Camden, la réponse de celui-ci lui parvient, elle est négative. François-Joseph, qui a repoussé la même demande, formulée par son propre fils l'archiduc Rodolphe, n'a pu accueillir plus favorablement celle de Louis. Eugénie en est soulagée et, écrit-elle à un familier, « bien contente », mais le Prince s'en montre très déçu. Dans une lettre à Conneau, il ne cache pas son désarroi : « Combien j'ai broyé du noir ces temps derniers. J'espérais lorsque vous m'avez vu à Arenenberg, aller en Bosnie. Tout était prêt, uniformes, équipement, etc., lorsque je reçus de Vienne une réponse à ma demande, fort polie, il est vrai, mais qui n'était autre qu'une fin de non-recevoir. Condamné à l'inaction (pendant quelque temps seulement j'espère) je cherche à me consoler par le travail et j'y arrive. Lorsque vous viendrez à Camden je vous montrerai des choses qui vous intéresseront. Je compte vous faire chasser à courre et à tir, apportez donc vos affaires de chasse. »

Sans doute ne se laisse-t-il pas abattre, ce n'est pas dans son tempérament, mais que lui reste-t-il ? Lui qui ne rêve que de se dépenser, de se passionner, en est réduit à une totale inaction dans le cadre monotone de Camden. « Son âme, écrit Mme Carette, était supérieure à la mauvaise fortune et ce n'est pas dans une vie légère et dissipée qu'il eût cherché une diversion aux grandes perplexités qui, sans relâche, assiégeaient ses pensées. » Une bonne nouvelle lui est transmise par ses avocats. Il apprend qu'il a gagné le procès intenté en son nom à un obscur journaliste du *Siècle*, Villain-Landiaiserie, pour diffamation envers la mémoire de son père. Dans un article venimeux, le journaliste avait accusé Napoléon III d'avoir vendu, à son profit, vingt-six mille hectares de forêts appartenant à l'État. Lors de la première audience, l'avocat de la défense avait bien essayé d'arrêter la procédure en soutenant que l'assignation, faite au nom de S.A. Mgr le prince Eugène Louis Jean Joseph Napoléon, n'était pas recevable, cette appellation du demandeur étant contraire aux lois constitutionnelles de la République. Il était, d'après lui, inadmissible que le représentant d'une famille et d'une dynastie dont le Parlement avait déclaré la déchéance puisse se prévaloir d'un titre supprimé. Refusant de suivre en cela la défense, le tribunal, statuant sur le fond, avait fait justice à l'Empereur, condamnant M. Villain-Landiaiserie à deux mille francs d'amende et à l'insertion du jugement dans *le Siècle* ainsi que dans dix autres journaux de la capitale et dix de province, au choix du Prince, qualifié comme tel. Mais cette satisfaction n'est que morale et ne change rien à la vie de Louis qui, en cette fin d'année, de chasse en réception, en dîners et en bals, est exclusivement mondaine et ne comble pas son attente.

Son pouvoir de séduction s'exerce sur tous ceux qui le rencontrent et s'étend même à des membres de familles réputées hostiles à l'Empire. C'est le cas de la marquise d'Harcourt, belle-fille de l'ambassadeur de France à Londres, à côté de laquelle il est placé lors d'un dîner donné à Cowes par le prince et la princesse de Galles. Née Marguerite de Gontaut-Biron, et notoirement orléaniste, elle évoque dans ses mémoires inédits le jeune prince à l'éducation parfaite, dont elle vante la galanterie raffinée, le « charme » et les aptitudes de danseur. Elle le reverra un peu plus tard chez le duc de Westminster, à Eaton Hall, et elle raconte qu'au cours de l'après-midi, le duc ayant fait à ses hôtes les honneurs de ses écuries, il leur présenta un cheval de sang, tellement sauvage qu'il était impossible à quiconque de le monter et de se maintenir en selle plus de deux minutes. Louis demanda à l'essayer et, donnant la preuve de son exceptionnelle maîtrise, à la stupéfaction de tous, fit sur ce cheval deux fois le tour du parc [1].

1. Inédit.

Au début de l'année 1879, la situation tourne à l'avantage des républicains avec l'arrivée au Sénat d'une nouvelle majorité qui leur est favorable. Le Prince, dans une lettre à Ernest Pinard, définit clairement le plan d'action qu'il veut faire adopter par les bonapartistes : « Les embarras du parti républicain commencent aujourd'hui qu'ils sont partout victorieux. Maîtres dans les deux chambres de l'action législative ; n'ayant en face d'eux qu'un pouvoir exécutif asservi ; ils vont avoir à résoudre des problèmes bien difficiles. Dans l'état actuel des choses, nous ne devons pas essayer de remonter le courant d'opinion qui porte à la République. Nous devons rester groupés, confiants, et attendre notre revanche. Les fautes que les républicains commettront et que notre intervention leur éviterait nous en fourniront, bientôt peut-être, l'occasion [1]. » Tout le monde est conscient que la position du maréchal devient très inconfortable. Dominant les deux assemblées et le ministère, la gauche prétend lui imposer des mesures qu'il ne saurait accepter. Si le gouvernement s'emploie, depuis plusieurs mois, à destituer les hauts fonctionnaires qui ne sont pas républicains, en ce qui concerne les généraux en charge des grands commandements, il se heurte à la résistance désespérée du maréchal. Chef des armées, c'est à lui qu'il appartient de signer les décrets de révocation et il se refuse à ce geste déshonorant dont seraient victimes nombre de ses anciens camarades. La situation semble bloquée. Se dirige-t-on vers une épreuve de force ? Mais de quel côté ?

Le Prince, en villégiature à Maidstone, reçoit un visiteur venu, pense-t-il, l'entretenir des conséquences possibles de la victoire de la gauche. Il raconte à l'Impératrice cette visite, pour le moins surprenante : « Je croyais, qu'en présence des événements actuels, il viendrait me proposer je ne sais quelle combinaison politique, ou bien encore, qu'il me dirait : " Montez à cheval. " Mais point. Savez-vous ce qu'il est venu me dire ? Mariez-vous. Je lui ai demandé s'il avait, là dans son sac de nuit, une femme à m'offrir ? Et comme il me répondait négativement, je lui ai laissé entendre que rien ne pressait et qu'il n'était pas besoin de prendre des airs de conspirateur pour m'apporter le résultat de méditations qui ne sont pas de

1. Ernest Pinard, *Mon journal*, tome II, p. 202.

la première fraîcheur [1]. » S'agit-il de Rouher ? Le Prince ne fait que rire de cette visite qui rappelle les commentaires suscités par son voyage au Danemark. Sans doute son cœur n'a-t-il toujours pas parlé, et il ne semble nullement pressé de se marier.

Refusant de se soumettre aux volontés de ses adversaires, Mac-Mahon finit par démissionner le 30 janvier 1879. Les bonapartistes s'attendent à des troubles, mais il ne s'en produira pas. Le pays reste calme. Louis n'est pas vraiment surpris du départ du maréchal. S'il n'y voit pas l'occasion de se réjouir, il n'en est pas non plus affecté. Ce qui va l'étonner, c'est la rapidité et la facilité avec lesquelles se résout la crise. L'élection à la présidence de la République de Jules Grévy, parfait honnête homme, pour lequel il n'éprouve que du respect, se fait avec l'appui d'un certain nombre de bonapartistes, satisfaits de se désolidariser des monarchistes qui ont avancé la candidature du duc d'Aumale. A la Chambre, Gambetta succède à Grévy au fauteuil de président. Dans une lettre à Rouher, le Prince donne des instructions qu'il veut faire appliquer à ses amis : « Notre attitude vis-à-vis de M. Grévy est simple, nous devons lui montrer la déférence qu'il mérite et ne point faire à son gouvernement d'opposition brutale. » S'il entend ménager le nouveau président de la République, c'est parce que, fidèle à la ligne qu'il s'est tracée, il ne veut pas gaspiller ses forces et le crédit qu'il a encore auprès des masses par des provocations inutiles. Il va même jusqu'à suggérer à Rouher une visite à Jules Grévy, au cours de laquelle le chef du parti de l'Appel au peuple proposerait au président la « sympathique abstention » du groupe impérialiste, en échange de garanties d'impartialité gouvernementale. Plus que jamais, il a la certitude que la gauche ayant tous les pouvoirs, ne peut que se discréditer aux yeux du peuple. « Le gouvernement de Gambetta, écrit-il, deviendra comme celui de Barras, odieux à la nation et, comme au commencement du siècle, elle cherchera un sauveur. » Ce sauveur, il n'est pas besoin de le nommer.

1. Archives nationales, 400 AP 75.

CHAPITRE X

LE DRAME

Le 11 février 1879, l'Angleterre stupéfaite apprend le désastre d'Isandhlwana, et la colère succède rapidement à la consternation. Quelque part dans la brousse d'Afrique du Sud, les vaillantes troupes de Sa Gracieuse Majesté, parfaitement aguerries, ont été en quelques heures mises en pièces et pratiquement anéanties par une horde de sauvages à moitié nus, mal armés, peu habiles à manier les fusils que leur fournissent des trafiquants allemands, mais déterminés et courageux. L'Angleterre mène, aux confins de la colonie du Natal, une guerre d'usure contre l'importante tribu du roi zoulou Ceteswayo, dont le cabinet de Londres, lassé par des escarmouches répétées, veut obtenir le ralliement. En décembre 1878, le haut-commissaire anglais, sir Bartle Frere, a imposé ses conditions au chef rebelle, mais celles-ci ont été repoussées, et l'armée anglaise est entrée en campagne avec le dessein d'investir sa capitale Ulundi. Au cours d'une lente progression des troupes entre les monts Drakenberg et l'océan Indien, le 22 janvier, à Isandhlwana, vingt mille Zoulous, brandissant des sagaies, ont attaqué par surprise le camp anglais et, en moins d'une heure, massacré huit cents soldats des troupes régulières, trente officiers et cinq cents indigènes ralliés du Natal, servant sous l'uniforme britannique. Les assaillants se sont emparés du drapeau, de deux canons, de mille fusils, de munitions et de vivres, et ont encore poursuivi les rares survivants jusqu'au petit fort de Rorke's Drift, à environ douze kilomètres. L'armée anglaise était totalement défaite, au point que le commandant en chef dut même renoncer à rechercher les morts qu'on abandonna sur le champ de bataille où ils ne seront retrouvés que quatre mois plus tard. On évalua la perte des Zoulous à environ trois cent cinquante hommes.

Aussitôt que la nouvelle parvient en Angleterre, la conquête définitive du Zoulouland est arrêtée, et le cabinet de Londres organise l'envoi de renforts importants. Pas moins de six bataillons d'infanterie, deux régiments de cavalerie, deux batteries d'artillerie, une compagnie du génie, trois d'intendance et un corps d'infirmiers militaires. Dès les premiers jours, les volontaires s'inscrivent et les départs s'organisent. A Camden, le Prince suit avec un intérêt passionné ces préparatifs de guerre. Lorsqu'il apprend le départ pour l'Afrique du Sud de ses camarades Bigge et Slade, et lorsque, le 17 février, Wodehouse ayant signé son engagement vient à son tour lui faire ses adieux, sa décision est prise : le jour même, il se rend à Londres pour porter au ministre de la Guerre, le duc de Cambridge, la lettre par laquelle il sollicite du gouvernement anglais l'autorisation de s'engager pour la durée de la campagne.

Il est tellement sûr de l'obtenir qu'avant de rentrer à Chislehurst il se renseigne sur les possibilités de gagner Le Cap le plus rapidement possible. Ce soir-là, il ne tient pas en place, en proie à une véritable excitation. Après le dîner, il va, vient, tape sur le piano quelques mesures de musique militaire, tant et si bien que l'Impératrice, finalement intriguée, lui demande ce qu'il a. « Si je vous le disais, répond-il, vous ne dormiriez pas de la nuit. » Un peu plus tard, lorsqu'ils sont seuls, il lui apprend la démarche qu'il vient de faire. Vainement, elle essaie de lutter pour le faire revenir sur sa décision. Elle use de tous les arguments : le peu d'intérêt d'une obscure affaire coloniale, rendue seulement plus dangereuse par la détermination des Zoulous ; la place que tient le Prince, prétendant et chef de parti ; les espoirs que les bonapartistes mettent en lui et qu'il n'a pas le droit de décevoir. « S'il t'arrive malheur, lui dit-elle, tes partisans ne te plaindront pas, ils t'en voudront. » A toutes ces raisons, le Prince oppose une volonté inébranlable. Sa décision est prise, elle est irrévocable. Calmement, il expose à sa mère ses propres arguments. Il attend depuis si longtemps une occasion de faire quelque chose par lui-même qu'il ne peut laisser passer celle qui enfin se présente. Il veut montrer à ses partisans comme à ses adversaires, qu'il n'est pas seulement « le petit Prince » popularisé par l'imagerie d'Épinal. Au cours de la campagne qui se prépare, il espère, par quelque action d'éclat, faire taire définitivement les allusions ridicules qui s'attachent à « l'enfant de la balle ». Dans ce départ, il voit la chance de montrer qu'il est un Bonaparte, c'est-à-dire un soldat.

Le mardi 18, sans même attendre la réponse du duc de Cambridge, il écrit à Louis Conneau : « Je vous adresse ces quelques lignes pour vous annoncer une grande décision que j'ai prise et que de puissants mobiles m'ont dictée. Je pars dans neuf jours pour le cap de Bonne-Espérance où la guerre a pris une grande extension, et j'y resterai quelques mois. Vous verrai-je avant mon départ ? Ne parlez à personne de ma résolution. Je m'embarque le 27 février. » Deux jours plus tard, la réponse du ministre arrive à Camden, c'est un refus. Le gouvernement n'a pas cru pouvoir assumer la responsabilité de l'engagement du Prince impérial comme simple officier dans une unité combattante. Louis est atterré. Pour la première fois depuis la mort de son père, l'Impératrice, bouleversée, le voit pleurer de déception. « Rien ne me réussit ! » dit-il. Sa douleur fait peine à voir. Il supplie sa mère d'intervenir elle-même auprès du ministre, de la reine Victoria s'il le faut et, devant l'ampleur de son désespoir, Eugénie cède. En même temps, il écrit une seconde lettre au duc de Cambridge : « J'eusse été heureux de partager les fatigues et les dangers de mes camarades qui, tous, ont le bonheur de faire campagne. Quoique je ne sois pas vaniteux au point de croire que mes services pourraient être utiles à la cause que je voulais servir, je trouvais toutefois dans cette guerre l'occasion de témoigner ma reconnaissance envers la Reine et la Nation, d'une façon qui plaisait à mon caractère. Lorsqu'à Woolwich, et plus tard à Aldershot, j'eus l'honneur de porter l'uniforme anglais, j'espérais que ce serait dans les rangs de nos alliés que je ferais mes premières armes. En perdant cet espoir, je perds une des consolations de mon exil. »

Une fois ralliée à une cause, l'Impératrice s'y donnait sans réserve, c'était un des traits de son caractère, énergique et passionné. En dépit de sa propre détresse et de ses appréhensions, elle intervient auprès de la Reine qui va joindre ses efforts aux siens pour fléchir le gouvernement. Disraëli confiera plus tard, lorsqu'on lui reprochera d'avoir autorisé le départ du Prince : « Que voulez-vous faire quand vous avez contre vous deux femmes obstinées ! » Ne voulant négliger aucun soutien, Louis demande à sir John Lintorn Simmons, qui depuis Woolwich lui est resté très attaché, d'appuyer également sa requête. La coalition de tous ces efforts finit par avoir raison des dernières résistances et, le lundi 24 février, le Prince, qui ne dissimule pas sa joie, peut écrire au général d'Espeuilles, son ancien aide de camp : « J'ai eu toutes les peines du monde à obtenir du gouvernement anglais l'autorisation que je sollicitais. Enfin, aujourd'hui je la tiens, mais cette autorisation est pleine de réticences. » En effet, le cabinet du lord Beaconsfield n'a donné, à regret, son accord au départ du Prince impérial, qu'à la condition qu'il ne figurerait pas sur les rôles de l'armée et qu'il serait seulement toléré, comme « observateur », à l'état-major de lord Chelmsford, commandant en chef des troupes anglaises en Afrique du Sud, lequel décidera s'il peut l'autoriser à revêtir son uniforme. C'est à ce titre très officieux qu'il pourra suivre les opérations militaires, mais il ne saurait être question qu'il exerce le moindre commandement.

Alors que Conneau, requis par les besoins du service, n'a pas réussi à se libérer, Espinasse, également prévenu par Louis, a obtenu une permission. Il est arrivé à Camden le 21 et pendant six jours ne va pas le quitter. En connaisseur, il passe en revue l'équipement de campagne dont Napoléon III s'est servi en 1870, que le Prince a choisi d'emporter. Il lui fait remarquer l'état de vétusté des coutures du surfaix en cuir appelé « chapelet » qui maintient, sur le devant de la selle, deux sacoches formant fontes. « Vieilles et mûres, elles sont exposées à craquer. " Bah ! s'exclame le Prince, elles feront bien encore cette campagne ". » Comme armement, il s'est muni de deux revolvers d'ordonnance « du modèle anglais » et du sabre que lui a offert l'année précédente le duc d'Elchingen. Il ne s'agit nullement, comme cela a été dit, d'une arme historique ayant appartenu au « Brave des braves » ou à Napoléon Ier, mais d'un sabre de fabrication récente, assez lourd, acheté à Paris « chez la veuve Prevel, rue de Richelieu ». Le Prince l'a bien en main et va s'exercer à plusieurs reprises, avec succès, à parer un javelot qu'Espinasse lui lance à la volée comme s'il s'agissait de sagaies.

Avant que la nouvelle soit annoncée dans la presse, Louis informe ses partisans de sa décision, par une lettre adressée à Rouher, qui se précipite à Camden dans l'espoir de le faire renoncer à son projet. C'est mal le connaître et le vieux chef du parti impérialiste, après l'avoir vainement supplié, doit finalement s'incliner. Il ne reste d'ailleurs que deux jours avant le départ fixé au jeudi 27. L'Impératrice, de son côté, prévient ses intimes et, d'abord, la grand-mère de Louis. Pour expliquer la décision de son fils, elle ajoute : « Il dit qu'il a vingt-trois ans, et qu'il a un nom trop lourd à porter pour ne rien faire, qu'il voit une occasion pour lui de faire son métier et qu'il ne veut pas la perdre. Quelle terrible chose qu'un garçon ! Combien de fois ai-je regretté qu'il ne fût pas une fille [1]. » A peine connue du public, la nouvelle suscite des commentaires passionnés. Chez les bonapartistes, c'est la stupeur. Les uns sont accablés et le voient déjà mort, terrassé par les fièvres ou tombé au combat ; les autres, enthousiastes jusqu'au délire, en font un héros avant même le premier coup de feu. Une quarantaine de jeunes gens de son âge souhaitent faire une demande à l'ambassade d'Angleterre pour s'engager avec lui. Laurent de La Bédoyère, Albert Duruy, le fils de l'ancien ministre de Napoléon III, M. Blanc, Pierre de Bourgoing, le comte de Multedo, acceptent de servir comme simples soldats pour veiller sur Louis. Si généreuse et désintéressée qu'elle soit, une telle proposition ne peut être retenue ni par le gouvernement anglais, ni par le Prince. Il ne saurait être question qu'il parte en campagne avec son escorte personnelle. Seul le fidèle Uhlmann, dont le dévouement est sans limite, l'accompagnera, mais il restera au Natal, en arrière du territoire des opérations.

Dans les organes républicains, on ne perd pas une si belle occasion d'atteindre Louis en le ridiculisant. Ernest Blum ose écrire : « Le fils à monsieur son père part pour combattre, de loin, les Zoulous. » Un autre, sous une méchante caricature, titre : « Bébé s'en va-t'en guerre ! » Au sein même du parti impérialiste, le premier moment de surprise passé, la plupart approuvent l'initiative du Prince, mais d'autres, particulièrement dans l'entourage du prince Napoléon, lui sont opposés et

1. *Lettres familières de l'impératrice Eugénie*, tome II, p. 83.

ne s'en cachent pas. On s'interroge sur les causes profondes de ce départ. Ceux qui détestent l'Impératrice n'hésitent pas à avancer que c'est pour échapper à l'avarice et à la tyrannie de sa mère, pour secouer un joug qui, à son âge, lui est devenu insupportable, que Louis a pris une décision qui a le mérite de l'éloigner de Chislehurst. Accusation doublement injuste, la commission d'arbitrage ayant rendu son avis, le Prince est en possession de la moitié de la succesion de l'Empereur et de l'héritage Bacciochi, ce qui lui assure son indépendance financière. Quant à l'autoritarisme d'Eugénie, c'est moins sur Louis qu'il s'exerce que sur les membres de son entourage habituel. Une grande complicité règne entre la mère et le fils et, même s'ils ne sont pas toujours d'accord sur tout, les témoignages des familiers de Camden ne laissent aucun doute sur la tendre et confiante affection qui les unit. Plus que la tutelle de sa mère, celle que prétendent exercer, au nom de l'expérience et du dévouement, les vieux chefs bonapartistes, et Rouher en particulier, lui semble parfois très pesante, mais là n'est pas non plus la raison de son départ. « Les espérances de la cause, écrit-il à Louis Conneau, se résument en ma personne : qu'elle grandisse et la force du parti de l'Empire décuplera. J'ai eu la preuve qu'on ne suivrait qu'un homme connu pour son énergie, et tout mon soin a été de trouver le moyen de me montrer tel que je suis. Lorsqu'on appartient à une race de soldats, ce n'est que le fer à la main qu'on se fait connaître », et il ajoute : « Je n'ai pris l'avis de personne et je me suis décidé en quarante-huit heures. Si ma résolution a été si prompte, c'est que j'avais longuement réfléchi à de pareilles éventualités et arrêté mon plan. Ni les appréhensions de ma mère, ni les exhortations de monsieur Rouher et de mes partisans ne m'ont fait hésiter une minute ni perdre une seconde. Cela n'a rien que de tout naturel pour ceux qui me connaissent. Les raisons qui ont influencé mon départ sont donc toutes politiques et, en dehors, rien n'a influé sur ma détermination. » Durant trois jours, il écrit des lettres semblables à tous ses amis et à quelques-uns de ses conseillers auxquels il tient à exposer les vraies raisons de son départ, afin de dissiper toute ambiguïté.

Tandis qu'en France la presse officielle ironise, en Angleterre les journaux sont unanimes à louer le Prince. Ils rappellent que Napoléon III fut toujours son allié fidèle et s'inclinent devant le valeureux engagement de son fils. « Rien ne saurait prouver plus de courage, écrit le *Morning Post*, que cette détermination du jeune exilé français, de partir sur le théâtre d'une guerre qui offre, non seulement des problèmes militaires de la nature la plus épineuse, mais encore des dangers positifs qui ne sont ignorés de personne. » Et le *Daily Telegraph* renchérit : « La décision du Prince impérial est digne de son courage et digne de sa race. » Le 26 février, en fin de journée, Louis se rend à Windsor, accompagné d'Espinasse qui l'attendra à la gare. Il a tenu, en disant adieu à la Reine, à lui adresser ses remerciements pour la part qu'elle a prise à la réalisation de son projet, en appuyant sa demande de toute son autorité. En même temps il prend congé de la jeune princesse Béatrice dont on murmure, dans le public, qu'il est amoureux, non sans ajouter que ses sentiments sont partagés. Plus tard, l'Impératrice confiera qu'un projet d'union des deux jeunes gens avait été évoqué entre elle et Victoria, malgré les obstacles qu'aurait pu faire naître la différence de religion et l'opposition prévisible du gouvernement anglais, peu soucieux à ce moment-là de déplaire à la République. Mais rien ne laisse supposer un début de romance entre Louis et Béatrice, liés seulement par l'intimité qu'autorisait une communauté d'âge et de goûts. Pendant les trois mois de son absence, le Prince ne recevra aucune lettre de la jeune fille et il ne semble pas non plus qu'il lui ait jamais écrit. Dans le train qui les ramène à Londres, il ne fait à Espinasse aucune allusion à la princesse. Avant de regagner Chislehurst, il a encore un entretien, à la petite chapelle catholique de Portman Square, avec le chanoine Tourzel, son confesseur, et, de retour à Camden, il préside le dernier dîner. Lui seul est gai, au milieu de visages consternés. L'Impératrice, malgré son chagrin, a voulu marquer ce dernier soir par un geste exceptionnel. Elle qui, depuis son veuvage, n'a plus porté aucun bijou, si ce n'est son anneau de mariage, a sorti de son écrin le trèfle d'émeraude enrichi de diamants, premier cadeau que lui a fait l'Empereur, au palais de Compiègne, en décembre 1852, à l'époque où, passionnément amoureux de la jeune comtesse de Teba, il songeait déjà à l'épouser. Ce bijou, auquel elle attache la valeur d'un talisman, Eugénie l'a porté presque chaque soir pendant vingt ans, jusqu'au 9 janvier 1873. Pour ce dernier soir, elle l'a accroché de nouveau à son corsage, comme un souvenir des jours heureux. Elle le portera pour conjurer le sort tant que durera l'absence de Louis.

Après le dîner, laissant au fumoir quelques amis parmi lesquels Espinasse, Laurent de La Bédoyère et Tristan Lambert, dans la galerie du rez-de-chaussée où tout le personnel de la maison est réuni, le Prince adresse à chacun un aimable mot d'adieu. Beaucoup ne peuvent retenir leurs larmes. Durant la nuit, tandis qu'un orage effroyable s'abat sur le pays, à la demande de l'Impératrice, il rédige son testament [1], dans lequel après avoir exprimé sa gratitude à la reine Victoria et à l'Angleterre, si accueillantes dans son exil, il laisse des souvenirs à ses amis et à ses proches, distribue près d'un million de francs en espèces, preuve qu'il les possède, assure quelques pensions à des vieux serviteurs et demande à sa mère, lui mort, d'aider de tout son pouvoir le prince Victor, fils aîné du prince Napoléon, héritier de la cause des Bonaparte. Il a informé le curé de la paroisse de sa visite le jeudi 27 à sept heures du matin. Avant le lever du jour, Tristan Lambert le voit sortir de Camden en courant, seul, sous la neige, sans manteau [2]. Dans la petite église St. Mary, il assiste à la messe et communie une dernière fois à côté du tombeau de son père devant lequel il s'agenouille pour une longue prière.

Sa mère aurait voulu l'accompagner jusqu'à Madère, où le *Danube* doit faire escale, mais Louis n'a pas eu de mal à lui faire admettre le ridicule que, mal interprété, on pourrait attacher à un tel geste. A quoi bon reculer de quelques jours une séparation qui ne pouvait être évitée ? Le cœur brisé, Eugénie s'est résignée. A Southampton où l'a amené le train royal, le Prince est l'hôte d'honneur d'un banquet que lui offrent les officiers du port en présence des autorités civiles. Lorsque l'heure est venue de gagner le quai d'embarquement, une foule considérable, massée sur le port, le long du wharf, lui fait une ovation interminable. Eugénie, touchée par ces témoignages spontanés de sympathie s'efforce de sourire à travers ses larmes. Honneur insigne, les trois couleurs ont été hissées au grand mât du navire en hommage au jeune prince qu'il va transporter. Le *Danube*, bateau qui appartient à l'Union Steamship Company, n'est pas astreint à l'application des

1. Reproduit en fin de volume.
2. Archives nationales, 400 AP 77, inédit.

règlements militaires et Louis, en costume civil, embarque comme un simple particulier. L'Impératrice tient à monter à bord et, après avoir visité la cabine obligeamment prêtée au Prince par le commandant, car il n'en restait aucune de libre lorsqu'il s'est inscrit pour le voyage, se fait présenter l'équipage. Lorsque la sirène du départ retentit, elle embrasse une dernière fois son fils. Louis abrège les adieux. Dans une lettre très tendre qu'il lui adressera le lendemain, de Plymouth où le navire touche avant de gagner le large, il lui en donne la raison, dictée par son instinctive pudeur : « Je puis vous dire par écrit ce que je n'ai pas voulu vous dire de vive voix ; combien à la joie de faire campagne, se mêle dans mon cœur la peine de vous quitter. Vous dire, en vous disant adieu, tout ce que je ressentais, c'était vous émouvoir inutilement, car vous devez me connaître assez pour lire dans mon âme. »

Eugénie revint à Camden le cœur brisé. Elle avait assisté, de la côte, au départ du *Danube* et l'avait suivi des yeux jusqu'à ce qu'il disparaisse à l'horizon. A peine de retour à Camden, elle lui adresse un court billet qui l'atteindra à Plymouth : « Je suis bien triste, mais résignée et très fière car tu as eu de l'énergie, volonté et courage, que Dieu te protège [1]. » Le voyage va durer vingt-huit jours et Louis, le 4 mars, en mer, lui écrit une première lettre, qu'il mettra à la poste à Madère, au cours d'une brève escale. Pour passer le temps, il s'est astreint à la lecture de romans, qui généralement le « laissent froid », mais, ajoute-t-il, « lorsqu'on est condamné à passer vingt-huit jours avec une héroïne, comment rester indifférent à son histoire et à ces vicissitudes ». Sans entrer en relations suivies avec les autres passagers, il s'est pourtant rapproché de quelques militaires qui se montrent intrigués, comme lui, par la présence à bord d'une mystérieuse jeune femme voilée. Ils apprendront rapidement que « la belle inconnue » qui ne manque pas d'audace, rejoint au Cap un jeune officier dont elle est éprise. C'est ce qu'il appelle « le petit roman du bord. » Malgré son désir d'arriver le plus vite possible, il regrette que des impératifs de navigation empêchent de faire escale à Sainte-Hélène où, écrit-il : « J'aurais été heureux de faire un pèlerinage avant d'aller faire mes premières armes [2]. » Rapidement, il visite Funchal,

1. Archives nationales, 400 AP 75, inédit.
2. *Id.*

et ne cache pas son étonnement, en plein XIXe siècle, de ne voir dans l'île ni télégraphe, ni chemin de fer, ni voitures à roues. Les habitants se déplacent dans des sortes de litières qui glissent sur des patins le long des routes pavées, tirées par des attelages de bœufs, et il fait sur son carnet de poche un croquis très réaliste de ce curieux moyen de locomotion.

Les vingt jours qui suivent seront d'une monotonie lassante, avec le passage du tropique sud rendu très fatigant par une chaleur accablante. Parmi les passagers, se trouvent quelques officiers anglais en congé ou démissionnaires, et un grand nombre d'aventuriers qui, constate-t-il, « vont, comme moi, au Cap pour faire la guerre ou faire fortune ». Pour tromper leur ennui, tous décident d'organiser une revue burlesque, chacun ayant revêtu pour la circonstance son uniforme, ce qui constitue un ensemble particulièrement disparate. Le Prince est, à l'unanimité, élu général en chef de cette étrange troupe et qualifie lui-même la revue de « fradiavolesque ». C'est à bord, sans rien en dire à personne, qu'il passera son vingt-troisième anniversaire. Enfin, le 26 mars, à huit heures du matin, apparaît la grandiose et abrupte montagne de la Table, dont le gigantesque plateau domine la ville du Cap. Les coups de canon de la citadelle saluent l'arrivée du bateau. Au pied de la passerelle le Prince est accueilli par le major Gossett, de l'état-major de lord Chelmsford. Tous les vaisseaux du port sont pavoisés et une foule nombreuse lui fait une longue ovation. En l'absence de sir Bartle Frere, gouverneur général, à ce moment en déplacement à l'intérieur du pays, lady Frere le reçoit à Government House. Elle a un fils du même âge, lieutenant lui-même dans l'armée de lord Chelmsford, et c'est maternellement qu'elle va s'occuper de son hôte. Elle commence par l'emmener à la campagne, au bord du petit golfe de False, où Louis déguste du raisin de Constance qui, écrit-il, « enfonce je dois l'avouer celui d'Arenenberg ». Après la rigueur de la traversée, il profite du paysage pittoresque et varié qui s'offre à ses yeux. Le soir, une brillante réception est donnée en son honneur, et la haute société de Cape Town se presse pour approcher le jeune prince français qui met son épée au service de l'Angleterre, et qui ici a déjà sa légende. Dès le lendemain, il écrit à Scipion Corvisart : « Je m'embarque dans quelques heures et j'espère être rendu à

Natal en temps opportun pour prendre part à un combat qui semble imminent. » Il vient d'apprendre que le 12 mars, au bord de l'Intombi, un convoi militaire a été attaqué par quatre mille Zoulous et a subi de lourdes pertes. La perspective de la riposte que ne manquera pas de déclencher le général en chef après ce nouveau revers l'enivre.

Sous la pluie qui tombe constamment durant les cinq jours de la traversée, le *Danube* remonte la côte orientale de l'Afrique jusqu'à Durban. A la jumelle, les côtes n'offrent qu'une suite monotone de terrains plats et arides. Le soleil réapparaît lorsque le navire approche de Durban dont le port entier est pavoisé. L'accueil du public est délirant.

A l'ivresse de ce premier moment, succède une vive déception. Le Prince pensait qu'à peine débarqué il allait rejoindre l'état-major de lord Chelmsford, et gagner ensuite la zone des combats. En fait, le général en chef est parti pour quelques jours en reconnaissance au nord de la colonie et Louis est contraint de l'attendre. Rongeant son frein, il s'occupe comme il peut. L'un de ses chevaux s'était blessé grièvement en sautant de son box sur le pont du *Danube*, et il avait fallu l'abattre. L'autre est mort après le débarquement, des suites du voyage. Le 3 avril, le Prince achète au directeur de la Randle-Bros & Hudson, pour vingt-cinq livres, un cheval gris « calme, nullement rétif », qui s'appelle Percy, à côté duquel, pour l'éprouver, il tire quelques coups de révolver [1]. Quelques jours après son arrivée, victime du tribut que paient couramment les Européens en abordant ces régions tropicales, terrassé par la fièvre, il doit s'aliter. Dans sa chambre de la jolie maison où le capitaine Bayton lui a donné asile, Saint-Andrew Street, il enrage en grelottant entre ses couvertures, avec « pour unique horizon les favoris d'Uhlmann ».

Il est presque rétabli lorsque, près de deux semaines plus tard, lord Chelmsford, dès son retour à Durban, le reçoit à son quartier général. Louis lui remet la lettre d'introduction signée par le duc de Cambridge, dans laquelle le ministre l'informe des réticences du gouvernement, mais lui demande néanmoins de lui venir en aide autant qu'il le peut. Il ajoutait : « My only anxiety on his conduct would be that he is too

1. Inédit : Interrogatoire de Lomas par Louis Conneau et Jules Espinasse.

plucky and go ahead [1]. » Au cours de leur entretien, le Prince renouvelle au commandant en chef la promesse qu'il a déjà faite à l'Impératrice de ne pas chercher à s'enrôler dans une troupe de volontaires, mais en échange, il sollicite un poste dans l'armée régulière tout en admettant qu'on ne puisse lui permettre d'exercer un commandement. La situation dans laquelle se trouve lord Chelmsford est embarrassante. D'un côté il doit respecter les instructions de son gouvernement, de l'autre il souhaite aider ce jeune homme qui, d'emblée, a gagné sa sympathie. Il décide, en définitive, de l'affecter à son état-major où, du moins le pense-t-il, il pourra plus facilement le surveiller, et l'autorise à revêtir l'uniforme. En compensation il exige que Son Altesse se soumette aux prescriptions du docteur Scott, et qu'elle ne rejoigne la division qu'après son complet rétablissement. C'est alors qu'il fait la connaissance de Paul Deléage, correspondant du *Figaro*, que lui présente le père Sabon, aumônier de la colonie catholique. Celui-ci note qu'il a trouvé « non pas un jeune homme, mais un Prince dans toute l'acception du terme, avec toute la simplicité et le charme d'un esprit supérieur et distingué ». Le 19 avril, après s'être fait photographier chez les frères Kisch, le Prince quitte Durban et gagne Pietermaritzburg où il reste trois jours, le temps de prendre congé d'Uhlmann qui va s'y installer, et d'arrêter les dernières dispositions avec deux jeunes Anglais qu'il a engagés à son service, Lomas comme ordonnance et Brown comme groom, plus aptes à faire campagne, l'un et l'autre, que son vieux valet de chambre.

La campagne qui s'ouvre doit être courte mais, pour avoir des chances de réussite, l'armée entière doit prendre position le long de la rivière Buffalo qui marque la frontière du territoire de Ceteswayo. Il est capital de déterminer à l'avance le chemin que suivront les importantes colonnes militaires et les emplacements précis des cantonnements, afin d'éviter des surprises comparables à celle d'Isandhlwana. Au sein de l'état-major général, la place d'observateur, qu'occupe le Prince impérial, ne manque pas d'intérêt. Il aura souvent l'occasion de se joindre à des patrouilles de reconnaissance, d'autant plus nécessaires que les cartes dont on dispose ne sont

1. « Ma seule crainte concernant sa conduite est qu'il soit trop courageux et entreprenant. »

d'aucune utilité pratique pour organiser des déplacements que les impedimenta d'une troupe si nombreuse rendent extrêmement risqués. La progression est lente, car l'intendance doit suivre par des chemins assez peu praticables, et il faut respecter des périodes de repos, comme celle qu'on passe à Ladysmith, dernière bourgade importante avant la frontière entre le 23 et le 28 avril. C'est de Dundee le 30, que Louis écrit à sa mère : « Notre camp est à 10 miles seulement du Buffalo River. Dans une semaine au plus, nous aurons atteint la ligne extrême de nos avant-postes, aux environs de Conference Hill. Tout continue à aller pour le mieux. » Deux jours plus tard, il pénètre en territoire ennemi. Pendant deux nuits il doit dormir tout habillé, prêt à sortir de sa tente à la moindre alarme. A défaut de Zoulous, il rencontre des corps francs de cavalerie, et parmi eux des vétérans des armées impériales qui viennent le saluer. Bien que ce ne soit pas « la fine fleur des pois », il est heureux de pouvoir, un instant, bavarder avec des compatriotes.

Sur le chemin d'Utrecht, le lundi 5 mai, il a la satisfaction de retrouver ses deux meilleurs camarades de Woolwich, Bigge et Slade. Avec eux il échange les premières impressions sur cette campagne, sa première campagne, et il apprend que les Zoulous ne sont pas ennemis à dédaigner. Ces « fils de la foudre » sont rusés, audacieux, leur courage est sans limite et leur connaissance du terrain leur permet de se déplacer sans être vus et de préparer de terribles embuscades. Ainsi, le 29 mars, les deux jeunes officiers ont échappé de peu, à Kambulla, à une agression qui n'a été stoppée qu'avec l'appui de l'artillerie. Louis écoute, passionné, le récit de cet engagement. A Utrecht, il est rejoint par Paul Deléage, avec lequel il a de longues conversations. Le journaliste est séduit par les qualités évidentes de son interlocuteur, et ne cache pas son admiration pour son exceptionnelle maîtrise à cheval, même sur des montures particulièrement rétives. Ensemble ils visitent l'hôpital militaire où Louis, pendant son court séjour, avec une grande générosité et dans l'anonymat, se rend quotidiennement pour apporter aux blessés tout le réconfort qu'il peut.

Mais l'heure du premier combat va sonner. Alors qu'il suit une partie de la colonne volante du général Wood, il réussit le

14 mai à se joindre à une patrouille, d'une douzaine d'Européens et d'une douzaine de Basutos [1], commandée par le major Bettington, vigoureux quadragénaire parfaitement entraîné, pour remplir une mission de reconnaissance qui va durer plusieurs jours. Après de brèves incursions en territoire ennemi, le soir du 18, la petite troupe se trouve à une cinquantaine de kilomètres en plein Zoulouland. A l'issue du bivouac, alors que la nuit vient de tomber, tous feux éteints, la patrouille s'éloigne silencieusement à pied, chacun tenant son cheval par la bride. On marche pendant près de deux kilomètres, jusqu'au lit asséché d'un torrent, que les indigènes appellent *donga*, endroit idéal pour y passer la nuit. Des Basutos sont placés en sentinelles, les chevaux, tout sellés, sont rangés en cercle. A l'intérieur, le Prince, couché par terre comme les autres hommes, partage sa couverture avec son ordonnance Lomas.

Le lendemain, sous un soleil ardent, on découvre au loin, au sommet d'une colline, les toitures arrondies d'un *kraal* [2]. Bettington, qui a la décision rapide, n'hésite pas à l'attaquer bien qu'il paraisse occupé en force. Dans l'étroit sentier abrupt et plein de pierres qui roulent sous les sabots, Louis lance son cheval à l'assaut. Inconscient des coups de fusil que les Zoulous, malhabiles aux armes à feu, tirent, il arrive sur le plateau. Les balles sifflent, mais il ne semble pas les entendre. Par bonheur, le feu plongeant des indigènes ne blesse personne. Aux côtés de Bettington, le Prince charge, le sabre haut levé. Les ennemis sont mis en fuite, après qu'on en a tué quelques-uns.

Louis a fait preuve d'une telle témérité, d'un tel sang-froid, au cours de ce bref engagement, que Bettington, en souvenir d'une attaque si bien menée, propose de baptiser le kraal : « kraal Napoléon ». Radieux, le Prince accepte en souriant cet hommage à sa jeune bravoure, et il s'étonne que le major ait chargé armé seulement de sa cravache, sous le prétexte qu'un sabre le gêne : « Quant à moi, ajoute-t-il, je tiens à avoir toujours le mien, non pas tant pour attaquer que pour me défendre si j'étais entouré ; je mourrais en combattant, et la mort, alors, n'aurait rien de pénible. » La nuit suivante est troublée par plusieurs alertes qui obligent, chaque fois, à changer de campement. L'ennemi s'est ressaisi et cherche sa

1. Cafres ralliés, servant comme auxiliaires dans l'armée anglaise.
2. Village zoulou formé de huttes de paille groupées autour du feu tribal.

revanche. Lorsque, dans la soirée du 20, il rentre au camp de Landman's Drift, Louis évite de parler de cette aventure. Sans doute craint-il, si elle s'ébruite, que lord Chelmsford ne mette un terme, en ce qui le concerne du moins, à ces sortes d'expéditions, qui répondent à son goût de l'action et le passionnent. Pour éviter d'inquiéter l'Impératrice, il minimise les risques qu'il a courus et lui écrit le lendemain : « Je viens de rentrer de reconnaissance ; nous avons été six jours absents. Quelques coups de feu ont été tirés de part et d'autre, mais rien ne s'est passé de bien sérieux. »

Le commandant en chef eut-il vent de l'attaque du kraal Napoléon ? Quelques jours après, il charge le Prince d'une mission qui l'empêchera, pendant une bonne semaine, de quitter le camp. Il s'agit de dessiner les plans d'un fort qu'il projette de construire à Conference Hill, qui constituerait, en cas de besoin, une retraite sûre à l'arrière des troupes. Ce travail va l'occuper jusqu'au 27, mais il ne se plaint pas de cette inaction forcée, dont il écrit à sa mère : « Le plafond de toile a ses charmes comparé à la voûte des cieux. Mais, comme je vous l'ai déjà maintes fois écrit, la vie que je mène me plaît et me fait du bien. Jamais je ne me suis senti si fort et si dispos. » De Koppie Allein, où la division campe le 28, Louis, qui vient d'être attaché au colonel Harrisson en qualité d'assistant, accompagne l'état-major au cours d'une reconnaissance en direction du mont Itelezi. Il chevauche une partie de la journée du 29, botte à botte, à côté de Paul Deléage auquel il expose que, lorsque la campagne sera achevée, après la prise d'Ulundi, son désir serait de regagner l'Europe en passant par l'Asie, et il semble manifester un intérêt très vif pour les Indes. Le journaliste le dépeint : « Exubérant dans toute l'acception du terme, vif, entraînant, doué de tous ces dons naturels que rien ne peut faire acquérir, brave, valeureux, intelligent, prodigue de tout [1]. » De retour au camp, comme le général Wood, qui le rencontre, lui demande en souriant :

« Eh bien, Monseigneur, vous ne vous êtes pas encore fait tuer ?

– Non, répond-il, mais si je devais être frappé, je crois que j'aimerais mieux un coup de sagaie qu'une balle venant on ne sait d'où : cela montre, au moins, qu'on a senti le contact de l'ennemi. »

1. Paul Deléage, *Trois Mois chez les Zoulous*, p. 243-244.

La veille du dimanche de la Pentecôte, le samedi 31 mai 1879, lord Chelmsford décide que les deux divisions placées sous son commandement entameront la marche décisive sur Ulundi avec, comme premier objectif, la traversée de la Blood River [1]. En qualité de responsable des reconnaissances, le colonel Harrisson est chargé de déterminer le lieu du campement qui sera occupé le lundi 2 juin par la deuxième division. La mission est confiée au Prince impérial qui sera accompagné par une escorte composée de six soldats européens et de six Basutos, et dont le commandement sera assuré par un officier de l'état-major. C'est Bettington qui est désigné, mais le colonel ayant omis de l'en aviser, il est déjà parti pour une autre mission lorsque les dernières dispositions pour cette reconnaissance sont prises. Un autre officier se présente pour accompagner Louis, le lieutenant Jaheel Brenton Carey, récemment promu capitaine, mais qui n'en porte pas encore les galons. Agé de trente et un ans, officier d'infanterie, il a servi aux Indes, et n'est arrivé en Afrique du Sud que le 11 avril. Lorsque le colonel Harrisson lui transmet les consignes, il précise : « You will look after the Prince [2]. » Telle est d'ailleurs la seule raison d'être de sa présence. C'est Louis qui fera les relevés topographiques pour le futur campement, Carey commandera l'escorte et veillera sur lui.

Le dimanche 1er juin, à huit heures, les six hommes du corps des volontaires de Bettington sont prêts, ce sont le sergent Willis, le caporal Grubb, les soldats Abel, Cochrane, Rogers et Le Tocq, ce dernier natif des îles anglo-normandes, ce qui explique son nom à consonance française. Un Cafre ami est là aussi, il servira de guide, quant aux six Basutos, on les attendra jusqu'à neuf heures mais, mal informés, ils ne se présenteront pas. La journée s'annonce belle. Le Prince, comme toujours lorsqu'il a une mission à remplir, piétine d'impatience. Comme il vient d'apprendre que le correspondant du *Daily News*, Archibald Forbes, retourne au camp de Landman's Drift, et que c'est une occasion pour faire partir un courrier, il trace en hâte au crayon quelques lignes sur une feuille de son calepin, à l'adresse de l'Impératrice :

« ... Je pars dans quelques minutes pour choisir le lieu où la

1. Rivière du sang.
2. Vous veillerez sur le Prince.

deuxième division doit camper sur la rive gauche du Blood River. L'ennemi se concentre en force et un engagement est imminent d'ici huit jours. Je ne sais quand je pourrai vous donner de mes nouvelles, car les arrangements postaux laissent à désirer. Je n'ai pas voulu perdre cette occasion de vous embrasser de tout mon cœur... [1]. » Il vient d'apprendre l'élection, à Paris, du député bonapartiste Godelle, et demande à sa mère de lui exprimer sa satisfaction. « Paris me revient », dit-il gaiement. Puis, sans attendre davantage le complément de l'escorte, d'accord avec Carey, ils se mettent en route.

A une douzaine de kilomètres de Koppie Allein, au pied de l'Itelezi, la petite troupe rencontre le colonel Harrisson qui ne montre aucune surprise devant une escorte si réduite. Sans doute pense-t-il que le grand rassemblement des troupes qui font mouvement a suffi à éloigner les Zoulous et que, dans un large rayon, la région ne présente plus guère de danger. Même réaction du major Grenfell, rencontré un peu plus loin, à côté duquel le Prince parcourt plusieurs miles. Après l'avoir quitté, vers midi, Louis, au galop, arrive sur un plateau d'où il domine tout le pays environnant. Rien, jusqu'à l'horizon, qui signale la présence de l'ennemi. On s'arrête pour faire reposer les chevaux et le Prince prend quelques croquis. Au bout d'une heure, la petite troupe repart en direction du confluent des rivières Tombakala [2] et Mbasani, au pied du mont Mabulawayo, au lieu-dit Itiotiozy. Vers quatorze heures elle atteint un kraal [3] apparemment déserté depuis peu car, au centre des cinq huttes qui le composent, des cendres fument encore. Les hommes remarquent alentour des chiens efflanqués qui rôdent, preuve que les maîtres ne doivent pas être loin. Carey décide pourtant de faire halte à quelques dizaines de mètres des huttes, en bordure d'un champ de maïs, dont les hautes tiges donneront de l'ombre. Les chevaux sont dessellés, à l'exception de celui du Prince, mais aucune précaution n'est prise pour assurer une garde contre une attaque imprévue. Tandis que le Cafre va chercher de l'eau à la rivière, pour faire du café, les hommes se couchent par terre et, un peu à l'écart, Louis commence ses croquis topographiques, tout en

1. Archives nationales, 400 AP 75.
2. Aujourd'hui Vumankala.
3. Aujourd'hui le kraal Sobuza.

bavardant avec Carey. Il raconte à son compagnon la campagne de Bonaparte en 1796 et, passionné par son sujet, semble intarissable. Vers quinze heures trente, le Cafre vient dire qu'il a aperçu des têtes crépues derrière les hautes herbes, du côté de la rivière, et Carey fait reseller. Le Prince termine un dernier dessin et demande encore dix minutes.

Un moment plus tard, les chevaux prêts à être montés, sont rassemblés. A peine Carey a-t-il donné le commandement qu'une fusillade éclate, tandis qu'à quelques centaines de mètres, jaillissant des tiges de maïs derrière lesquelles ils étaient tapis, surgissent les Zoulous, une cinquantaine environ, qui s'élancent en poussant leur cri de guerre. Le bruit affole les chevaux qui se cabrent, et que leurs cavaliers, à peine montés, ne peuvent retenir. Dans un rapide galop, pris de panique, derrière Carey, les Anglais fuient. Un des soldats, Rogers, atteint par une balle, s'écroule. Le Prince n'a pas encore réussi à enfourcher sa monture, Percy, qui instinctivement suit ses congénères, il court à son côté en essayant de s'accrocher à la selle pour se rétablir en voltige, exercice qui lui est familier. Le Tocq, le dernier, passe à proximité. Non encore monté, mais plus heureux que Louis, il a réussi à se coucher en travers de son cheval. « Dépêchez-vous, monsieur, s'il vous plaît », lui crie-t-il. Un peu plus loin, Abel, désarçonné, a été rattrapé par les Zoulous qui l'achèvent. Agrippé à l'une des deux fontes, le Prince tente un effort désespéré pour se hisser sur Percy, mais la courroie qui relie les fontes cède, et il tombe tandis que d'un coup de sabot le cheval lui meurtrit le poignet droit. Lorsqu'il se relève, Percy est déjà loin, et les Zoulous arrivent. A-t-il le temps d'apercevoir, s'éloignant au galop vers l'Itelezi, Carey en tête, ceux dont la seule mission était de le protéger ? Au bord du lit d'un donga, il fait face à la horde qui se précipite vers lui.

Dans sa chute il a perdu son sabre et ne peut se défendre qu'avec son revolver. De sa main gauche, la seule valide, il tire trois coups qui, un instant, tiennent les Zoulous en respect, mais ne les atteignent pas. L'un d'eux, Longalabalele, lui lance une première sagaie. Louis réussit à la parer et la relance. Un autre, Zabanga, plante une seconde sagaie dans l'épaule gauche. Sept Zoulous sont maintenant sur lui. Son bras gauche, lacéré par les pointes de fer, ne constitue qu'une illusoire protection, et le torse est atteint. Une sagaie pénètre profondément dans l'œil droit, qu'elle extrait de l'orbite, poussée jusqu'au cerveau. Le coup est mortel, le Prince impérial s'écroule. Il est seize heures, le combat n'a pas duré plus d'une minute. Sur ce corps sans vie, les Zoulous s'acharnent. On comptera dix-sept blessures, toutes reçues par-devant, témoignant de la bravoure du jeune héros qui n'a cessé de faire face à ses agresseurs.

Les Zoulous eux-mêmes, malgré la haine qui les anime, admirent l'exceptionnel courage de leur victime. Alors que les corps des deux soldats anglais sont immédiatement éviscérés et atrocement mutilés, celui du Prince, mis à nu, est respecté. Le chef zoulou, Tashingway, fait seulement pratiquer, au niveau de l'ombilic, une petite couverture rituelle, mais il interdit à ses hommes de toucher à la chaîne d'or, aux deux médailles et au cachet de cornaline hérité de son père, souvenir de la reine Hortense, que Louis porte au cou, qu'il prend pour des fétiches et qui lui inspirent autant de crainte que de respect. Par superstition, les Zoulous redoutent de contrarier leur pouvoir et les laissent sur le corps du jeune guerrier blanc pour lui assurer dans la mort la bienveillance due aux hommes vaillants. La nuit tombe rapidement. Après s'être partagé ses dépouilles, ils l'abandonnent au creux du donga tandis qu'au-dessus du paysage désolé où vient de se jouer le drame, la lune, qui fait son apparition dans le ciel, éclaire la scène d'une lueur funèbre.

CHAPITRE XI

ESTO MEMOR

Carey ayant donné l'exemple, sinon l'ordre, du sauve-qui-peut, le petit groupe qu'il forme avec les quatre hommes qui lui restent, poursuivi par une partie des Zoulous courant derrière eux et tirant des coups de feu, s'est reconstitué. Il constate que le Prince est manquant. Peut-être est-il possible encore de revenir en arrière pour tenter de le sauver ? En proie à la panique Carey, n'y songe même pas. Il sait pourtant qu'il laisse également derrière lui Abel et Rogers, dont il ignore s'ils sont à ce moment-là vivants ou morts. Arrêtés un instant au bord d'un donga qu'ils ne peuvent traverser, les cinq hommes le longent jusqu'à un gué et, de l'autre côté, reprennent leur galop. Carey dit seulement, à plusieurs reprises : « Hâtons-nous, dépêchons-nous. » Puis, avisant Percy, le cheval du Prince, qui les a rejoints, il ordonne au caporal Grubb de s'en saisir et de le monter pour le ramener au camp tout en tenant son propre cheval par la bride. Une heure plus tard ils auront rejoint la colonne du général Wood. Pour sa défense, Carey déclarera qu'en Afrique, « tout homme démonté est un homme mort » et qu'il ne pouvait pas risquer la vie des survivants pour tenter un geste malheureusement inutile.

Au camp, l'annonce de la mort du Prince, qui ne fait plus aucun doute, provoque la stupeur. Lord Chelmsford, lorsqu'il l'apprend, est anéanti. Sa responsabilité dans le drame qui vient de se jouer le dépasse, autant que l'ampleur de la catastrophe. Deléage ne veut pas encore y croire et supplie qu'on lance immédiatement une opération pour retrouver le Prince qui n'est peut-être que blessé. S'il n'était pas trop tard pour le sauver ? Mais il doit se rendre à l'évidence. Une patrouille de nuit courrait trop de risques, et il n'y a plus aucun espoir, les Zoulous achèvent les blessés et ne font jamais de prisonniers. Durant la nuit, Carey, qui ne peut dormir, écrit à sa femme une lettre incohérente dans laquelle il se peint comme « un homme perdu ».

L'ordre a été donné de partir au petit jour, le 2 juin, pour rechercher le corps du Prince. Sous le commandement du général Marshall, une troupe très importante, composée de dragons, lanciers, volontaires et basutos, à laquelle Deléage a obtenu l'autorisation de se joindre, quitte à six heures le camp d'Itelezi Hill. Lomas et Brown suivent, avec le docteur Scott et le lieutenant Bartle Frere, fils du gouverneur général. C'est Carey qui montre la route. En approchant du site d'Itiotiozy, les éclaireurs aperçoivent dans le fond d'un donga un cadavre complètement nu, de trop grande taille pour qu'il s'agisse du Prince. En dépit des horribles blessures qui ont rendu le visage méconnaissable, il est rapidement identifié, c'est le volontaire Abel. Le corps de Rogers est retrouvé dans les herbes entre le kraal et le donga, lui aussi est nu et également mutilé. Ils vont être enterrés sur place.

A deux cents mètres au-delà, un éclaireur aperçoit un troisième cadavre. Cette fois, c'est bien celui du Prince. Deléage reconnaît « même de loin, ce petit corps blanc et ferme, chez lequel les formes les plus pures n'altéraient en rien ni la force ni l'adresse ». Il est étendu sur le dos, le bras gauche déchiqueté ramené sur la poitrine, la tête légèrement inclinée à droite, l'œil gauche, si bleu, grand ouvert. Le visage semble étrangement serein. Le capitaine Molyneux, qui représente le général en chef, soulève la tête du Prince et détache la chaîne d'or qui sera rapportée à l'Impératrice, tandis que le docteur Scott examine le corps et fait remarquer que les dix-sept blessures sont toutes localisées au visage, à la poitrine et aux bras. Aucune blessure au dos, excepté les points de sortie de quelques sagaies qui ont percé le corps de part en part. Tout autour l'herbe est piétinée et couverte de traces de sang séché. Les soldats qui ont exploré les environs immédiats du donga rapportent une chaussette bleue marquée d'un N, les deux éperons couverts de boue avec du sang sur les courroies, l'un d'eux tordu. Sans perdre plus de temps, dans une couverture de selle assujettie entre deux lances, le corps du Prince impérial est porté par les principaux officiers présents, dont le général Marshall lui-même, jusqu'à un fourgon qu'on a fait avancer, et un long cortège funèbre se forme pour regagner le camp, tandis que le kraal est livré aux flammes.

Lord Chelmsford a écrit au gouverneur pour l'informer de son intention d'enterrer le Prince au camp, « avec autant d'honneurs militaires qu'il est possible ». Il a même donné ses ordres et une escouade du 24e régiment est déjà commandée pour creuser la tombe, mais une décision contraire s'impose rapidement à l'état-major : le corps du Prince impérial doit être ramené en Angleterre. En fin de journée, enveloppé dans la couverture de coton qui lui sert de linceul provisoire, recouvert d'un drapeau tricolore, Louis, officier anglais mort héroïquement, étendu sur un affût de canon, reçoit l'hommage de l'armée. Face aux deux divisions formées en carré, le général Chelmsford, tristement appuyé sur sa canne, accablé et comme foudroyé par ce nouveau désastre qui s'ajoute à ceux qui ont déjà marqué son commandement sur cette terre d'Afrique, préside la cérémonie au cours de laquelle les prières des morts sont dites par l'aumônier catholique. Hâtivement, toute la nuit suivante, avec les moyens dont ils disposent et quelques plantes aromatiques, les docteurs Scott et Robinson procèdent à l'embaumement du corps qui est déposé dans un cercueil provisoire confectionné avec des feuilles de zinc récupérées sur des caisses de thé par des soldats du génie. Dès huit heures du matin, tiré par six mules, le fourgon mortuaire, dans lequel ont pris place Paul Deléage et les deux ordonnances, Lomas et Brown, escorté par un peloton du 17e lanciers qui ne le quittera qu'après avoir franchi la frontière du Zoulouland, prend le chemin de Durban. Avant de partir, Deléage négocie avec l'officier anglais auquel elle appartient l'achat de la couverture, maculée de sang, qui a enveloppé le cadavre. « Prenez garde de vous salir », lui dit celui-ci. « N'en prenez pas souci, répond le journaliste, le sang d'un prince français ne tache pas, il honore. »

A rebours, la dépouille du prince mort refait une partie de la route que l'ardent lieutenant Napoléon a parcourue un mois plus tôt, animé par son généreux enthousiasme. Au passage, les détachements de Koppie Allein et de Landsman's Drift, les populations de Dundee, Ladysmith, Colenso, Eastcourt, Mooi River, souvent en vêtements de deuil, rendent un dernier hommage au jeune prince étranger venu chercher la mort pour les défendre. Un peu avant Pietermaritzburg, à Howick, le malheureux Uhlmann, qui s'est porté au-devant du convoi, brisé par le chagrin, s'abat en sanglotant sur le cercueil de son jeune maître. Sa douleur fait peine à voir, mais il lui faut encore, dans les locaux de la mission catholique où l'on procède au changement de cercueil, reconnaître le corps du Prince. L'émotion est trop forte et il s'évanouit. Revenu à lui, il demande que quelques objets soient déposés près de Louis, un chapelet béni par le pape Pie IX, les photographies de l'Empereur, de l'Impératrice et de Louise d'Albe. On y joint, dans un tube scellé, un exemplaire de l'acte de décès et, avant que le couvercle de plomb soit définitivement soudé, la supérieure du couvent, dans un mouvement de grande ferveur, arrache son propre scapulaire et le dépose sur le corps.

Toute la nuit des prières sont dites dans l'église ouverte au public, puis le cortège se reforme et prend la route de Durban où il arrive le mardi 10 à deux heures de l'après-midi. Après une grandiose cérémonie d'hommage à laquelle toute la ville s'associe, le lendemain, la dépouille du Prince impérial est conduite à Port-Natal pour l'embarquement. Transporté à bord du *Boadicea*, le cercueil est placé dans la cabine du commandant transformée en chapelle ardente, mais l'océan est démonté et une barre dangereuse empêche le navire d'appareiller. Ce n'est que le jeudi qu'il peut lever l'ancre, à neuf heures du matin. Arrivé le dimanche 15 à Simon's Bay, le port militaire du Cap, sans accoster, le transbordement est effectué à bord de l'*Orontes*, spécialement équipé après le débarquement de ses passagers pour ramener en Angleterre le corps du Prince. Sur le quai, avec les autorités qui entourent le gouverneur et lady Frere, les délégations consulaires sont toutes présentes en vêtements de deuil. Tranchant au milieu, affectant une attitude indifférente, « en pantalon gris, jaquette grise déboutonnée et petit chapeau melon, et tout cela d'une propreté même douteuse », le représentant de la France [1].

A Chislehurst, la journée du 1er juin avait été semblable aux autres. Dans la nuit seulement, un orage épouvantable avait déraciné un saule planté par Mr. Strode, dont la bouture pro-

1. Paul Deléage, *Trois Mois chez les Zoulous*, p. 321.

venait de Sainte-Hélène. Anxieuse depuis le départ de son fils, l'Impératrice ne vivait que dans l'attente des lettres qu'elle recevait, depuis la fin avril, à peu près régulièrement chaque semaine et qui lui apportaient des nouvelles vieilles d'un mois. Dynamiques et enjouées, elles reflétaient la joie de vivre du Prince et contrebalançaient les dépêches souvent pessimistes, parfois extravagantes, qui paraissaient dans les journaux, ou qu'on lui adressait directement. Le 12 mai, n'en avait-elle pas reçue une, anonyme, ainsi conçue : « Le bruit court de la mort du Prince, est-ce vrai [1] ? » La pauvre femme, tout à son idée fixe, passant de l'espoir à l'angoisse, attendait la fin de la campagne qu'on avait prévue pour le mois de juillet.

C'est seulement le soir du 19 juin que le message télégraphique de lord Chelmsford parvint à Londres, d'où il fut immédiatement transmis à la Reine qui se trouvait à Balmoral et reçut en même temps un télégramme de lady Frere lui annonçant la tragique nouvelle. Épouvantée à la pensée qu'Eugénie pourrait l'apprendre en lisant le journal le lendemain, Victoria dépêcha en hâte à Camden lord Sydney, chargé de la lui annoncer avec tous les ménagements possibles. Le lendemain matin, c'est le duc de Bassano, que son rang et son grand âge semblent désigner pour remplir ce triste devoir, qui se fait annoncer chez l'Impératrice alors qu'elle achève de s'habiller. A la vue de son visage bouleversé, Eugénie a un cri : « Mon fils, il est malade ?... il est blessé ?... Je vais partir ! » Les yeux du vieillard ne peuvent retenir ses larmes. Sans qu'il ait dit un mot, elle a compris et tombe évanouie.

Durant toute la journée, elle ne revint à elle que pour prendre conscience du drame qui la frappait et s'évanouir de nouveau. Une longue prostration suivit. Plusieurs jours, elle restera comme anéantie, refusant de s'alimenter, au point que les médecins craindront pour sa raison et même pour sa vie. A Paris, la nouvelle, annoncée le 20, est confirmée avec tous les détails dans les journaux du samedi 21 à la suite de la seconde édition de *l'Estafette*, et fait l'objet de toutes les conversations. La France entière est en proie à une vive émotion et, chez les bonapartistes, c'est le consternation. Une fois de plus, la presse qu'anime Gambetta met le comble à la bassesse avec

1. *Lettres familières de l'impératrice Eugénie*, tome II, p. 94.

des titres comme : « Il a claqué le pauvre chéri [1]. » En Angleterre, les feuilles publiques rendent un hommage unanime au jeune héros mort sous l'uniforme britannique, mais le peuple se sent humilié par l'attitude de Carey et ressent sa conduite comme une atteinte à son honneur. La longue lettre d'un lecteur, publiée dans le *Standard* de Londres, qui expose minutieusement le drame du 1er juin, se termine par ces mots : « Jusqu'à ce jour nous avons souvent éprouvé des désastres militaires : mais jamais je n'ai eu à rougir comme aujourd'hui de m'appeler un officier anglais [2]. » Une intense émotion règne dans les couloirs de la Chambre des lords et aux Communes, et dans les deux assemblées les déclarations se suivent, exprimant les regrets les plus vifs. Toutes les pensées se tournent vers Eugénie. A plusieurs reprises la Reine est venue la voir, l'entourant de toute la tendresse possible. « Elle est si résignée, si douce, si soumise, écrit Victoria, n'accusant personne ; mais elle a le cœur brisé et sa douleur est terrible. » Le 25 juin, Eugénie adresse ce court message à la comtesse de Montijo, bouleversant dans sa simplicité : « Ma chère maman, j'ai aujourd'hui le courage de te dire que je vis encore, car la douleur ne tue pas. Ta toute dévouée fille. » La veille, elle avait voulu entrer dans la chambre de son fils, ses yeux étaient tombés sur son livre de messe et, entre ses pages, elle avait trouvé le texte manuscrit, abondamment raturé, d'une prière entièrement composée par lui, que nous avons évoquée plus haut.

Une première messe est célébrée à Paris à la mémoire du Prince impérial, en l'église Saint-Augutin, le 26 juin. Elle attire une foule considérable dont la plus grande partie reste debout, sur la place et dans le boulevard Malesherbes. Au premier rang des fidèles, le prince Napoléon, impassible, entouré de ses fils, côtoie le maréchal de Mac-Mahon et la reine mère d'Espagne. Représentant le pape, le nonce est présent à la tête du corps diplomatique en uniforme. Le gouvernement n'a pas osé s'opposer à cette manifestation publique de piété et de respect. Attention remarquée, une délégation de royalistes se rend de la chapelle expiatoire à Saint-Augustin, avec une couronne qui est déposée au pied de

1. *L'Avant-Garde démocratique*, rédacteur en chef Léo Taxil.
2. *La Gazette anecdotique*, n° 12, 30 juin 1879, p. 369 à 372.

l'autel. En même temps, à Frohsdorf, le comte de Chambord fait dire une messe de requiem, dans la chapelle du château, à laquelle il assiste, en deuil, entouré de toute sa maison. Donnant un bel exemple de noblesse et de délicatesse, le dernier des Bourbons a fait exprimer à l'Impératrice ses sentiments très attristés et ses condoléances. Cet exemple ne devait pas servir au gouvernement de la République qui, déjà, se concertait pour trouver le moyen de contrecarrer de toutes les manières possibles les projets d'hommage à rendre au corps du Prince lors des funérailles. Ses portraits ayant apparu à la devanture de très nombreux magasins, le ministère de l'Intérieur donne des instructions pour faire procéder à des contrôles, voire à des saisies. La direction des Contributions transmet l'ordre du ministre de sévir contre les débitants de tabac, puisqu'ils ont une licence de l'État, s'ils sont assez hardis pour afficher une image représentant le Prince.

Blessée dans son amour-propre national par les circonstances de la mort de Louis, et la lâcheté affichée de ceux qui l'ont abandonné à l'ennemi, la reine Victoria souhaiterait des funérailles grandioses pour le jeune héros, et fait savoir au gouvernement de lord Beaconsfield qu'elle a décidé, honneur insigne, d'y assister. Dans son ensemble, le Cabinet n'entend pas déplaire aux autorités françaises dont, dans la coulisse, l'ambassadeur, le vice-amiral Pothuau, s'agite jusqu'à l'indécence, prétendant même obtenir que le gouvernement anglais ne soit pas représenté aux obsèques. Apprenant cette demande qu'elle estime « disgraceful [1] », la Reine entre dans une violente colère et exige que deux ministres, celui des Colonies et celui de la Guerre, assistent officiellement aux cérémonies de Chislehurst. Poussé par son ministre qui ne recule devant aucune indignité, Pothuau s'abaisse encore jusqu'à discuter de détails concernant les honneurs militaires à rendre à la dépouille du Prince à son arrivée à Plymouth, les salves d'artillerie qu'il estime trop fournies, le salut des bâtiments qu'il voudrait éviter, jusqu'à l'heure du transbordement du cercueil, qu'il souhaite faire opérer avant l'ouverture habituelle du port, afin de diminuer si possible la présence du public. Il est juste de reconnaître, à l'honneur du gouvernement anglais, que sur aucun de ces points il n'obtiendra satis-

1. Déshonorante.

faction, mais il a mis dans son insistance une telle mesquinerie qu'il a fini par se rendre odieux à la Reine qui exigera son rappel.

Plusieurs jours avant les obsèques, les Français commencent à affluer à Londres. Seuls les fonctionnaires et les militaires se voient interdire tout voyage en Angleterre, à l'exception de ceux qui ont appartenu à la maison du Prince ou qui figurent parmi ses légataires. Encore refusera-t-on aux officiers l'autorisation de revêtir leur uniforme. « Paris, écrit le vicomte de Vogüé, s'occupe uniquement des funérailles superbes qu'on fera le 12 au dernier des Napoléon, puis de la fête inouïe préparée pour le 14 juillet chez Gambetta. Le Médicis se dessine, écrasant de son faste insolent l'humble président Grévy, l'ignoré Martel (président du Sénat), tout ce qui l'entoure, le suit, le sert [1]. » Délivré d'un adversaire qu'il avait tant redouté, le leader de la gauche s'apprête à célébrer dans le faste le triomphe de la République.

Au large de Plymouth le 10 juillet, à six heures du matin, lorsque arrive l'*Orontes*, il est salué par le vaisseau amiral *Duke of Wellington*, qui tire vingt-trois coups de canon, autant que le Prince comptait d'années. Tous les pavillons du port sont en berne. Symboliquement, le cercueil est remis par le général Harding et l'amiral Fanshawe au prince Murat, délégué par l'Impératrice, et à sa suite française, arrivés de Chislehurst, avant d'être transporté à bord de l'*Enchantress* qui va le conduire à Woolwich en remontant l'estuaire de la Tamise. Le roof a été transformé en chapelle ardente et les plus grands honneurs militaires sont rendus par l'armée anglaise, dont tous les membres présents, officiers ou soldats, affichent une émotion visible. A l'arrivée, le lendemain, à deux heures de l'après-midi, un cortège se forme ayant à sa tête l'évêque de Southwark, Mgr Danell, en chape et mitre blanches, assisté de Mgr Las Cases, ancien évêque de Constantine, un fidèle. Immédiatement derrière, le cercueil, porté sur les épaules par huit marins, est conduit dans un pavillon de l'Arsenal où va avoir lieu la reconnaissance du corps, aux accents de la « Marche pour la mort d'un héros », de Beethoven, jouée par une musique militaire. Après une brève visite d'hommage du prince de Galles et de ses frères, les ducs d'Édimbourg et de Connaught, du prince héritier de Suède et du duc de Cam-

1. Vicomte E.M. de Vogüé, *Journal – 1877-1883*, p. 137-138.

bridge, ministre de la Guerre, on procède à l'ouverture de la bière. L'Impératrice avait émis le vœu que rien ne vienne plus troubler le dernier repos de son fils, mais Rouher tient à faire constater officiellement l'identité du défunt et l'on se range à cet avis.

Malgré les moyens de fortune employés pour l'embaumement au Natal, l'état de conservation permet de reconnaître le Prince, sans contestation possible, sous la peau devenue brune et parcheminée. Les docteurs Corvisart et Larrey, avec deux confrères anglais, procèdent à un rapide examen du corps, dont ils signeront le procès-verbal, et le docteur Evans, qui a soigné les dents de Louis, confirme l'identité du mort par l'examen de la mâchoire. Parmi les assistants, Louis Conneau sanglote devant le corps de celui qui était son meilleur ami, et le malheureux Uhlmann défaille. Après ces lugubres formalités, le corps est déposé dans un double cercueil de plomb et d'acajou doublé de cuir violet et recouvert de velours de même teinte timbré d'un écusson frappé L.N. Une plaque de cuivre gravée indique, sous les armes du Prince et au-dessus d'une croix latine :

Napoléon Eugène Louis Jean Joseph
Prince Impérial
Né à Paris le 16 mars 1856
Tué à l'ennemi en Zoulouland
(Afrique Australe)
le premier juin 1879
déposé dans l'église catholique
de Sainte-Marie de Chislehurst
le douze juillet 1879
R.I.P.

Avant la fermeture du couvercle, Pietri, au nom d'Eugénie, après avoir placé à côté du corps des médailles frappées sous l'Empire, dont une à l'effigie de Louis enfant, pose un dernier baiser sur son front. Porté par huit officiers d'artillerie, ce qui ne s'est encore jamais fait dans l'armée anglaise, le cercueil quitte l'Arsenal au son de la marche de Saül, tandis que le canon tonne de minute en minute. Un imposant cortège militaire se forme alors derrière une prolonge d'artillerie de campagne tirée par six chevaux, qui conduit le Prince impérial, au pas, salué tout au long des dix kilomètres parcourus par une population recueillie, jusqu'à Chislehurst.

La nuit tombe sur Camden Place dont la façade est tendue d'immenses draperies blanches et argent. Le cercueil est déposé dans le hall qui a déjà abrité celui de Napoléon III, au milieu d'un parterre de fleurs, de milliers de violettes. De sa chambre, l'Impératrice a entendu le roulement sourd des tambours. Dramatique incarnation à peine vivante de la douleur, seule, sans soutien, elle descend l'escalier et se jette sur la bière, recouverte des drapeaux français et anglais, qui contient le corps de son enfant, qu'elle tient longtemps embrassée. Autour d'elle, aucun mouvement. Chacun respecte cette immense détresse à laquelle nulle consolation ne peut être apportée. Jusqu'au matin, d'heure en heure, les amis du Prince se relaieront pour monter, derrière elle, une dernière garde auprès de celui en qui s'incarnaient tant d'espoirs. Enfin, docilement, entraînée par la duchesse de Mouchy, Eugénie remonte l'escalier jusqu'à ses appartements.

Tout le village de Chislehurst est en deuil. Dès six heures du matin le public, venu de Londres, et les Français, nombreux, affluent. Sur les routes, c'est un cortège ininterrompu de voitures. A dix heures, accueilli par le prince Murat et Rouher, arrive le prince Napoléon, accompagné de ses fils, les princes Victor et Louis. Chef de la famille impériale, c'est lui qui conduira le deuil et, dans le grand salon, s'apprête à recevoir les princes étrangers avec en tête le prince de Galles et les fils de la Reine. Tous sont en grand uniforme, un brassard de crêpe au bras gauche. A l'exception du représentant de la France, le corps diplomatique est présent au complet. Victoria arrive la dernière, accompagnée de la princesse de Galles, des princesses Alice et Béatrice. A la main elle tient deux pivoines blanches qu'elle dépose sur le cercueil devant lequel elle s'agenouille, le visage baigné de larmes. Un aide de camp apporte une couronne de lauriers et de marguerites portant, sur un ruban : « Témoignage d'affection et d'estime pour celui qui vécut la vie la plus pure et qui mourut de la mort d'un soldat en combattant pour notre cause dans le Zoulouland. Albert-Édouard et Alexandra [1]. » Tandis qu'il la place au pied du catafalque, à haute voix pour être entendue de tous

1. Le prince et la princesse de Galles.

ceux qui l'entourent, la Reine, en un ultime hommage, déclare : « Il l'a bien méritée. » En tant que chef de l'Église anglicane, elle ne peut assister au service funèbre qui va être célébré dans l'église St. Mary, mais elle préside la levée du corps dans une tribune voilée de noir élevée devant la façade de Camden. Salué par quatre coups de canon, le cortège alors se forme derrière le clergé. Les cordons du poêle sont tenus par le prince de Galles, le duc de Connaught, le duc de Cambridge, le prince royal de Suède, le prince de Monaco, le duc de Bassano et Rouher. Immédiatement derrière, sous un voile noir, Stag, le cheval favori du Prince, est tenu en main par le vieil écuyer Gamble, ancien serviteur des Tuileries. Le défilé militaire, tandis que le canon tonne, est impressionnant. Dans la petite église, au cours du service funèbre, la baronne de Caters chante l'*Ave Maria* de Saint-Saëns et le *Pie Jesus* de Gabriel Fauré. A un autre moment, l'organiste fait entendre une touchante mélodie composée par Louis, délicate attention évoquant ses dons artistiques. Lorsque le cercueil, après l'absoute, est déposé dans un petit corridor latéral fermé par une grille où il va rester, sur des tréteaux, pendant huit ans, trois salves de mousqueterie, tirées par les cadets de Woolwich, éclatent à proximité du cimetière. Toute la journée, près de dix mille Français défileront dans l'église pour un dernier hommage et, le lendemain le cardinal Manning y prononcera l'oraison funèbre, dont le thème lui a été inspiré par la parole de saint Jean : « Vous ne comprenez pas maintenant ce que je fais, mais vous le comprendrez dans la suite [1]. »

Avant de quitter Camden, Victoria, conduite par la duchesse de Mouchy et le marquis de Castelbajac, a tenu à se recueillir dans la chambre du Prince, au milieu de ses objets familiers, et à embrasser, dans une longue étreinte muette, son amie infortunée. Le prince Napoléon a pris le chemin de Londres, sans même saluer l'Impératrice qui lui avait fait dire qu'elle le recevrait avec ses fils à leur retour de l'église. Même la mort de son jeune cousin n'effaçait pas sa rancune. « Je pense, écrira Eugénie, que l'âme de mon fils, contente du sacrifice que je faisais, m'a délivrée de le voir en le laissant agir selon ses instincts pervers [2]. » Certains journaux n'hésiteront pourtant pas à affirmer que c'est l'Impératrice qui a

1. Évangile de saint Jean, XIII, 7.
2. *Lettres familières de l'impératrice Eugénie*, tome II, p. 105.

refusé de recevoir son cousin, ce qui est totalement inexact. Elle n'est pas au bout de ses épreuves et de ses déceptions qui iront jusqu'à l'écœurement, notamment lorsqu'elle lira dans une presse fanatisée, dont certains de ses proches se feront l'écho, des articles qui avancent que le Prince a été assassiné à la suite d'un complot. Elle veut seulement retenir qu'il est « mort en brave entouré par l'ennemi ».

Le capitaine Carey, dont la conduite constituait un scandale pour l'opinion anglaise, avait été traduit, dès le lendemain de la tragédie, devant une Cour martiale qui, à titre provisoire, l'avait cassé de son grade, en attendant la confirmation de la sentence par le ministre de la Guerre. Les dépositions [1] qui avaient été recueillies par le major Bettington furent confirmées devant la Cour. Au cours des débats, Carey avait vainement tenté de minimiser ses responsabilités, en essayant de charger le Prince d'une part de l'autorité qui lui revenait, tant dans le choix de la halte et l'absence de précautions prises que dans les ordres donnés lors de l'attaque des Zoulous. Sur une page de son calepin, retrouvé dans une fonte de sa selle, Louis avait noté : « Escort under captain Carey ». C'était clair. Celui-ci osa pourtant déclarer qu'il avait « tout fait pour sauver le Prince », s'attirant cette réponse du président : « Vous n'avez rien fait du tout. »

La guerre s'était terminée le 4 juillet par la prise d'Ulundi et la reddition de Ceteswayo. Ramené en Angleterre, Carey attendait son jugement définitif. Si tous les attendus concluaient à la lâcheté, on retenait des circonstances atténuantes ; une escorte réduite, l'insuffisance de son armement, le fait qu'elle était composée de volontaires et non de militaires réguliers, les états de service longs et honorables du capitaine. Enfin, une déclaration, d'une grande noblesse, de l'Impératrice inclinait à la clémence : « La seule source de consolation terrestre, je la puise dans l'idée que mon enfant bien-aimé est tombé en soldat, obéissant à des ordres, dans un service commandé, et que ceux qui les lui ont donnés le croyaient capable de bien les remplir et de rendre des services utiles. Pas de récriminations ; que le souvenir de sa mort réunisse en un commun regret tous ceux qui l'aimaient et que personne n'ait à souffrir pour lui, ni dans sa réputation ni dans

1. Du sergent Willis, du caporal Grubb, des soldats Cochrane et Le Tocq.

ses intérêts. Moi qui ne peux plus rien désirer sur terre, je demande cela comme une dernière prière [1]. » Elle avait déjà demandé à la Reine, dès le 17 juillet, qu'on ne fasse rien contre l'officier, et elle avait eu ce cri : « Il a peut-être une mère ! »

Affectant de faire droit à la requête de l'Impératrice, plus soucieux peut-être du renom de l'armée anglaise dont il lui répugnait de ternir l'honneur en reconnaissant publiquement qu'un de ses officiers était un lâche, le duc de Cambridge réduisit la condamnation à un blâme, mais Carey fut maintenu dans son grade. Affecté à un régiment en service aux Indes, en butte au mépris de ses pairs, qui ne se gêneront pas pour le lui montrer, il y mourra des suites d'un coup de sabot de cheval, reçu dans l'abdomen, en février 1883.

Lorsqu'il avait appris quelle était la victime du 1er juin, Ceteswayo, le roi zoulou avait lui-même recherché les participants de l'embuscade meurtrière et les avait interrogés. La guerre terminée, il fit rendre aux Anglais tout ce qui avait été pris sur le Prince, à l'exception de sa montre qui demeura introuvable [2]. Tout, jusqu'au sabre offert par le duc d'Elchingen, fut restitué à l'Impératrice, y compris l'uniforme lacéré par les sagaies, qu'elle ne voulut jamais revoir, mais qu'elle fit conserver précieusement dans une armoire de fer. Les Zoulous réaffirmèrent leur admiration pour le courage du jeune chef blanc, et sa mort héroïque due, en partie, à la fuite de ses camarades. Si l'escorte était revenue au secours du Prince, affirmèrent-ils, ils auraient pris la fuite. Celui-ci s'était battu comme un lion.

« Pourquoi dites-vous comme un lion.

– Parce que c'est l'animal le plus brave que nous connaissions. »

Ils confirmèrent qu'ils ignoraient l'identité de celui qu'ils avaient tué. Même dans ces contrées lointaines le nom de Napoléon n'était pas inconnu, et la présence du Prince au Natal n'était pas un secret. Ils ajoutèrent que si Louis avait pu se nommer, ils l'auraient épargné, non par considération pour sa naissance, mais parce qu'ils pouvaient en espérer une

1. Note manuscrite, collection privée.
2. Restituée longtemps après, elle est aujourd'hui exposée au musée de Durban.

bonne rançon. Leurs déclarations réduisaient à néant toute idée de complot prémédité.

Tant qu'on avait parlé de Louis dans les journaux, l'Impératrice avait voulu tout lire, quelque douleur qu'elle en éprouvât, surtout quand les articles étaient maladroits, inexacts, voire odieux. Ce fut pis lorsqu'on n'en parla plus. Elle le ressentit comme une injustice. Une autre épreuve accrut sa solitude et son isolement, la comtesse de Montijo mourut au cours de l'automne. Pour le premier anniversaire de la mort de son fils, elle n'eut qu'une idée, se rendre en Afrique du Sud, là où il était tombé. La reine Victoria mit tout en œuvre pour accéder à son désir et rendre cette expédition, à plus d'un titre navrante, la moins inconfortable possible.

Partie d'Angleterre le 28 mars 1880, après une brève escale à Sainte-Hélène, où elle se recueillit à Longwood, dans la chambre qui avait vu l'agonie de Napoléon, elle toucha au but de son voyage. Elle n'était accompagnée, à titre personnel, que du marquis de Bassano et des amis anglais du Prince, Bigge et Slade. L'entourage que lui avait constitué la Reine, sous la conduite du général Evelyn Wood et de lady Wood, comprenait le docteur Scott et la veuve du capitaine Molyneux, récemment décédé. Partout son passage était salué par une respectueuse sympathie. Après un parcours rendu harassant par la chaleur parfois intolérable, souffrant à son tour de la fièvre, elle finit par arriver en territoire zoulou. Lorsqu'elle découvrit ces landes arides, aux herbes jaunies, aux cours d'eau desséchés, sans un arbre, elle trouva dans la nature qui l'environnait comme l'image désolée de son âme. Parvenue à l'endroit du drame, elle fut amèrement déçue en voyant qu'un monument, élevé sur ordre de la Reine à la mémoire de Louis, altérait un endroit pour elle sacré et qu'elle eût voulu préservé.

Durant cinq jours, inlassablement, elle refit à pied le chemin qu'avait parcouru son fils entre l'emplacement du kraal et le donga. Elle arpenta en tous sens, entre les deux rivières et le mont Itelezi, ce pays austère où il avait vécu ses derniers jours. Elle eut le terrible courage de faire questionner, sur place, par un interprète, des soldats de Ceteswayo qui avaient participé à l'attaque. La nuit du 1er juin, elle restera seule, prostrée devant le monument. Quelques bougies, qu'elle avait allumées, l'éclairaient d'une lueur blafarde en harmonie avec ses pensées. Vers le matin, devait-elle raconter, « il se passa une chose étrange. Bien qu'il n'y eut pas un souffle de vent, la flamme des bougies se coucha, comme si quelqu'un voulait les éteindre ». Alors, elle s'éloigna. Il lui sembla qu'une odeur de verveine, le parfum préféré de Louis, flottait dans l'air. Elle revint à Camden l'âme apaisée, mais meurtrie à jamais.

L'Angleterre ne pouvait oublier que Louis était mort à l'ennemi sous l'uniforme anglais. L'idée de lui élever une statue dans l'abbaye de Westminster, le temple des gloires et des héros britanniques, fut accueillie avec enthousiasme, et les journaux, derrière le *Morning Post*, la reprirent, mais le gouvernement ne voulut pas s'associer à la reconnaissance populaire et refusa son autorisation. Ulcérée, Victoria décida d'abriter cette statue dans la chapelle royale St. George de Windsor, qui ne dépendait que d'elle. Financé par une souscription nationale, un beau gisant de marbre blanc, œuvre du sculpteur Boehm, y représente le Prince impérial les mains jointes sur la poignée de son épée, comme un chevalier du Moyen Âge.

Une autre souscription avait été lancée, dans l'armée anglaise qui voulait honorer l'un des siens, et c'est à Woolwich que fut installée une grande statue de bronze du jeune officier, ornée d'aigles aux quatre coins, due au comte de Gleichen [1].

A Chislehurst, sur le Common, en face de Camden Place, une immense croix celte, en marbre blanc évoque le fils de Napoléon III, et dans l'église St. Mary, un gisant grandeur nature, offert par Mgr Goddard, perpétue son souvenir.

Ne pouvant faire agrandir la chapelle qui abritait le tombeau de son époux pour y élever une sépulture digne de son fils, Eugénie dut se résoudre, quelques années plus tard, à faire édifier dans le Hampshire, à Farnborough, où elle allait s'installer, une église dont la construction fut confiée à l'architecte français Destailleur. Dans la crypte, de chaque côté de l'autel, deux tombeaux en granit d'Aberdeen reçurent le 9 janvier 1888 les cercueils de l'Empereur et du Prince impérial, qu'elle confia à la garde de religieux prémontrés [2].

1. Cette statue se trouve aujourd'hui devant l'école militaire de Sandhurst.
2. Remplacés depuis par des bénédictins.

En France, un gracieux monument en rotonde, élevé en bordure du parc de Malmaison, à Rueil, orné d'une réplique en bronze du célèbre groupe de Carpeaux, dont l'original en marbre est conservé au musée d'Orsay, rappelle le « petit Prince » qui avait été si populaire.

Sous le ciel austral, à Itiotiozy [1], au lieu même de sa mort, lord Chelmsford avait fait dresser un tumulus de pierres, monument très provisoire, surmonté par un panneau de bois portant, maladroitement peint, le nom du Prince. Avant la fin de l'année 1879, la reine Victoria donnait des instructions pour lui substituer, surplombant un cairn d'inspiration écossaise, une croix massive de marbre blanc sur laquelle une inscription gravée précisait les circonstances du drame. Dans l'immense plaine qui s'étend du Mabulawayo à la rivière Vumankala, ce monument, entouré d'arbres aujourd'hui centenaires, isolé dans la solitude de la lande africaine, au centre d'un paysage désolé où rien d'autre ne vient distraire l'œil, évoque le sacrifice inutile d'un jeune prince, promis au plus bel avenir, né dans un palais prestigieux disparu depuis dans les flammes, mort dans des conditions atroces, mais à jamais vivant dans la légende, parmi ces héros qui, dit l'adage, sont aimés des Dieux.

1. Aujourd'hui Tshotshosi.

Annexes

PRIÈRE DU PRINCE IMPÉRIAL

Mon Dieu ! je vous donne mon cœur, mais vous, donnez-moi la foi. Sans foi, il n'est point d'ardentes prières, et prier est un besoin de mon âme.

Je vous prie, non pour que vous écartiez les obstacles qui s'élèvent sur ma route, mais pour que vous me permettiez de les franchir.

Je vous prie, non pour que vous désarmiez mes ennemis, mais que vous m'aidiez à me vaincre moi-même. Et daignez, ô Dieu ! exaucer mes prières !

Conservez à mon affection les gens qui me sont chers. Accordez-leur des jours heureux. Si vous ne voulez répandre sur cette terre qu'une certaine somme de joies, prenez, ô Dieu, la part qui me revient, répartissez-la parmi les plus dignes, et que les plus dignes soient mes amis. Si vous voulez faire aux hommes des représailles, frappez-moi.

Le malheur est converti en joie par la douce pensée que ceux que l'on aime sont heureux.

Le bonheur est empoisonné par cette pensée amère : je me réjouis et ceux que je chéris mille fois plus que moi sont en train de souffrir.

Pour moi, ô Dieu, plus de bonheur, je le fuis, enlevez-le de ma route. La joie, je ne la puis trouver que dans l'oubli du passé. Si j'oublie ceux qui ne sont plus, on m'oubliera à mon tour, et quelle triste pensée, celle qui vous fait dire : « Le temps efface tout ! »

La seule satisfaction que je recherche, c'est celle qui dure toujours, celle que donne une conscience tranquille.

Ô mon Dieu ! montrez-moi toujours où se trouve mon devoir ; donnez-moi la force de l'accomplir en toute occasion.

Arrivé au terme de ma vie, je tournerai sans crainte mes regards vers le passé. Le souvenir n'en sera pas pour moi un long remords. Alors je serai heureux.

Faites, ô mon Dieu, pénétrer plus avant dans mon cœur la conviction que ceux que j'aime et qui sont morts sont les témoins de toutes mes actions. Ma vie sera digne d'être vue par eux, et mes pensées les plus intimes ne me feront jamais rougir [1].

1. Archives nationales, 400 AP 76.

TESTAMENT DU PRINCE IMPÉRIAL

Fait à Camden Place (Chislehurst) le 26 février 1879.

Ceci est mon testament.

1° Je meurs dans la religion catholique, apostolique et romaine dans laquelle je suis né.

2° Je désire que mon corps soit déposé auprès de celui de mon père, en attendant qu'on les transporte tous deux là où repose le fondateur de notre Maison, au milieu de ce peuple français que nous avons, comme lui, bien aimé.

3° Ma dernière pensée sera pour ma patrie : c'est pour elle que je voudrais mourir.

4° J'espère que ma mère me gardera, lorsque je ne serai plus, l'affectueux souvenir que je lui conserverai jusqu'à mon dernier moment.

5° Que mes amis particuliers, que mes serviteurs, que les partisans de la cause que je représente soient convaincus que ma reconnaissance envers eux ne cessera qu'avec ma vie.

6° Je mourrai avec un sentiment de profonde gratitude pour S.M. la Reine d'Angleterre, pour toute la famille Royale et pour le pays où j'ai reçu, pendant huit ans, une si cordiale hospitalité.

Je constitue ma mère bien-aimée ma légataire universelle, à la charge pour elle [...]

[*Suivent des legs particuliers à ses amis, ses proches, ses domestiques.*]

Codicille.

Je n'ai pas besoin de recommander à ma mère de ne rien négliger pour défendre la mémoire de mon grand-oncle et de mon père. Je la prie de se souvenir que, tant qu'il y aura un Bonaparte, la cause Impériale aura des représentants. Les devoirs de notre Maison envers le pays ne s'éteignent pas avec ma vie : moi mort, la tâche de continuer l'œuvre de Napoléon Ier et de Napoléon III incombe au fils aîné du prince Napoléon, et j'espère que ma mère bien-aimée, en le secondant de tout son pouvoir, nous donnera, à nous autres qui ne serons plus, cette dernière et suprême preuve d'affection.

Napoléon

Je nomme MM. Rouher et F. Pietri mes exécuteurs testamentaires.

(Je dis, par F. Pietri, Franceschini Pietri [1].)

1. Archives nationales, 400 AP 76.

ASCENDANCE DE S.A.I MGR LE PRINCE IMPÉRIAL, JUSQU'À SAINT LOUIS

LOUIS IX, roi de FRANCE, **SAINT LOUIS** + **MARGUERITE** de PROVENCE

|

PHILIPPE III, le HARDI, roi de FRANCE + **ISABELLE** d' ARAGON

|

PHILIPPE IV, le BEL, roi de FRANCE + **JEANNE** de NAVARRE

|

ISABELLE de FRANCE + **ÉDOUARD III**, roi d'ANGLETERRE

|

ISABELLE d'ANGLETERRE + don Sanche MARTINEZ de **LEYVA**,
dit « BRAS de FER »

|

don Juan MARTINEZ de **LEYVA**, capitaine-général de la frontière du Portugal

|

don Sanche de **LEYVA**, tué au siège de Balaguer (1483)

|

don Juan MARTINEZ de **LEYVA**, lieutenant-général pendant les guerres de France

|

don Sanche de **LEYVA**, chevalier de Saint-Jacques, alcade de Fontarabie,
capitaine-général de la province de Guipuzcoa

|

don Sanche MARTINEZ de **LEYVA**, général en Guipuzcoa et à Tunis
capitaine des galères de Naples (1559)
vice-roi et capitaine-général en Navarre

|

don Alonso de **LEYVA**

|

don Sanche MARTINEZ de **LEYVA**, 1er comte de **BAÑOS** (2 décembre 1621)

|

dona Isabel de **LEYVA**, 2e comtesse de **BAÑOS** + don Juan de **LA CERDA**
5e marquis de LADRADA

|

dona Ursula de **LA CERDA** y **LEYVA**, + don Cristobal **PORTOCARRERO** y **GUZMAN**
4e comte de Montijo († 1704)

|

Catalina **PORTOCARRERO** y **GUZMAN** + Antonio **FERNANDEZ de CORDOBA**
comtesse de TEBA EN 1684

|

Maria FERNANDEZ de CORDOBA y **PORTOCARRERO** + Cristobal **PORTOCARRERO** FUNES
de VILLALPLANO
5^e^ comte de MONTIJO († 1763)

|

Cristobal Pedro **PORTOCARRERO** + Maria **LOPEZ de ZUNIGA**
(† 1757) fille du duc de PENARANDA

|

Maria-Francisca de Sales **PORTOCARRERO** + Felipe Antonio **PALAFOX** y CROY de HAVRE
6e comtesse de MONTIJO 2e fils du marquis d'ARIZA († 1790)
(1754 - 1808)

|

Cipriano **PALAFOX y PORTOCARRERO** + Maria-Manuela **KIRKPATRICK** y GREVIGNÉE
8e comte de MONTIJO (1794-1879)
(1784-1839)

|

Maria-Eugenia de **GUZMAN**, comtesse de TEBA + **NAPOLÉON III**, empereur des Français
impératrice des Français (1808-1873)
(1826-1920)

|

NAPOLÉON Eugène, **LOUIS**, Jean, Joseph, PRINCE IMPERIAL
(1856-1879)

Charles-Marie BONAPARTE 1746-1785

JOSEPH 1768-1844

NAPOLÉON Ier 1769-1821

LUCIEN 1775-1840

ELISA 1777-1820

LOUIS 1778-1846
roi de Hollande
comte de Saint-Leu

ép.
Hortense de BEAUHARNAIS
1783-1837
duchesse de Saint-Leu

Eugène de
BEAUHARNAIS
1781-1824
duc de Leuchtenberg
ép.
Augusta des DEUX-PONTS
BIRKENFIELD
1788-1851
princesse de Bavière

Joséphine
de LEUCHTENBERG
1807-1876
ép.
OSCAR Ier
roi de Suède
1799-1859

Maisons souveraines
de Suède
Danemark
Norvège
Grèce
Belgique
Luxembourg

Louis-Napoléon BONAPARTE
NAPOLÉON III
1808-1873
ép.
Eugénie de GUZMAN
PALAFOX y PORTOCARRERO
comtesse de Teba
1826-1920

NAPOLÉON
Eugène Louis
Jean Joseph BONAPARTE
Le PRINCE IMPÉRIAL
1856-1879

Familles :
Bonaparte
Gabrielli
Del Gallo di Roccagiovine
Primoli di Foglia
Campello della Spina
Suchet d'Albufera
Valentino di Liviano
....

Béatrice princesse de
BOURBON des DEUX-SICILES
1950 alt. roy.

Princesse Caroline
1980 alt. imp.

ép. **Letizia RAMOLINO** 1749-1836

PAULINE 1780-1825

CAROLINE 1782-1839

Les princes
MURAT

JÉROME 1784-1860
roi de Westphalie
prince de Montfort
ép.
Catherine de WURTEMBERG
1783-1835

la princesse
Mathilde
1820-1904
alt. imp.

NAPOLÉON
Joseph Charles Paul
BONAPARTE 1822-1891
Le prince NAPOLÉON alt. imp.
ép.
Marie-Clotilde de SAVOIE
1843-1911 alt. roy.

« Paca » 1825-1860
ép.
Jacobo, duc d'Albe
1821-1881

famille d'ALBE

Victor BONAPARTE
prince NAPOLÉON alt. imp.
1862-1926
ép.
Clémentine de SAXE-COBOURG
princesse de Belgique
1872-1955 alt. roy.

Louis BONAPARTE *
1914 alt. imp.
Mgr le prince NAPOLÉON
ép.
Alix de FORESTA 1926
S.A.I. la princesse NAPOLÉON

Prince Charles
1950 alt. imp.

Princesse Catherine
1950 alt. imp.

Princesse Laure
1952 alt. imp.

Prince Jérôme
1957 alt. imp.

Prince Jean-Christophe
1986 alt. imp.

Parentèle abrégée
du PRINCE IMPÉRIAL
Jusqu'en mars 1997

édé le 3 mai 1997.

Joseph BONAPARTE Maria-Saveria PARAVICINI	Charles-Marie BONAPARTE 1745-1785
Jean-Jérôme RAMOLINO Angela-Maria PIETRASANTA	Letizia RAMOLINO **« Madame Mère »** 1749-1836
François, marquis de BEAUHARNAIS Henriette PYVART	Alexandre de BEAUHARNAIS 1760-1794
Joseph-Gaspard TASCHER de la PAGERIE Rose-Claire des VERGERS de SANNOIS	Marie-Joseph Rose dite **« Joséphine »** TASCHER de la PAGERIE 1763-1814
Joaquim-Antoine Ximenes PALAFOX, marquis d'ARIZZA Marie-Antoinette Caroline de CROY d'HAVRE	Felipe Antonio PALAFOX y CROY d'HAVRE 17 . . -1790
Cristobal Pedro PORTOCARRERO y FUNES Maria LOPEZ de ZUNIGA duchesse de PENARANDA	Maria-Francisca de Sales PORTOCARRERO y ZUNIGA 1754-1808
M. KIRKPATRICK des barons de CLOSEBURN N... WILSON	William KIRKPATRICK de CLOSEBURN 1754-1808
Henri de GREVIGNÉE Antonia de GALLEGOS	Marie-Françoise de GREVIGNÉE 1769-18 . .

Les seize quartiers du Prince impérial

NAPOLEON, Eugène, Louis, Jean, Joseph BONAPARTE
LE PRINCE IMPÉRIAL
1856-1879

Louis-Napoléon BONAPARTE
NAPOLÉON III
1808-1873

Eugénie de GUZMAN PALAFOX y PORTOCARRERO
comtesse de Teba
1826-1920

Louis BONAPARTE
roi de Hollande
comte de Saint-Leu
1778-1846

Hortense de BEAUHARNAIS
duchesse de Saint-Leu
« La reine Hortense »
1783-1837

Cipriano PALAFOX
y PORTOCARRERO
8e comte de Montijo
1784-1839

Maria-Manuela
KIRKPATRICK
y GREVIGNÉE
1794-1879

REMERCIEMENTS

A S. Exc. M. Bernard Dorin, ambassadeur de France, j'exprime ma vive gratitude pour l'aimable accueil qu'il m'a réservé, en 1979, lors des cérémonies du centenaire de la mort du Prince impérial en Afrique du Sud, à la suite de LL.AA.II. le prince et la princesse Napoléon, tant à Pretoria qu'aux rives du Tombakala le 1er juin, à Babanango et à Durban, me permettant de vérifier sur place des données essentielles.

J'ai une importante dette de reconnaissance envers Mme Suzanne d'Huart, conservateur en chef honoraire aux Archives nationales, qui m'a, avec une grande bienveillance, facilité la consultation des archives Napoléon dont elle avait la charge.

Comment pourrais-je oublier ceux qui m'ont, avec tant d'amabilité, apporté le concours de leur compétence et de leur érudition, qui m'ont très gracieusement ouvert leurs archives familiales ou personnelles et leurs collections, qui m'ont communiqué des autographes ou des manuscrits inédits et jusqu'à présent inexplorés, qui m'ont même parfois offert, avec une grande générosité, de précieux documents, souvenirs ou photographies. Que soient ici particulièrement remerciés :

Le duc et la duchesse d'Albe ; Mme de Bacciochi ; S. Exc. le baron de Beauverger (†) ; M. et Mme Thierry Bodin ; le comte Charles-André Colonna Walewski ; M. Jean-Louis Dernoncourt ; Miss Glenn Flanagan, Technikon, Natal ; le comte Fleury ; Dom Wulstan Hibberd o.s.b, St. Michael's Abbey, Farnborough ; le baron Alfred de La Motte (†) ; Mlle Françoise Marchand, bibliothécaire du Jockey Club ; MM. Philippe Michel-Thiriet (†), Michel Mopin, directeur de la bibliothèque de l'Assemblée nationale, Paris, Philippe Pistole ; Mmes Troisier de Diaz, Nadine Vogel.

Enfin, je sais gré à ceux qui, à Paris comme à Marrakech, m'ont apporté leur aide pour la présentation de mon manuscrit.

BIBLIOGRAPHIE

Documents consultés : Archives nationales, fonds 400 AP – Archives du Quai d'Orsay – Archives de la Police, Paris – Archives militaires, Vincennes – Archives du musée de l'Empéri, Salon-de-Provence – Archives historiques de Durban – Archives privées, ou parties d'archives : Franceschini Pietri, comte Clary, Louis Conneau, Scipion Corvisart, Émile Ollivier, Ernest Pinard...

JOURNAUX ET REVUES DE L'ÉPOQUE

La quasi-totalité des mémoires du temps, comme les correspondances publiées et les nombreuses biographies de Napoléon III et de l'impératrice Eugénie, font mention du Prince impérial et rapportent des anecdotes le concernant, il serait fastidieux de les citer tous. Nous ne mentionnerons que les plus importants.

BIOGRAPHIES DU PRINCE IMPÉRIAL

AUGUSTIN-THIERRY, A., *Le Prince impérial*, Bernard Grasset, Paris, 1935.

BLACHIER, Charles, *Le Prince impérial*, Heymann, Paris, 1878.

DECAUX, Alain, *Le Prince impérial*, Librairie Académique, Perrin.

DESTERNES, Suzanne, et CHANDET, Henriette, *Louis Prince impérial*, Hachette, Paris, 1957.

DUPONT, Léonce, *Le Quatrième Napoléon*, Lachaud & Burdin, Paris, 1874.

FILON, Augustin, *Le Prince impérial, souvenirs et documents*, Hachette, Paris, 1912.

HÉRISSON, comte d', *Le Prince impérial*, Paul Ollendorf, Paris, 1890.

JOHN, Katherine, *Le Prince impérial*, René Julliard, Paris, 1947.

KELLY, Bernard, *The Prince Imperial*, St. Michaels's Abbey Press, s.d.
MARTINET, André, *Le Prince impérial*, Léon Chailley, Paris, 1895.
PHILIPPON, docteur Jacques, *Le Prince impérial*, La Pensée Universelle, Paris, 1979.
VAUTEL, Clément, *Le Prince impérial*, Albin Michel, Paris, 1946.
VERLY, Albert, *De Notre-Dame au Zoulouland*, Paul Ollendorf, Paris, 1896.

AUTRES OUVRAGES CONCERNANT LE PRINCE IMPÉRIAL

DELÉAGE, Paul, *Trois Mois chez les Zoulous*, E. Dentu, Paris, 1880.
DERENNES, Charles, *La Mort du Prince impérial*, Hachette, Paris, 1928.
DREOLLE, Ernest, *Napoléon IV – 1856-1873 – Souvenir de Chislehurst*, Amyot Libraire éditeur, Paris, 1873.
FIDUS, *Le Prince impérial* (*Journal* de Fidus, tome IV), Albert Savine, Paris, 1891.
FLAMMARION, docteur J., *Les Aiglons de France*, Aubanel, Avignon, 1942.
LOUDUN, Eugène, *Le Prince impérial*, H. Guerard, Victor Daireaux succ., Paris, 1879.
PAPILLAUD, Adrien, *La Mort du Prince impérial*, (Les crimes maçonniques), Albert Savine, Paris, 1891.
PRAVIEL, Armand, *La Fin tragique du Prince impérial*, Firmin-Didot, Paris, 1928.
ROZEN, Louis de (Frédéric Masson), *Il n'est pas trop jeune*, Amyot Libraire éditeur, Paris, 1874.

ŒUVRES ROMANCÉES

BRÉ, Charles de, *Le Roman du Prince impérial*, Albert Savine, Paris, 1887.
DECAUX, Lucile (pseudonyme de la princesse Marthe Bibesco), *Loulou Prince impérial*, Gallimard, Paris, 1938.
LEPELLETIER Edmond, *Le Dernier Napoléon*, Montgredien, Jules Tallandier succ., Paris, s.d.
QUENTIN-BAUCHART, Maurice, *Fils d'empereur*, Ernest Flammarion, Paris, s.d.

THÉÂTRE

HENRY, Georges, *Le Deuxième Aiglon*, drame en vers, Jouve, Paris, 1929.

ROSTAND, Maurice, *Napoléon IV*, drame en vers, Flammarion, Paris, 1928.

OUVRAGES GÉNÉRAUX

BAC, Ferdinand, *Intimités du Second Empire*, Hachette, Paris, 1932.
–, *Souvenirs de Compiègne*, h.c. chez l'auteur, 1946.

BAILLEHACHE, Marcel de, *Souvenirs intimes d'un lancier de la Garde impériale*, Paul Ollendorf, Paris, 1894.

BAROCHE, Mme Jules, *Le Second Empire, notes et souvenirs*, G. Crès, Paris, 1921.

BARRAIL, général du, *Souvenirs*, Plon-Nourrit, Paris, 1895.

BARTHEZ, docteur, *La Famille impériale à Saint-Cloud et à Biarritz*, Calmann-Lévy, Paris, 1913.

BAVOUX, Évariste, *Chislehurst-Tuileries*, E. Dentu, Paris, 1873.

BEAUMONT-VASSY, vicomte de, *Histoire intime du Second Empire*, Sartorius, Paris, 1874.

BENEDETTI, comte, *Essais diplomatiques*, Plon-Nourrit, Paris, 1895.

BERTHET-LELEUX, François, *Le Vrai Prince Napoléon*, Bernard Grasset, Paris, 1932.

BESSON, Mgr, *Vie du cardinal de Bonnechose*, Retaux-Bray, Paris, 1887.

BOUCHOT, Henri, *Les Élégances du Second Empire*, Librairie illustrée, Paris, s.d.

BOULENGER, Jacques, *Les Tuileries sous le Second Empire*, Calmann-Lévy, Paris, 1932.

CABANES, docteur, *Éducation de princes*, (Mœurs intimes du passé, 8e série), Albin Michel, Paris, 1923.

CANROBERT, maréchal, *Souvenirs d'un siècle*, Plon-Nourrit, Paris, 1904.

CARETTE, Mme, née Bouvet, *Souvenirs intimes de la Cour des Tuileries*, Paul Ollendorf, Paris, 1891.

CAREY, Agnès, *The Empress Eugenie in Exile*, Nash & Grayson, London, 1922.

CASTELOT, André, *Napoléon III*, 2 tomes, Librairie Académique Perrin, Paris, 1973-1974.

CHADWICK, G.A., *The Zulu War of 1879*, National Monument Council, Durban, s.d. (1976).

CHARLES-ROUX, François, *Rome, asile des Bonaparte*, Hachette, Paris, 1952.

CLERC, Charles, in *Destins tragiques*, « Le Prince impérial », Olivier Le Sourd, Paris, 1946.
CLOUZOT, Henri, *Des Tuileries à Saint-Cloud*, Payot, Paris, 1925.
CONEGLIANO, duc de, *La Maison de l'Empereur*, Calmann-Lévy, Paris, 1897.
Correspondance de Napoléon III et du prince Napoléon, Calmann-Lévy, Paris, 1925.
DAUDET, Lucien, *Dans l'ombre de l'impératrice Eugénie*, Gallimard, Paris, 1935.
DAYOT, Armand, *Le Second Empire*, Ernest Flammarion, Paris, s.d.
DELORD, Taxile, *Histoire du Second Empire*, Gerner-Baillière, Paris, 1869-1876.
Dictionnaire du Second Empire, sous la direction de Jean TULARD, Fayard, Paris, 1995.
DIESBACH, Ghislain de, *Les Secrets du Gotha*, René Julliard, Paris, 1964.
–, in *Les Rois – Dynasties françaises*, « Les Bonaparte », avant-propos de S.A.I. le Prince Napoléon, Helstar, Genève, 1972.
DU CAMP, Maxime, *Souvenirs d'un demi-siècle*, Hachette, Paris, 1949.
DUFF, David, *Eugenie and Napoleon III*, Collins, London, 1978.
DUGUÉ de la FAUCONNERIE, *Souvenirs d'un vieil homme*, Paul Ollendorf, Paris, 1912.
ESPINASSE, général, *Mémoires*, imprimerie Terrier, Étampes, h.c.-s.d.
EVANS, docteur Thomas W., *Mémoires*, Plon-Nourrit, Paris, 1910.
FEATHERSTONE, Donald, *Captain Carey's blunder*, Leo Cooper ltd, London, 1973.
FEUILLET, Mme Octave, *Souvenirs et Correspondances*, Calmann-Lévy, Paris, 1896.
FIDUS (Eugène Loudun), *Journal de dix ans*, F. Fetscherin et Chuit, Paris, 1886.
FILON, Augustin, *Souvenirs sur l'impératrice Eugénie*, Calmann-Lévy, Paris, 1920.
FLEURY et SONOLET, *La Société du Second Empire*, Albin Michel, Paris, 1911-1913.
GARETS, comtesse des, *L'Impératrice Eugénie en exil*, Calmann-Lévy, Paris, 1929.
GÉRARD, colonel, *Les Invalides*, Henri Plon, Paris, 1862.
GIRAUDEAU, Fernand, *La Mort et les Funérailles de Napoléon III*, Amyot, Paris, 1873.
GONCOURT, Edmond et Jules de, *Journal, 1851-1896*, Fasquelle et Flammarion, Paris, 1956.
HAUSSMANN, baron, *Mémoires*, Harvard, Paris, 1890-1893.
HÜBNER, comte de, *Neuf Ans de souvenirs d'un ambassadeur d'Autriche en France*, Plon-Nourrit, Paris, 1904.
LA GORCE, Pierre de, *Histoire du Second Empire*, Plon-Nourrit, Paris, 1902-1905.

Leflaive, Anne, *Sous le signe des abeilles*, Éd. du Pavois, Paris, 1947.

Legge, Edouard, *The Comedy and Tragedy of the Second Empire*, Harper and Brothers, London, 1911.

Le Livre de la Famille Impériale, André Castelot, Alain Decaux, général Koenig, préface de S.A.I. la Princesse Napoléon, Librairie Académique Perrin, Paris, 1969.

Lettres familières de l'impératrice Eugénie, Le Divan, Paris, 1935.

« Lettres intimes de l'impératrice Eugénie à Mme Cornu », *Le Correspondant*, 25 août 1920, p. 577 à 602.

Levaux, Alphonse, *Le Théâtre de la Cour à Compiègne*, Tresse, Paris, 1882-1885.

Llyod, Alain, *The Zulu War 1879*, Hart-Davis, Mac Gibbon edit., London, 1973.

Loliée, Frédéric, *La Vie d'une impératrice*, Félix Juven, Paris, 1905.

Malmesbury, lord, *Mémoires d'un ancien ministre*, Paul Ollendorf, Paris, 1885.

Manning, S.E., le cardinal Henri-Édouard, « Oraison funèbre du Prince impérial », Victor Daireaux, Paris, 1879.

Marx, Adrien, *Les Souverains à Paris*, E. Dentu, Paris, 1868.

Massa, Philippe de, *Souvenirs et Impressions*, Clamann-Lévy, Paris, 1897.

Masson, Frédéric (attribué à), *L'Impératrice, notes et documents*, Librairie générale, Paris, 1877.

Maugny, comte de, *Souvenirs du Second Empire*, Ernest Kolb, Paris, 1889.

Ménière, docteur Prosper, *Journal*, Plon-Nourrit, Paris, 1903.

Mérimée, Prosper, *Lettres à la comtesse de Montijo*, Le Divan, Paris, 1936.

–, *Correspondance*, Le Divan, Paris, 1941-1964.

Merson, Ernest, *Confidences d'un journaliste*, Albert Savine, Paris, 1891.

Metternich, princesse Pauline de, *Souvenirs, 1859-1871*, Plon-Nourrit, Paris, 1922.

Mitchell, R., et Fleury, cte, *Un demi-siècle de mémoires*, Librairie Nationale, Paris, 1911.

Monti de Rézé, comte René de, *Souvenirs sur le comte de Chambord*, Émile-Paul, Paris, 1931.

Naissance et Baptême, L. Curmer, Paris, s.d. (1856).

« Napoléon », *Revue du XIXe siècle* (ancienne *Revue des études napoléoniennes*), Éd. Albert Morancé, Paris, sept.-oct. 1926.

North-Peat, Anthony B., *Paris sous le Second Empire*, Émile-Paul, Paris, 1911.

Ollivier, Émile, *L'Empire libéral*, Garnier frères, Paris, 1895-1915.

–, *Lettres de l'exil*, Hachette, Paris, 1921.

Papiers et correspondances de la famille impériale, Imprimerie Nationale, Paris, 1870

Papiers secrets brûlés dans l'incendie des Tuileries, J. Rozez, Bruxelles, 1871.
PINARD, Ernest, *Mon journal*, E. Dentu, Paris, 1892-1893.
RANC, Arthur, *Souvenirs, correspondance*, Édouard Cornely, Paris, 1913.
RICHARD, Jules, *Le Bonapartisme sous la République*, Éd. Rouveyre & G. Blond, Paris, 1883.
SAINT-AMAND, Imbert de, *Napoléon III et sa Cour*, E. Dentu, Paris, 1897.
SAINT-BRIS, Gonzague, *Les Dynasties brisées,* J.-C. Lattès, Paris, 1992.
SCHNEIDER, commandant, *Le Second Empire à Saint-Cloud*, Victor Havard, Paris, 1894.
SCHNERB, Robert, *Rouher et le Second Empire*, Armand Colin, Paris, 1949.
SÉGUIN, Philippe, *Louis Napoléon le Grand*, Bernard Grasset, Paris, 1990.
SENCOURT, Robert, *La Vie de l'impératrice Eugénie*, Gallimard, Paris, 1933.
–, *Napoléon III, un précurseur*, Plon, Paris, 1935.
SMITH, William, *Napoléon III*, Hachette, Paris, 1982.
–, *Eugénie, impératrice et femme*, Olivier Orban, Paris, 1989.
TAISEY CHATENOY, marquise de, *A la Cour de Napoléon III*, Albert Savine, Paris, 1891.
TASCHER DE LA PAGERIE, comtesse Stéphanie, *Mon séjour aux Tuileries*, Paul Ollendorf, Paris, 1893-1895.
VERLY, baron, *Les Étapes douloureuses*, H. Daragnon, Paris, 1908.
VICTORIA, reine, *Journal en Écosse, 1862-1882*, Éd. Rouveyre & G. Blond, Paris, 1884.
–, *Correspondance, 1837-1861*, Hachette, Paris, 1909.
VIEL-CASTEL, comte Horace de, *Mémoires*, chez tous les libraires, Paris, 1883.
WAGENER, Françoise, *La Reine Hortense*, J.-C. Lattès, Paris, 1992.
WELSCHINGER, Henri, *La Guerre de 1870*, Plon-Nourrit, Paris, 1910.

INDEX

Dans le souci de ne pas alourdir cet index, nous avons choisi de ne citer ni le Prince Impérial lui-même, ni Napoléon III, ni l'impératrice Eugénie, ni aucune des personnes décédées avant 1856, comme Napoléon Ier ou la reine Hortense.

Pour plus de commodité les souverains, et les princes étrangers appartenant à des maisons souveraines, sont regroupés par pays.

TABLE

Cet ouvrage a été réalisé par la
SOCIÉTÉ NOUVELLE FIRMIN-DIDOT
Mesnil-sur-l'Estrée
pour le compte des Éditions Perrin
en septembre 1997